MÃOS DE LUZ

BARBARA ANN BRENNAN

MÃOS DE LUZ

Um Guia para a Cura através do
Campo de Energia Humano

Tradução
Octavio Mendes Cajado

Editora
Pensamento
SÃO PAULO

Título original: *Hands of Light – A Guide to Healing Through the Human Energy Field.*

Copyright © 1987 Barbara Ann Brennan.

Publicado mediante acordo com a Bantam Books, um selo da Random House, uma divisão da Peguin Random House LLC.

Copyright da edição brasileira © 1990, 2018 Editora Pensamento-Cultrix Ltda.

22ª edição 2018.

8ª reimpressão 2024.

Observe que *Mãos de Luz* é um documentário e reflete a experiência pessoal da autora. O livro não deve ser interpretado como um guia independente de autocura. Se você pretende seguir alguns dos seus exercícios ou sugestões, faça-os apenas sob a supervisão de um médico ou de algum profissional da saúde.

Todos os direitos reservados. Nenhuma parte desta obra pode ser reproduzida ou usada de qualquer forma ou por qualquer meio, eletrônico ou mecânico, inclusive fotocópias, gravações ou sistema de armazenamento em banco de dados, sem permissão por escrito, exceto nos casos de trechos curtos citados em resenhas críticas ou artigos de revistas.

A Editora Pensamento não se responsabiliza por eventuais mudanças ocorridas nos endereços convencionais ou eletrônicos citados neste livro.

Editor: Adilson Silva Ramachandra
Editora de texto: Denise de Carvalho Rocha
Gerente editorial: Roseli de S. Ferraz
Produção editorial: Indiara Faria Kayo
Editoração eletrônica: Join Bureau
Revisão: Bárbara Parente

Dados Internacionais de Catalogação na Publicação (CIP)
(Câmara Brasileira do Livro, SP, Brasil)

Brennan, Barbara Ann
   Mãos de luz: um guia para a cura através do campo de energia humano / Barbara Ann Brennan; tradução Octavio Mendes Cajado. – 22. ed. – São Paulo: Pensamento, 2018.

   Título original: Hands of light: a guide to healing through the human energy field.
   Bibliografia.
   ISBN 978-85-315-1990-1

   1. Aura 2. Cura pelo espírito e Espiritismo 3. Energia vital – Uso terapêutico 4. Medicina alternativa 5. Sistemas terapêuticos I. Título.

17-11199   CDD-615.852

Índices para catálogo sistemático:
1. Cura: Campo de energia humano: Terapias alternativas   615.852

Direitos de tradução para o Brasil adquiridos com exclusividade pela
EDITORA PENSAMENTO-CULTRIX LTDA., que se reserva a
propriedade literária desta tradução.
Rua Dr. Mário Vicente, 368 — 04270-000 — São Paulo, SP
Fone: (11) 2066-9000
http://www.editorapensamento.com.br
E-mail: atendimento@editorapensamento.com.br
Foi feito o depósito legal.

Este livro é dedicado a todas as viagens
pelo caminho de volta para casa.

O amor é o rosto e o corpo do Universo. É o tecido conectivo do universo, o material de que somos feitos. O amor é a experiência de ser total e ligado à Divindade Universal.

Todo sofrimento é causado pela ilusão do isolamento, que gera o medo e o ódio de si mesmo, o qual, finalmente, causa a doença.

Você é o senhor da sua vida. Pode fazer muito mais do que supunha, inclusive curar-se de uma "doença terminal".

A única "doença terminal" de verdade é simplesmente o fato de ser humano. E "ser humano" não é de modo algum "terminal", porque a morte é tão somente a transição para outro nível de ser.

Quero animá-lo a sair dos "limites" normais da sua vida e começar a ver-se de maneira diferente. Quero animá-lo a viver sua vida na vanguarda do tempo, o que lhe permitirá nascer para uma vida nova a cada minuto.

Quero encorajá-lo a permitir e perceber sua experiência de vida como "poeira de estrelas em forma humana".

SUMÁRIO

Prefácio 16
Agradecimentos 18

Primeira Parte
VIVENDO NUM PLANETA DE ENERGIA

Capítulo 1	A experiência da cura...	20
Capítulo 2	Como usar este livro..	29
Capítulo 3	Nota sobre o treinamento e o desenvolvimento da orientação..	35

Segunda Parte
A AURA HUMANA

Introdução	A experiência pessoal	44
Capítulo 4	Paralelos entre o modo com que nos vemos e com que vemos a realidade e as opiniões científicas ocidentais...........	47
Capítulo 5	História da investigação científica no campo de energia humano...	61
Capítulo 6	O campo da energia universal	73
Capítulo 7	O campo de energia humano ou a aura humana................	79

Terceira Parte
A PSICODINÂMICA E O CAMPO DE ENERGIA HUMANO

Introdução	A experiência terapêutica	106
Capítulo 8	O crescimento e o desenvolvimento humanos na aura	108

Capítulo 9	A função psicológica dos sete chakras maiores	124
Capítulo 10	Diagnóstico do chakra ou centro de energia	139
Capítulo 11	Observações de auras em sessões terapêuticas	152
Capítulo 12	Obstruções da energia e sistemas de defesa da aura	170
Capítulo 13	Modelos de aura e de chakras das principais estruturas de caráter	179

Quarta Parte
OS INSTRUMENTOS PERCEPTIVOS DO CURADOR

Introdução	A causa da doença	208
Capítulo 14	A separação da realidade	210
Capítulo 15	Do bloqueio da energia à doença física	214
Capítulo 16	Exame geral do processo de cura	227
Capítulo 17	O acesso direto à informação	236
Capítulo 18	Visão interior	242
Capítulo 19	Alta percepção auditiva e comunicação com os mestres espirituais	257
Capítulo 20	A metáfora da realidade de Heyoan	270

Quinta Parte
CURA ESPIRITUAL

Introdução	O seu campo de energia é o seu instrumento	280
Capítulo 21	Preparação para a cura	282
Capítulo 22	Tratamento de pleno espectro	303
Capítulo 23	Tratamento com a cor e com o som	355
Capítulo 24	Tratamento de traumas transtemporais	365

Sexta Parte
A AUTOCURA E O CURADOR ESPIRITUAL

Introdução	Transformação e autorresponsabilidade	378
Capítulo 25	A face da nova medicina: o paciente vira curador	380
Capítulo 26	Saúde, um desafio para você ser você mesmo	394
Capítulo 27	O desenvolvimento do curador	406

Bibliografia	422
Índice remissivo	429

ILUSTRAÇÕES

Todas as ilustrações coloridas aparecem como inserção após a página 160.
As figuras e ilustrações estão listadas segundo a ordem dos capítulos:

6-1	O efeito da pedra na aura da planta	75
6-2	Verificação do efeito da folha fantasma	76
7-1	A aura normal	(ilustração colorida)
	A. Três camadas	
	B. Sete camadas	
7-2	Localização dos chakras	85
	A. Os sete chakras maiores	
	B. Os vinte e um chakras menores	
7-3	Os sete chakras maiores, vistos de frente e de costas	87
7-4	O sistema de sete camadas do corpo áurico	89
7-5	Os chakras maiores e a área do corpo que eles alimentam	90
7-6	O caminho metabólico da energia primária entrante	91
7-7	O corpo etérico	(ilustração colorida)
7-8	O corpo emocional	(ilustração colorida)
7-9	O corpo mental	(ilustração colorida)
7-10	O corpo astral	(ilustração colorida)
7-11	O nível etérico padrão	(ilustração colorida)

7-12	O corpo celestial	(ilustração colorida)
7-13	O nível ketérico padrão	(ilustração colorida)
7-14	Aura em volta das pontas dos dedos	102
8-1	Aura normal de um bebê	112
8-2	Chakras do adulto e da criança	114
9-1	Chakras maiores e função psicológica associada	127
10-1	Explorando um chakra com um pêndulo	141
10-2	Diagnose do centro de energia	144
10-3	Estudo de um caso de retiro intensivo	149
11-1	Auras em movimento	(ilustração colorida)

    A. Aura normal
    B. Músico tocando
    C. Homem lecionando seu assunto favorito
    D. Homem falando com paixão sobre educação
    E. Mulher após aula de energética do núcleo
    F. Homem que usa frequentemente uma camisa desta cor
    G. Mulher meditando para aumentar o campo
    H. Mulher grávida

11-2	Auras vistas em sessões de terapia	(ilustração colorida)

    A. Uma criança de onze anos brincando
    B. Uma mulher experimentando sentimentos fortes associados à morte do pai
    C. A raiva sendo expressa
    D. A raiva interiorizada
    E. Muco etérico causado pela aspiração de cocaína
    F. Homem que tomou muito LSD
    G. Homem que sempre manteve a cabeça num determinado ângulo
    H. A aura parece ter peso

11-3	Forma de pensamento dissociada	163
11-4	Homem trabalhando na banqueta bioenergética	165
11-5	Mulher se defende criando uma nuvem cor-de-rosa de energia	(ilustração colorida)

12-1	Tipos de obstrução de energia:	171
	A. Obstrução maçante	
	B. Compactação	
	C. Armadura de malha	
12-2	Tipos de obstruções de energia:	173
	A. Armadura de chapa	
	B. Depleção de energia	
	C. Vazamento de energia	
12-3	Sistemas energéticos de defesa	175
13-1	Principais aspectos de cada estrutura de caráter, constituição da personalidade	182
13-2	Aspectos principais de cada estrutura de caráter, sistemas físico e energético	183
13-3	Aspectos principais de cada estrutura de caráter, relações interpessoais	184
13-4	A aura do caráter esquizoide	188
13-5	A aura do caráter oral	193
13-6	A aura do caráter psicopático	195
13-7	A aura do caráter masoquista	199
13-8	A aura do caráter rígido	202
15-1	Planos da realidade em que existimos	215
15-2	Expressão da consciência nos níveis áuricos	216
15-3	O processo criativo da saúde	218
15-4	O processo dinâmico da doença	221
15-5	Chakras desfigurados	224
16-1	O processo da cura interior	229
18-1	Ferimento no ombro visto por intermédio da visão interior	244
18-2	Cura de inflamação da pelve e de um cisto ovariano (visão interna)	246
18-3	Visão interna (ilustração colorida)	
	A. Inflamação da pelve, cisto ovariano e fibroide	
	B. Fibromas e chakra púbico desfigurado	
18-4	Visão interior de problemas do coração	248
18-5	Visão interior microscópica	250

18-6	Anatomia da visão interior	251
19-1	Sentidos dos sete chakras	263
20-1	Nosso cone de percepção	272

      A. Descrição gráfica do nosso cone perceptivo
      B. Interpretação espiritual do nosso cone de percepção

20-2	Definição dos limites do nosso cone perceptivo	274

      A. Cone de percepção aumentado pela alta percepção sensorial
      B. Cone de percepção limitado pela definição da realidade pessoal

21-1	Exercícios para as articulações	286
21-2	Exercícios físicos para carregar e abrir chakras	289
21-3	Exercícios respiratórios e de postura para carregar e abrir chakras	294
21-4	Meditação sobre cores estando de pé	297
22-1	Sequência do tratamento	306
22-2	Pontos principais da reflexologia do pé	308
22-3	Carta de quelação	310
22-4	Aura da paciente antes da cura	(ilustração colorida)
22-5	Equilibrando o lado direito e o lado esquerdo do corpo e começando a introduzir energia pelos pés	312
22-6	Equilibrando o campo áurico da paciente, da curadora e do Campo de Energia Universal	(ilustração colorida)
22-7	Fluxo de energia durante a quelação do campo áurico	313
22-8	Quelação da aura entre o tornozelo e a articulação do joelho	314
22-9	Quelação da aura entre o joelho e a articulação iliofemoral	315
22-10	Quelação da aura entre a articulação do quadril e o segundo chakra	316
22-11	Quelação da aura entre o segundo e o terceiro chakras	318
22-12	Quelação da aura entre o terceiro e o quarto chakras	321
22-13	Limpeza da coluna vertebral	322
22-14	Fazendo penetrar a energia profundamente no campo áurico	324
22-15	Tratamento etérico padrão: cirurgia espiritual	330
22-16	Tratamento ketérico padrão do sistema linfático	334
22-17	Tratamento ketérico padrão: cirurgia espiritual	336

22-18	Tratamento do nível celestial (sexta camada)	338
22-19	Selando o nível ketérico padrão da aura para completar a cura	341
22-20	A aura da paciente depois da cura	(ilustração colorida)
22-21	Colocando um escudo no oitavo nível	(ilustração colorida)
22-22	Selando um escudo do oitavo nível	349
23-1	Significado da cor num nível de tarefa da alma	358
23-2	A cor usada no tratamento	361
24-1	Trauma da vida passada na aura	(ilustração colorida)
24-2	Removendo o muco áurico com um cristal	(ilustração colorida)
24-3	Marca de uma lança de uma vida passada revelada numa limpeza da aura	372
24-4	Fios dourados da cura ketérica padrão	374
24-5	Nível ketérico do terceiro chakra curado	374
24-6	Mãos de Luz	(ilustração colorida)
25-1	Estudo do caso de David	382

LISTA DE EXERCÍCIOS PARA:

Capítulo 6	Ver o campo de energia universal	74
Capítulo 7	Ver a aura humana	79
Capítulo 8	Sentir os espaços psíquicos	116
Capítulo 10	Diagnosticar os chakras com um pêndulo	140
Capítulo 11	Observar a aura das outras pessoas	153
	Experimentar o peso aparente do campo de energia	159
Capítulo 12	Encontrar sua principal defesa	177
Capítulo 13	Encontrar a estrutura do seu caráter	206
Capítulo 14	Explorar sua parede interna	212
	Dissolver a parede	212
Capítulo 15	Descobrir o significado pessoal da doença	225
Capítulo 17	Intensificar o seu sentido cinestésico	237
	Intensificar o seu sentido visual	237
	Intensificar o seu sentido auditivo	237
Capítulo 18	Estabelecer a visão interior	252
	1) Viajando através do corpo	252
	2) Sondando um amigo	254
	3) Meditação para abrir o perscrutador do terceiro olho	254
Capítulo 19	Receber orientação espiritual	259
Capítulo 21	Exercícios espirituais para o curador abrir os meridianos da acupuntura	283

	Exercícios físicos para abrir e carregar chakras (Níveis 1-3 do campo áurico)	287
	Visualização para abrir chakras (Nível 4 do campo áurico)	288
	Exercícios de respiração e postura para carregar e abrir chakras (Nível 5-7 do campo áurico)	291
	Meditação com respiração colorida para carregar a aura	296
	Exercício vibratório para assentamento	297
	Meditações estando sentado para centralizar	298
Capítulo 22	Reunir forças para um dia de cura	303
	Deixar os guias chegarem ao seu campo para trabalhar	326
Capítulo 23	Controlar a cor que você envia	356
Capítulo 24	Experimentar o tempo não linear	365
Capítulo 26	Meditação de Heyoan sobre a autocura	401
	Meditação para dissolver autolimitações	403
Capítulo 27	Encontrar os seus medos	408
	Encontrar suas crenças negativas	409
	Encontrar sua disposição para ser curador	419
	Ponderar a natureza da cura	419

PREFÁCIO

Esta é uma nova era e, parafraseando Shakespeare, "Há mais coisas entre o Céu e a Terra que o homem desconhece". Este livro se dirige aos que estão procurando a autocompreensão dos seus processos físicos e emocionais, que extrapolam a estrutura da medicina clássica. Concentra-se na arte de curar por meios físicos e metafísicos. Abre novas dimensões para compreender os conceitos de identidade psicossomática, que nos foram apresentados, pela primeira vez, por Wilhelm Reich, Walter Canon, Franz Alexander, Flanders Dunbar, Burr, Northrup e muitos outros pesquisadores do campo da psicossomática.

Seu conteúdo trata de definir experiências de tratamento e cura da história das investigações científicas no campo de energia humano e da cura. O livro é único porque liga a psicodinâmica ao campo de energia humano. Descreve as variações do campo de energia na medida em que ele se relaciona com as funções da personalidade.

A última parte do livro define as causas da doença baseadas nos conceitos metafísicos, que são, em seguida, ligados às perturbações da aura. O leitor também encontrará aqui uma descrição da natureza da cura espiritual na proporção em que ela se relaciona com o curador e com o assunto.

O livro foi escrito com base nas experiências subjetivas da autora, que estudou física e fisioterapia. A combinação do conhecimento objetivo com as experiências subjetivas forma um método único de expansão da consciência para além dos confins do conhecimento objetivo.

Àqueles que estão abertos a um enfoque dessa natureza, o livro oferece um material riquíssimo, que se pode aprender, experimentar e com o qual também é possível fazer experiências. Àqueles que têm objeções maiores eu recomendaria que abrissem suas mentes para a pergunta: "Há uma possibilidade de existência para essa nova perspectiva, que se estende além da lógica e da experimentação científica objetiva?"

Recomendo este livro com instância aos que se emocionam com o fenômeno da vida nos níveis físico e metafísico. É o trabalho de muitos anos de esforço dedicado e representa a evolução da personalidade da autora e o desenvolvimento dos seus dons especiais de cura. O leitor estará ingressando num domínio fascinante, cheio de maravilhas.

A Sra. Brennan merece louvores por sua coragem em trazer a público suas experiências subjetivas e objetivas.

Dr. John Pierrakos,
Instituto de Energética do NÚCLEO,
Cidade de Nova York

AGRADECIMENTOS

Desejo agradecer aos meus mestres, que são muitos, de modo que os enumerarei na ordem dos estudos que fiz com eles. Primeiro, o Dr. Jim Cox e a Sra. Ann Bowman, que me ensinaram a trabalhar o corpo bioenergético juntamente com muitos outros. Passei depois muitos anos estudando e trabalhando com o Dr. John Pierrakos, cuja atividade na Energética da Essência alicerçou minha faixa de cura, que se seguiu, exercendo grande influência sobre mim ao ensinar-me a ligar os fenômenos áuricos, que eu estava presenciando, ao trabalho do corpo psicodinâmico. Obrigada, John. Serei eternamente grata à Sra. Eva Pierrakos, iniciadora do caminho espiritual que pratico, chamado Pathwork. Desejo também agradecer aos meus mestres de cura, o Rev. C.B. e a Rev. Rosalyn Bruyere, e a todos os meus alunos, que, ao procurar-me para aprender, acabaram sendo meus maiores professores.

Na produção do livro em si, agradeço a quantos me ajudaram com o manuscrito e, particularmente, à Sra. Marjorie Bair os comentários editoriais; ao Dr. Jac Conaway o uso do seu computador e a Maria Adeshian a datilografia. Eu gostaria de agradecer também a Bruce Austin a preparação final do texto. Confesso-me profundamente grata à Sra. Marilee Talman por sua ajuda inestimável na edição do texto e por orientar todo o processo de produção do livro. Sinto-me igualmente grata pelo constante apoio pessoal que me deram o Sr. Eli Wilner, minha filha, a Srta. Celia Conaway, minha querida amiga, a Sra. Moira Shaw, que não se furtaram a valorizar-me quando eu mais precisava disso.

E, acima de tudo, quero agradecer aos meus queridos mestres espirituais, que me assistiram em todas as etapas do caminho e transmitiram, através de mim, a maior parte da verdade contida neste livro.

Primeira Parte

VIVENDO NUM PLANETA DE ENERGIA

"Sustento que o sentimento religioso cósmico é o mais forte e o mais nobre incitamento à pesquisa científica."

Albert Einstein

Capítulo 1

A EXPERIÊNCIA DA CURA

Durante meus anos de prática como curadora, tive o privilégio de trabalhar com muitas pessoas encantadoras. Aqui estão algumas delas, com suas histórias, que tornam o dia na vida de um curador tão gratificante.

Minha primeira cliente, num dia de outubro de 1984, foi uma mulher de vinte e tantos anos chamada Jenny. Jenny era uma alegre professora que teria, mais ou menos, um metro e sessenta e dois centímetros de altura, grandes olhos azuis e cabelos escuros. É conhecida entre os amigos como a dama da alfazema, porque adora alfazema e usa-a o tempo todo. Jenny trabalha também, durante meio período, num negócio de flores e faz admiráveis arranjos florais para casamentos e outros eventos festivos. Estivera casada por vários anos com um publicitário bem-sucedido. Tendo tido um aborto vários meses antes, não conseguira engravidar outra vez. Quando Jenny procurou o médico para saber por que era incapaz de conceber, recebeu algumas notícias más. Após uma série de testes e opiniões de diversos outros médicos, chegou-se à conclusão de que ela devia submeter-se a uma histerectomia o quanto antes. Havia células anormais em seu útero, onde a placenta estivera presa. Jenny ficou assustada e deprimida. Ela e o marido tinham esperado constituir família no momento em que estivessem em boas condições financeiras. Agora, isso parecia impossível.

Na primeira vez que Jenny me procurou, em agosto daquele ano, não me disse nada acerca do seu histórico médico. Declarou apenas: "Preciso da sua ajuda. Diga-me o que vê no meu corpo. Preciso tomar uma decisão importante."

Durante a sessão de tratamento, sondei-lhe o campo de energia, ou aura, utilizando a minha "Alta Percepção Sensorial" (APS). "Vi" algumas células anormais no lado esquerdo inferior do útero. Ao mesmo tempo, "vi" as circunstâncias que haviam cercado o aborto. As células anormais estavam localizadas onde a placenta estivera presa. Também "ouvi" palavras que descreviam o estado de Jenny e o que se devia fazer a respeito. Jenny precisava tirar um mês de férias, ir à praia, tomar certas vitaminas, sujeitar-se a uma dieta específica e meditar, sozinha, pelo menos duas horas por dia. Em seguida, depois de passar o mês curando-se, devia voltar ao mundo médico normal e submeter-se a testes outra vez. Fiquei sabendo que a cura se completara e que ela já não precisava procurar-me de novo. Durante o tratamento recebi informações sobre sua atitude psicológica e sobre o modo com que isso estava influindo na sua incapacidade de curar-se. Ela atribuía-se a culpa do aborto. Consequentemente, colocava uma pressão indevida sobre si mesma e impedia o corpo de curar-se depois do insucesso. Disseram-me (e essa é a parte difícil para mim) que ela não deveria procurar outro médico pelo menos durante um mês, porque os diagnósticos e pressões diferentes para que se submetesse a uma histerectomia estavam-lhe aumentando consideravelmente o estresse. Seu coração estava despedaçado porque ela queria muito ter um filho. Jenny saiu do meu consultório mais aliviada e prometeu pensar em tudo o que acontecera na sessão de tratamento.

Em outubro, quando Jenny voltou, a primeira coisa que fez foi dar-me um abraço apertado e um bonito poema de agradecimento. Seus exames médicos estavam normais. Passara o mês de agosto tomando conta de filhos de amigos na Ilha do Fogo. Fizera o regime, tomara as vitaminas e passara um bom período de tempo, a sós, praticando a autocura. Decidira esperar mais alguns meses e depois tentar engravidar outra vez. Um ano mais tarde, fiquei sabendo que Jenny dera à luz um saudável garotinho.

O meu segundo cliente naquele dia de outubro foi Howard. É o pai de Mary, de quem tratei há algum tempo. Mary apresentara manchas de terceira classe nos mamilos (estado pré-canceroso) que haviam desaparecido depois de umas seis sessões de tratamento. Faz agora vários anos que as manchas nos mamilos têm se mostrado perfeitamente normais. Mary, que também é enfermeira, fundou e dirige uma organização de enfermagem que oferece cursos de atualização para enfermeiras e as prepara para os hospitais da região da Filadélfia. Interessada pelo meu trabalho, manda-me clientes regularmente.

Fazia vários meses que Howard ia ao meu consultório. Operário aposentado, é uma pessoa encantadora. Na primeira vez que veio procurar-me estava lívido e sentia dores constantes no coração. Era-lhe difícil atravessar uma sala sem se cansar. Depois da primeira sessão de tratamento, sua pele ficou rosada e as dores desapareceram. Após dois meses de sessões semanais, estava dançando de novo. Mary e eu temos trabalhado juntas para combinar o tratamento pela imposição das mãos com medicações à base de ervas, prescritas por um médico naturista, a fim de eliminar as placas das artérias. A partir daquele dia continuei a equilibrar e a fortalecer o seu campo. As melhoras se manifestaram para os médicos e os amigos.

Outro cliente que vi naquele dia foi Ed, que veio procurar-me pela primeira vez com problemas no pulso. As articulações dos braços e do pulso estavam ficando cada vez mais fracas. Ele também sentia dor quando chegava ao orgasmo no ato sexual. Tivera as costas fracas durante algum tempo e, agora, a fraqueza progredira tanto que não conseguia carregar coisa alguma, nem mesmo uns poucos pratos. Na primeira sessão de tratamento que fiz com ele "vi", através do seu campo áurico, que ele machucara o cóccix aos doze anos de idade. Na ocasião da lesão estava tendo inúmeras dificuldades para lidar com as incipientes sensações sexuais que experimentou na puberdade. O acidente diminuiu as dificuldades, e foi-lhe possível enfrentar melhor a situação.

Comprimido, o cóccix virara para a esquerda e não podia mover-se normalmente para ajudar a bombear o fluido cérebro-espinhal pelos caminhos normais, provocando grande desequilíbrio e profunda debilidade em todo o seu sistema de energia. O passo seguinte nesse processo de degeneração foi um enfraquecimento da parte inferior das costas, depois, da parte média, e finalmente da parte superior. Todas as vezes que ficava mais fraco numa parte do corpo, por falta de energia, a outra parte procurava compensar essa fraqueza. Ele passou a carregar uma grande tensão nas articulações dos braços, os quais, finalmente, deram de si e se debilitaram. Todo o processo de fragilização levou anos.

Ed e eu tivemos um processo bem-sucedido de tratamento por um período de vários meses. Primeiro, ele trabalhou com o fluxo de energia para descomprimir o cóccix, realinhá-lo, e, a seguir, aumentar e equilibrar o fluxo de energia através do seu sistema. Pouco a pouco, voltou-lhe toda a força. Naquela tarde, o único sintoma que restara era uma pequena fraqueza no pulso esquerdo. Mas, antes de lidar com isso, tornei a equilibrar e revigorar todo o seu campo de energia. Em seguida, gastei um pouco mais de tempo permitindo que a energia de cura fluísse para o seu pulso.

A última cliente que vi naquele dia foi Muriel, artista e esposa de conhecido cirurgião. Era a sua terceira consulta comigo. Três semanas antes ela me aparecera no consultório com uma tireoide grandemente aumentada. Na primeira entrevista, voltei a usar minha Alta Percepção Sensorial (APS) para coligir informações acerca do seu estado. Pude ver então que a tireoide aumentada não se devia ao câncer e que, em apenas duas sessões, combinadas com a medicação receitada pelos médicos, o aumento de tamanho da tireoide desapareceria. Vi que não seria necessária cirurgia alguma. Ela confessou haver consultado diversos médicos, que lhe haviam dado remédios para diminuir a tireoide, e segundo os quais a medicação a reduziria um pouco, mas, mesmo assim, não a livraria da cirurgia, havendo até uma possibilidade de tratar-se de câncer. A cirurgia foi marcada para uma semana depois da segunda entrevista. Administrei-lhe os dois tratamentos com uma semana de intervalo. Na ocasião em que ela se submeteu à cirurgia, constatou-se que não havia necessidade da operação; os médicos ficaram muito surpreendidos. Ela reapareceu naquele dia para verificar se tudo voltara à saúde normal. Voltara.

Como ocorrem esses casos aparentemente milagrosos? O que é que estou fazendo para ajudar essas pessoas? O processo que uso chama-se *imposição das mãos, cura pela fé* ou *cura espiritual*. Não se trata, de maneira alguma, de um processo misterioso; trata-se, pelo contrário, de um processo muito direto, se bem que, não raro, muito complicado. Um processo que envolve o reequilíbrio do campo de energia, que denomino o Campo de Energia Humano, existente em torno de cada um de nós. Todos nós temos um campo de energia, ou aura, que rodeia e penetra o corpo físico, intimamente associado à saúde. A *Alta Percepção Sensorial* é um modo de perceber as coisas além dos limites normais dos sentidos humanos. Por seu intermédio podemos ver, ouvir, cheirar, provar e tocar coisas que normalmente não podem ser percebidas. A Alta Percepção Sensorial é um tipo de "ver" em que percebemos uma imagem em nossa mente sem o uso da visão normal. Não é imaginação. Às vezes, damos o nome de clarividência. A APS revela o mundo dinâmico do fluido interagindo com os campos de energia vital em torno e através de todas as coisas. Durante a maior parte da minha vida tenho-me visto às voltas com o mar vivo de energia em que existimos. Por esse meio, descobri que a energia nos sustenta, nos alimenta, nos dá vida. Sentimo-nos uns aos outros por intermédio dela; pertencemos a ela; e ela nos pertence.

Meus clientes e alunos me perguntam quando vi, pela primeira vez, o campo de energia ao redor das pessoas. Quando percebi, pela primeira vez, que eu era um instrumento útil? Em que consiste a capacidade de perceber coisas além dos limites normais dos sentidos humanos? Existe porventura em mim alguma coisa especial, ou isso é coisa que pode ser aprendida? A ser assim, que podem fazer as pessoas para dilatar os limites da sua percepção, e que valor tem isso para suas vidas? Para responder a essas perguntas preciso voltar ao princípio.

Minha infância foi muito simples. Cresci numa fazenda de Wisconsin. Como não havia muitas crianças para brincar comigo na minha área, passei grande parte do tempo sozinha. Deixava-me ficar horas e horas sentada no meio da mata, imóvel e só, esperando que os animaizinhos viessem a mim. Eu procurava fundir-me com as coisas que me cercavam. Só muito depois comecei a compreender o significado desses períodos de silêncio e espera. Nos momentos tranquilos na mata eu entrava num estado ampliado de consciência em que era capaz de perceber coisas além dos limites humanos normais da experiência. Lembro-me de saber onde se encontrava cada animal sem olhar. Podia sentir-lhe o estado. Quando eu caminhava de olhos cobertos na mata, sentia as árvores muito antes de poder tocá-las com as mãos. Compreendi que as árvores eram maiores do que pareciam ser aos nossos olhos. As árvores têm à sua volta campos de energia vital, e eu os estava sentindo. Mais tarde, aprendi a ver os campos de energia das árvores e dos animaizinhos. Descobri que tudo tem um campo de energia à sua volta, campo este que se assemelha, mais ou menos, à luz de uma vela. Comecei a notar, igualmente, que tudo se achava ligado por esses campos de energia, que não existia espaço sem um campo de energia. Todas as coisas, inclusive eu, estávamos vivendo num mar de energia.

Essa descoberta não foi emocionante para mim. Era simplesmente uma experiência minha, tão natural quanto ver um esquilo comendo uma bolota no galho de uma árvore. Nunca teorizei essas experiências. Eu aceitava tudo como perfeitamente natural, presumia que todo o mundo o soubesse e depois me esqueci de tudo.

À proporção que cresci e ingressei na adolescência, deixei de aventurar-me pela mata. Dei de interessar-me por como as coisas funcionavam e por que são como são. Interrogava todas as coisas em busca de ordem e desejosa de compreender o modo como o mundo funcionava. Fui para o colégio, recebi um diploma de Mestre de Ciência em física atmosférica e, em seguida, trabalhei para a NASA fazendo pesquisas durante certo número de anos. Mais tarde me qualifiquei e me dediquei ao aconselhamento de pessoas. Somente depois de haver trabalhado nesse campo durante certo número de anos é que comecei a ver cores à volta da cabeça das pessoas e me lembrei de minhas experiências infantis na mata. Compreendi, então, que tais experiências eram o início da minha Alta Percepção Sensorial, ou visão clarividente. Essas deliciosas e secretas experiências conduziram-me, finalmente, a diagnosticar e a curar pessoas que se achavam em situação crítica.

Ao olhar para trás, vejo o modelo de desenvolvimento das minhas capacidades começando desde o berço, como se minha vida tivesse sido guiada por uma mão invisível que me levou a cada uma das experiências e me conduziu através de cada uma delas, gradativamente, de modo muito parecido com a passagem pela escola – a escola a que damos o nome de vida.

A experiência na mata ajudou a ampliar meus sentidos. Depois, minha educação universitária ajudou a desenvolver o pensamento lógico da minha mente. Minha experiência de aconselhamento me abriu os olhos e o coração para a humanidade. Finalmente, meu treinamento espiritual (que discutirei mais tarde) emprestou suficiente credibilidade às minhas experiências não ordinárias para abrir a mente a fim de aceitá-las como "reais". Pus-me a criar uma estrutura com a qual me fosse dado compreender tais experiências. Pouco a pouco, a Alta Percepção Sensorial e o Campo de Energia Humano vieram a ser partes integrantes da minha vida.

Acredito firmemente que eles podem tornar-se parte integrante da vida de qualquer pessoa. Para desenvolver a APS faz-se necessário entrar num estado ampliado de consciência. Há muitos métodos para fazê-lo. A meditação está se tornando o mais conhecido, e pode ser praticada de muitas maneiras; o importante é encontrar a forma que melhor se ajuste a cada um. Mais adiante, apresentarei algumas sugestões a respeito da meditação, entre as quais o leitor poderá escolher. Descobri também que podemos entrar num estado ampliado de consciência correndo, andando, pescando, sentando-nos numa duna de areia e observando o fluir e refluir das águas, ou sentando-nos nas matas como eu fazia quando criança. Como é que você faz, quer lhe chame meditação, devaneio, ou outra coisa qualquer? O mais importante aqui é dar-nos tempo suficiente para prestar atenção a nós mesmos – tempo suficiente para silenciar a mente barulhenta que não para de falar sobre o que precisamos fazer, como teríamos podido vencer aquela discussão, o que deveríamos ter feito, o que está errado conosco, etc., etc. Afastada essa conversa incessante, abre-se para nós um mundo inteiramente novo de suave e harmoniosa realidade. Começamos a misturar-nos com as coisas que nos cercam, como eu fazia na mata. Ao mesmo tempo, nossa individualidade não se perde mas, ao contrário, se intensifica.

O processo de fundir-nos com as coisas que nos cercam é outra maneira de descrever a experiência de uma percepção ampliada. Voltemos a considerar, por exemplo, a vela e sua chama. Normalmente nos identificamos com um corpo (a cera e o pavio) dotado de consciência (o fogo). Quando ingressamos num estado de consciência ampliada, vemo-nos também como a luz que vem da chama. Onde começa a luz e onde termina a chama? Parece haver ali uma linha divisória, mas onde está ela exatamente quando olhamos mais de perto? A chama é completamente penetrada pela luz. A luz da sala, que não provém da vela (mar de energia), penetra a chama? Penetra. Onde começa a luz da sala e onde termina a luz da vela? De acordo com a física, não há limite para a luz de uma vela, que se estende ao infinito. Onde fica, então, o nosso limite máximo? Segundo minha experiência da APS, resultante de uma consciência ampliada, não existe limite. Quanto mais amplio minha consciência, tanto mais se amplia a minha APS, maior quantidade de realidade entra no meu espaço visual, mais sou capaz de ver uma realidade que já está lá, mas que, antes disso, fugia à minha percepção. À proporção que se amplia a minha APS, maior quantidade de realidade entra no meu espaço visual. A princípio, eu só via os campos de energia mais grosseira ao redor das coisas: eles só se estendiam por dois centímetros e meio, ou coisa que o valha, além da pele. À medida que me tornei mais proficiente, pude ver que o campo se estendia mais a partir da pele, mas era constituído, aparentemente, de uma substância mais fina ou de uma luz menos intensa. Todas as vezes que eu acreditava ter encontrado o limite, acabava enxergando, subsequentemente, além daquela linha. Onde está a linha? Cheguei à conclusão de que seria mais fácil dizer que só há camadas: a camada da chama, depois a da luz da chama, depois a da luz da sala. Cada linha nova é mais difícil de distinguir. A percepção de cada camada externa requer um estado de consciência mais ampliado e uma APS mais aprimorada. Quanto mais se expande o estado de consciência, a luz que se via, antes disso, menos distinta, se intensifica e define mais nitidamente.

À proporção que eu desenvolvia minha Alta Percepção Sensorial com o passar dos anos, fui compilando observações. Fiz a maior parte delas durante os 15 anos em que trabalhei como conselheira. Havendo eu estudado física, mostrei-me cética quando comecei a "ver" os fenômenos de energia em torno do corpo das pessoas. Mas como os fenômenos persistiam, ainda que eu fechasse os olhos para afastá-los, ou desse voltas pela sala, comecei a observá-los com mais atenção. E assim principiou minha jornada pessoal, levando-me para mundos de cuja existência eu nunca suspeitara, mudando completamente o modo com que experimento a realidade, as pessoas, o universo e minha maneira de relacionar-me com cada um deles.

Vi que o campo de energia está intimamente associado à saúde e ao bem-estar da pessoa. Se esta não for sadia, o mal se evidenciará no campo de energia como um fluxo desequilibrado de energia e/ou uma energia estagnada que deixou de fluir e aparece com cores escurecidas. Em compensação, a pessoa saudável mostra cores brilhantes, que fluem com facilidade num campo equilibrado. Essas cores e formas são peculiares a cada doença. A APS é extremamente valiosa em medicina e no aconselhamento psicológico. Utilizando-a, tornei-me proficiente em diagnosticar problemas, tanto físicos como psicológicos, e em descobrir maneiras de resolvê-los.

Com a APS, o mecanismo das doenças psicossomáticas encontra-se diante dos nossos olhos. A APS revela o modo com que se inicia nos campos de energia a maioria das doenças, e é depois, com o tempo e com os hábitos de vida, transmitida ao corpo, transformando-se numa doença séria. Muitas vezes a origem ou a causa inicial do processo se associa a um trauma psicológico ou físico, ou a uma combinação dos dois. Visto que a APS revela o modo com que se inicia a enfermidade, também revela o modo com que se pode inverter o processo da doença.

No processo de aprender a ver o campo, também aprendi a interagir com ele conscientemente, como com qualquer outra coisa que eu possa ver. Pude manipular meu próprio campo para interagir com o campo de outra pessoa. Logo aprendi a reequilibrar um campo de energia doentio, de modo que a pessoa pudesse voltar ao estado de saúde. Além disso, surpreendi-me a receber informações relativas à origem da doença do cliente. Essa informação parecia provir do que se me afigurava uma inteligência superior à minha ou à que eu normalmente supunha fosse minha. O processo de receber informações dessa maneira é popularmente denominado *canalização*. A informação canalizada me chegava em forma de palavras, de conceitos ou figuras simbólicas, que me penetravam a mente quando eu tentava reequilibrar o campo de energia do cliente. Eu sempre me encontrava num estado alterado de consciência ao fazê-la. Adestrei-me em receber informações de várias maneiras, usando a APS (isto é, canalizando ou vendo). Eu procedia à correlação entre o que recebia, fosse uma figura simbólica em minha mente, fosse um conceito ou uma mensagem verbal direta, com o que via no campo de energia. Num caso, por exemplo, ouvi dizer diretamente: "Ela tem câncer", e vi um ponto preto em seu campo de energia. O ponto preto correspondia, no tamanho, na forma e na localização, aos resultados de uma exploração realizada mais tarde. Essa recepção de informações combinada com a APS tornou-se muito eficiente, e sou muito precisa em qualquer descrição particular do estado de um cliente. Também recebo informações a respeito das ações de autoajuda que o cliente deve levar a efeito no decorrer do processo de cura, o qual geralmente supõe uma série de sessões de tratamento, que duram diversas semanas ou meses, dependendo da gravidade da doença. O processo de cura inclui o reequilíbrio do campo, a mudança dos hábitos de vida e a manipulação do trauma que deu origem ao processo.

É essencial lidarmos com o significado mais profundo de nossas enfermidades. Precisamos perguntar o que essa doença significa para nós. Que posso aprender com ela? A doença pode ser vista simplesmente como uma mensagem do corpo dirigida a você, que diz, entre outras coisas:

Espere um minuto; alguma coisa está errada. Você não está dando atenção ao seu eu como um todo; está ignorando alguma coisa muito importante para você. O que é?

A origem da doença precisa ser investigada dessa maneira, no nível psicológico ou dos sentidos, no nível do entendimento, ou simplesmente por meio de uma mudança no nosso estado de ser, que pode não ser consciente. O retorno à saúde requer um trabalho e uma mudança muito mais pessoais do que a simples ingestão de comprimidos receitados pelo médico. Sem essa mudança pessoal, acabaremos criando outro problema, que nos conduzirá de volta à origem da doença. Descobri que a origem é a chave. Para lidar com ela, impõe-se, em geral, uma mudança capaz de conduzir finalmente a uma vida pessoal mais ligada ao âmago do nosso ser. Conduz-nos à parte mais profunda de nós mesmos, às vezes denominada o eu superior ou a centelha da divindade que existe dentro de nós.

Capítulo 2

COMO USAR ESTE LIVRO

....

Este livro foi escrito, em primeiro lugar, para os que estão interessados em se compreenderem e revelarem a si mesmos e o novo método de cura pela imposição das mãos. O trabalho apresenta um estudo em profundidade da aura humana e da sua relação com o processo de cura, tanto psicológico como físico. Apresenta uma visão abrangente de um modo de vida dirigido para a saúde e o crescimento. Foi escrito para os profissionais da saúde, terapeutas, religiosos, e a quantos aspiram a uma saúde física, psicológica e espiritual melhor.

Para você, que quer aprender a curar-se a si mesmo, este livro é um desafio, pois, como aqui se dá a entender, cura de si mesmo significa transformação de si mesmo. Qualquer doença, seja ela psicológica, seja física, o conduzirá numa jornada de autoexploração e descobrimento, que virará sua vida completamente do avesso. O livro é um manual para a jornada, tanto no que se refere à autocura quanto no que se refere à cura dos outros.

Para os curadores profissionais, seja qual for o tipo de tratamento de saúde que praticam, este é um livro de referências que pode ser usado por muitos anos. Para o estudante, é um manual para ser usado nas aulas sob a supervisão de um curador experiente. Há perguntas no fim de cada capítulo. Sugiro ao estudante que responda a elas sem voltar ao texto que ficou para trás. Ou seja, estude o texto e faça os exercícios nele incluídos. Esses exercícios focalizam não só as técnicas de cura e de visualização, mas também a autocura e a autodisciplina. Focalizam o equilíbrio da vida e o silenciamento da mente para ampliar as percepções. O livro não substitui as aulas. Deve ser usado na aula ou na preparação de aulas. Não subestime a quantidade de trabalho necessária para que alguém se torne competente em perceber os campos de energia e em aprender a trabalhar com eles. Você precisará de experiências diretas de imposição de mãos e da verificação dessas experiências por um mestre-curador qualificado. A percepção do Campo de Energia Humano (CEH) não só demanda estudo e prática, mas também requer crescimento pessoal. Demanda mudanças internas que aumentam sua sensibilidade de modo que você possa aprender a diferençar entre ruídos internos e as sutis informações que recebe e que só podem ser percebidas pelo silenciamento da mente.

Se, por outro lado, sua percepção já ultrapassa os limites da percepção normal dos sentidos, o livro pode ser usado como verificação dessas experiências. Conquanto a experiência de cada pessoa seja única, existem experiências comuns gerais que as pessoas têm quando passam pelo processo de ampliação das percepções, ou de abertura do canal, como é frequentemente chamado. Tais verificações servirão para encorajá-lo ao longo do caminho. Não, você não está ficando louco. Outros também estão ouvindo ruídos provenientes de "lugar nenhum" e vendo luzes que não estão ali. Tudo isso faz parte do início de certas mudanças maravilhosas que ocorrem na sua vida de modo inusitado, porém muito natural.

Há provas abundantes de que muitos seres humanos hoje em dia expandem seus cinco sentidos habituais em níveis supersensoriais. A maioria das pessoas possui em certo grau a Alta Percepção Sensorial sem percebê-lo necessariamente, e pode desenvolvê-la muito mais com diligente dedicação e estudo. É possível que já esteja ocorrendo uma transformação da consciência e que outras pessoas procurem desenvolver um sentido novo em que as informações são recebidas numa frequência diferente e possivelmente mais elevada. Comigo se deu isso. E você pode conseguir a mesma coisa. O desenvolvimento em mim foi um processo lento, muito orgânico, que me conduziu a mundos novos e alterou quase de todo minha realidade pessoal. Quero crer que o processo de desenvolver a *Alta Percepção Sensorial é uma etapa evolutiva natural da raça humana, que nos leva à fase seguinte do desenvolvimento* onde, em virtude das nossas recém-conquistadas capacidades, teremos de ser profundamente sinceros entre nós. Nossos sentimentos e realidades particulares já não ficarão escondidos dos outros, mas serão automaticamente comunicados através dos nossos campos de energia. À medida que todos aprenderem a perceber tais informações, veremos e compreenderemos a nós mesmos muito mais claramente do que agora.

Você, por exemplo, já pode saber quando alguém está muito irritado. Isso é fácil. Por meio da APS, será capaz de enxergar uma névoa vermelha em torno dessa pessoa. Se quiser descobrir o que está acontecendo com ela num nível mais profundo, poderá localizar a causa da raiva, não só no presente, mas também no modo com que ela se relaciona com a experiência da infância e com os pais. Debaixo da névoa vermelha, aparecerá uma substância cinzenta, densa, semelhante a um fluido, que transmite uma tristeza pesada. Focalizando a essência dessa substância cinzenta, você, provavelmente, será capaz de ver a cena infantil que originou esse sofrimento profundamente enraizado. Verá também como a raiva faz mal ao corpo físico. Verá que a pessoa costuma reagir com raiva a certas situações, quando talvez fosse mais útil liberar o choro para pôr fim à situação. Utilizando a APS, você será capaz de encontrar as palavras que ajudarão a pessoa a se desinibir, e se ligar à realidade mais profunda, a encontrar uma solução. Em outra situação, todavia, você verá que a expressão de cólera é exatamente o que se faz preciso para resolver a situação.

Uma vez que essa experiência foi alcançada, nada mais será o mesmo para nós. Nossas vidas começarão a modificar-se de maneiras que nunca teríamos esperado. Compreendemos a relação entre causa e efeito; vemos que nossos pensamentos influem em nossos campos de energia, os quais, por sua vez, influem em nosso corpo e na nossa saúde. Descobrimos que podemos redigir nossa vida e nossa saúde. Descobrimos que criamos nossa própria experiência da realidade através desse campo. O CEH é o meio por cujo intermédio têm lugar as nossas criações, e pode ser, portanto, a chave para descobrir como ajudamos a criar a nossa realidade e como poderemos modificá-la, se assim o desejarmos. Torna-se o meio pelo qual encontramos maneiras de chegar ao interior do nosso ser mais profundo, a ponte para a nossa alma, para a nossa vida privada interior, para a centelha do divino que cada um de nós tem dentro de si.

Quero animá-lo a mudar o seu "modelo" pessoal do que você é, enquanto o conduzo, através do mundo da Alta Percepção Sensorial, ao mundo do Campo de Energia Humano. Você verá que seus atos e seus sistemas de crença afetam e ajudam a criar a sua realidade, para melhor e para pior. Assim que você o enxergar, compreenderá que tem o poder de alterar as coisas que não gosta e de relevar as de que gosta em sua vida. Isso exige muita coragem, busca pessoal, trabalho e sinceridade. Não é um caminho fácil, mas é, sem sombra de dúvida, um caminho que vale a pena. Este livro ajudará a mostrar-lhe o caminho, não só através de um novo paradigma para o seu relacionamento com a sua saúde, mas também para o seu relacionamento com a sua vida inteira e com o universo em que se encontra. Dê a si mesmo algum tempo para experimentar esse novo relacionamento. Permita a si mesmo ser a luz daquela vela que se expande para o Universo.

Dividi o livro em seções que focalizam primeiramente uma área de informações a respeito do Campo de Energia Humano (CEH) e do seu relacionamento com você. Como você deve ter lido, a primeira seção trata do lugar do campo áurico na sua vida. Que relação pode haver entre você e esse fenômeno, descrito pelos místicos há tanto tempo? Onde ele se ajusta na sua vida? De que serve ele, se é que serve de alguma coisa? Os estudos de casos têm mostrado o modo com que o conhecimento do fenômeno altera a face da nossa realidade. Jenny, por exemplo, compreendeu que precisava reservar um período de tempo significativo de tratamento para poder ter filhos. Jenny tomou a própria saúde e a própria vida nas mãos (onde sempre estiveram, na verdade) e modificou um futuro possivelmente desagradável no futuro muito mais feliz que preferiu. Esse tipo de conhecimento pode levar-nos a todos a um mundo melhor, a um mundo de amor nascido da compreensão profunda; a um mundo de fraternidade em que inimigos se tornam amigos à mercê dessa compreensão.

A Segunda Parte lida mais especificamente com os fenômenos do campo de energia. Descreve-os do ponto de vista da história, da ciência teórica e da ciência experimental. Depois de tratar desses assuntos exaustivamente, passo a descrever o CEH do meu ponto de vista pessoal, mistura de observação e teoria combinadas com as conclusões de outros encontradas na literatura. A partir dessa informação se desenvolve um modelo de CEH, que tanto pode ser usado no trabalho psicológico quanto no trabalho de cura espiritual.

A Terceira Parte apresenta minhas conclusões sobre a relação entre o CEH e a psicodinâmica. Mesmo que você não se tenha interessado pela psicoterapia nem pelo processo pessoal no passado, esta seção lhe parecerá muito esclarecedora em termos de autodescobrimento. Ela o ajudará a compreender não só o que o faz agir, mas também o modo com que você age. Esta informação é muito útil para os que desejam alcançar, além dos limites normais da psicologia e da psicoterapia do corpo, visões mais amplas de nós mesmos como seres humanos e da nossa realidade energética e espiritual. Tais capítulos proporcionam sistemas específicos de coordenadas, que se destinam a integrar os fenômenos do Campo de Energia Humano na psicodinâmica prática. Durante o aconselhamento, apresentam-se desenhos das mudanças do CEH. Aos que se interessam pelo autodescobrimento, este capítulo proporcionará um novo reino, em que a realidade das suas interações no campo da energia na vida cotidiana assumirá um significado novo e mais profundo. Depois que você tiver lido o livro, encontrará meios práticos de utilização da dinâmica do campo da energia em seu relacionamento com entes queridos, filhos e amigos. Isso o ajudará a compreender melhor o que acontece no escritório, nas relações com as pessoas com as quais você trabalha. Como alguns trechos dessa seção são muito técnicos, o leitor comum poderá querer pular parte do material (Capítulos 11, 12, 13). Você talvez queira retroceder quando tiver perguntas mais específicas para fazer a respeito do funcionamento do CEH.

A Quarta Parte deste livro trata toda a questão do aumento de nossos campos de ação perceptivos – vale dizer, o que isso significa num nível pessoal, no nível prático e num nível mais amplo em termos de mudar a sociedade em que vivemos. Dou explicações claras das áreas em que as percepções podem ser ampliadas, da experiência da ampliação em cada área e do modo com que se pode fazê-lo. Forneço também uma estrutura teórica em que se podem colocar as experiências e implicações em larga escala para a humanidade quando nós, como grupo, nos movemos nessas mudanças, que não só nos afetam como indivíduos, mas também alteram toda a estrutura da vida humana tal qual a conhecemos.

A Quinta Parte lida com o processo da cura espiritual. Chamo-lhe cura espiritual porque está sempre ligada à nossa natureza espiritual inata. Essa parte apresenta experiências e técnicas de tratamento relacionadas com o CEH. Contém desenhos das mudanças do campo áurico durante os tratamentos. Delineia claramente técnicas de tratamento nas diferentes camadas do CEH. Combina a informação sobre percepções ampliadas, fornecida na Quarta Parte, com a cura, para permitir ao curador, muito eficientemente, iniciar o processo de cura em si mesmo e nos outros.

Por não ser a maioria dessas técnicas fácil de aprender, você terá provavelmente de estudá-las numa classe. Explicações escritas de algo tão especializado servem para ajudar o estudante a familiarizar-se com o assunto, mas não se propõem a ensinar as técnicas. Será preciso receber instruções pessoais de alguém que saiba operar essa cura para que você se capacite nela. A verificação da sua experiência por um curador qualificado é muito importante. Para tornar-se curador profissional você terá de fazer muito trabalho didático, prático e pessoal. Quem realmente o desejar poderá tornar-se hábil no tratamento e na canalização. Você precisará estudar e praticar para desenvolver suas habilidades, como em qualquer outra profissão. Estou certo de que, algum dia, num futuro não muito distante, haverá programas oficiais de tratamento e canalização pela imposição das mãos. Se você quiser tornar-se curador profissional agora, terá de encontrar alguém que já o seja e tornar-se seu aprendiz.

A Sexta Parte fornece um estudo minucioso do caso de David, em que o cliente tem um papel ativo na própria cura. Mostra como o cliente se torna curador. A Sexta Parte focaliza, portanto, os métodos de autocura e delineia as etapas seguintes para os que desejam praticar a cura, mostrando como restabelecer a saúde e o equilíbrio e como mantê-los. Descrevem-se as fases pessoais de desenvolvimento, para que a pessoa se torne curador, e completam-se com as perguntas: Que é a saúde? Quem é o curador?

Capítulo 3

NOTA SOBRE O TREINAMENTO E O DESENVOLVIMENTO DA ORIENTAÇÃO

Acredito ser muito importante para o curador possuir um bom treinamento técnico: métodos de aconselhamento, anatomia, fisiologia, patologia e técnica de massagens, assim como algum conhecimento de acupuntura, homeopatia e curas pela dieta e por meio de ervas. Os outros métodos de aconselhamento são quase sempre associados à imposição das mãos, pelo curador ou por outros profissionais da saúde que estejam trabalhando no caso. O curador deve ter algum conhecimento desses métodos para compreender como eles se concatenam para tornar completa a cura e poder comunicar-se com outras pessoas envolvidas no caso. Vários outros métodos de tratamento da saúde podem ser indicados através do canal do curador. O curador precisa conhecer anatomia e fisiologia para ajudar a interpretar a informação que está recebendo. Acima de tudo, precisa ser capaz de trabalhar com outros profissionais da medicina para ajudar o cliente a curar-se a si mesmo.

Meus estudos incluíam um bacharelado em física e um mestrado em física atmosférica, ambos conseguidos numa universidade estadual. Fiz cinco anos de pesquisas com instrumentação de satélite de tempo para a NASA. Completei dois anos de estudos de aconselhamento bioenergético, um ano de massagem terapêutica, dois de anátomo-fisiologia, dois de especialização em estados alterados de consciência, especificamente em técnicas de relaxamento profundo, um ano de homeopatia, três de estudos de Energética Central, cinco de formação para assistente de Pathwork e vários anos de estudos com curadores por todo o país, tanto em aulas particulares como em seminários. Também pratiquei e trabalhei com pessoas e com seus campos de energia e em grupos por mais de quinze anos. Como eu já era conselheira praticante, ficou estabelecida a maneira pela qual os clientes podiam procurar-me para que eu os tratasse. Os interessados limitavam-se a marcar hora. Um número cada vez maior de pessoas solicitava curas em lugar de terapia, e a prática do aconselhamento foi se transformando, aos poucos, em prática de cura. Finalmente, tive de deixar o trabalho de aconselhamento psicológico para outros que se especializavam nisso, e comecei a aceitar pessoas unicamente para cura.

Durante esses anos, envolvi-me também em várias experiências para medir o Campo de Energia Humano. Somente depois de tudo isso me senti qualificada para praticar curas na cidade de Nova York e para começar a ensinar e a dirigir seminários.

Não é fácil tornar-se um curador, assim como não é fácil fazer bem feito o que quer que seja. Precisamos não só de treinamento espiritual como também de treinamento técnico. Precisamos passar por testes de autoiniciação que desafiam as partes fracas da nossa personalidade, e desenvolver o nosso centro, o nosso anseio e o nosso propósito criativo. O curador experimenta esses testes como se eles viessem de fora mas, na realidade, isso não acontece. O curador os cria a fim de ver se está pronto para lidar com a energia, a força e a clareza que desenvolve em seu próprio sistema de energia, à medida que cresce como curador, e se é capaz de fazê-lo. Essa energia e essa força precisam ser usadas com integridade, sinceridade e amor, pois a causa e o efeito estão sempre funcionando em cada ação. Você sempre receberá de volta o que fizer aos outros. A isso chamamos karma. Assim como aumenta a energia que flui através de você como curador, assim também aumenta a sua força. Se der a essa força um emprego negativo, verá que a mesma negatividade volta para você.

À medida que minha vida se desdobrava, a mão invisível que me guiava tornou-se mais e mais perceptível. A princípio, eu o percebi vagamente. Depois comecei a ver seres espirituais, como numa visão. Em seguida, principiei a ouvi-los falando comigo e a senti-los tocarem em mim. Agora aceito o fato de que tenho um guia. Posso vê-lo, ouvi-lo e senti-lo. "Ele" confessa que não é masculino nem feminino. "Ele" diz que em seu mundo não há divisões ao longo de linhas sexuais e que os seres em seu nível de existência são indivisos. "Ele" diz que se chama Heyoan, que quer dizer: "O vento que sussurra a verdade através dos séculos". Seu aparecimento na minha vida foi lento e orgânico. A natureza do nosso relacionamento cresce todos os dias, à proporção que sou guiada para novos níveis de entendimento. Você o verá crescer quando passarmos juntos por essa aventura. Às vezes, eu simplesmente o chamo metáfora.

Ao longo deste livro, partilharei com você alguns exemplos mais óbvios de orientação e da sua força. Aqui desejo mostrar-lhe a sua simplicidade e o modo como trabalha.

O tipo mais simples de orientação surge-nos todos os dias, e muitas vezes por dia, em forma de mal-estar. Afirma Heyoan que, se nos limitássemos a prestar-lhe atenção e a segui-lo, raramente ficaríamos doentes. Em outras palavras, o fato de atentarmos para o incômodo que sentimos nos recoloca em equilíbrio e, portanto, nos devolve a saúde. Esse desconforto pode manifestar-se em nosso corpo de forma física, como mal-estar físico ou dor; pode manifestar-se em qualquer nível do nosso ser – emocional, mental ou espiritual. Pode manifestar-se em qualquer área da nossa vida.

Heyoan pergunta: "Onde está o desconforto na vida do seu corpo? Há quanto tempo você sabe da sua existência? O que é que ele lhe diz? O que foi que você já fez a respeito?"

Se responder a essas perguntas com toda a sinceridade, você verificará o quanto tem negligenciado o melhor instrumento que possui para manter-se saudável, feliz e sábio. Qualquer desconforto em qualquer lugar na vida do seu corpo é uma mensagem direta dirigida a você a respeito do quanto está fora de alinhamento com o seu verdadeiro eu.

Seguir a orientação nesse nível simples resume-se em descansar quando estamos cansados, em comer quando estamos com fome, e em comer o que o nosso corpo precisa e quando precisa. Significa cuidar de uma circunstância da vida que nos aborrece, ou modificá-la. Até que ponto fomos capazes de estruturar nossa vida para podermos fazer essas coisas? Convenhamos que a tarefa não é fácil.

À proporção que presta mais atenção às suas necessidades pessoais, reparando nas mensagens internas que lhe chegam em forma de desconforto, você se tornará mais equilibrado e mais claro. Isso lhe dará mais saúde. A prática de prestar atenção acabará por trazer-lhe também os fenômenos de orientação direta ou verbal. Você pode começar recebendo diretrizes verbais muito simples de uma voz "interior" – uma voz que você ouve dentro de si mesmo, mas que reconhece ter vindo de fora. Há dois pontos importantes acerca do aprender a seguir a orientação. O primeiro é que você precisa praticar a recepção da orientação para si mesmo antes de estar apto a recebê-lo para outros. O segundo é que as informações ou diretrizes que você receber poderão ser muito singelas e parecer, de início, totalmente destituídas de importância. Na realidade talvez se lhe afigure completa perda de tempo seguir qualquer uma delas. Acabei percebendo que existe uma razão para isso. Mais tarde, quando estiver canalizando informações importantes a respeito da vida de outra pessoa, ou informações específicas sobre uma doença, um canalizador profissional obterá informações que não farão sentido algum ou parecerão irrelevantes ou inteiramente erradas. Pode ser, mas, na maior parte do tempo, é a mente racional que funciona. As informações transmitidas através de um canal claro estão, muitas vezes, além do que a mente racional do canalizador pode compreender. Nessas ocasiões, o canalizador precisará de muita experiência anterior para se lembrar de todas as outras vezes em que as informações não faziam sentido quando eram transmitidas, embora mais tarde se revelassem utilíssimas e perfeitamente compreensíveis com a chegada da totalidade delas. Percebo agora que, durante a hora gasta em curar e canalizar, receberei informações de um modo não linear que, aos poucos, vai criando uma imagem compreensível, que fornece maior número de informações do que seria possível de um modo simplesmente racional ou linear.

Se prestar atenção, você começará a reconhecer uma orientação em todos os maiores padrões de sua vida. Por que um acontecimento se seguiu a outro? O que aproveitou de cada um deles? Não foi por acaso que comecei estudando física, depois para conselheira física, depois para conselheira e só depois me transformei em curadora. Todos esses estudos me prepararam para o trabalho da minha vida. Os estudos de física me proporcionaram uma estrutura de fundo, com a qual me foi possível examinar a aura. A prática do aconselhamento deu-me a base para compreender a psicodinâmica relacionada com o fluxo de energia no campo áurico, e também me ensejou a oportunidade de observar os campos áuricos de muitas pessoas. Eu não teria sido capaz de coligir este material sem os estudos e práticas mencionados. Na verdade, eu nem pensava em ser curadora quando fui trabalhar para a NASA. Nunca ouvira falar nessas coisas nem sentia interesse algum por doenças. Só me interessava o modo com que o mundo funcionava, o que o fazia pulsar. Eu procurava respostas em toda parte. Esta sede de compreensão tem sido um dos mais poderosos agentes que me guiaram por toda minha vida. De que é que você tem sede? Por que anseia? Seja como for, a sede e o anseio o levarão ao que você precisa fazer para realizar o seu trabalho, mesmo que ainda não saiba que trabalho é esse. Se uma coisa lhe for apresentada facilmente, e tudo lhe parecer maravilhoso e muito divertido, faça-a. Isso é orientação. Deixe-se fluir livre com a dança da vida. Se não o fizer, estará obstruindo a orientação e o seu progresso. Momentos há em que a minha orientação é mais óbvia do que em outras. Um determinado momento foi tão belo e profundo que me tem transportado, desde então, através de muitos tempos difíceis. Nessa ocasião, eu era conselheira em Washington, D.C. Durante as sessões em que tratava as pessoas, comecei a ver o que se pode chamar de *vidas passadas*. Eu via o indivíduo com quem estava trabalhando num cenário completamente diverso e numa estrutura diferente de tempo. Fosse ela qual fosse, a cena era importante para o que estava acontecendo na vida da pessoa. Por exemplo, uma mulher que tinha medo de água morrera afogada em outra existência, e encontrava dificuldade para pedir socorro nesta existência. Naquela em que morrera afogada, ninguém pudera ouvir-lhe os gritos de socorro quando ela caíra do barco. Essa dificuldade da personalidade interferia agora em sua vida mais do que o medo da água. Entretanto, eu não sabia lidar direito com todas essas informações. Comecei rezando para que me guiassem. Eu precisava encontrar uma pessoa, ou um grupo de pessoas, digna de confiança, capaz de manipular essas informações de maneira profissional.

A resposta chegou uma noite, quando eu estava acampando numa praia na Ilha Assateague, em Maryland. Era uma noite chuvosa, de modo que eu cobrira a cabeça e o saco de dormir com uma coberta de plástico translúcido. No meio da noite, ouvi alguém chamar o meu nome e acordei. A voz era muito clara. "Não há ninguém aqui", pensei, com os olhos postos no céu coberto de nuvens. Depois, de repente, compreendi que estava olhando para a coberta de plástico em cima da cabeça. Com um movimento largo do braço, lancei-o de mim e tornei a cair de costas, olhando, apavorada, para o céu cheio de estrelas, que piscavam. Ouvi os acordes de uma música celestial, tocada de uma estrela a outra, pelo céu. Encarei essa experiência como uma resposta às minhas orações. Pouco depois, descobri o Phenicia Pathwork Center, ingressei nele e ali consegui o treinamento de que precisava para interpretar as vidas passadas e outras informações durante os nove anos seguintes da minha vida.

Quando chegou para mim o momento de ter um consultório de aconselhamento na cidade de Nova York, dei atenção a ele por causa da veemência do meu impulso interior para fazê-lo. O local do consultório não era difícil de achar, e eu desejava uma mudança em minha vida, de modo que consultei o meu guia por escrito. Recebi um claro sim, e fui em frente. Pouco e pouco, fui orientada para transformar a prática do aconselhamento em prática de cura. Isso aconteceu "automaticamente", como eu já disse, quando as pessoas começaram a procurar-me e a pedir-me que as curasse. Depois recebi uma orientação verbal direta para interromper a prática e concentrar-me em ensinar e escrever este livro, a fim de alcançar um público maior. Não é tão fácil assim realizar essas mudanças. Cada nova mudança é um desafio. Parece que cada vez que tenho estabelecida uma vida "segura" chega a hora de mudar – e, portanto, de crescer. O que virá depois, realmente não sei, mas sei que serei guiada a cada passo do caminho.

Existe no interior de toda personalidade humana uma criança. Todos podemos lembrar-nos de como era ser criança, sentir a liberdade interior da criança e experimentar a vida de modo simples. Essa criança interior é muito sábia. Sente-se ligada a toda a vida. Conhece o amor sem fazer perguntas. Mas é encoberta quando nos tornamos adultos e tentamos viver apenas de acordo com a nossa mente racional. Isso nos limita. Urge descobrir a criança interior para começar a seguir a orientação. Você precisa voltar à sabedoria amorosa, confiante, da sua criança interior para desenvolver a capacidade de recebê-lo e segui-lo. Todos ansiamos por liberdade – e através da criança a lograremos. Depois de conceder mais liberdade à sua criança, você poderá iniciar um diálogo entre a parte adulta e a parte infantil da sua personalidade. O diálogo integrará a parte livre e afetuosa da sua personalidade com o adulto sofisticado.

Nas páginas deste livro você ouvirá a criança e a curadora/conselheira/física falando. Isso o ajudará a soltar a realidade fixa e a ampliar a sua experiência. Esse diálogo é uma porta para o maravilhoso. Descubra-o em você mesmo e alimente-o.

Todos somos guiados por mestres espirituais que nos falam em sonhos, por intermédio da nossa intuição e, em algum momento, se lhes prestarmos atenção, diretamente; a princípio, talvez, através da escrita e, em seguida, do som, da voz ou de conceitos. Esses mestres estão cheios de amor e respeito por nós. Em algum ponto ao longo do caminho, você também poderá vê-los ou comunicar-se diretamente com eles, como eu. Isso modificará a sua vida, pois você descobrirá que é plena e completamente amado, como neste momento. Você merece esse amor e faz jus a ele. Merece saúde, felicidade e realização em sua vida. Pode criá-las. Pode aprender, passo a passo, o processo de modificar a sua vida e torná-la plena. Peça orientação quanto ao lugar para onde precisa ir, ou quanto ao caminho que deve seguir agora, e será guiado. Se tiver uma doença que lhe ameaça a vida, uma dificuldade matrimonial, ausência de força de vontade, depressão – ou se estiver lutando com situações difíceis na área de trabalho que escolheu – comece a mudar agora, neste momento. Realinhe-se com o seu anseio mais profundo e com o maior bem que tem para oferecer a si mesmo e aos outros. Peça ajuda. Seus pedidos serão atendidos.

Revisão do Capítulo 3

1. De que espécie de treinamento técnico precisa um curador? E por quê?
2. Qual é a forma mais simples de orientação em sua vida?

Matéria para reflexão

3. Quais são algumas das experiências mais profundas de orientação em sua vida, e que efeito tiveram elas?
4. Até onde você é capaz de seguir a sua orientação?
5. Você atenta conscientemente para a sua orientação ou a solicita? Com que frequência?

Segunda Parte

A AURA HUMANA

"Os milagres não acontecem em contradição
com a natureza, mas apenas em contradição com
o que conhecemos da natureza."
Santo Agostinho

Introdução

A EXPERIÊNCIA PESSOAL

....

À proporção que nos permitimos desenvolver novas sensibilidades, principiamos a ver o mundo inteiro de maneira muito diferente. Começamos a prestar mais atenção a aspectos da experiência que antes nos pareciam periféricos. Surpreendemo-nos a usar uma nova linguagem para comunicar as novas experiências. Expressões como "vibrações más" ou "a energia ali era grande" estão se tornando comuns. Começamos a notar e a dar mais crédito a experiências como a de encontrar alguém e a de gostar ou desgostar desse alguém, num instante, sem nada saber a seu respeito. Gostamos das suas "vibrações". Podemos dizer quando alguém está olhando para nós e erguemos os olhos para ver quem é. Podemos ter a sensação de que alguma coisa está por acontecer, e ela acontece. Pomo-nos a reparar na nossa intuição. "Sabemos" coisas, mas nem sempre sabemos como sabemos. Temos a sensação de que um amigo está se sentindo de certa maneira, ou necessita de alguma coisa e, quando nos preparamos para satisfazer a essa necessidade, descobrimos que estamos certos. Às vezes, durante uma discussão com alguém, sentimos que alguma coisa está sendo arrancada do nosso plexo solar, ou nos sentimos "apunhalados", ou esmurrados no estômago, ou ainda como se alguém estivesse derramando um jarro de melaço denso, viscoso, sobre nós. Em compensação, às vezes nos sentimos cercados de amor, acarinhados por ele, banhados num mar de suavidade, de bênçãos e de luz. Todas essas experiências têm realidade nos campos de energia. O nosso velho mundo de sólidos objetos concretos está rodeado e impregnado de um mundo fluido de energia radiante, em constante movimento, em constante mutação, como o oceano.

Em minhas observações no decurso de todos esses anos, tenho visto as contrapartes dessas experiências como formas dentro da aura humana, que consistem nos componentes observáveis e mensuráveis do campo de energia que envolve e penetra o corpo. Quando alguém foi "enganado" por um amante, o engano é literalmente visível para o clarividente. Quando você sente que alguma coisa está sendo arrancada do seu plexo solar, geralmente está. Isso pode ser visto pelo clarividente. Eu posso vê-lo. E você também poderá, se seguir a sua intuição e desenvolver os seus sentidos.

Ajuda o desenvolvimento da Alta Percepção Sensorial refletir no que os cientistas modernos já aprenderam a respeito do mundo dos campos da energia dinâmica. Ajuda-nos a remover os obstáculos do cérebro, que nos impedem de ver que nós, também, estamos sujeitos a todas as leis universais. Diz-nos a ciência moderna que o organismo humano não é apenas uma estrutura física feita de moléculas, mas que, como tudo o mais, somos também compostos de campos de energia. Também fluímos e refluímos como o mar. Também mudamos constantemente. Como é que nós, seres humanos, lidamos com esse tipo de informação? Adaptamo-nos a ela. Se essa realidade existe, desejamos experimentá-la. E os cientistas estão aprendendo a medir essas mudanças sutis, desenvolvendo instrumentos para detectar os campos de energia relacionados com o nosso corpo e a medir-lhes as frequências. Eles medem as correntes elétricas do coração com o eletrocardiograma (ECG). Medem as correntes elétricas do cérebro com o eletroencefalograma (EEG). O detector de mentiras mede o eletropotencial da pele. Podem-se medir agora até os campos eletromagnéticos ao redor do corpo com um instrumento sensível chamado SQUID, que nem sequer toca o corpo quando mede os campos magnéticos à sua volta. O Dr. Samuel Williamson, da Universidade de Nova York, afiança que o SQUID oferece mais informações a respeito do funcionamento do cérebro do que o EEG comum.

À medida que a medicina confia cada vez mais nesses instrumentos sofisticados, que medem os impulsos do corpo, a saúde, a doença e a própria vida estão sendo lentamente redefinidas em função dos impulsos e padrões de energia. Já em 1939, os Drs. H. Burr e F. Northrop, da Universidade de Yale, averiguaram que, pela mensuração do campo de energia da semente de uma planta (que chamaram de V, ou campo de vida), poderiam dizer quão saudável seria a planta proveniente dessa semente. Eles descobriram que, pela mensuração do campo dos ovos de uma rã, poderiam discernir a localização futura do sistema nervoso da rã. Outra mensuração dessa natureza indicou com precisão o tempo de ovulação em mulheres, o que possibilitaria a formulação de um novo método de controle da natalidade.

Em 1959, o Dr. Leonard Ravitz, da William and Mary University, mostrou que o Campo de Energia Humano flutua de acordo com a estabilidade mental e psicológica da pessoa, sugerindo que existe um campo associado aos processos do pensamento. E deu a entender que a variação desse campo de pensamento provoca sintomas psicossomáticos.

Em 1979, outro cientista, o Dr. Robert Becker, da Upstate Medical School, de Siracusa, Nova York, desenhou o mapa de um campo elétrico complexo sobre o corpo, com a forma do corpo e do sistema nervoso central. Ele deu a esse campo o nome de Sistema de Controle Corrente Direto e descobriu que ele muda de forma e de força com as mudanças fisiológicas e psicológicas. E também descobriu partículas que se movem através do campo com o tamanho de elétrons.

O Dr. Victor Inyushin, da Universidade de Kazakh, na Rússia, vem realizando extensas pesquisas com o Campo de Energia Humano desde a década de 1950. Usando os resultados dessas experiências, ele sugere a existência de um campo de energia "bioplásmica", composto de íons, prótons livres e elétrons livres. Sendo este um estado distinto dos quatro estados conhecidos da matéria – sólidos, líquidos, gases e plasma – Inyushin dá a entender que o campo de energia bioplásmica é um quinto estado da matéria. Suas observações mostraram que as partículas bioplásmicas, constantemente renovadas por processos químicos nas células, estão em contínuo movimento, parecendo tratar-se de um equilíbrio de partículas positivas e negativas dentro do bioplasma relativamente estável. Em havendo uma severa alteração nesse equilíbrio, a saúde do organismo estará afetada. A despeito da estabilidade normal do bioplasma, Inyushin descobriu que uma quantidade significativa da energia é irradiada para o espaço. Nuvens de partículas bioplásmicas, destacadas do organismo, podem ser medidas em seus movimentos pelo ar.

Desse modo, submergimos num mundo de campos de energia vital, de campos de pensamento e de formas bioplásmicas que se movem ao redor do corpo e dele emanam. Somos o próprio bioplasma, vibrante e radiante! Mas se consultarmos a literatura, veremos que isso não é novo. As pessoas têm conhecido esse fenômeno desde o alvorecer dos tempos. Acontece apenas que, hoje, o fenômeno está sendo redescoberto, depois de ter sido desconhecido ou rejeitado pelo público ocidental por algum tempo, durante o qual os cientistas se concentraram no conhecimento do mundo físico. À medida que esse conhecimento se desenvolveu, e a física newtoniana deu lugar às teorias da relatividade, do eletromagnetismo e das partículas, tornamo-nos cada vez mais capazes de vislumbrar as conexões entre as descrições científicas objetivas do nosso mundo e o mundo da experiência humana subjetiva.

Capítulo 4

PARALELOS ENTRE O MODO COM QUE NOS VEMOS E COM QUE VEMOS A REALIDADE E AS OPINIÕES CIENTÍFICAS OCIDENTAIS

Mais do que nos dispomos a admiti-lo, somos produtos da nossa herança científica ocidental. O modo com que aprendemos a pensar e muitas de nossas autodefinições têm por base os mesmos modelos científicos usados pelos físicos para descrever o universo físico. Nesta seção, encontrará o leitor breve história, que mostra as mudanças do modo com que os cientistas descrevem o mundo físico e do modo com que tais descrições correspondem às mudanças em nossas autodefinições.

É importante lembrar que o método científico ocidental procura encontrar concordância entre as provas matemáticas e experimentais. Não a encontrando, o físico buscará outra teoria até existirem provas, tanto matemáticas como experimentais, para explicar uma série de fenômenos. Isso é o que faz do método científico ocidental um instrumento tão eficiente para uso prático, capaz de conduzir a grandes invenções, como o uso da eletricidade e a utilização de fenômenos subatômicos na medicina, como os raios X, as sondas e os *lasers*.

À proporção que progride o nosso conhecimento, há sempre a descoberta de novos fenômenos, que muitas vezes não podem ser descritos pelas teorias em voga quando são explicados. Postulam-se teorias novas, mais amplas, baseadas geralmente no conhecimento anterior; elaboram-se novos experimentos e levam-se a efeito, até que se encontra a concordância entre a experimentação e a nova prova matemática. E as novas experiências são aceitas como leis físicas. O processo de encontrar novas maneiras de descrever fenômenos novos é sempre um processo que nos dilata as perspectivas, desafiando a nossa forma atual, limitada, de pensar sobre a natureza da realidade física. Em seguida, incorporamos as novas ideias à existência cotidiana e começamos a ver-nos de maneira diferente.

Toda esta seção mostra que a visão científica da realidade sustenta a ideia de que somos compostos de campos de energia e, na verdade, vai muito além, até reinos que estamos começando a experimentar, numa visão holográfica do universo. Nesse universo, todas as coisas estão interligadas, o que corresponde a uma experiência holística da realidade. Primeiro que tudo, porém, seja-nos permitido recapitular um pouco da nossa história.

Física Newtoniana

Até recentemente, quando as religiões orientais principiaram a ter um impacto maior sobre a nossa cultura, grande parte da nossa autodefinição (largamente inconsciente) se baseava na física de umas poucas centenas de anos atrás. Refiro-me aqui à nossa insistência em ver-nos como objetos sólidos. Essa definição do Universo, como feito de objetos sólidos, era advogada principalmente por Isaac Newton e seus colegas, no fim do século XVII e no começo do século XVIII. A física newtoniana estendeu-se ao século XIX para descrever um universo composto de blocos fundamentais de construção, denominados átomos. Acreditava-se que os átomos newtonianos se compunham de objetos sólidos – um núcleo de prótons e nêutrons com elétrons girando em torno do núcleo de maneira muito parecida com a terra viajando ao redor do sol.

A mecânica newtoniana descreveu com êxito os movimentos dos planetas, das máquinas mecânicas e dos fluidos em movimento contínuo. O enorme sucesso do modelo mecanístico levou os físicos do início do século XIX a acreditarem que o universo, de fato, era um imenso sistema mecânico que funcionava de acordo com as leis do movimento de Newton, encaradas como as leis básicas da natureza, e considerava-se a mecânica newtoniana a teoria definitiva dos fenômenos naturais. Essas leis sustentavam firmemente as ideias do tempo e do espaço absolutos e dos fenômenos físicos rigorosamente causais da natureza. Tudo podia ser descrito objetivamente. Todas as reações físicas tinham uma causa física, como bolas que se chocam numa mesa de bilhar. Ainda não se conheciam as interações da energia e da matéria, como o rádio que toca música em respostas a ondas invisíveis. Nem ocorria a ninguém que o próprio experimentador influi nos resultados experimentais, não só em experiências psicológicas, mas também em experiências físicas, como os físicos conseguiram demonstrar agora.

Essa maneira de ver as coisas era muito confortadora e ainda o é para aqueles dentre nós que preferem ver o mundo sólido e em grande parte imutável, com conjuntos de regras muito claras e definidas governando o seu funcionamento. Grande parte da nossa vida de todos os dias ainda flui de acordo com a mecânica newtoniana. Pondo de lado os sistemas elétricos, nossos lares são, em grande extensão, newtonianos. Experimentamos nossos corpos de maneira mecânica. Definimos grande parte da nossa experiência em função do espaço tridimensional e do tempo linear absolutos. Todos possuímos relógios. Precisamos deles para continuar vivendo a nossa vida como a estruturamos – principalmente de modo linear.

Quando corremos de um lado para outro em nossa vida de todos os dias, num esforço para chegar sempre "a tempo", é fácil ver-nos como mecânicos e perder de vista a experiência humana mais profunda dentro de nós. Pergunte a qualquer pessoa de que é feito o universo e ela, muito provavelmente, descreverá o modelo newtoniano do átomo (elétrons girando à volta de um núcleo de prótons e de nêutrons). Entretanto, se for levada à sua extensão literal, essa teoria nos coloca na posição um tanto ou quanto incômoda de pensar em nós como compostos de bolas minúsculas de pingue-pongue que rodopiam em volta umas das outras.

Teoria de Campo

No início do século XIX, descobriram-se novos fenômenos físicos, que não podiam ser descritos pela física de Newton. O descobrimento e a investigação de fenômenos eletromagnéticos levaram ao conceito de um campo. Definia-se o campo como uma condição do espaço capaz de produzir uma força. A antiga mecânica newtoniana interpretava a interação das partículas, carregadas positiva e negativamente, como prótons e elétrons, dizendo simplesmente que os dois tipos de partículas se atraem como duas massas. Entretanto, Michael Faraday e James Clerk Maxwell entenderam mais apropriado usar um conceito de campo e dizer que cada carga cria uma "perturbação" ou uma "condição" no espaço à sua volta, de modo que a outra carga, quando presente, sente uma força. Nasceu, assim, o conceito de um universo cheio de campos criadores de forças, que interagem umas com as outras. Surgia, afinal, uma estrutura científica com a qual podíamos começar a explicar nossa capacidade de influir uns nos outros à distância, através de meios que não a fala e a visão. Todos temos passado pela experiência de pegar no fone, e saber quem está do outro lado antes de se pronunciarem quaisquer palavras. As mães sabem amiúde quando os filhos estão em dificuldade, não importa onde se encontrem. Isso pode ser explicado pela teoria de campo.

No período compreendido entre os últimos quinze e vinte anos (cem anos antes dos físicos), quase todos estávamos começando a usar tais conceitos na descrição de nossas interações pessoais. Estamos começando a admitir que nós mesmos somos compostos de campos. Sentimos outra presença na sala sem ver nem ouvir ninguém (interação de campo); falamos em boas ou más vibrações, em mandar energia para os outros, ou em ler os pensamentos dos outros. Sabemos imediatamente se gostamos ou não de alguém, se nos daremos bem ou mal com esse alguém. Esse "saber" pode ser explicado pela harmonia ou desarmonia de nossas interações de campo.

Relatividade

Em 1905, Albert Einstein publicou a sua Teoria Especial da Relatividade e fez em pedaços todos os conceitos principais da maneira newtoniana de encarar o mundo. De acordo com a teoria da relatividade, o espaço não é tridimensional e o tempo não é uma entidade separada. Intimamente ligados entre si, formam ambos um contínuo tetradimensional, o "espaço-tempo". Assim sendo, nunca podemos falar em espaço sem falar em tempo, e vice-versa. Ademais, não existe um fluxo universal de tempo; ou seja, o tempo não é linear, nem absoluto. O tempo é relativo. A saber, dois observadores ordenarão diferentemente no tempo uma série de eventos se se moverem a velocidades diferentes em relação aos eventos observados. Por conseguinte, todas as mensurações que envolvem o espaço e o tempo perdem sua significação absoluta. Assim o tempo, como o espaço, se tornam meros elementos para descrever fenômenos.

Conforme a teoria da relatividade de Einstein, em determinadas condições dois observadores poderão até ver dois eventos num tempo invertido; isto é, para o observador 1, o evento A terá ocorrido antes do evento B, ao passo que, para o observador 2, o evento B terá ocorrido antes do evento A.

O tempo e o espaço são tão fundamentais para as nossas descrições dos fenômenos naturais, e de nós mesmos, que sua modificação supõe uma modificação de toda a estrutura que usamos para descrever a natureza e a nós mesmos. Ainda não integramos essa parte da relatividade de Einstein em nossa vida pessoal. Quando temos uma visão psíquica de um amigo em dificuldade, prestes a cair de uma escada, por exemplo, anotamos a hora e telefonamos para o amigo, assim que podemos, para saber se ele está passando bem. Também queremos saber se a queda efetivamente se verificou, a fim de validar a nossa percepção. Telefonamos e ficamos sabendo que o amigo não passou por nenhuma experiência desse gênero. Concluímos que nossa imaginação nos pregou uma peça, e invalidamos a experiência. A isso chamamos reflexão newtoniana.

Precisamos ponderar, todavia, que estamos experimentando um fenômeno que não pode ser explicado pela mecânica newtoniana, mas nós a usamos para validar a experiência supersensória. Em outras palavras, o que vimos foi uma experiência real. Como o tempo não é linear, ela já pode ter ocorrido, pode estar ocorrendo no momento em que a vemos, e poderá ocorrer no futuro. Pode ser até uma ocorrência provável que nunca se manifestará. O fato de não haver acontecido no momento com o qual tentamos correlacioná-la não prova, de maneira alguma, que o *insight* a respeito da sua possibilidade estava errada. Se, todavia, dentro dos limites do *insight* do amigo, víssemos também um calendário e um relógio a indicar um tempo newtoniano, o *insight* incluiria essa informação sobre o espaço-tempo contínuo do evento. Seria mais fácil validá-la na realidade física newtoniana.

Já é tempo de parar de invalidar a experiência que extrapola a maneira newtoniana de pensar e alargar a estrutura da realidade. Todos temos tido experiências de aceleração do tempo ou de perda da noção do tempo. Quando aprendemos a observar nossos estados de espírito, vemos que o nosso tempo pessoal varia com o nosso estado de espírito do momento e com as experiências que estamos tendo. Por exemplo, percebemos que o tempo é relativo quando vivemos um período muito longo, assustador, logo antes de nosso automóvel colidir com outro ou desviar-se dele na hora H. Esse tempo, medido pelo relógio, não passa de poucos segundos, para nós, entretanto, ele parece ter-se desacelerado. O tempo experimentado não se mede pelo relógio porque o relógio é um aparelho newtoniano destinado a medir o tempo linear, definido pela mecânica de Newton.

Nossa experiência existe fora do sistema newtoniano. Já experimentamos, muitas vezes, encontrar-nos com alguém depois de vários anos de separação; mas é como se tivéssemos acabado de vê-lo na véspera. Na terapia de regressão, muitas pessoas experimentam eventos da infância como se estivessem ocorrendo no presente. Descobrimos também que nossa memória ordenou os eventos numa sequência diversa da ordenada por outra pessoa que experimentou os mesmos sucessos. (Tente comparar as lembranças de infância com seus irmãos.)

A cultura americana nativa, que não tinha relógios para criar o tempo linear, dividia-o em dois aspectos: o agora e todos os outros tempos. Os aborígines australianos também têm duas espécies de tempo: o que está passando e o

Tempo Grande. O que acontece no Tempo Grande tem sequência, mas não pode ser datado.

Com sua experiência de pôr à prova clarividentes, Lawrence Le Shan definiu dois tempos: o tempo comum linear e o Tempo Clarividente. O Tempo Clarividente é a qualidade de tempo experimentada por clarividentes quando utilizam os seus talentos. Parece-se com o Tempo Grande. O que acontece tem sequência, mas só pode ser percebido do ponto de vista de ser ou experimentar o fluxo sequencial. Assim que o clarividente tenta interferir ativamente na sequência de eventos que está presenciando, é imediatamente atirado de volta ao tempo linear e não mais estará presenciando eventos fora da estrutura normal do aqui e agora. É necessário, então, que torne a concentrar a atenção do Tempo Clarividente. As regras que governam esse movimento da estrutura de um tempo para a estrutura de outro não são bem compreendidas. A maioria dos clarividentes será levada a "ler" determinada estrutura de tempo da vida ou da vida passada de uma pessoa de acordo com as necessidades dela. Alguns clarividentes limitam-se a focalizar a estrutura de tempo solicitada, seja ela qual for.

O contínuo espaço-tempo de Einstein proclama que a aparente linearidade dos acontecimentos depende do observador. *Todos estamos mais do que prontos para aceitar as vidas passadas como vidas físicas literais, que aconteceram no passado, num cenário físico igual a este.* Nossas vidas passadas podem estar acontecendo neste exato momento num contínuo espaço-tempo diferente. Muitos de nós experimentamos "vidas passadas" e sentimos os seus efeitos como se elas tivessem ocorrido pouco tempo antes. Mas raro falamos no modo com que nossas vidas futuras influem na que estamos vivendo aqui e agora. *Enquanto vivemos nossa vida AGORA, o mais provável é que estejamos reescrevendo nossa história pessoal, não só a passada, mas também a futura.*

Outra consequência importante da relatividade de Einstein é a compreensão de que matéria e energia são intercambiáveis. A massa nada mais é do que uma forma de energia. A matéria é simplesmente a energia desacelerada ou cristalizada. Nossos corpos são energia. Eis aí sobre o que versa todo este livro! Nele apresentei o conceito de corpos de energia, mas não dei ênfase ao fato de que o nosso corpo físico também é energia.

Paradoxo

Na década de 1920, a física ingressou na estranha e inesperada realidade do mundo subatômico. Todas as vezes que os físicos faziam uma pergunta à natureza numa experiência, a natureza lhes respondia com um paradoxo. Quanto mais tentavam esclarecer a situação, tanto mais fortes se tornavam os paradoxos. Finalmente, os físicos compreenderam que o paradoxo faz parte da natureza intrínseca do mundo subatômico sobre o qual se assenta toda a nossa realidade física.

Pode-se, por exemplo, levar a cabo uma experiência para provar que a luz é uma partícula. Uma alteraçãozinha nessa experiência provará que a luz é uma onda. Por conseguinte, para descrever o fenômeno da luz terão de ser usados tanto o conceito de partícula quanto o de onda. Portanto, estamos entrando agora num universo baseado no conceito a que os físicos deram o nome de complementaridade. Vale dizer, para descrever um fenômeno (se continuarmos a pensar em partículas e ondas), precisamos empregar os dois tipos de descrição. Esses tipos se completam, em lugar de se oporem uns aos outros.

Max Planck, por exemplo, descobriu que a energia da radiação do calor (como a do aparelho de aquecimento da sua casa) não é emitida continuamente, mas assume a forma de discretos "pacotes de energia", chamados *quanta.* Para Einstein, todas as formas de irradiação eletromagnética aparecem não só como ondas, mas também como *quanta*. Esses *quanta* de luz, ou pacotes de energia, foram aceitos como partículas genuínas. Nesta fase do jogo, a partícula, que é a definição mais próxima de "coisa", é um pacote de energia!

À maneira que penetramos mais profundamente na matéria, a natureza não nos mostra "blocos básicos de construção" isolados, como dava a entender a física de Newton. A busca de blocos básicos de construção teve de ser abandonada quando os físicos encontraram tantas partículas elementares que dificilmente poderiam chamar-se elementares. Por meio de experiências realizadas nos últimos decênios, verificaram os físicos que a matéria é completamente mutável e que, no nível subatômico, ela não existe em lugares definidos, mas mostra "tendências" para existir. Todas as partículas podem ser transmutadas em outras partículas. Podem ser criadas a partir da energia e transmutadas em outras partículas. Elas podem ser criadas a partir da energia e dissipar-se em energia. Não podemos determinar com exatidão onde e quando isso acontece, mas sabemos que acontece continuamente.

No nível pessoal, à proporção que penetramos cada vez mais no mundo da psicologia moderna e do desenvolvimento espiritual, descobrimos que as velhas formas do ou/ou também se dissolvem na forma do ambos/e. Já não somos maus ou bons; já não só amamos ou só odiamos alguém. Encontramos, dentro de nós, capacidades muito mais amplas. Podemos sentir tanto o amor como o ódio, e todas as emoções intermediárias, pela mesma pessoa. Agimos de maneira responsável. Vemos o velho dualismo de Deus/Diabo dissolvendo-se num todo em que encontramos o Deusa/Deus de dentro fundindo-se no Deus/Deusa de fora. Nada do que é mau se opõe a Deusa/Deus, mas resiste à força de Deus/Deusa. Tudo é composto da mesma energia. A força Deusa/Deus é, ao mesmo tempo, preta e branca, masculina e feminina. Contêm ambos tanto a luz branca como o vazio negro de veludo.

Como o leitor pode ver, estamos empregando ainda conceitos saturados de dualismo, mas este é um mundo de opostos "aparentes" que se completam, e não de opostos "verdadeiros". Neste sistema, o dualismo está sendo utilizado a fim de empurrar-nos para a frente, para a unidade.

Além do Dualismo – o Holograma

Descobriram os físicos que as partículas também podem ser ondas, porque não são ondas físicas reais, como as do som ou da água, senão, pelo contrário, ondas de probabilidade. As ondas de probabilidade não representam probabilidades de coisas, mas antes probabilidades de interconexões. Eis aí um conceito difícil de compreender, mas, essencialmente, os físicos estão dizendo que não existe nada parecido com uma "coisa". O que costumávamos chamar de "coisas" são, na realidade, "eventos" ou caminhos, que podem tornar-se eventos.

Nosso velho mundo de objetos sólidos e leis deterministas da natureza está dissolvido agora num mundo de modelos de interconexões em forma de ondas. Conceitos como o de "partícula elementar", "substância material" ou "objeto isolado" perderam o significado. O universo inteiro parece uma teia dinâmica de modelos inseparáveis de energia. Nessas condições, define-se como um todo dinâmico inseparável, que sempre inclui o observador de modo essencial.

A ser o universo composto, de fato, de uma teia dessa natureza, nada existe (logicamente) parecido com uma parte. Assim sendo, não somos partes separadas de um todo. Somos um Todo.

O físico Dr. David Bohm, em seu livro *A totalidade e a ordem implicada,* disse que as leis físicas principais não podem ser descobertas por uma ciência que tenta dividir o mundo em partes. Ele fala numa "ordem envolvida implícita" que existe num estado não manifesto e é o fundamento sobre o qual repousa toda a realidade manifesta. À realidade manifesta ele chama "a ordem desenvolvida explícita". "Vê-se que as partes estão em conexão imediata, na qual suas relações dinâmicas dependem, de maneira irredutível, do estado de todo o sistema... Desse modo, somos levados a uma nova noção de totalidade indivisa, que nega a ideia clássica de que o mundo é analisável em partes que existem separada e independentemente."

Assevera o Dr. Bohm que a visão holográfica do universo é uma base avançada para se começar a compreender a ordem envolvida implícita e a ordem desenvolvida explícita. O conceito do holograma sustenta que cada pedaço representa exatamente o todo e pode ser utilizado para reconstruir o holograma inteiro.

Em 1971, Dennis Gabor recebeu um Prêmio Nobel por haver construído o primeiro holograma, uma fotografia sem lente em que um campo de ondas de luz disseminada por um objeto era registrado como padrão de interferência sobre uma chapa. Quando se coloca o holograma ou o registro da fotografia num *laser* ou num raio de luz coerente, o padrão original de ondas se regenera numa imagem tridimensional. Cada pedaço do holograma é uma exata representação do todo e reconstruirá a imagem inteira.

O Dr. Karl Pribram, renomado investigador do cérebro, durante um decênio acumulou provas de que a estrutura profunda do cérebro é essencialmente holográfica. Afirma ele que a pesquisa de muitos laboratórios, por meio de análises sofisticadas de frequências temporais e/ou espaciais, demonstra que o cérebro estrutura a visão, a audição, o paladar, o olfato e o tato holograficamente. A informação é distribuída por todo o sistema, de modo que cada fragmento produz a informação do conjunto. O Dr. Pribram utiliza o modelo do holograma para descrever não somente o cérebro, mas o universo também. Diz ele que o cérebro emprega um processo holográfico para absorver um domínio holográfico que transcende o tempo e o espaço. Os parapsicólogos têm procurado a energia capaz de transmitir a telepatia, a psicocinese e a cura. Do ponto de vista do universo holográfico, esses eventos emergem de frequências que transcendem o tempo e o espaço; não precisam ser transmitidos. Potencialmente simultâneos, estão em toda parte.

Quando falarmos dos campos de energia da aura neste livro, estaremos empregando termos muito arcaicos do ponto de vista dos físicos. O fenômeno da aura está claramente e ao mesmo tempo dentro e fora do tempo linear e do espaço tridimensional. Como no caso das anamneses que já apresentei, "vi" os acontecimentos da puberdade de Ed quando ele quebrou o cóccix, porque ele trazia a experiência consigo no campo de energia. A "traição" do amante é percebida no campo de energia atual, e o clarividente, ao que tudo indica, recua no tempo e testemunha o evento tal qual aconteceu. Muitas experiências relatadas neste livro precisam de mais de três dimensões para serem explicadas; muitas parecem instantâneas. A capacidade de ver no interior do corpo, em qualquer nível, com uma resolução variável, implica o uso de dimensões adicionais. A capacidade de perceber acontecimentos do passado pela simples solicitação da informação, ou de ver um acontecimento provável e mudá-lo depois pela intervenção do processo de cura, implica o tempo não linear. A capacidade de ver um acontecimento que ocorrerá no futuro transcende o tempo linear.

Se utilizarmos o conceito dos campos para descrever a aura, estaremos afundando no dualismo; isto é, separaremos o campo de nós e "o" observaremos como fenômeno que existe como "parte" de nós. Usaremos expressões como "o meu campo" e "a aura dela", etc. Isso é dualístico. Preciso desculpar-me por isso e dizer que, francamente, neste ponto, sou totalmente incapaz de transmitir tais experiências sem utilizar as velhas estruturas.

Da estrutura holográfica da realidade cada pedaço de aura não somente representa, mas também contém o todo. Assim sendo, só podemos descrever nossa experiência com um fenômeno que, ao mesmo tempo, observamos e criamos. Cada observação cria um efeito no modelo observado. Não somos apenas parte do modelo; somos o modelo. Ele é nós e nós somos ele, só que o termo "ele" agora precisa ser abandonado e substituído por outro, mais apropriado, para soltar os bloqueios que experimentamos no cérebro quando tentamos nos comunicar.

Os físicos têm empregado as expressões "probabilidades de interconexões" ou "teia dinâmica de padrões inseparáveis de energia". Quando começamos a pensar em função de uma teia dinâmica de padrões inseparáveis de energia, todos os fenômenos áuricos descritos neste livro deixam de parecer inusitados ou estranhos.

Todas as experiências são interligadas. Portanto, se dermos atenção a isso e permitirmos que a intercoerência ingresse em nossos processos cognitivos, perceberemos todos os acontecimentos independentemente do tempo. Mas assim que dissermos "nós" teremos caído de volta no dualismo. É difícil experimentar essa coerência quando nossa principal experiência de vida é dualista. *A percepção holística estará fora do tempo linear e do espaço tridimensional e, por conseguinte, não será reconhecida com facilidade.* Precisamos praticar a experiência holística para podermos reconhecê-la.

A meditação é um dos meios de extrapolar os limites da mente linear e permite que a coerência de todas as coisas torne-se uma realidade experiencial. Essa realidade é muito difícil de comunicar por intermédio de palavras, porque fazemos uso delas de um modo linear. Precisamos desenvolver um vocabulário por meio do qual possamos levar-nos uns aos outros a essas experiências. Na meditação zen japonesa, os mestres dão aos discípulos uma frase curta para que se concentrem nela. A frase, chamada *koan,* destina-se a ajudar os alunos a ultrapassarem o pensamento linear. Eis aqui um dos meus favoritos:

Qual é o som de uma só mão batendo palma?

Minha reação a esse *koan,* tão conhecido, é ver-me estendida no universo, num modelo de som inaudito, que parece fluir para sempre.

Coerência Superluminar

Os cientistas agora estão descobrindo provas de uma coerência imediata universal dentro da estrutura da ciência, assim matemática como experimentalmente.

Em 1964, o físico J. S. Bell publicou uma prova matemática, conhecida como o teorema de Bell. O teorema de Bell sustenta matematicamente o conceito de que as "partículas" subatômicas estão ligadas de um modo que ultrapassa o espaço e o tempo, de modo que o que acontece numa partícula interessa a outras. O efeito, imediato, não precisa de "tempo" para ser transmitido. Segundo a teoria da relatividade de Einstein, uma partícula não pode viajar mais depressa do que a velocidade da luz. Segundo o teorema de Bell, os efeitos podem ser "superliminares" ou mais rápidos que a velocidade da luz. O teorema de Bell agora foi corroborado pela experimentação. Estamos falando de um fenômeno que está fora da teoria da relatividade de Einstein. Estamos tentando chegar além da dualidade onda/partícula.

Daí que, mais uma vez, à medida que progride o estado da arte do equipamento científico, permitindo-nos sondar mais profundamente a matéria com maior sensibilidade, encontramos fenômenos que a teoria atual não explica. Quando essa espécie de sondagem aconteceu no fim do século XIX, a descoberta da eletricidade revolucionou o mundo e nos fez refletir ainda mais profundamente sobre quem somos nós. Quando isso aconteceu outra vez na década de 1940, a força atômica revolucionou o mundo. Parece que nos dirigimos agora para outro período de tremenda mudança. Se os físicos aprendem como funciona essa coerência instantânea, é concebível que aprendamos a dar-nos conta, conscientemente, das nossas conexões instantâneas com o mundo e conosco. É evidente que isso revolucionaria a comunicação e alteraria drasticamente o modo com que interagimos entre nós. A conexão instantânea pode proporcionar-nos a capacidade de ler as mentes uns dos outros sempre que o quisermos. Poderíamos conhecer o que se passa em nós e nos outros e compreender-nos realmente de maneira profunda. Podemos ver também, com maior clareza, o modo com que nossos pensamentos, sentimentos (campos de energia) e atos interessam muito mais ao mundo do que cuidávamos outrora.

Campos Morfogenéticos

Em seu livro *A New Science of Life*, Rupert Sheldrake, sugere a hipótese de todos os sistemas serem regulados não somente por energia e fatores materiais conhecidos, mas também por campos invisíveis de organização. Esses campos, causativos por servirem de esquemas para a forma e o comportamento, não têm energia no sentido normal da palavra, porque o seu efeito atravessa as barreiras do tempo e do espaço normalmente aplicadas à energia. Isto é, seu efeito é tão forte a grandes distâncias quanto à queima-roupa.

De acordo com essa hipótese, toda vez que um membro de uma espécie aprende um novo comportamento, modifica-se o campo causativo da espécie, ainda que ligeiramente. Se o comportamento se repetir durante o tempo suficiente, sua "ressonância mórfica" dirá respeito à espécie inteira. Sheldrake chamou a essa matriz invisível "campo morfogenético" (de *morph*, "forma", e *genesis*, "vindo a ser"). A ação desse campo envolve "ação à distância", assim no espaço como no tempo. Em lugar de ser determinada por leis físicas alheias ao tempo, a forma depende da ressonância mórfica através do tempo. Isso quer dizer que os campos mórficos se propagam através do espaço e do tempo e que os eventos passados influenciam outros episódios em toda parte. Um exemplo disso se encontra no livro de Lyall Watson intitulado *Lifetide: The Biology of Consciousness*, em que o autor descreve o que agora é popularmente chamado o Princípio do Centésimo Macaco. Watson descobriu que, depois de um grupo de macacos aprender um novo comportamento, de repente, outros macacos, em outras ilhas, sem nenhum meio possível de comunicação "normal" entre eles, aprendem o mesmo comportamento.

Na publicação *Revisions*, o Dr. David Bohm assevera que o mesmo vale para a física quântica. Diz ele que o experimento de Einstein-Podolsky-Rosen mostrou a existência de conexões não locais, ou de conexões sutis de partículas distantes. De modo que a totalidade do sistema não permitiria fosse o campo formativo atribuído àquela partícula apenas. Ele só poderia ser atribuído ao todo. Assim, alguma coisa que aconteça a partículas distantes interessa ao campo formativo de outras partículas. Bohm prossegue afirmando que "a noção das leis intemporais que governam o universo não parece sustentar-se, porque o próprio tempo é parte da necessidade que se desenvolveu".

No mesmo artigo, Rupert Sheldrake conclui: "Nessas condições, o processo criativo, que dá origem a um novo pensamento, através do qual novos conjuntos são compreendidos, é semelhante, nesse sentido, à realidade criativa que dá origem a novos conjuntos no processo evolutivo. O processo criativo pode ser visto como um desenvolvimento sucessivo de conjuntos mais complexos e de nível mais elevado, em virtude de se conectarem umas às outras coisas antes separadas."

Realidade Multidimensional

Jack Sarfatti, outro físico, sugere em *Psychoenergetic Systems* que a coerência superliminar pode existir através de um plano mais elevado da realidade. Sugere ele que as "coisas" são mais ligadas e os acontecimentos mais "correlacionados" num plano de realidade "acima" do nosso, e que, nesse plano, as "coisas" estão ligadas por meio de um plano ainda mais elevado. Assim, atingindo um plano mais alto, compreendemos como funciona a coerência instantânea.

CONCLUSÃO

> Afiançam os físicos que a matéria não é formada de blocos básicos de construção, mas que o universo é um conjunto inseparável, uma extensa teia de probabilidades que interagem entre si e se entrelaçam. O trabalho de Bohm mostra que o universo manifesto emerge desse conjunto. Por isso entendo que, sendo partes inseparáveis do todo, podemos entrar num estado de ser holístico, ser o conjunto e absorver os poderes criativos do universo para curar instantaneamente alguém em qualquer lugar. Curadores há que conseguem fazê-lo, até certo ponto, fundindo-se e identificando-se com Deus e com o paciente.
>
> Sermos curadores significa mover-nos na direção da força criativa universal, que experimentamos como amor pela sua reidentificação com o eu, universalizando-nos e identificando-nos com Deus. Uma plataforma para chegar a essa totalidade consiste em abrir mão das limitadas definições do eu, baseadas em nosso passado newtoniano de partes separadas, e identificar-nos com o fato de sermos campos de energia. Se pudermos integrar essa realidade em nossas vidas

de modo prático e verificável, separaremos a fantasia de uma possível realidade mais ampla. Depois de nos associarmos a campos de energia, a consciência mais elevada se associa a uma frequência mais alta e a uma coerência maior.

Utilizando o modelo de Sarfatti, começamos a ver um mundo muito parecido com o que será descrito mais adiante neste livro: o mundo da aura e do campo de energia universal. Ali existimos em mais de um mundo. Nossos corpos mais elevados (frequências áuricas mais altas) são de uma ordem mais elevada e estão mais ligados aos corpos mais elevados de outros do que estão os nossos corpos físicos. À proporção que nossa percepção progride para frequências mais altas e corpos mais elevados, nós nos tornamos mais e mais ligados, até nos identificarmos finalmente com o universo. Usando o seu conceito, pode definir-se, então, a experiência meditativa como a experiência de alçar nossa consciência a uma frequência mais elevada, de modo que ela possa experimentar a realidade dos nossos corpos, da nossa consciência e dos mundos mais altos em que existimos.

Por isso mesmo examinemos os fenômenos do campo da energia para ver o que a ciência experimental pode dizer-nos.

Revisão do Capítulo 4

1. Como influíram as opiniões científicas em nossos conceitos de nós mesmos?
2. Por que a visão de um mundo físico fixo deixou de ser prática para nós?
3. O que havia de tão importante nas contribuições de Faraday e de Maxwell para as ideias a respeito do modo com que o mundo funciona?
4. O que vem a ser a coerência superliminar e qual é a sua importância para a nossa vida de todos os dias?
5. Como pode a ideia da realidade multidimensional ajudar a descrever o Campo de Energia Humano?

Matéria para reflexão

6. Imagine-se um holograma. Como é que isso o deixa sem limites?

Capítulo 5

HISTÓRIA DA INVESTIGAÇÃO CIENTÍFICA NO CAMPO DE ENERGIA HUMANO

Embora os místicos não tenham falado em campos de energia nem em formas bioplásmicas, suas tradições, que remontam a mais de 5.000 anos em todas as partes do globo, se harmonizam com as observações que os cientistas começaram a fazer recentemente.

Tradição Espiritual

Adeptos de todas as religiões falam em experimentar ou enxergar luz em torno da cabeça das pessoas. Através de práticas religiosas, como a meditação e a oração, eles atingem estados de consciência ampliada que lhes abrem as capacidades da Percepção Sensorial Elevada.

Antiga tradição espiritual indiana, de mais de 5.000 anos, menciona uma energia universal denominada *Prana,* vista como o constituinte básico e a origem de toda a vida. Prana, o alento da vida, move-se através de todas as formas e lhes dá vida. Os yogues praticam-lhe a manipulação por meio de técnicas de respiração, da meditação e de exercícios físicos destinados a manter estados alterados de consciência e a juventude muito além do espaço normal de vida.

Os chineses, no terceiro milênio a.C., postulavam a existência de uma energia vital a que davam o nome de *Ch'i.* Toda a matéria, animada ou inanimada, se compõe dessa energia universal e dela se impregna. O *Ch'i* contém duas forças polares, o *yin* e o *yang.* Quando o *yin* e o *yang* estão equilibrados, o sistema vivo estadeia saúde física; quando, porém, estão desequilibrados, daí resulta um estado mórbido. Um excesso de força do *yang* redunda em atividade orgânica demasiada. Quando o *yin* predomina, é causa de funcionamento insuficiente. Qualquer um desses desequilíbrios acarreta uma doença física. A antiga arte da acupuntura se concentra no equilíbrio dessas duas forças, o *yin* e o *yang*.

A Cabala, teosofia mística judaica que teve início por volta de 538 a.C., refere-se às mesmas energias como a luz astral. As pinturas religiosas cristãs retratam Jesus e outras figuras espirituais cercadas de campos de luz. No Antigo Testamento, existem inúmeras referências à luz em torno das pessoas e ao aparecimento de luzes, mas, no decorrer dos séculos, esses fenômenos perderam o significado original. A estátua de Moisés, de Miguel Ângelo, por exemplo, mostra o *karnaeem* como dois chifres na cabeça em lugar dos dois raios de luz a que o termo originalmente se referia. Em hebraico, essa palavra tanto significa chifre como luz...

Em seu livro *Future Science,* John White enumera 97 culturas diferentes que se referem aos fenômenos áuricos com 97 nomes diferentes.

Muitos ensinamentos esotéricos – os antigos textos védicos hindus, os teosofistas, os rosa-cruzes, o povo da Medicina Americana Nativa, os budistas tibetanos e indianos, a Sra. Blavatsky e Rudolph Steiner, para citar apenas alguns – descrevem pormenorizadamente o Campo de Energia Humano. Há pouco tempo, muita gente com estudos científicos modernos adicionou algumas observações num nível físico, concreto.

Tradição Científica: de 500 a.C. até o Século XIX

Em todo o discurso da história, a ideia de uma energia universal que impregna toda a natureza foi defendida por muitas mentes científicas ocidentais. Essa energia vital, percebida como um corpo luminoso, foi registrada, pela primeira vez na literatura ocidental, pelos pitagóricos, por volta de 500 a.C. Sustentavam eles que a sua luz produzia uma série de efeitos no organismo humano, incluindo a cura de doenças.

No século XII, dois eruditos, Boirac e Liebeault, viram que os humanos possuem uma energia capaz de causar interação entre indivíduos à distância. Relataram eles que uma pessoa pode exercer um efeito salubre ou insalubre sobre outra com sua simples presença. O sábio Paracelso, na Idade Média, chamou a essa energia "Illiaster" e disse que "Illiaster" se compõe ao mesmo tempo de força vital e de matéria vital. O matemático Helmont, no século XIX, visualizou um fluido universal que impregna toda a natureza e que não é uma matéria corpórea e condensável, mas um espírito vital puro, que penetra todos os corpos. Segundo Leibnitz, o matemático, os elementos essenciais do universo são centros de força que contêm o seu próprio manancial de movimento.

Outras propriedades dos fenômenos da energia universal foram observados, no século XIX, por Helmont e Mesmer, o fundador do mesmerismo, que depois se transformou em hipnotismo. Afirmaram eles que os objetos animados e inanimados podiam ser carregados com esse "fluido" e que os corpos materiais podiam exercer influência uns sobre os outros à distância, o que subentendia a existência de um campo de certo modo idêntico ao campo eletromagnético.

O Conde Wilhelm von Reichenbach passou 30 anos, em meados do século XIX, fazendo experiências com o "campo", a que dava o nome de força "ódica". Ele descobriu que essa força exibia muitas propriedades semelhantes às do campo eletromagnético que James Clerk Maxwell descrevera anteriormente no século XIX. Ele também descobriu que muitas propriedades eram exclusivas da força ódica e determinou que os polos de um ímã exibiam não só a polaridade magnética, mas também uma polaridade única, associada ao "campo ódico". Outros objetos, como os cristais, manifestam igualmente a polaridade única sem que eles mesmos sejam magnéticos. Os polos do campo da força ódica têm como propriedades subjetivas o serem "quentes, vermelhos e desagradáveis", ou "azuis, frios e agradáveis" à observação de indivíduos sensíveis. Além disso, precisou que polos opostos não se atraem, como acontece no eletromagnetismo. Descobriu que, com a força ódica, polos semelhantes se atraem – ou o semelhante atrai o semelhante. Esse é um fenômeno áurico importantíssimo, como veremos mais adiante.

Von Reichenbach estudou a relação entre as emissões eletromagnéticas do sol e as concentrações associadas do campo ódico. Descobriu ainda que a maior concentração dessa energia se encontra dentro das áreas vermelha e azul-violeta do espectro solar. Afirmou que cargas opostas produziam sensações subjetivas de calor e frio em graus variáveis de força relacionáveis com a tabela periódica por uma série de testes fortuitos. Todos os elementos eletropositivos davam aos sujeitos sensações de calor e produziam sensações desagradáveis; todos os elementos eletronegativos pendiam para o lado frio, agradável, com o grau de intensidade da sensação paralela à sua posição na tabela periódica. Essas sensações, que variavam entre o quente e o frio, correspondiam às cores espectrais que variam entre o vermelho e o anil.

Verificou Von Reichenbach que o campo ódico pode ser conduzido através de um fio, que a velocidade da condução é muito lenta (aproximadamente

4 metros por segundo ou 13 pés por segundo) e que a velocidade parece depender mais da densidade da massa do material do que da sua condutibilidade elétrica. Ademais, os objetos podiam ser carregados dessa energia de um modo análogo ao com que se carregam pelo emprego de um campo elétrico. Outras experiências demonstraram que parte do campo pode ser focalizado como a luz, através de uma lente, ao passo que outra parte flui à volta da lente da mesma maneira com que a chama de uma vela flui em torno de objetos colocados no seu caminho. A porção defletida do campo ódico também reagiria como a chama de uma vela exposta às correntes de ar, sugerindo que a composição semelha à de um fluido gasoso. Pelo que se depreende desses experimentos, o campo áurico tem propriedades que dão a entender seja ele não só de natureza particulada, como um fluido, mas também energética, como as ondas de luz.

Von Reichenbach descobriu que a força no corpo humano produz uma polaridade semelhante à que se acha presente nos cristais ao longo dos eixos principais. Baseado nessa evidência experimental, descreveu o lado esquerdo do corpo como um polo negativo e o direito como um polo positivo. Este é um conceito semelhante ao dos antigos princípios chineses do *yin* e do *yang* mencionados acima.

Observações Feitas por Médicos do Século XX

Podemos inferir dos parágrafos precedentes que os estudos, até o século XX, foram levados a efeito para observar as diferentes características de um campo de energia que envolve os humanos e outros objetos. A partir de 1900, muitos médicos também se interessaram pelo fenômeno.

Em 1911, o Dr. William Kilner, médico, relatou seus estudos do Campo de Energia Humano tal como se fosse visto através de telas e filtros coloridos. Escreveu ter visto uma névoa brilhante ao redor de todo o corpo em três zonas: (a) uma camada escura de cerca de 6 mm mais próxima da pele, cercada por (b) uma camada mais vaporosa de cerca de 25 mm de largura que fluía perpendicularmente ao corpo, e (c) um pouco mais para fora, uma delicada luminosidade externa, de contornos indefinidos, de cerca de 152 mm de espessura. Averiguou Kilner que a aparência da "aura" (como lhe chamou) difere consideravelmente de sujeito para sujeito, dependendo da idade, do sexo, da capacidade mental e da saúde. Certas doenças apareciam como manchas ou irregularidades da aura, o que o levou a desenvolver um sistema de diagnósticos na base da cor, da contextura, do volume e da aparência geral do invólucro.

Algumas doenças que ele diagnosticou dessa maneira foram infecções do fígado, tumores, apendicite, epilepsia e distúrbios psicológicos, como a histeria.

Nos meados da década de 1900, o Dr. George De La Warr e a Dra. Ruth Drown construíram novos instrumentos para detectar radiações de tecidos vivos. Ele desenvolveu a Radiônica, sistema de detecção, diagnóstico e cura à distância, utilizando o campo da energia biológica humana. Seus trabalhos mais impressionantes são fotografias tiradas usando o cabelo do paciente como antena. Essas fotografias mostravam formações internas de enfermidades em tecidos vivos, como tumores e cistos no interior do fígado, tuberculose nos pulmões e tumores malignos no cérebro. Até um feto vivo de três meses de idade foi fotografado no útero.

O Dr. Wilhelm Reich, psiquiatra e colega de Freud nos primórdios do século XX, passou a interessar-se por uma energia universal a que deu o nome de *orgone*. Ele estudou a relação entre os distúrbios do fluxo do *orgone* no corpo humano e as doenças psicológicas. Desenvolveu uma modalidade psicoterapêutica, em que as técnicas analíticas freudianas para descobrir o inconsciente são integradas em técnicas físicas a fim de liberar bloqueios para o fluxo natural de energia do *orgone* no corpo. Liberando os bloqueios de energia, Reich clareava estados mentais e emocionais negativos.

No período que foi dos anos 30 aos 50, Reich realizou experiências com essas energias empregando a mais moderna instrumentação eletrônica e médica da época. Observou-as pulsando no céu e em torno de todos os objetos orgânicos e inanimados. Observou pulsações de energia orgônica, que se irradiavam de microrganismos, empregando um microscópio potentíssimo, construído especialmente para isso.

Reich construiu uma porção de aparelhos físicos destinados ao estudo do campo do *orgone*. Um deles foi o "acumulador", capaz de concentrar a energia orgônica, usado para carregar objetos com essa energia. Ele observou que um tubo de descarga de vácuo conduziria uma corrente de eletricidade, num potencial consideravelmente mais baixo do que o seu potencial de descarga normal, depois de carregado por longo tempo num acumulador. Além disso, afirmava aumentar o índice de decadência nuclear de um radioisótopo colocando-o num acumulador de *orgone*.

O Dr. Lawrence Bendit e Phoebe Bendit fizeram extensas observações do Campo de Energia Humano na década de 1930, e relacionaram esses campos com a saúde, a cura e o desenvolvimento da alma. O trabalho deles acentua a importância do conhecimento e da compreensão das poderosas forças etéricas formativas, que constituem os alicerces da saúde e da cura do corpo.

Mais recentemente, a Dra. Schafica Karagulla correlacionou observações visuais de sensitivos com a desordem física. Uma clarividente chamada Dianne, por exemplo, observou os padrões de energia de pessoas doentes e descreveu-lhes, com muita precisão, os problemas médicos – desde perturbações cerebrais até obstruções do cólon. Tais observações do corpo etérico revelam a existência de um corpo ou campo de energia vital, que forma a matriz, a qual penetra o denso corpo físico como teia reluzente de raios de luz. Essa matriz energética é o modelo básico sobre o qual se afeiçoa e firma a matéria física dos tecidos, que só existem como tais por força do campo vital que os sustenta.

A Dra. Karagulla também correlacionou a perturbação dos chakras com a doença. A sensitiva Dianne, por exemplo, qualificou o chakra da garganta de um paciente de superativa, com uma coloração vermelha e cinza escura. Quando Dianne olhou para a tireoide, notou-lhe uma contextura demasiado esponjosa e mole. O lado direito da tireoide não funcionava tão bem quanto o esquerdo. De acordo com o diagnóstico levado a cabo com técnicas médicas normais, o paciente era portador da doença de Graves, que provoca a dilatação da tireoide, de modo que o lobo direito se apresenta maior do que o esquerdo.

A Dra. Dora Kunz, presidente da Seção Americana da Sociedade Teosófica, trabalhou durante muitos anos com profissionais da medicina e com curas. Em *The Spiritual Aspects of the Healing Arts,* ela observou que, "quando o campo vital é saudável, há em seu interior um ritmo autônomo natural", e que "cada órgão do corpo tem o ritmo energético correspondente no campo etérico. Entre as esferas dos vários órgãos, os ritmos diferentes interagem como se estivesse ocorrendo uma função de transferência; estando o corpo inteiro e sadio, os ritmos se transferem facilmente de órgão para órgão. Com a patologia, porém, tanto os ritmos como os níveis de energia se modificam. O resíduo, por exemplo, de uma apendicectomia cirúrgica pode ser percebido no campo. Os tecidos físicos agora adjacentes uns aos outros têm a função de transferência de energia alterada em relação à que foi anteriormente modulada pelo apêndice. Em física, dá-se o nome de combinação de impedância ou má combinação. Cada tecido adjacente apresenta uma 'combinação de impedância', o que quer dizer que a energia flui facilmente através de todo o tecido. A cirurgia ou a enfermidade modifica a combinação de impedância, de modo que a energia, até certo ponto, é mais dissipada do que transferida".

O Dr. John Pierrakos criou um sistema de diagnóstico e tratamento de distúrbios psicológicos baseado em observações visuais do campo de energia humano e de observações derivadas do pêndulo. A informação tirada de suas observações dos corpos de energia combina-se com métodos psicoterapêuticos do corpo desenvolvidos em Bioenergética e com um trabalho conceptual desenvolvido por Eva Pierrakos. Denominado Energética do Núcleo, esse é um processo unificado de cura interior, que concentra o trabalho através das defesas do ego e da personalidade para desobstruir as energias do corpo. A Energética do Núcleo procura equilibrar todos os corpos (físico, etérico, emocional, mental e espiritual) para lograr uma cura harmoniosa da pessoa inteira.

Do trabalho acima, e de outros, concluo que as emissões de luz do corpo humano estão intimamente relacionadas com a saúde. Adianto que é muito difícil encontrar um modo de quantificar as emissões de luz sem ter à mão uma instrumentação padronizada de medição que torne a informação acessível aos médicos para o diagnóstico clínico e para a própria energia útil ao tratamento.

Meus colegas e eu realizamos diversas experiências para medir o CEH. Numa delas, o Dr. Richard Dobrin, o Dr. John Pierrakos e eu medimos o nível de luz num comprimento de onda de aproximadamente 350 nanômetros numa sala escura, antes, durante e depois da presença de indivíduos ali. Os resultados evidenciam ligeiro aumento de luz na sala escura quando se acham presentes algumas pessoas. Num caso, o nível de luz realmente diminuiu, alguém que se sentia muito cansado e cheio de desespero estava presente. Em outra experiência, feita com o Clube de Parapsicologia das Nações Unidas, foi-nos possível mostrar parte do campo áurico na televisão em branco e preto com o emprego de um dispositivo chamado colorizador, que nos permite ampliar grandemente as variações de intensidade da luz perto do corpo. Em outra experiência ainda, realizada na Drexel University, com o Dr. William Eidson e Karen Gestla (sensitiva que trabalhou com o Dr. Rhine na Duke University durante muitos anos), conseguimos afetar, quer dobrando, quer atenuando, um pequeno raio *laser* de dois miliwatts com energia áurica. Todas essas experiências ajudaram a comprovar a existência dos campos de energia, mas não foram concludentes. Expuseram-se os resultados em âmbito nacional na rede de televisão da NBC, mas não se levaram a cabo novas pesquisas por falta de verbas.

No Japão, Hiroshi Motoyama mediu níveis baixos de luz provenientes de pessoas que praticaram yoga por muitos anos. Ele fez esse trabalho numa sala escura, utilizando uma câmara de cinema de nível de luz baixo.

O Dr. Zheng Rongliang, da Universidade de Lanzhou, na República Popular da China, mediu a energia (denominada "Qi" ou "Ch'i") irradiada pelo corpo humano, empregando um detector biológico feito da veia de uma folha ligada a um dispositivo de fotoquantum (destinado a medir a luz baixa). Ele estudou as emanações de um campo de energia de um mestre de Qigong (o Qigong é uma antiga forma chinesa de exercício de saúde) e as emanações do campo de energia de um clarividente. Os resultados dos estudos mostram que o sistema de detecção corresponde à irradiação em forma de pulsação. A pulsação que emana da mão do mestre de Qigong é muito diferente da que provém da mão do clarividente.

Mostrou-se no Instituto Nuclear Atômico de Xangai da Academia Sinica que algumas emanações de força vital dos mestres de Qigong parecem ter uma onda de som de frequência muito baixa, que se apresenta como onda portadora flutuante de baixa frequência. Em alguns casos, o Qi também era detectado como um fluxo de micropartículas. O tamanho dessas partículas era, aproximadamente, de 60 micros de diâmetro e desenvolviam uma velocidade de cerca de 20-50 cm por segundo (ou 8-20 polegadas por segundo).

Faz alguns anos que um grupo de cientistas soviéticos do Instituto de Bioinformações de A. S. Popow anunciou haver descoberto que organismos vivos emitem vibrações de energia numa frequência que oscila entre 300 e 2.000 nanômetros, e deu a essa energia o nome de biocampo ou bioplasma. Verificaram os cientistas soviéticos que pessoas capazes de realizar uma transferência bem-sucedida de bioenergia possuem um biocampo muito mais amplo e muito mais forte. Tais descobertas, confirmadas na Academia de Ciências Médicas de Moscou, são corroboradas por pesquisas feitas na Grã-Bretanha, na Holanda, na Alemanha e na Polônia.

O estudo mais emocionante que vi sobre a aura humana foi feito pela Dra. Valorie Hunt e outros da UCLA. Numa análise dos efeitos do *rolfing* sobre o corpo e a psique ("estudo do campo de energia neuromuscular estrutural e dos enfoques emocionais"), ela registrou a frequência de sinais de milivoltagem baixa emitidos pelo corpo durante uma série de sessões de *rolfing*. Para fazer os registros, utilizou eletrodos elementares feitos de prata/cloreto de prata colocados sobre a pele. Simultaneamente, com o registro dos sinais eletrônicos, a Rev. Rosalyn Bruyere, do Centro de Luz Curativa, de Glendale, na Califórnia, observou as auras não só do agente da sessão, como também do seu paciente. Seus comentários foram registrados na mesma fita de gravação dos dados eletrônicos. Ela fez um registro contínuo da cor, do tamanho e dos movimentos da energia dos chakras e das nuvens áuricas envolvidos.

Em seguida, os cientistas analisaram, à luz da matemática, os modelos de ondas registrados por uma análise de Fourier e uma análise da frequência de um sonograma. Ambas ostentaram resultados notáveis. Formas e frequências constantes de ondas correlacionavam-se especificamente com as cores registradas pela Rev. Bruyere. Em outras palavras, quando a Rev. Bruyere observava a cor azul na aura, em qualquer localização específica, as mensurações eletrônicas mostravam sempre a forma e a frequência de ondas azuis, características nas mesmas localizações. A Dra. Hunt repetiu a experiência com sete outros leitores de auras. Eles viram cores áuricas que se correlacionavam com os mesmos modelos de frequência/onda. Os resultados de fevereiro de 1988 da pesquisa em andamento mostram as seguintes correlações entre a cor e a frequência (Hz = Hertz, ou ciclos por segundo):

Azul	250-275 Hz mais 1.200 Hz
Verde	250-475 Hz
Amarelo	500-700 Hz
Laranja	950-1.050 Hz
Vermelho	1.000-1.200 Hz
Violeta	1.000-2.000 mais 300-400; 600-800 Hz
Branco	1.100-2.000 Hz

Essas faixas de frequência, excetuando-se as faixas extras no azul e no violeta, estão em ordem inversa à das cores do arco-íris. As frequências medidas são uma assinatura da instrumentação e da energia que está sendo medida.

Diz a Dra. Hunt: "No decorrer dos séculos em que os sensitivos viram e descreveram as emissões áuricas, esta é a primeira prova eletrônica objetiva da frequência, da amplitude e do tempo, que lhes valida a observação subjetiva da descarga de cor."

O fato de as frequências de cor aqui descobertas não duplicarem as da luz nem as do pigmento não invalida a descoberta. Quando compreendemos que o que vemos como cores são frequências captadas pelos olhos, diferenciadas e para as quais existe uma palavra-símbolo, nada indica que os centros de processamento dos olhos e do cérebro só interpretam a cor em altas frequências. O critério final para a experiência da cor é a interpretação visual. Entretanto, com instrumentos mais aprimorados, técnicas de redução de registros e dados mais aperfeiçoados, esses dados, que hoje vão essencialmente até 1.500 Hz, logo estarão contendo frequências muito mais elevadas.

A Dra. Hunt afirmou também que "os chakras traziam amiúde as cores indicadas na literatura metafísica, vale dizer: kundalini-vermelho, hipogastro-laranja, baço-amarelo, coração-verde, garganta-azul, terceiro olho-violeta e parte superior da cabeça-branco. A atividade de certos chakras parecia desencadear um aumento da atividade de outro. O chakra do coração sempre era o mais ativo. Os sujeitos tinham inúmeras experiências emocionais, imagens e esquecimentos ligados às diferentes áreas do corpo sujeitas ao *rolfing*. Essas descobertas confirmaram a crença de que a memória das experiências se armazena no tecido do corpo".

Por exemplo, quando as pernas de alguém estão sendo submetidas ao *rolfing*, esse alguém pode, perfeitamente, reviver as experiências da primeira infância, quando era submetido ao treinamento do penico. Ele não só recordará a experiência, mas também tornará a vivê-la emocionalmente. Muitas vezes, os pais tentam treinar o filho para sentar-se no penico antes que o corpo da criança tenha realizado as conexões entre o cérebro e o músculo do esfíncter que regula a eliminação. Uma vez que não pode controlar fisiologicamente o esfíncter, a criança compensará essa incapacidade comprimindo os músculos das coxas, o que sobrecarrega o corpo de grande quantidade de pressões e tensões. Muitas vezes, a tensão é carregada por toda a vida, ou até que se faça um profundo trabalho de corpo, como o *rolfing* e a bioenergética. Aí, então, quando se liberam a tensão e a pressão do músculo, libera-se também a memória. Outro exemplo de conservação da tensão da memória são os ombros rígidos com que muitos de nós vivemos. Isso provém do fato de mantermos nos ombros o medo ou a ansiedade. Você pode perguntar a si mesmo: O que é que você tem medo de não ser capaz de realizar, ou o que imagina que acontecerá se não for bem-sucedido?

CONCLUSÃO

Se definirmos o Campo de Energia Humano como todos os campos ou emanações do corpo humano, veremos que muitos componentes conhecidos do CEH já foram medidos em laboratório. São os componentes eletrostáticos, magnéticos, eletromagnéticos, sônicos, térmicos e visuais do CEH. Todas as mensurações se harmonizam com os processos fisiológicos normais do corpo e os extrapolam, a fim de proporcionar um veículo para o funcionamento psicossomático.

As mensurações da Dra. Hunt mostram frequências definidas para cores definidas da aura. Tais frequências podem ter sons concomitantes mais altos, não registrados em virtude das limitações do equipamento de laboratório utilizado.

As medidas supramencionadas mostram também que o CEH, de natureza particulada, possui movimentos semelhantes aos de um fluido, como as correntes de ar ou de água. Essas partículas são minúsculas e até subatômicas, conforme alguns investigadores. Quando partículas diminutas carregadas se movimentam em nuvens, são, em geral, chamadas plasmas pelos físicos. Os plasmas obedecem a leis físicas, o que leva os físicos a considerá-los um estado entre a energia e a matéria. Muitas propriedades do CEH, medidas em laboratório, sugerem um quinto estado da matéria, que alguns cientistas denominam "bioplasma".

Esses estudos mostram que o modelo comum do corpo, consistente em sistemas (como o sistema digestivo), é insuficiente. Faz-se necessário criar um modelo adicional, baseado no conceito de um campo de energia organizador. O modelo de um campo eletromagnético (CEM) complicado não serve de todo a esse propósito. Muitos fenômenos psíquicos associados ao CEH, como a preconização ou a percepção de informações da vida passada, não podem ser explicados com um modelo do CEM.

Segundo a Dra. Valorie Hunt, o corpo pode ser "encarado desde um conceito de *quantum* de energia, decorrente da natureza celular atômica do corpo em funcionamento, que atravessa todos os tecidos e sistemas". Sugere ela que a visão holográfica do CEH seria uma boa. "O conceito de holograma, que surge na física e na pesquisa do cérebro, parece proporcionar uma visão cósmica realmente unificadora da realidade, que exige a reinterpretação de todos os descobrimentos biológicos em outro plano."

Marilyn Ferguson declarou no *Brain Mind Bulletin* que "o modelo holístico foi descrito como o 'paradigma emergente', uma teoria integral que apreenderia todos os maravilhosos animais selvagens da ciência e do espírito. Aqui, finalmente, está uma teoria que une a biologia à física num sistema aberto".

Revisão do Capítulo 5

1. Como foi medido o CEH?
2. Quando os seres humanos vieram a saber, pela primeira vez, da existência do fenômeno áurico?
3. Quando a aura foi observada pela primeira vez no século XIX, e por quem?
4. Como o fenômeno do CEH vai além do que a ciência de hoje conhece?
5. Do ponto de vista da ciência teórica e experimental de hoje, cite um bom modelo para explicar o fenômeno do CEH.

Capítulo 6

O CAMPO DA ENERGIA UNIVERSAL

....

Quando, já adulta, comecei a ver de novo os campos da energia vital, tornei-me cética e confusa. Ainda não encontrara a literatura (mencionada nos dois capítulos anteriores), nem recebera nenhuma das orientações citadas no Capítulo 3. É claro que, como cientista, eu conhecia os campos de energia, mas eles eram impessoais e definidos por fórmulas matemáticas. Estariam realmente ali? Teriam algum significado? Não estaria eu fabricando minhas experiências? Seria aquilo mera suposição de que a coisa existia só porque eu queria que ela existisse, ou eu estava experimentando outra dimensão da realidade dotada de significado, ordenada e sumamente útil à compreensão das circunstâncias da minha vida atual e, com efeito, da vida como um todo?

Eu já lera a respeito dos milagres de antanho, mas todos tinham acontecido, no passado, a alguém que eu não conhecia. Muita coisa parecia boato e fantasia. A parte da física que havia em mim precisava de observação e de controle para provar que esses fenômenos eram "reais ou irreais". Por isso comecei a coligir dados, isto é, experiências pessoais, a fim de ver se ajustavam a alguma forma ou sistema lógico, como se ajusta o mundo físico. Eu acreditava, como Einstein, que "Deus não joga dados com o Universo".

Descobri que os fenômenos que eu observava eram muito parecidos com o mundo com o qual eu estava familiarizada, bem ordenado na forma, no formato e na cor, e claramente baseado em relações de causa e efeito. Mas havia sempre algo mais ali, alguma coisa que continuava desconhecida, inexplicável, um mistério. Cheguei a compreender quão tediosa seria a vida sem o mistério desconhecido que vivia dançando diante de nós à medida que nos movíamos através... do quê? Do tempo e do espaço? Eu costumava pensar assim. Vejo agora que nos movemos através de experiências pessoais de "realidade" – pensando, sentindo, experimentando, sendo, fundindo-nos, individualizando-nos, apenas para fundir-nos outra vez numa dança infinita de transformação, à proporção que a alma se forma, cresce e caminha para Deus.

O que eu observava se correlacionava com os muitos livros esotéricos escritos sobre a aura e os campos de energia. As cores se correlacionavam; os movimentos, os formatos e as formas se correlacionavam. A maior parte do que leio, costumo ler depois de fazer minhas observações, como se uma mão invisível quisesse que eu primeiro experimentasse um fenômeno antes de ler alguma coisa sobre ele, de modo que não pudesse projetar nenhuma imagem mental formada a partir da minha leitura. Agora acredito com firmeza na experiência de guiamento, que se move através da minha vida inteira e a impregna como uma canção, sempre me conduzindo a novas experiências, a novas lições, à proporção que cresço e me desenvolvo como ser humano.

Exercício para Ver os Campos de Energia Vital do Universo

A maneira mais fácil de começarmos a observar o campo de energia do universo é, simplesmente, deitar-nos de costas, relaxados, na grama, num bonito dia de sol, e olhar para o céu azul. Depois de algum tempo, veremos minúsculos glóbulos de *orgone* formando linhas onduladas contra o céu azul. Parecem minúsculas bolinhas brancas, às vezes com um ponto preto, que surgem por um segundo ou dois, deixam um ligeiro traço e tornam a desaparecer. Se você persistir na observação e expandir a visão, começará a ver que todo o campo pulsa num ritmo sincronizado. Nos dias de sol, as minúsculas bolinhas de energia, brilhantes, movem-se depressa. Nos dias enevoados, mais translúcidas, movem-se devagar e são em menor número. Numa cidade envolta em névoa e fumaça, são menos abundantes, escuras, e movem-se muito devagar. Estão subcarregadas. Os glóbulos mais numerosos e mais brilhantemente carregados que já observei foi nos Alpes Suíços, onde há muitos dias ensolarados e a neve cobre tudo com densas correntes. Aparentemente, a luz do sol carrega os glóbulos.

Agora, transfira o olhar para o alto das copas das árvores erguidas contra o céu azul. Verá uma névoa fina ao redor delas. Por curioso que pareça, você também notará que não há glóbulos na névoa. Mas se olhar com mais atenção, verá os glóbulos no alto da névoa verde, modificando o seu padrão ondulado e fluindo para a aura da árvore, onde desaparecem. Aparentemente, a aura da árvore absorve os glóbulos minúsculos. O verde ao redor da árvore aparece na fase da folheação, durante a primavera e o verão. No início da primavera, a aura da maioria das árvores apresenta uma tonalidade entre cor-de-rosa e avermelhada, semelhante à cor dos brotos vermelhos das árvores.

Se você olhar com atenção para uma planta de casa, verá um fenômeno semelhante. Coloque a planta debaixo de luzes brilhantes com um quadro escuro atrás dela. Verá linhas de cintilação verde-azulada subindo pela planta, ao longo das folhas, na direção em que ela cresce.

Elas cintilarão de repente; depois a cor se esvai, aos poucos, apenas para cintilar outra vez no lado oposto da planta. Essas linhas reagirão à sua mão ou a um pedaço de cristal, se você os aproximar da aura da planta. Quando afastar o cristal, verá que a aura da planta e a aura do cristal se esticarão para manter contato. Elas puxam como bala de goma (Veja a figura 6-1).

Figura 6-1: O efeito da pedra na aura da planta

Tentei ver, certa vez, o efeito da folha fantasma, do qual tanto se fala na fotografia Kirlian. Empregando os métodos da fotografia Kirlian, houve quem fotografasse a imagem de uma folha inteira depois que a metade lhe fora cortada. Observei a aura da folha. Era de um azul médio. Quando a cortei, a aura de toda a folha apresentou uma coloração castanho-avermelhada. Voltei atrás e pedi desculpas à planta. Quando se restabeleceu a cor azul, em um ou dois minutos, mostrava sinais definidos da parte que faltava, mas não tão claros quanto eu os vira nas fotografias Kirlian (Veja a Figura 6-2).

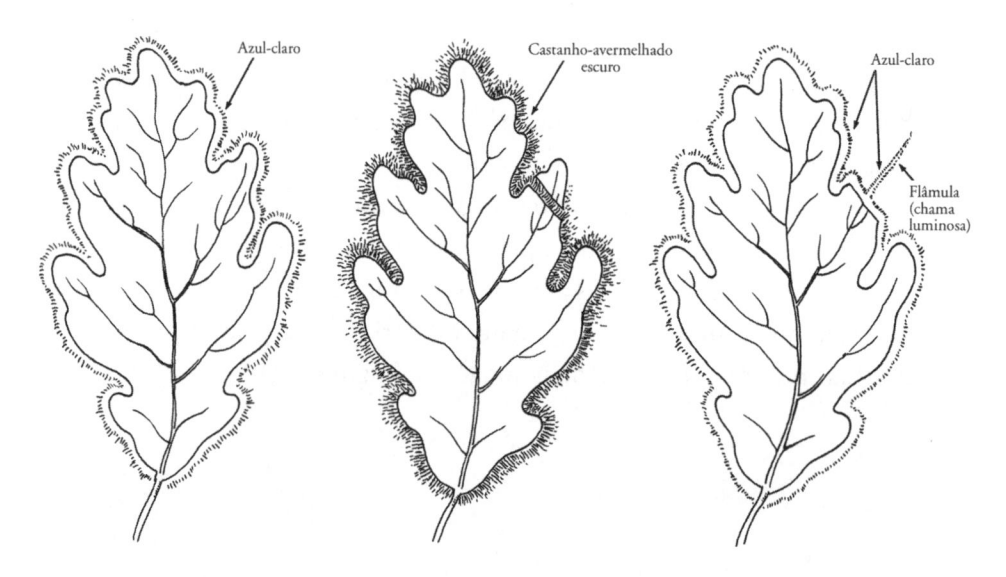

Figura 6-2: Verificação do efeito da folha fantasma

Os objetos inanimados também têm aura. A maioria dos objetos pessoais, impregnados da energia do dono, irradiam essa energia. As gemas e os cristais mostram auras interessantes com muitos padrões acamados e complicados, que podem ser usados na cura. A ametista, por exemplo, tem uma aura dourada, com raios de ouro que partem de suas pontas naturalmente facetadas.

Características do Campo de Energia Universal

Como ficou dito no Capítulo 5, o CEU (Campo de Energia Universal), conhecido e observado através dos séculos, tem sido estudado desde os tempos históricos mais remotos. Cada cultura tinha um nome diferente para o fenômeno do campo de energia e o encarava do seu ponto de vista particular. Quando descrevia o que via, cada cultura encontrava propriedades básicas semelhantes no CEU. À proporção que o tempo foi passando e se desenvolveu o método científico, a cultura ocidental pôs-se a investigar o CEU de maneira mais rigorosa.

À medida que o estado da arte do nosso equipamento científico se torna mais sofisticado, habilitamo-nos para medir qualidades mais finas do CEU. Dessas investigações podemos conjeturar que o CEU se compõe, provavelmente, de uma energia ainda não definida pela ciência ocidental, ou possivelmente de uma matéria de substância mais fina do que a que geralmente julgamos participar da constituição da matéria. Se definirmos a matéria como energia condensada, o CEU poderá existir entre o que presentemente se considera o reino da matéria e o reino da energia. Como já vimos, alguns cientistas chamam ao fenômeno do CEU de bioplasma.

O Dr. John White e o Dr. Stanley Krippner enumeram muitas propriedades do Campo da Energia Universal: o CEU impregna todo o espaço, os objetos animados e inanimados, e liga todos eles uns aos outros; flui de um objeto para outro; e sua densidade varia na razão inversa da distância da sua origem. Também obedece às leis da indutância harmônica e da ressonância simpática – o fenômeno que ocorre quando você bate num diapasão e outro, perto dele, que começa a vibrar na mesma frequência, emitindo o mesmo som.

As observações visuais revelam que o campo está organizado numa série de pontos geométricos, pontos de luz pulsantes isolados, espirais, teias de linhas, faíscas e nuvens. Pulsa e pode ser sentido pelo toque, pelo gosto, pelo cheiro e com um som e uma luminosidade perceptíveis aos sentidos mais elevados.

Afirmam os pesquisadores desse campo que o CEU é basicamente sinérgico, o que supõe a ação simultânea de atividades separadas que, juntas, têm um efeito total maior do que a soma dos efeitos individuais. Esse campo é o oposto da entropia – termo usado para descrever o fenômeno da lenta decadência que tão comumente observamos na realidade física, a destruição da forma e da ordem. O CEU tem um efeito organizador sobre a matéria e constrói formas. Parece existir em mais de três dimensões. Quaisquer mudanças que ocorrem no mundo material são precedidas de mudança nesse campo. O CEU está sempre associado a alguma forma de consciência, que vai desde a mais altamente desenvolvida até a mais primitiva. A consciência altamente desenvolvida se associa às "vibrações mais altas" e aos níveis de energia.

Nessas circunstâncias, vemos que, de alguma forma, o CEU não é tão diferente de tudo o mais que conhecemos na natureza. Entretanto, ele nos faz ampliar a mente para compreender todas as propriedades que possui. Em alguns níveis, é uma coisa "normal", como o sal ou a pedra; tem propriedades que podemos definir com métodos científicos normais. Por outro lado, se continuarmos a sondar-lhe cada vez mais profundamente a natureza, ele escapará às explicações científicas normais. E se tornará esquivo. Pensamos, então, que o "colocamos em seu lugar", a par com a eletricidade e outros fenômenos menos insólitos, mas ele torna a fugir-nos por entre os dedos e leva-nos a pensar: "O que é ele, afinal de contas? Mas, nesse caso, o que é também a eletricidade?"

O CEU existe em mais de três dimensões. Que significa isso? Significa que ele é sinérgico e constrói formas. Isso contraria a segunda lei da termodinâmica, segundo a qual a entropia está sempre aumentando, o que quer dizer que no universo a desordem está sempre aumentando, e que não podemos tirar de alguma coisa mais energia do que a que nela colocamos. Sempre obtemos de alguma coisa um pouco menos de energia do que a que colocamos nela. (A máquina de movimento perpétuo nunca foi construída.) Não é esse o caso do CEU. Parece que ele continua sempre a criar mais energia. À semelhança da cornucópia, mantém-se constantemente cheio, por mais que tiremos dele. Esses conceitos, emocionantes, nos dão uma visão muito esperançosa do futuro quando nos arriscamos a mergulhar mais profundamente no pessimismo da idade nuclear. Algum dia, talvez, sejamos capazes de construir uma máquina que possa captar a energia do CEU e ter toda a energia de que precisamos sem a ameaça de nos ferirmos.

Revisão do Capítulo 6

1. O que é aura?
2. O dinheiro tem aura?
3. O que é que não tem aura?
4. Descreva o CEU.

CAPÍTULO 7

O CAMPO DE ENERGIA HUMANO OU A AURA HUMANA

O Campo de Energia Humano é a manifestação da energia universal intimamente envolvida na vida humana. Pode ser descrito como um corpo luminoso que cerca o corpo físico e o penetra, emite sua radiação característica própria e é habitualmente denominado "aura". A aura é a parte do CEU associada a objetos. A aura humana, ou Campo de Energia Humano (CEH), é a parte do CEU associada ao corpo humano. Baseados nas suas observações, os pesquisadores criaram modelos teóricos que dividem a aura em diversas camadas. Essas camadas, às vezes, chamadas *corpos,* se interpenetram e cercam umas às outras em camadas sucessivas. Cada corpo se compõe de substâncias mais finas e de "vibrações" mais altas à medida que se afasta do corpo físico.

Exercício para Ver a Aura Humana

Para você começar a sentir o CEH recomendo-lhe alguns exercícios. Se você, por exemplo, se achar num grupo de pessoas, faça-as formarem um círculo dando-se as mãos. Deixe que a energia do campo áurico dessas pessoas flua em torno do círculo. Sinta-o pulsar por algum tempo. Para que lado vai ele? Verifique para que lado ele vai no entender do seu vizinho imediato. As opiniões de vocês são correlatas?

Agora, sem mudar coisa alguma, ou sem mover as mãos, interrompa o fluxo de energia. Mantenha-o assim por algum tempo (todos ao mesmo tempo) e, em seguida, deixe-o fluir novamente. Tente de novo. Sente a diferença? Que é o que mais lhe agrada? Agora faça o mesmo com um parceiro. Sente-se defronte dele e toquem as palmas das mãos um do outro. Deixe fluir a energia naturalmente. Para que lado ela vai? Mande energia da palma da mão esquerda; a seguir, permita que ela volte e entre na palma da mão direita. Inverta o processo. Agora detenha o fluxo. Em seguida tente empurrá-lo para fora das duas mãos ao mesmo tempo. Empurrar, puxar e parar são três modos básicos de manipular a energia na cura. Pratique bastante.

Feito isso, deixe caírem as mãos; mantenha as palmas a uma distância de cerca de 50 a 126 mm uma da outra; lentamente, movimente as mãos para trás e para a frente, diminuindo e aumentando o espaço entre elas. Construa qualquer coisa entre as mãos. Pode senti-lo? O que lhe parece que é? Agora, separe ainda mais as mãos uma da outra, coisa de 20 a 25 cm). A seguir, devagarinho, junte-as de novo até sentir uma pressão que lhe empurra as mãos para fora, de tal sorte que você se vê obrigado a usar um pouquinho mais de força para juntar as mãos outra vez. Você agora tocou as bordas de um dos seus corpos de energia. Se suas mãos estiverem separadas por uma distância de 2,5 a 3,5 cm, você terá juntado as bordas do seu corpo etérico (primeira camada da aura). Se suas mãos estiverem separadas por uma distância de 7 a 10 cm, você terá juntado as bordas do seu corpo emocional (segunda camada da aura). Agora, movimente com muito cuidado as mãos, aproximando-as uma da outra até sentir realmente a borda externa do corpo emocional ou até sentir o campo de energia da mão direita tocar a pele da mão esquerda. Mova a palma direita cerca de 2,5 cm mais perto da palma esquerda. Sinta o formigar do dorso da mão esquerda no momento em que toca a borda do seu campo de energia. O campo de energia da mão direita atravessou, pura e simplesmente, a mão esquerda!

Agora, afaste as mãos uma da outra e mantenha-as separadas por uma distância aproximada de 18 cm. Aponte o dedo indicador direito para a palma da mão esquerda, certificando-se de que a ponta do dedo está cerca de 1,25 a 2,5 cm de distância da palma. Agora, desenhe círculos na palma da mão. O que sente? Cócegas? O que é isso?

Com a luz indistinta na sala, faça as pontas dos dedos de suas mãos apontarem umas para as outras. Coloque as mãos em frente ao rosto a uma distância aproximada de 60 cm. Certifique-se de que há no fundo uma parede branca e lisa. Relaxe os olhos e fite-os suavemente no espaço entre as pontas dos dedos, que deverão estar separadas umas das outras por 3,81 cm de distância. Não olhe para a luz brilhante. Deixe os olhos se relaxarem. O que vê? Aproxime as pontas dos dedos umas das outras e depois afaste-as ainda mais. O que está acontecendo no espaço entre os dedos? O que é que você vê ao redor da mão? Devagar, mova uma das mãos para cima e a outra para baixo, de modo que dedos diferentes apontem uns para os outros. O que está acontecendo agora? Perto de 95% das pessoas que experimentam fazer este exercício veem alguma coisa. Todas sentem alguma coisa. Se você quiser conhecer as respostas para as perguntas acima, espere chegar ao fim deste capítulo.

Depois que tiver praticado esses exercícios e os do Capítulo 9, que trata da observação das auras de outras pessoas, você começará a ver as primeiras camadas da aura como elas aparecem na Figura 7-1A. Mais tarde, quando estiver acostumado a distinguir as camadas inferiores, poderá praticar os exercícios de percepção sensorial mais elevada, como os descritos nos Capítulos 17, 18 e 19. Com o aumento da abertura do seu terceiro olho (o sexto chakra), você começará a ver os níveis mais elevados da aura. (Figura 7-1B.)

Agora, a maioria dos leitores terá sentido, visto e experimentado os níveis inferiores da aura; passemos, portanto, à sua descrição.

A Anatomia da Aura

Existem muitos sistemas que as pessoas criaram a partir das suas observações para definir o campo áurico. Todos eles dividem a aura em camadas, que definem pela localização, pela cor, pelo brilho, pela forma, pela densidade, pela fluidez e pela função. Cada sistema se engrena no tipo de trabalho que o indivíduo está "fazendo" com a aura. Os dois sistemas mais semelhantes ao meu são os de Jack Schwarz, que tem mais de sete camadas e é descrito em seu livro, *Human Energy Systems,* e o da Rev. Rosalyn Bruyere, do Centro de Luz Curativa de Glandale, na Califórnia. O sistema da Rev. Bruyere, um sistema de sete camadas, está descrito em seu livro *Wheels of Light, A Study of the Chakras*.

As Sete Camadas do Campo Áurico

Tenho observado sete camadas no correr do meu trabalho como conselheira e curadora. A princípio, eu só conseguia ver as camadas inferiores, mais densas e mais fáceis de ver. Quanto mais eu trabalhava, tanto maior era o número de camadas que percebia. Quanto mais elevada a camada, tanto mais dilatada tinha de ser a minha consciência para distingui-la. Ou seja, a fim de perceber as camadas mais altas, como a quinta, a sexta e a sétima, eu precisava entrar num estado de meditação, geralmente com os olhos fechados. Após anos de prática, comecei até a ver além da sétima camada, como exporei, em poucas palavras, no fim do capítulo.

Minhas observações da aura me revelaram um padrão de campo dualístico interessante. Todas as outras camadas do campo são altamente estruturadas, como os modelos de ondas permanentes de luz, ao passo que as camadas intermediárias parecem compor-se de fluidos coloridos em constante movimento. Esses fluidos correm através da forma criada pelas ondas bruxuleantes e permanentes de luz. A direção do fluxo, de certo modo, é governada pela forma de luz permanente, visto que o fluido emana ao longo das linhas de luz permanente. As próprias formas permanentes de luz são cintilantes, como se fossem feitas de um sem-número de luzes minúsculas, dispostas em cadeia, que piscassem rapidamente, cada vez numa velocidade diferente. Essas linhas de luz permanente parecem ter cargas diminutas que se movem ao longo delas.

Assim sendo, a primeira, a terceira, a quinta e a sétima camadas têm, todas, uma estrutura definida, ao passo que a segunda, a quarta e a sexta se compõem de substâncias semelhantes a fluidos, sem nenhuma estrutura particular. Estas assumem forma em virtude do fato de fluírem através da estrutura das camadas ímpares e, assim, de certo modo, adotam a forma das camadas estruturadas. Cada camada penetra completamente todas as camadas situadas abaixo dela, incluindo o corpo físico. Assim, o corpo emocional se estende além do corpo etérico e inclui tanto o corpo etérico como o corpo físico. Na realidade, cada corpo não é uma "camada", embora seja isso o que podemos perceber. É, antes, uma versão mais dilatada do nosso eu, que carrega dentro em si as outras formas, mais limitadas.

Do ponto de vista do cientista, cada camada pode ser considerada um nível de vibrações mais elevadas, que ocupa o mesmo espaço dos níveis de vibração inferiores e se estende além deles. Visando perceber cada nível consecutivo, o observador terá de mover-se com a consciência para cada novo nível de frequência. Temos, assim, sete corpos que ocupam todos o mesmo espaço ao mesmo tempo, cada qual se estendendo para fora além do último, coisa a que não estamos acostumados na vida "normal" de todos os dias. Muitas pessoas presumem erroneamente que a aura se parece com uma cebola, da qual se descascam camadas sucessivas. Não é assim.

As camadas estruturadas contêm todas as formas que o corpo físico possui, incluindo os órgãos internos, os vasos sanguíneos, etc., e formas adicionais, que o corpo físico não contém. Um fluxo vertical de energia pulsa para cima e para baixo do campo da medula espinhal. Estende-se para fora, além do corpo físico, acima da cabeça e abaixo do cóccix. Chamo-lhe corrente principal de força vertical. Existem no campo vórtices, em forma de cones, chamados chakras. Suas pontas apontam para a corrente principal de força vertical, e suas extremidades abertas se estendem para a borda de cada camada do campo em que estão localizados.

As Sete Camadas e os Sete Chakras do Campo Áurico

Cada camada parece diferente das outras e exerce sua função particular. Cada camada da aura está associada a um chakra, a saber: a primeira camada se associa ao primeiro chakra, a segunda ao segundo chakra, e assim por diante. Estes conceitos gerais se tornarão muito mais complicados à proporção que nos aprofundarmos no assunto. Nós nos limitaremos, por ora, a enumerá-los para dar ao leitor uma visão global. A primeira camada do campo e o primeiro chakra estão ligados ao funcionamento físico e à sensação física – a sensação da dor ou do prazer físicos. A primeira camada está ligada ao funcionamento automático e autônomo do corpo. A segunda camada e o segundo chakra, em geral, se associam ao aspecto emocional dos seres humanos. São os veículos através dos quais temos nossa vida emocional e nossos sentimentos. A terceira camada liga-se à nossa vida mental, à reflexão linear. O terceiro chakra está unido à reflexão linear. O quarto nível, associado ao chakra do coração, é o veículo através do qual amamos, não somente os companheiros, mas também a humanidade em geral. O quarto chakra é o chakra que metaboliza a energia do amor. O quinto é o nível associado a uma vontade mais alta, mais ligada à vontade divina. O quinto chakra se associa ao poder da palavra, criando coisas pela palavra, prestando atenção e assumindo responsabilidade pelos nossos atos. O sexto nível e o sexto chakra estão vinculados ao amor celestial, um amor que se estende além do âmbito humano do amor e abrange toda a vida. Proclama o zelo e o apoio da proteção e do nutrimento de toda a vida. Considera todas as formas de vida preciosas manifestações de Deus. A sétima camada e o sétimo chakra estão vinculados à mente mais elevada, ao saber e à integração da nossa constituição espiritual e física.

Existem, por conseguinte, localizações específicas, no interior do nosso sistema de energia, para as sensações, as emoções, os pensamentos, as lembranças e para outras experiências não físicas que costumamos confiar aos nossos médicos e terapeutas. Se compreendermos o modo com que nossos sintomas físicos se relacionam com essas localizações, será mais fácil compreender a natureza das diferentes enfermidades e também a natureza da saúde e da doença. Dessa forma, o estudo da aura pode ser uma ponte entre a medicina tradicional e nossas preocupações psicológicas.

Localização dos Sete Chakras

A localização dos sete chakras principais do corpo físico, que se vê na Figura 7-2A, corresponde aos principais plexos nervosos do corpo físico nessa área do corpo.

O Dr. David Tansley, especialista em radiônica, em seu livro *Radionics and the Subtle Bodies of Man,* afirma que os sete chakras principais se formam nos pontos em que as linhas permanentes de luz se entrecruzam vinte e uma vezes.

Os 21 chakras menores estão localizados em pontos em que a energia permanece cruzada 14 vezes. (Veja Figura 7-2B). Encontram-se nas seguintes localizações: um à frente de cada orelha, um acima de cada lado do peito, um onde se juntam as clavículas, um na palma de cada mão, um na sola de cada pé, um logo atrás de cada olho (que não se mostram na figura), um relacionado com cada gônada, um perto do fígado, um ligado ao estômago, dois ligados ao baço, um atrás de cada joelho, um perto do timo e um perto do plexo solar.

Esses chakras têm apenas cerca de 7,60 cm de diâmetro e estão a 2,5 cm de distância do corpo. Os dois chakras menores, localizados nas palmas das mãos, são muito importantes para a cura. Nos pontos em que as linhas de energia se cruzam sete vezes, criam-se até vórtices menores. Existem muitos centros minúsculos de força onde as linhas se cruzam menos vezes. Diz Tansley que esses vórtices diminutos podem corresponder aos pontos de acupuntura dos chineses.

Cada chakra principal na parte dianteira do corpo se emparelha com sua contraparte na parte traseira e, juntos, são considerados o aspecto anterior e o posterior do chakra. Os aspectos frontais relacionam-se com os sentimentos da pessoa, os dorsais com a sua vontade e os três localizados na cabeça com os seus processos mentais. Estes se veem na Figura 7-3. Assim sendo, o chakra nº 2 tem um componente 2A e um componente 2B, e o chakra nº 3 tem um componente 3A e um componente 3B, e assim por diante até o sexto chakra. Podemos considerar, se quisermos, os chakras 1 e 7 emparelhados porque são os extremos

Coroa
Testa
Garganta
Coração
Plexo solar
Sacro
Base

A. Os sete chakras maiores

• Parte anterior
◌ Parte posterior

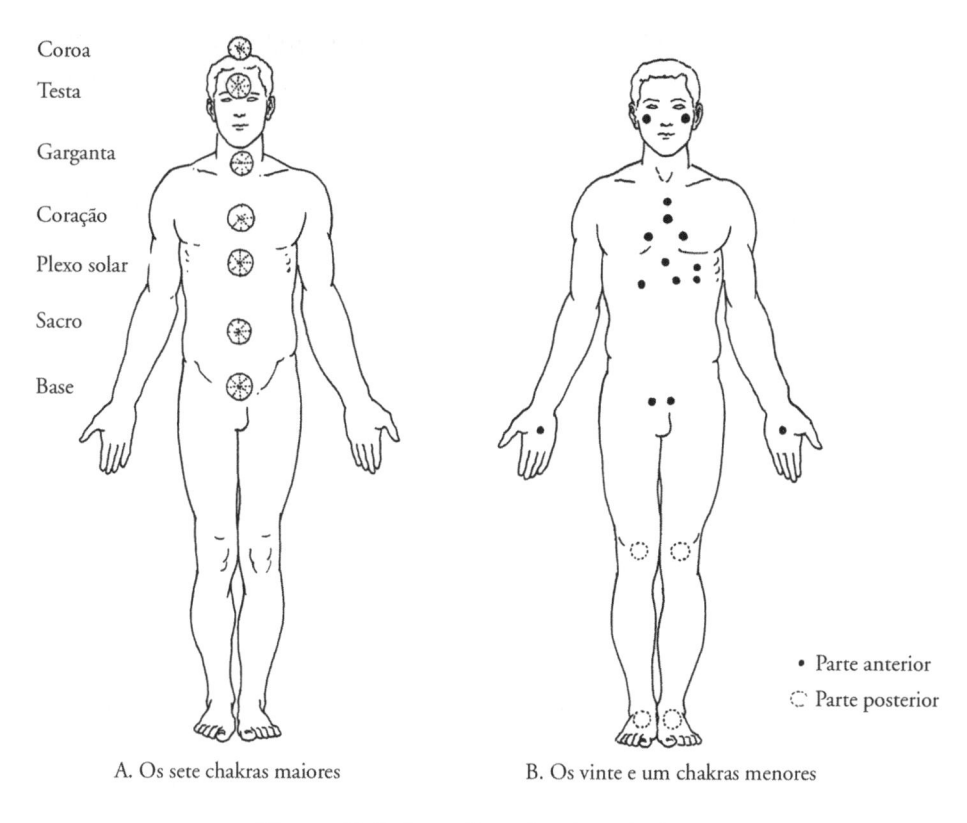

B. Os vinte e um chakras menores

Figura 7-2: Localização dos chakras (diagnóstico por imagem)

abertos da corrente principal de força vertical, que corre para cima e para baixo da coluna vertebral, e para a qual todos os chakras estão voltados.

As pontas ou extremidades dos chakras, onde eles se ligam à corrente de força principal, são chamadas raízes ou corações dos chakras. Dentro desses corações existem selos que controlam a troca de energia entre camadas da aura através do chakra. Ou seja, cada um dos sete chakras tem sete camadas, cada uma das quais corresponde a uma camada do campo áurico. Cada chakra parece diferente em cada camada, como será descrito circunstancialmente na exposição sobre cada camada. A fim de que certa energia flua de uma camada para outra através do chakra, terá de passar pelos selos nas raízes dos chakras. A Figura 7-4 mostra o campo áurico com as sete camadas interpenetrantes e as sete camadas interpenetrantes dos chakras.

Vê-se a energia fluindo para todos os chakras, proveniente do Campo da Energia Universal (Figura 7-3). Cada vórtice rodopiante de energia parece sugar ou levar consigo energia do CEU. Os chakras dão a impressão de funcionar como os vórtices fluidos com os quais estamos familiarizados na água ou no ar, como remoinhos, ciclones, trombas d'água e furacões. A extremidade aberta de um chakra normal na primeira camada da aura tem cerca de 15,2 cm de diâmetro a uma distância de 2,5 cm do corpo.

A Função dos Sete Chakras

Cada um desses vórtices troca energia com o Campo de Energia Universal. Desse modo, quando dizemos sentir-nos "abertos", estamos dizendo literalmente a verdade. Todos os chakras maiores, menores, mais ou menos importantes e os pontos de acupuntura são aberturas por onde entra e sai a energia da aura. Somos como esponjas no mar de energia que nos cerca. Como essa energia está sempre associada a uma forma de consciência, sentimos a energia que trocamos em termos de visão, audição, sentimento, sensação, intuição ou conhecimento direto.

Por conseguinte, podemos ver que o fato de ficarmos "abertos" significa duas coisas. Primeiro, significa a metabolização de grande quantidade de energia do campo universal através de todos os chakras, grandes e pequenos. Segundo, significa deixar entrar e, de certo modo, manipular toda a consciência associada à energia que flui através de nós. A tarefa não é fácil e nem todos podemos executá-la. Haveria simplesmente uma entrada excessiva de energia. O material psicológico relacionado com cada chakra é levado à consciência pelo aumento do fluxo de energia através do chakra. O material psicológico seria liberado em excesso por um súbito fluxo de energia, e não poderíamos processar tudo. Trabalhamos, portanto, em qualquer processo de crescimento em que estamos empenhados, para abrir cada chakra devagar, de modo que tenhamos tempo de processar o material pessoal liberado e integrar a nova informação à nossa vida.

É importante abrir os chakras e aumentar o fluxo de energia porque, quanto mais energia deixarmos fluir, tanto mais sadios seremos. A doença do sistema é causada por um desequilíbrio da energia ou uma obstrução do seu fluxo. Em outras palavras, uma falta de fluxo no sistema da energia humana acaba levando à doença. Isso também distorce nossas percepções e deprime nossos sentimentos e, por esse modo, interfere numa serena experiência de vida.

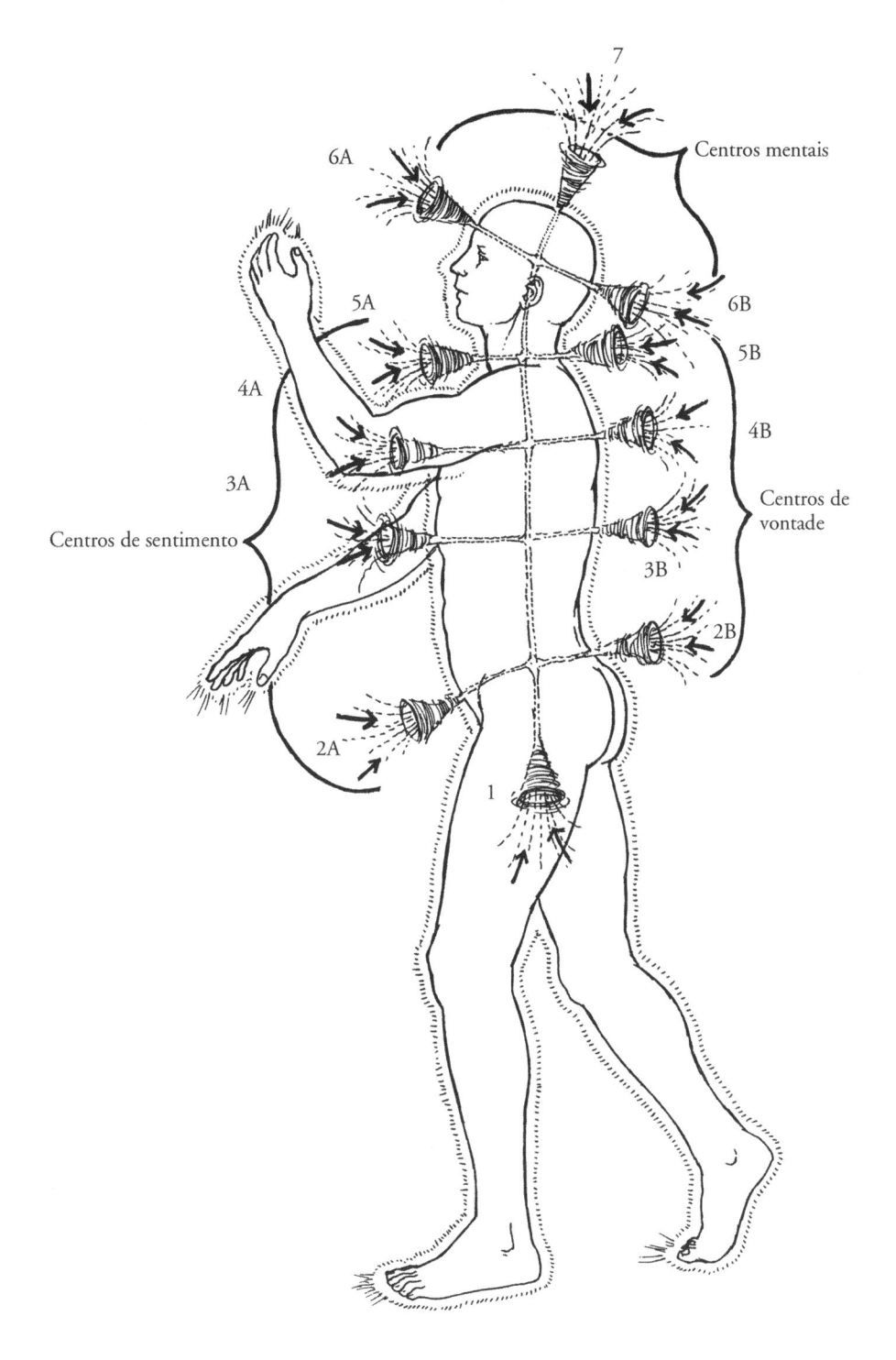

Figura 7-3: Os sete chakras maiores, vistos de frente e de costas (diagnóstico por imagem)

Não estamos preparados psicologicamente, entretanto, para ficar abertos sem trabalhar e sem desenvolver nossa maturidade e clareza.

Cada um dos cinco sentidos está vinculado a um chakra. O tato ao primeiro chakra; a audição, o olfato e o paladar ao quinto (ou chakra da garganta); e a visão ao sexto chakra (ou terceiro olho). Tudo isso é discutido com minúcias no capítulo sobre percepção.

Os chakras do corpo áurico têm três funções principais:

1. Vitalizar cada corpo áurico e, assim, o corpo físico.
2. Provocar o desenvolvimento de diferentes aspectos da autoconsciência. Cada chakra está relacionado com uma função psicológica específica. O Capítulo 11 trata sobre os efeitos psicológicos da abertura de chakras específicos nos corpos etérico, emocional e mental.
3. Transmitir energia entre os níveis áuricos. Toda camada áurica tem seu próprio conjunto de sete chakras maiores, cada qual localizado no mesmo lugar do corpo físico. Como cada camada sucessiva existe em oitavas de frequência que aumentam cada vez mais, isso é possível. Para o quarto chakra, por exemplo, há realmente sete chakras, cada qual de uma faixa de frequência mais elevada do que a anterior. Esses chakras parecem estar aninhados dentro uns dos outros, como se fossem lentes que se encaixam. Cada chakra em cada camada mais elevada estende-se ainda mais no campo áurico (até a borda de cada camada áurica) e é ligeiramente mais largo do que o que lhe fica abaixo.

    A energia é transmitida de uma camada para a seguinte através de passagens nas extremidades dos chakras. Na maioria das pessoas estas passagens estão seladas. Abrem-se em consequência do trabalho de purificação espiritual e, por esse modo, os chakras se tornam transmissores de energia de uma camada para outra. Cada chakra do corpo etérico está diretamente ligado ao mesmo chakra do corpo mais fino seguinte, que o cerca e penetra. Os chakras do corpo emocional estão ligados aos chakras do corpo mais fino seguinte, o mental, etc., e assim por diante nas sete camadas.

Na literatura esotérica oriental, cada chakra é visto como se tivesse certo número de pétalas. Numa investigação mais rigorosa, as pétalas parecem ser pequenos vórtices que giram a velocidades muito altas. Cada vórtice metaboliza

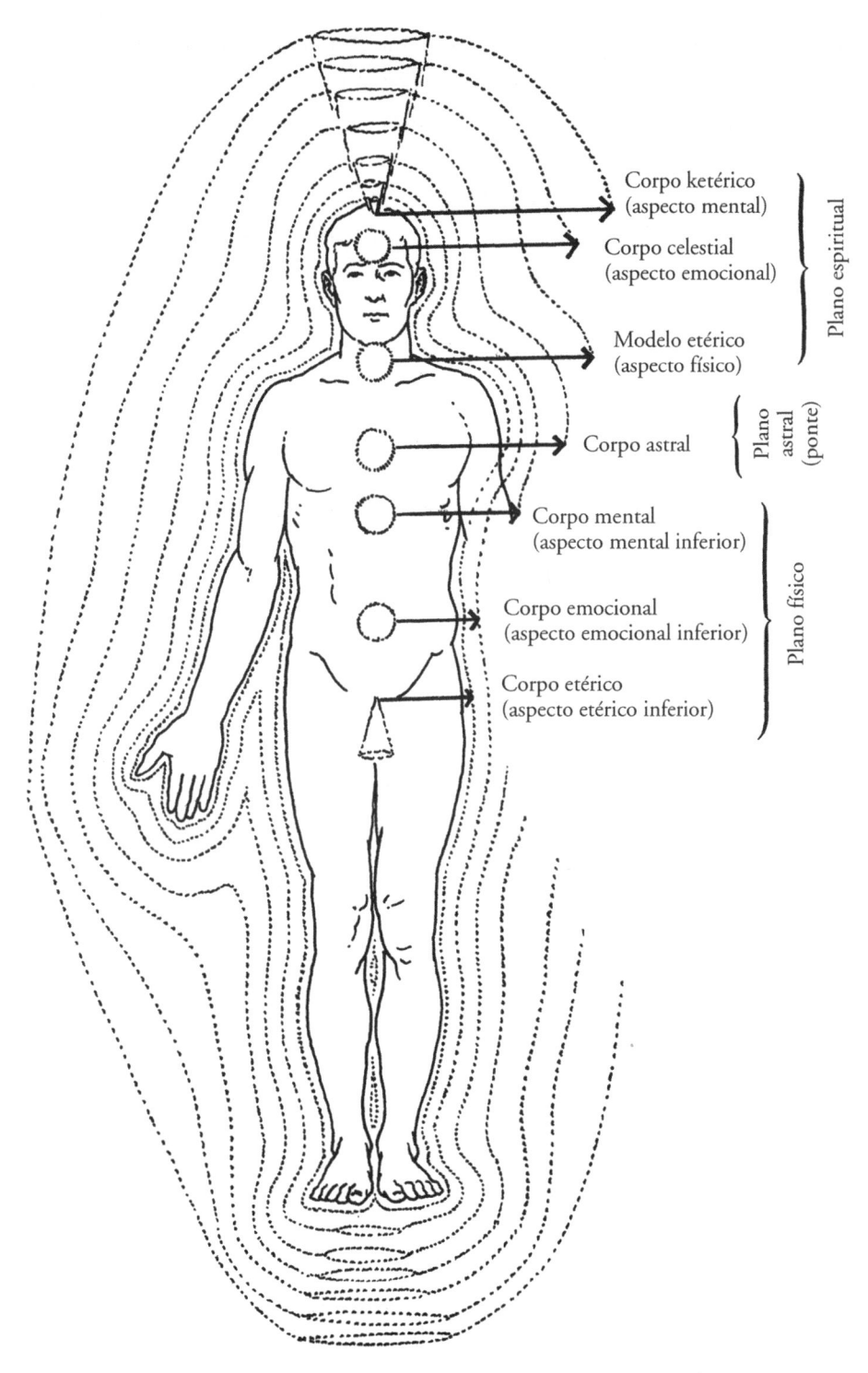

Figura 7-4: O sistema de sete camadas do corpo áurico (diagnóstico por imagem)

Corpo ketérico (aspecto mental) — Plano espiritual
Corpo celestial (aspecto emocional) — Plano espiritual
Modelo etérico (aspecto físico) — Plano espiritual
Corpo astral — Plano astral (ponte)
Corpo mental (aspecto mental inferior) — Plano físico
Corpo emocional (aspecto emocional inferior) — Plano físico
Corpo etérico (aspecto etérico inferior) — Plano físico

uma vibração de energia que ressoa em sua frequência de giro particular. O chakra pélvico, por exemplo, tem quatro pequenos vórtices e metaboliza quatro frequências básicas de energia, e o mesmo acontece com cada um dos outros chakras. As cores observadas em cada chakra relacionam-se com a frequência da energia que está sendo metabolizada nessa determinada velocidade.

Uma vez que servem para vitalizar o corpo, os chakras se relacionam diretamente com qualquer enfermidade no corpo. A Figura 7-5 enumera os sete chakras maiores ao longo da coluna, mostrando a área do corpo governada por cada um deles. Cada chakra está associado a uma glândula endócrina e a um plexo nervoso principal. Os chakras absorvem a energia universal ou primária *(ch'i, orgone,* prana, etc.), decompõem-na em suas partes e, em seguida, mandam-na, ao longo de rios de energia chamados *nádis*, para o sistema nervoso, as glândulas endócrinas e, depois, para o sangue, a fim de alimentar o corpo, como se vê na Figura 7-6.

Figura 7-5

Os chakras maiores e a área do corpo que eles alimentam

CHAKRA	Nº DE PEQUENOS VÓRTICES	GLÂNDULA ENDÓCRINA	ÁREA DO CORPO GOVERNADA
7 – Coroa	972 Branco-Violeta	Pineal	Cérebro superior. Olho direito
6 – Cabeça	96 Anil	Pituitária	Cérebro inferior. Olho esquerdo, Ouvidos, Nariz, Sistema nervoso
5 – Garganta	16 Azul	Tireoide	Aparelho brônquico e vocal. Pulmões, Canal alimentar
4 – Coração	12 Verde	Timo	Coração, Sangue, Nervo vago, Sistema circulatório
3 – Plexo solar	10 Amarelo	Pâncreas	Estômago, Fígado, Vesícula biliar, Sistema nervoso
2 – Sacro	8 Laranja	Gônadas	Sistema reprodutor
1 – Base	4 Vermelho	Glândulas suprarrenais	Coluna vertebral, Rins

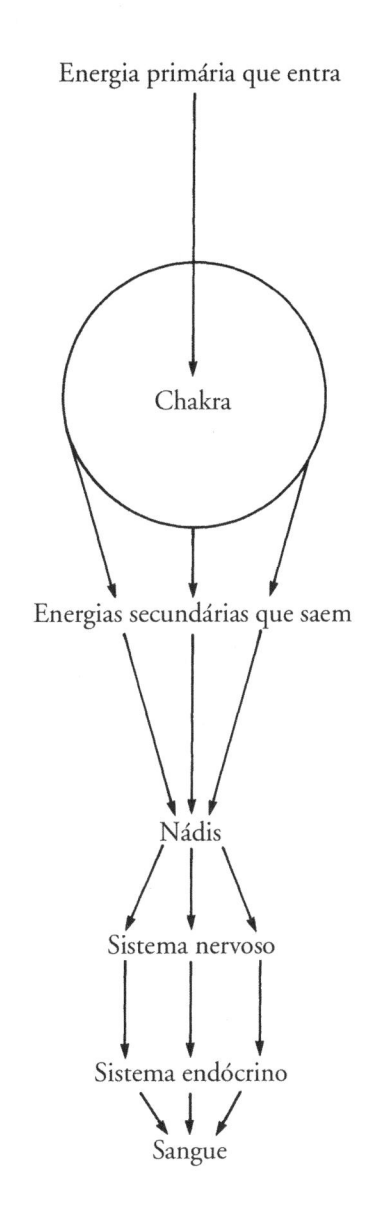

Figura 7-6: O caminho metabólico da energia primária entrante

O funcionamento psicodinâmico dos chakras, que será discutido pormenorizadamente, relaciona-se sobretudo com os três primeiros corpos da aura, associados às interações físicas, mentais e emocionais no plano da terra. Quando o chakra do coração está funcionando adequadamente, por exemplo, excluímos no tocante ao amor. Quando o primeiro chakra funciona saudavelmente, temos, em geral, uma forte vontade de viver e nos ligamos ao solo. Essa é a pessoa muito bem alicerçada na vida. Quando o sexto e o terceiro chakras de uma pessoa funcionam bem, essa pessoa pensará com clareza. Se eles não estiverem funcionando a contento, seus pensamentos serão confusos.

O Corpo Etérico (Primeira Camada)

O corpo etérico (a palavra vem de "éter", estado intermediário entre a energia e a matéria) se compõe de minúsculas linhas de energia "como teia cintilante de raios de luz" parecidas com as linhas numa tela de televisão (Figura 7-7). Tem a mesma estrutura do corpo físico e inclui todas as partes anatômicas e todos os órgãos.

O corpo etérico consiste numa estrutura definida de linhas de força, ou matriz de energia, sobre a qual se modela e firma a matéria física dos tecidos do corpo. Os tecidos físicos só existem como tais por causa do campo vital que os sustenta; e por isso mesmo, o campo, anterior ao corpo, não resulta desse corpo. A relação foi corroborada pelas observações do crescimento das plantas, levadas a cabo pelo Dr. John Pierrakos e por mim mesma. Utilizando a Alta Percepção Sensorial, observamos que a matriz de um campo de energia, em forma de folha, é projetada pela planta antes do crescimento da folha, que depois cresce e assume a forma já existente.

A estrutura do corpo etérico, semelhante a uma teia, está em constante movimento. Para a visão clarividente, faíscas de luz branco-azulada se movem ao longo das linhas de energia por todo o denso corpo físico. O corpo etérico se estende de 0,6 cm a 5 cm além do corpo físico, e pulsa num ritmo de cerca de 15-20 ciclos por minuto.

A cor do corpo etérico varia do azul-claro ao cinzento. O azul-claro foi ligado a uma forma mais fina que o cinzento. Ou seja, uma pessoa mais sensível, com um corpo sensível, tenderá a ter uma primeira camada azulada, ao passo que um tipo robusto, mais atlético, tenderá a ter um corpo etérico mais acinzentado. Todos os chakras dessa camada são da mesma cor do corpo. Vale dizer, eles também variarão entre o azul e o cinzento. Os chakras parecem vórtices feitos de uma rede de luz, exatamente como o resto do corpo etérico. Podem perceber-se todos os órgãos do corpo físico, mas eles são formados dessa luz azulada cintilante. Como no sistema de energia da folha, a estrutura etérica monta a matriz para as células crescerem; isto é, as células do corpo crescem ao longo das linhas de energia da matriz etérica, e essa matriz está lá antes que as células cresçam. Se pudéssemos isolá-la e olhar apenas para ele, o corpo etérico pareceria um homem ou uma mulher feitos de linhas azuladas de luz em constante cintilação, de um modo que lembra o Homem-Aranha.

Se você observar os ombros de alguém a uma luz enevoada, diante de um fundo inteiramente branco, ou inteiramente preto, ou azul-escuro, verá as pulsações do corpo etérico. A pulsação sobe, digamos, ao nível do ombro e, em seguida, desce pelo braço, feito uma onda. Se você olhar mais atentamente, parece haver um espaço vazio entre o ombro e a luz azul enevoada; depois, verá uma camada de névoa azul mais brilhante que se dissipa aos poucos, à medida que se afasta do corpo. Mas atente para o fato de que, assim que você a vir, ela terá ido embora, porque se move muito depressa. E terá pulsado pelo braço abaixo quando você olhar pela segunda vez, a fim de certificar-se. Tente de novo. Se o fizer, conseguirá captar a pulsação seguinte.

O Corpo Emocional (Segunda Camada)

O segundo corpo áurico (Figura 7-8), ou o corpo mais fino que se segue ao corpo etérico, geralmente chamado de corpo emocional, está associado aos sentimentos. Segue aproximadamente os contornos do corpo físico. Sua estrutura, muito mais fluida que a do corpo etérico, não duplica o corpo físico. Mais parece feito de nuvens coloridas de substância fina em contínuo movimento. Estende-se a uma distância de 2,5 a 7,6 cm do corpo.

Esse corpo penetra os corpos mais densos que ele envolve. Suas cores vão dos matizes claros brilhantes aos matizes escuros e turvos, dependendo da clareza ou da confusão dos sentimentos ou da energia que os produz. Sentimentos claros e altamente ativados, como o amor, a comoção, a alegria ou a raiva, são brilhantes e claros; os sentimentos confusos são escuros e turvos. À medida que esses sentimentos forem ativados através da interação pessoal, da psicoterapia do corpo, etc., as cores se separarão no matiz primário e se avivarão. O Capítulo 9 desse processo.

Esse corpo contém todas as cores do arco-íris. Cada chakra parece um vórtice de uma cor diferente e segue as cores do arco-íris. A lista abaixo mostra os chakras do corpo emocional e suas cores:

    Chakra 1 = vermelho
           2 = vermelho-laranja
           3 = amarelo

4 = verde relvoso brilhante
5 = azul-celeste
6 = anil
7 = branco

O Capítulo 9 apresenta certo número de observações sobre o corpo emocional durante as sessões de terapia. De um modo geral, o corpo se diria constituído de bolhas de cor, que se movem no interior da matriz do campo etérico, e que também se estendem um pouco além dele. Em determinadas ocasiões, uma pessoa pode arremessar bolhas coloridas de energia ao ar que a cerca. Isso é especialmente observável quando alguém libera sentimentos numa sessão de terapia.

O Corpo Mental (Terceira Camada)

O terceiro corpo da aura é o corpo mental (Figura 7-9), que se estende além do corpo emocional e se compõe de substâncias ainda mais finas, associadas a pensamentos e processos mentais. Esse corpo aparece geralmente como luz amarela brilhante que se irradia nas proximidades da cabeça e dos ombros e se estende à volta do corpo. Expande-se e torna-se mais brilhante quando o seu dono se concentra em processos mentais. Estende-se a uma distância de 7,5 a 20 cm do corpo.

O corpo mental também é estruturado. Contém a estrutura das nossas ideias. Quase todo amarelo, dentro dele podem ver-se formas de pensamento, que parecem bolhas de brilho e forma variáveis. Tais formas de pensamento têm cores adicionais, superpostas e que, na realidade, emanam do nível emocional. A cor representa a emoção, ligada à forma do pensamento. Quanto mais clara e mais bem formada for a ideia, tanto mais clara e mais bem formada será a forma de pensamento associada a essa ideia. Damos realce às formas de pensamento concentrando-as nos pensamentos que elas representam. Pensamentos habituais tornam-se forças "bem formadas" muito poderosas, que depois exercem influência sobre nossa vida.

Para mim, esse corpo foi o mais difícil de observar, o que pode ter sido causado, em parte, pelo fato de só agora estarem os seres humanos realmente começando a desenvolver o corpo mental e só agora estarem começando a utilizar o intelecto de maneira clara. Por essa razão, temos muita consciência da atividade mental e nos consideramos uma sociedade analítica.

Além do Mundo Físico

No sistema que emprego para curar (Figura 7-4), as três camadas áuricas inferiores estão associadas a energias relacionadas com o mundo físico e as metabolizam, ao passo que as três camadas áuricas superiores metabolizam energias relacionadas com o mundo espiritual. A quarta camada, ou nível astral, vinculada ao chakra do coração, é o crisol transformador através do qual passa toda a energia que vai de um mundo para o outro. Ou seja, a energia espiritual precisa passar pelo fogo do coração para se transformar nas energias físicas inferiores, e as energias físicas (das três camadas áuricas inferiores) precisam passar pelo fogo transformador do coração para se tornarem energias espirituais. No espectro total da cura, discutido no Capítulo 22, usamos as energias associadas a todas as camadas e a todos os chakras e fazemo-las passar pelo coração, o centro do amor.

Nesta exposição, temo-nos concentrado, até agora, nas três camadas inferiores. A maior parte da psicoterapia do corpo que tenho visto neste país utiliza, em primeiro lugar, as três camadas inferiores e o coração. Assim que principiamos a examinar as quatro camadas superiores do campo áurico, tudo se modifica, porque *assim que você abre sua percepção para camadas superiores à terceira, também começa a perceber pessoas ou seres existentes nessas camadas e que não têm corpo físico.* De acordo com minhas observações e as de outros clarividentes, existem camadas de realidade ou outras "faixas de frequência" da realidade além da física. As quatro camadas superiores do campo áurico correspondem a quatro dessas camadas de realidade. Devo reiterar, mais uma vez, que a exposição que se segue não passa de uma tentativa de chegar a um sistema com o qual seja possível explicar os fenômenos observados; estou certa de que, no futuro, se criarão sistemas melhores. Este aqui é útil para mim.

Na Figura 7-4 associei, de um modo geral, os três chakras superiores ao funcionamento físico, emocional e mental do ser humano em sua realidade espiritual, porque quase todos nós só usamos essa porção de nós mesmos naqueles tipos limitados de funções. Estas são a vontade mais elevada, os sentimentos mais elevados do amor e o mais alto conhecimento, em que conceitos inteiros são compreendidos imediatamente. A quarta camada, associada ao amor, é a porta pela qual podemos entrar nos demais estados da realidade.

O quadro todavia, é mais complicado. Cada camada acima da terceira é uma camada inteira de realidade, com seres, formas e funções pessoais que vão além do que normalmente denominamos humano. Cada uma é um mundo inteiro, em que vivemos e temos o nosso ser. Quase todos experimentamos tais realidades durante o sono, mas não nos lembramos delas. Alguns dentre nós podemos entrar nesses estados de realidade ampliando a consciência através de técnicas de meditação, que rompem os selos entre as raízes das camadas do chakra e, desse modo, proporcionam uma porta de saída para as viagens de consciência. Na exposição seguinte, focalizarei tão só a descrição das camadas áuricas e suas funções limitadas. Mais adiante, farei novas exposições sobre as camadas superiores ou "frequências de realidade".

O Nível Astral (Quarta Camada)

O corpo astral (Figura 7-10) é amorfo e composto de nuvens de cor mais bonitas que as do corpo emocional. O corpo astral tende a ter o mesmo conjunto de cores, mas geralmente impregnadas da luz do amor. Estende-se para fora, a uma distância aproximada do corpo de 15 cm. Os chakras são a mesma oitava de cores do arco-íris do corpo emocional, mas todas impregnadas da luz rósea do amor. O chakra do coração de uma pessoa amante está cheio de luz cor-de--rosa no nível astral.

Quando as pessoas se apaixonam, podem ver-se belos arcos de luz rósea entre os seus corações, e uma bela cor rósea se adiciona às pulsações áureas normais que observo na pituitária. Quando as pessoas estabelecem relações umas com as outras, criam cordões, a partir dos chakras, que as ligam. Tais cordões existem em muitos níveis do campo áurico em adição ao astral. Quanto mais longa e profunda for a relação, tanto mais numerosos e fortes serão os cordões. Quando as relações terminam, esses cordões se dilaceram, causando, não raro, grande sofrimento. O período de "cura" de um relacionamento, por via de regra, é um período em que se desligam os cordões nos níveis inferiores do campo e se enraízam de novo dentro do eu.

Verifica-se grande dose de interação entre as pessoas no nível astral. Grossas bolhas de cor de várias formas movem-se, rápidas, de um lado a outro da sala, entre as pessoas. Algumas são muito agradáveis e outras o são muito menos. Você pode sentir a diferença. Você pode sentir-se constrangido por causa de alguém do outro lado da sala que, aparentemente, nem sequer se deu conta da sua presença; em outro nível, contudo, muita coisa está acontecendo. Tenho visto pessoas de pé, ao lado uma da outra, no meio de um grupo, fingindo não dar pelas respectivas presenças, quando, no nível da energia, se verifica plena comunicação, com grandes quantidades de formas de energia movimentadas entre elas. Você mesmo, sem dúvida, já experimentou isso, sobretudo entre homens e mulheres. Não se trata apenas da linguagem do corpo; há um fenômeno energético real que pode ser percebido. Quando um homem ou uma mulher, por exemplo, imaginam estar fazendo amor com alguém, digamos, num bar ou numa festa, produz-se um verdadeiro teste nos campos da energia para averiguar se os campos são sincrônicos e se as pessoas são compatíveis. O leitor encontrará novos exemplos desse fenômeno de interação áurica no Capítulo 9.

O Corpo Etérico Padrão (Quinta Camada)

Chamo à quinta camada da aura o etérico padrão (Figura 7-11) porque contém todas as formas que existem no plano físico em forma heliográfica ou padronizada, como se fosse o negativo de uma fotografia. É a forma padrão da camada etérica, a qual, como já foi dito, é a forma padrão do corpo físico. A estrutura da camada etérica do campo de energia deriva da camada etérica padrão. É a cópia heliográfica ou a forma perfeita para a camada etérica tomar. Estende-se a uma distância de cerca de 15 a 60 cm do corpo. Na doença, quando a camada etérica se desfigura, faz-se necessário o trabalho etérico padrão a fim de proporcionar a sustentação da camada etérica na sua forma padrão original. É o nível em que o som cria a matéria, e o nível em que o som é mais eficaz na cura. Isso será discutido no Capítulo 23, sobre a cura. Para a minha visão clarividente, tais formas aparecem como se fossem linhas claras ou transparentes sobre um fundo azul-cobalto, muito parecidas com uma cópia heliográfica de arquiteto, só que a cópia heliográfica existe em outra dimensão. Como se se fizesse uma forma enchendo completamente o fundo, de sorte que o espaço vazio restante cria a forma.

Um exemplo seria a comparação entre o modo com que se cria uma esfera na geometria euclidiana e o modo com que se cria uma esfera no espaço etérico. Na geometria euclidiana, cria-se uma esfera definindo, primeiro, um ponto. Um raio desenhado, a partir desse ponto, nas três dimensões criará a superfície da esfera. Entretanto, no espaço etérico, que se poderia chamar de espaço negativo, faz-se necessário o processo contrário para formar a esfera. Um número infinito de planos, vindos de todas as direções, enche o espaço, com exceção da área esférica do espaço que ficou vazio. Isso define a esfera. É a área não preenchida por todos os planos que se encontram que então define o espaço esférico vazio.

Desse modo, o nível etérico padrão da aura cria um espaço vazio, ou negativo, em que pode existir o primeiro nível, ou nível etérico, da aura. O padrão etérico é o padrão para o corpo etérico, que então forma a estrutura da grade (campo de energia estruturado) sobre a qual cresce o corpo físico. Desse modo, o nível etérico padrão do campo de energia universal contém todas as formas existentes no plano físico, exceto no nível padrão. Essas formas existem no espaço negativo, criando um espaço vazio em que a estrutura da grade etérica cresce e sobre a qual existe toda a manifestação física.

Focalizando somente a frequência vibratória do quinto nível quando se observa o campo de alguém, só se pode isolar a quinta camada da aura. Quando o faço, vejo a forma do campo áurico da pessoa, que se estende, aproximadamente, 75 cm para fora dela. Parece uma forma oval estreita, que contém toda a estrutura do campo, incluindo chakras, órgãos e forma do corpo (membros, etc.), tudo em forma negativa. Essas estruturas parecem formadas de linhas transparentes sobre um fundo azul-escuro, que é espaço sólido. Quando sintonizo esse nível também percebo todas as outras formas que me cercam nessa perspectiva. Isso parece acontecer automaticamente quando desvio meu mecanismo perceptivo para essa direção. Ou seja, minha atenção é levada primeiro para o quinto nível; em seguida, eu a concentro na pessoa que estou observando.

O Corpo Celestial (Sexta Camada)

O sexto nível é o nível emocional do plano espiritual, denominado corpo celestial (Figura 7-12). Estende-se cerca de 60 a 83 cm de distância do corpo. É o nível através do qual experimentamos o êxtase espiritual. Podemos alcançá-lo por intermédio da meditação e de muitas outras formas de trabalho de transformação, de que já fiz menção neste livro. Quando atingimos o ponto de "estar" onde conhecemos nossa conexão com todo o universo, quando vemos a luz e o amor em tudo o que existe, quando mergulhamos na luz e nos sentimos dela e ela de nós e nos identificamos com Deus, elevamos nossa consciência até o sexto nível da aura.

O amor incondicional flui quando existe conexão entre o chakra aberto do coração e o chakra celestial aberto. A esse respeito, combinamos o amor da humanidade, nosso amor humano básico aos nossos semelhantes na carne, com o êxtase espiritual encontrado no amor espiritual, que vai além da realidade física para todos os reinos da existência. A combinação dos dois cria a experiência do amor incondicional.

O corpo celestial apresenta-se diante de mim numa formosa luz tremeluzente, composta sobretudo de cores pastel, que tem um brilho de prata dourada e uma qualidade opalescente, como lantejoulas de madrepérola. Sua forma é menos definida que a do nível etérico padrão, visto que parece compor-se simplesmente da luz que se irradia do corpo, à semelhança da luz intensa em derredor da vela. Dentro dessa luz intensa há também raios mais brilhantes e mais fortes de luz.

O Corpo Ketérico Padrão ou Corpo Causal (Sétimo Nível)

O sétimo nível é o nível mental do plano espiritual chamado ketérico padrão (Figura 7-13). Estende-se de aproximadamente 75 cm a 1 m do corpo. Quando elevamos a consciência ao sétimo nível da aura, sabemos que nos identificamos com o Criador. A forma externa é a forma ovalada do corpo da aura e contém todos os corpos áuricos associados à encarnação atual do indivíduo. Esse corpo é também um padrão altamente estruturado. Vejo-o composto de minúsculos raios de luz auriprateada, de grande durabilidade, que mantém unida toda a forma da aura. Contém uma estrutura de grade dourada do corpo físico e todos os chakras.

Quando "sintonizo" o nível de frequência da sétima camada, percebo uma bonita luz dourada tremeluzente que pulsa tão depressa que emprego o termo "tremeluzir". Parecem milhares de raios dourados. A forma de ovo de ouro estende-se além do corpo numa distância aproximada de 90 cm a 1 m, dependendo da pessoa, com a ponta menor debaixo dos pés e a ponta maior cerca de 90 cm acima da cabeça. Poderá expandir-se até mais se a pessoa for muito enérgica. A borda externa me parece, na realidade, uma casca de ovo, com uma espessura de 6 a 12 cm. Essa parte externa da sétima camada, muito forte e elástica, resiste à penetração e protege o campo exatamente como a casca do ovo protege o pinto. Todos os chakras e formas do corpo dão a impressão de ser feitos da luz dourada desse nível. Este é o nível mais forte e mais elástico do campo áurico.

Pode ser comparado a uma onda de luz estacionária de forma intrincada, que vibra num ritmo elevadíssimo. Pode-se quase ouvir um som ao olhar para ele. Tenho a certeza de que se poderia ouvir um som se se meditasse numa imagem assim. O nível dourado padrão também contém a corrente principal de força, que corre para cima e para baixo ao longo da coluna vertebral, e é a corrente principal de força que nutre o corpo todo. À proporção que a corrente de força dourada pulsa para cima e para baixo da coluna, carrega energias através das raízes dos chakras e liga as energias recebidas por intermédio de cada chakra.

A corrente principal de força vertical induz outras correntes, que formam ângulos retos com ela, a produzirem fitas que se projetam diretamente para fora do corpo. Estas, por sua vez, induzem outras correntes, que circulam ao redor do campo, de modo que todo o campo áurico e todos os níveis abaixo dele são circundados pelas mencionadas correntes e mantidas no interior da rede, que tem forma de cesto. Essa rede mostra a força da luz dourada, a mente divina que mantém unido todo o campo em sua totalidade e integridade.

Além disso, no nível ketérico padrão estão também as faixas de vidas passadas dentro da casca do ovo. São faixas coloridas de luz que cercam completamente a aura e podem ser encontradas em qualquer lugar sobre a superfície da casca do ovo. A faixa encontrada perto da área da cabeça e do pescoço, em regra geral, é a que contém a vida passada que você está procurando clarear em sua atual circunstância de vida. Jack Schwarz fala das faixas e de como identificar-lhes o significado pela cor. Mais adiante, na seção de tratamento da vida passada, descreverei como se devem trabalhar essas faixas. O nível ketérico é o último nível áurico do plano espiritual. Contém o plano da vida e é o último nível diretamente relacionado com esta encarnação. Além desse nível, está o plano cósmico, o plano que não pode ser experimentado do ponto de vista limitante de uma só encarnação.

O Plano Cósmico

Os dois níveis acima do sétimo que consigo ver são o oitavo e o nono. Cada um deles se associa, respectivamente, ao oitavo e ao nono chakras, localizados acima da cabeça. Cada qual parece cristalino, composto de finíssimas e altas vibrações. O oitavo e o nono níveis dão a impressão de seguir o padrão geral de alternância entre a substância (oitavo nível) e a forma (nono nível) no sentido de que o oitavo parece, principalmente, uma substância fluida e o nono, um padrão cristalino de quanto existe abaixo dele. Não encontrei referências a esses níveis na literatura, mas não digo que não existem. Conheço muito pouca coisa a respeito deles, a não ser algumas práticas de cura muito poderosas que me foram ensinadas pelo meus guias. Discutirei esses métodos no Capítulo 22.

A Percepção do Campo

É importante lembrar que, quando abre sua visão clarividente, você provavelmente, só percebe as primeiras camadas da aura. E é provável também que não seja capaz de distinguir entre elas, pois só verá cores e formas. À medida que progredir, porém se sensibilizará para frequências cada vez mais altas, de modo que poderá perceber os corpos mais elevados. Também será capaz de distinguir camadas e focalizar a camada da sua escolha.

A maioria das ilustrações dos próximos capítulos mostra apenas os três ou quatro corpos áuricos inferiores. Nenhuma distinção se faz entre as camadas, que parecem estar misturadas umas dentro das outras e agir juntas na maioria das interações descritas. Na maior parte do tempo experimentamos nossas emoções inferiores, processos básicos de reflexão e sentimentos interpessoais misturados e confusos. Não somos muito bons no distingui-los em nós mesmos. Um pouco dessa mistura chega até a aparecer na aura. Muitas vezes o corpo mental e o emocional parecem agir como uma forma confusa. Nas descrições seguintes dos processos terapêuticos não se faz muita distinção entre os corpos. Todavia, através do processo terapêutico ou de qualquer outro processo de crescimento, as camadas do nosso ser se tornam mais distintas. O cliente é muito mais capaz de distinguir entre emoções básicas, processos de reflexão e as emoções mais elevadas do amor incondicional associadas aos níveis áuricos superiores. A distinção se faz por meio do processo de compreensão das relações de causa e efeito descritas no Capítulo 15. Ou seja, o cliente começa a compreender como o seu sistema de crenças influi nas ideias no corpo mental, e como isso, por sua vez, influi nas emoções, depois no etérico e, finalmente, no corpo físico. Com essa compreensão, podemos distinguir entre as camadas do campo áurico, que se tornam realmente mais claras e mais distintas à proporção que o cliente se torna mais claro, com maior autocompreensão entre sensações físicas, sentimentos emocionais e pensamentos, e age consequentemente.

Mais adiante, nas sessões de tratamento que se seguem, será muito importante distinguir entre as camadas da aura.

Respostas às Perguntas nos Exercícios para Ver a Aura Humana

A energia quase sempre se move da esquerda para a direita ao redor do círculo. É muito desagradável detê-la e, em geral, é impossível deter o fluxo todo. A sensação de estar construindo alguma coisa com as mãos é uma sensação de cócegas com pressão, algo semelhante à eletricidade estática. Quando as extremidades do corpo de energia se tocam, a sensação é de formigamento e pressão. Quando o extremo do corpo de energia toca a pele, provoca uma sensação de prurido e pressão sobre a superfície da pele. Quando você desenha círculos na palma da mão, sente os contornos prurientes do círculo.

A maioria das pessoas vê uma névoa ao redor dos dedos e das mãos quando tenta sentir a aura. Isso se parece um pouco com a onda de calor sobre um radiador. É vista, às vezes, em várias cores, como um toque de azul, por exemplo. De um modo geral, porém, a maioria das pessoas a vê, a princípio, como incolor. Os corpos de energia puxam como balas puxa-puxa entre os dedos, à medida que a névoa de cada ponta entra em conexão com a névoa do dedo correspondente da outra mão. Quando você movimenta os dedos de modo que eles se desemparelhem, a névoa seguirá, de início, o primeiro dedo e, depois, saltará para a ponta do dedo mais próximo. (Veja Figura 7-14.)

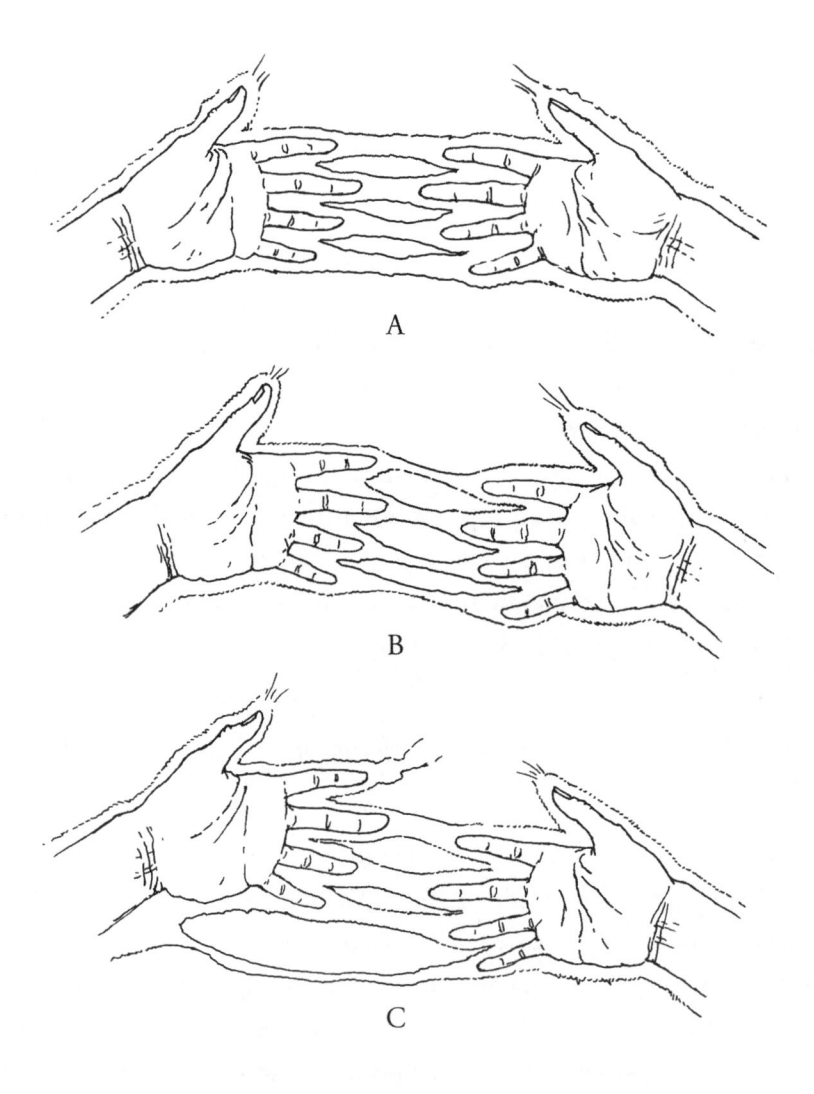

Figura 7-14: Aura em volta das pontas dos dedos

Revisão do Capítulo 7

1. Que relação existe entre o Campo da Energia Universal e o Campo de Energia Humano?
2. Com o que se parece o corpo etérico? Como difere ele do corpo emocional?
3. Quais são as três funções principais dos chakras?
4. Por que tem o chakra certa cor?
5. Onde está o coração do chakra?
6. Com que estruturas anatômicas se relacionam os chakras?
7. Descreva as sete camadas inferiores do campo áurico e suas funções.
8. Descreva a relação entre os chakras e as camadas da aura.
9. Onde estão localizados o oitavo e o nono chakras?
10. Descreva um chakra na sétima camada do campo.
11. Onde está localizada a principal corrente de força vertical?
12. Que camada mantém unido o Campo de Energia Humano (CEH)?
13. Em que camada do CEH aparecem as emoções?

Terceira Parte

A PSICODINÂMICA E O CAMPO DE ENERGIA HUMANO

"A luz dourada da chama de uma vela assenta-se sobre o trono da sua luz escura agarrada ao pavio."

O Zohar

Introdução

A EXPERIÊNCIA TERAPÊUTICA

....

Foi no cenário psicoterapêutico que, pela primeira vez, comecei a ver auras de novo, conscientemente, como adulta. Tratava-se de um cenário em que não somente me "permitiam" observar as pessoas com atenção, mas também me animavam a fazê-lo. Nas minhas longas horas de prática, observei a dinâmica de muita gente, o que constituía um verdadeiro privilégio, uma vez que a ética social normal estabelece limites muito claros para esse comportamento. Tenho a certeza de que todos vocês já passaram pela experiência de interessar-se por determinado estranho num ônibus ou numa lanchonete, quando, depois de uma curta observação, a pessoa lhes surpreende o olhar e faz-lhes saber, com uma expressão nada equívoca, que é melhor vocês pararem de olhar. Agora, em primeiro lugar, como foi que a pessoa ficou sabendo que vocês estavam olhando? Ela os sentiu através do campo de energia. Em segundo lugar, por que foi que ela os intimou a pararem de fitá-la? As pessoas ficam muito nervosas quando são observadas. Poucos dentre nós desejamos que a nossa dinâmica pessoal seja conhecida dos outros. Quase todos nos envergonhamos do que poderá ser visto se outro ser humano olhar para nós com atenção. Todos temos problemas; todos tentamos esconder pelo menos alguns deles. Nesta seção discutirei o modo com que nossas experiências particulares, incluindo os nossos problemas, se manifestam na aura. Relacionarei tudo isso com a psicoterapia corporal e à estrutura do caráter tal como o define a bioenergética. Primeiro que tudo, porém, comecemos, na base da psicoterapia, com o desenvolvimento da infância.

Já se levou a efeito grande número de estudos sobre o crescimento e o desenvolvimento humanos. Erik Erikson é famoso pelo seu trabalho de descrever as fases de crescimento e desenvolvimento relacionadas com a idade. As diversas fases passaram a ser parte da nossa linguagem de todos os dias como, por exemplo, a fase oral, a adolescência, a pubescência, e assim por diante. Nenhum desses estudos faz menção da aura, pois ela não é conhecida pela maioria das pessoas no campo da psicologia. Entretanto, quando observada, a aura fornece um sem-número de informações sobre a constituição psicológica da pessoa e sobre o seu processo de crescimento pessoal. O que quer que se desenvolva na aura, em qualquer fase do crescimento, está diretamente relacionado com o desenvolvimento psicológico nessa fase. De fato, observado do ponto de vista áurico, esse desenvolvimento pode ser encarado como consequência natural do que acontece nos campos áuricos. Consideremos a maneira com que o nosso campo de energia costuma desenvolver-se, no período entre o nascimento e a morte.

Capítulo 8

O CRESCIMENTO E O DESENVOLVIMENTO HUMANOS NA AURA

Para abordar a extensão da experiência humana desde o nascimento até a morte, e além da morte, utilizarei os recursos que me fornecem tanto a tradição psicológica quanto a tradição metafísica. Se a metafísica os perturba, por favor, tome-a por metáfora.

Encarnação

O processo da encarnação dura todo o espaço de uma vida. Não é coisa que ocorre no nascimento e depois se acaba. Para descrevê-la, precisamos empregar termos metafísicos. A encarnação é o movimento orgânico da alma em que suas vibrações ou aspectos mais altos e mais finos são continuamente irradiados para baixo, através dos corpos áuricos mais finos, até os corpos áuricos mais densos, e dali, finalmente, até o corpo físico. Em seu crescimento pela vida afora essas sucessivas energias são utilizadas pelo indivíduo.

Cada uma das fases principais da vida corresponde a vibrações novas e mais elevadas e à ativação de chakras diferentes. Em cada fase, nova energia e nova consciência ficam à disposição da personalidade para a sua expansão. Cada fase apresenta novas áreas de experiência e saber. A essa luz, a vida está cheia de descobertas e desafios emocionantes para a alma.

O processo de encarnação é dirigido pelo eu superior. Esse padrão de vida é mantido na sétima camada da aura, o nível ketérico padrão, um padrão dinâmico, que muda constantemente, à medida que o indivíduo faz opções de livre-arbítrio no processo de viver e crescer. À medida que ocorre o crescimento, o indivíduo abre sua capacidade de sustentar níveis mais elevados de vibrações, energias e consciência, que lhe atravessam os veículos, os corpos áuricos e os chakras. Deste modo, ele se aproveita de realidades cada vez maiores, à proporção que progride no caminho da vida. Assim como cada indivíduo progride, assim progride também toda a humanidade. Cada geração costuma ser mais capaz de sustentar vibrações mais elevadas do que a anterior, de tal forma que toda a humanidade se move em seu plano evolutivo no rumo de vibrações mais altas e de realidades dilatadas. O princípio de progressão da raça humana é mencionado em muitos textos religiosos, como a Cabala, o Bhagavad Gita, os Upanishades e outros.

O processo de encarnação antes da concepção foi descrito por Helena Blavatsky e, mais recentemente, por Alice Bailey, Phoebe Bendit e Eva Pierrakos. De acordo com Pierrakos, a alma em vias de encarnar-se encontra-se com os guias espirituais a fim de planejar a vida que haverá de seguir. Nesse encontro, a alma e os guias ponderam sobre as tarefas que lhe incumbe realizar para o seu crescimento, no karma que precisa enfrentar e com o qual lhe é necessário lidar, e nos sistemas de crenças negativas que lhe cumpre esclarecer por meio da experiência. O trabalho da vida geralmente é mencionado com a tarefa da pessoa.

Por exemplo, a pessoa pode precisar desenvolver o espírito de liderança. Ao entrar na vida física, verá a si mesmo em situações em que a liderança é uma questão-chave. As circunstâncias, para cada pessoa, serão inteiramente diferentes, mas todas se concentram na liderança. Uma pessoa pode nascer numa família em que a liderança é tradição, como uma longa linha de respeitáveis presidentes de companhias ou de líderes políticos, ao passo que outra pessoa nascerá numa família em que a liderança não existe e na qual os líderes são vistos como autoridades negativas que devem ser postas abaixo ou contra as quais se faz necessária uma rebelião. A tarefa da pessoa consiste em aprender a aceitar essa questão de forma equilibrada e confortável.

Segundo Eva Pierrakos, a dose de aconselhamento que uma alma recebe dos guias na determinação das futuras circunstâncias de vida depende da sua maturidade. Escolhem-se os pais que proporcionarão a necessária experiência ambiental e física. Tais escolhas determinam a mistura de energias que formarão finalmente o veículo físico em que a alma se encarnará para realizar sua tarefa. Tais energias, muito precisas, fornecem à alma o equipamento necessário ao cumprimento da sua tarefa. A alma aceita o encargo não só de uma tarefa pessoal de aprendizagem pessoal (como a liderança), mas também uma "tarefa mundial", que implica uma dádiva para o mundo. O esquema é tão singular que, ao cumprir a tarefa pessoal, a pessoa se prepara para cumprir a mundial. A tarefa pessoal liberta a alma, soltando energias que então são usadas na tarefa mundial.

No exemplo supramencionado sobre liderança, o indivíduo precisará aprender essa qualidade ou habilidade antes de assumir o papel de liderança no campo de trabalho que tiver escolhido. Ele pode sentir-se intimidado pela extensa linha de antepassados que foram líderes brilhantes, ou sua reação a essa herança será de inspiração para prosseguir com a própria liderança. Cada caso é diferente e muito pessoal, conforme a singularidade da alma que aqui veio aprender.

O plano de vida contém muitas realidades prováveis, que permite amplas escolhas de livre-arbítrio. Entrelaçada nessa contextura de vida está a ação de causa e efeito. Criamos nossa própria realidade. A criação, que emerge de muitas partes diferentes do nosso ser, nem sempre é fácil de compreender a partir de um simples nível de causa e efeito, embora muito da nossa experiência possa ser entendido por esse aspecto. Você cria literalmente o que deseja. O que deseja está contido na consciência, no inconsciente, no superconsciente e na consciência coletiva, forças criativas que se misturam para criar experiência em muitos níveis do nosso ser à medida que progredimos pela vida afora. O que se denomina karma, no meu entender, é a lei de causa e efeito a longo prazo, e também de muitos níveis diferentes do nosso ser. Assim, criamos a partir da fonte pessoal e da fonte grupal e, naturalmente, há grupos menores dentro de grupos maiores, todos emprestando sua contribuição à grande contextura de experiência da vida criativa. Desse ponto de vista é fácil olhar para a riqueza da vida com o assombro de uma criança.

Após o "planejamento", a alma entra num processo de perder aos poucos a consciência do mundo do espírito. Por ocasião da concepção, forma-se um elo energético entre a alma e o ovo fertilizado. Nesse momento também se forma um útero etérico, que protege a alma entrante de quaisquer outras influências que não sejam as maternas. À proporção que o corpo cresce dentro da mãe, a alma, aos poucos, começa a sentir o seu "arrastamento" e, devagar, liga-se conscientemente ao corpo. A certa altura, de repente, a alma toma ciência dessa conexão, e um vigoroso lampejo de energia consciente desce ao corpo em formação. A alma, então, volta a perder a consciência, e redesperta, pouco a pouco, no físico. O vigoroso lampejo de consciência corresponde ao tempo dos primeiros movimentos do feto.

O Nascimento

O nascimento ocorre numa ocasião única para a alma entrante. Nesse ponto, a alma perde seu útero etérico protetor e, pela primeira vez, sujeita-se às influências do meio. Pela primeira vez, está só no mar de energia que a todos nos cerca. É tocada por esse campo. Os campos maiores e mais fortes dos corpos celestiais vão influir também, pela primeira vez, no novo campo de energia da alma no instante do nascimento. Nesse momento, o mar de energia sofre a influência de outro campo novo, que se acrescenta ao maior e o enriquece, como se soasse outra nota e ela se juntasse à sinfonia já existente da vida.

A Primeira Infância

O processo do lento despertar para o mundo físico continua após o nascimento. O bebê dorme frequentemente durante esse tempo; a alma enche seus corpos de energia mais elevada. Deixa os corpos físico e etérico desimpedidos e permite que eles se ocupem no trabalho da construção do corpo.

Nas primeiras fases da vida, à criança incumbe acostumar-se às limitações da sensação física e ao mundo tridimensional. Vi muitos recém-nascidos lutando com esse processo. Tendo ainda alguma percepção do mundo espiritual, forcejam por descartar-se dos parceiros espirituais e das figuras dos pais e por transferir as afeições para os novos pais. Os recém-nascidos que tenho observado possuem chakras da coroa bem abertos (Figura 8-1). Lutam por caber, espremendo-se, nas limitações de um corpinho de bebê. Quando os vejo deixar o corpo físico, em seus corpos superiores, parecem muitas vezes espíritos de cerca de 3,65 m de altura. Travam uma luta enorme para abrir o chakra da raiz inferior e estabelecer conexão com a terra.

Exemplo disso foi o caso de um menino nascido um mês depois do que se esperava. Após um nascimento muito rápido, foi acometido de uma febre. Os médicos realizaram uma punção lombar para verificar se não se tratava de encefalite. Administrou-se a punção lombar na região do chakra sacro. A criança lutava para desfazer-se de dois companheiros de brincadeiras e de uma mulher espiritual que tampouco queria soltá-la. Na luta, ele se abria e estabelecia conexão com a terra todas as vezes que o seu guia se achava presente. Em seguida, perdia contato com o guia, avistava os companheiros de brincadeiras e a mulher, e lutava vigorosamente entre os dois mundos. Nessas ocasiões, sentia maior afinidade com a mulher espiritual do que com a própria mãe física. Na luta para

Campos de luz azul

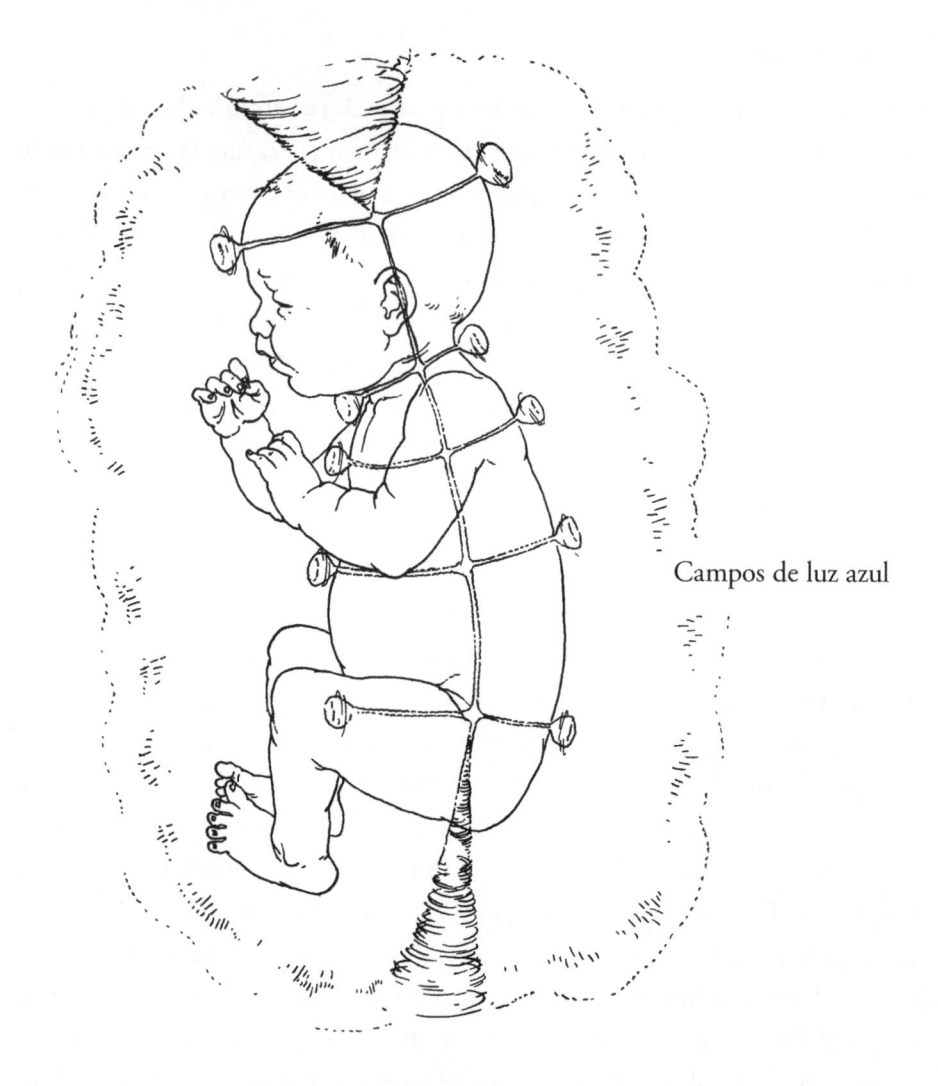

Figura 8-1: Aura normal de um bebê
(diagnóstico por imagem)

não encarnar, jogava energia fora pelo chakra sacro e para a direita, a fim de evitar o crescimento de raízes diretamente através do chakra básico (primeiro chakra). Conseguia fazê-lo, em parte, à conta do buraco áurico deixado pela punção lombar. Depois de um momento de luta, voltava a estabelecer conexão com o guia e se acalmava, abria a raiz e recomeçava o processo de entrada.

Tentei ajudá-lo. Na primeira vez, ele aceitou alguma ajuda, mas, depois, recusou-a. Toda vez que eu tentava mandar energia para a sua aura, ele fazia um estardalhaço. Ele sabia o que eu estava pretendendo e não me deixava chegar perto. Eu tentava costurar o buraco do chakra sacro na sétima camada da aura e redirigir-lhe a energia para baixo. Ele não o permitia. Cheguei a aproximar-me quando o vi imerso em sono profundo. Mas quando cheguei a uma distância aproximada de 30,47 cm despertou e começou a berrar. Tratava-se, evidentemente, de uma luta acirrada, e ele não queria receber ajuda de ninguém. Um dos problemas físicos secundários, nascidos dessa luta básica, foi um problema intestinal provocado pelo uso constante e excessivo do chakra do plexo solar associado aos gritos e ao choro. O problema recebeu o tratamento que se fazia necessário depois que ele decidiu permanecer no plano físico. A carta astrológica da criança mostra claramente que é um líder em potencial.

Dessa maneira, a alma entra no corpo e dele sai através do chakra da coroa quando começa a trabalhar na abertura do chakra da raiz para deitar raízes no plano físico. Nessa fase, o chakra da raiz assemelha-se a um funil muito estreito, e o chakra da coroa assemelha-se a um funil muito amplo. Os outros chakras se parecem com taças chinesas de chá, pequenas e rasas, com uma estreita linha de energia que volta para dentro do corpo e chega à coluna (Figura 8-1). O campo geral de um bebê, amorfo e informe, ostenta uma coloração azulada ou acinzentada.

Quando o bebê fixa a atenção num objeto no plano físico, a aura se torna tensa e brilhante, sobretudo ao redor da cabeça. Depois, à proporção que essa atenção se dissipa, a cor da aura desaparece gradualmente; entretanto, preserva parte da experiência em forma de cor da aura. Cada experiência acrescenta um pouco de cor à aura e lhe realça a individualidade. Assim, o trabalho de construção da aura também prossegue e continua dessa maneira por toda a vida, de modo que todas as experiências de vida de uma pessoa podem ali ser encontradas.

Após o nascimento, subsiste uma robusta conexão energética entre mãe e filho. A essa conexão dá-se, às vezes, o nome de plasma germinativo. É mais forte por ocasião do nascimento e ali permanecerá por toda a vida, conquanto deixe de ser tão pronunciado à medida que a criança cresce. Esse umbigo psíquico é a conexão através da qual os filhos continuam em contato com os pais pelos anos afora. Muitas vezes tem-se a percepção de uma experiência traumática pela qual o outro está passando, embora possa haver grande distância entre os dois no nível físico.

O campo da criança, inteiramente aberto, é vulnerável à atmosfera em que vive. Estejam as coisas "em aberto", ou não, a criança sente o que se passa entre os pais. Reage constantemente a esse ambiente energético de maneira compatível com seu temperamento. Pode ter temores vagos, fantasias, ataques de cólera ou doença. Os chakras da criança estão todos abertos no sentido de que não existe uma película protetora sobre eles que mantenha distantes as influências psíquicas que se aproximam. Isso a torna muito vulnerável e impressionável. Nessas condições, ainda que os chakras não estejam desenvolvidos como os de um adulto e a energia que os penetra seja experimentada de um modo vago, esta energia vai diretamente para o campo da criança, que terá de haver-se com ela de um modo ou de outro. (Veja a Figura 8-2 para comparar o chakra de um adulto com o de uma criança.)

Por volta dos sete anos de idade, forma-se uma tela protetora sobre as aberturas do chakra que filtra um sem-número de influências vindas do campo da

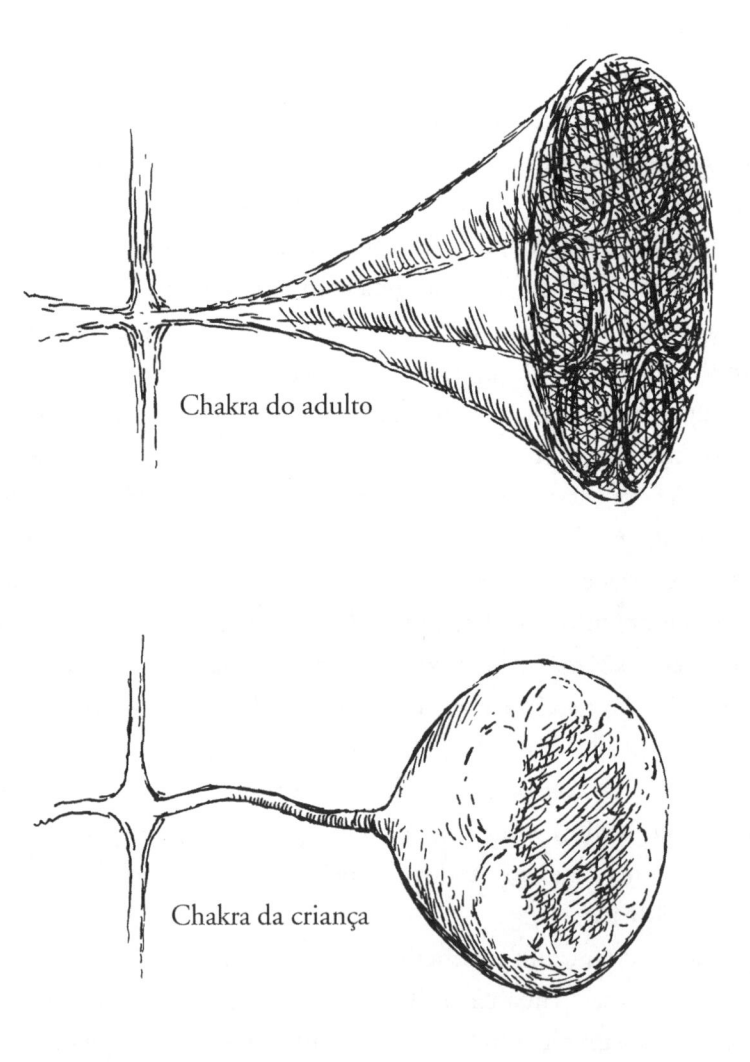

Chakra do adulto

Chakra da criança

Figura 8-2: Chakras do adulto e da criança

energia universal. Nessas circunstâncias, a criança deixa de ser tão vulnerável. Essa fase pode ser observada à medida que a criança cresce e se individualiza. Ocorre nas proximidades do momento em que desponta a razão.

Muitas vezes se pode ver a criança mais nova sentar-se e aninhar-se no colo da mãe ou do pai. Ela está sendo protegida contra influências externas pelo campo paterno ou materno. Por efeito da vulnerabilidade da criança, sou muito conservadora no permitir que as crianças participem de grupos terapêuticos ao lado de adultos. O adulto não faz a menor ideia do que a criança experimenta, a não ser que tenha regressado a esse estado de vulnerabilidade. Tenho visto pais submeterem os filhos, sem querer, a um choque psíquico desnecessário ao sujeitá-los a uma terapêutica de grupo, na suposição de que se trata de uma coisa progressista, ou sucumbindo a pressões de grupo. A raiva do adulto choca o sistema da criança como um choque físico, ao passo que o pesar e a depressão inundam-no como um nevoeiro.

Além da nutrição física, a mãe que amamenta o filho dá-lhe energia etérica. Existe um pequeno chakra em cada mamilo, que fornece energia ao bebê. Não se esqueçam de que os chakras do bebê não estão desenvolvidos e, portanto, não metabolizam todas as energias do campo da energia universal necessária para sustentar a vida.

A Infância

À medida que a criança cresce e o segundo chakra principia a desenvolver-se, sua vida emocional se enriquece. A criança cria mundos de fantasia em que pode viver, começa a sentir-se uma pessoa separada da mãe, e esses mundos ajudam a criar a separação. Dentro dos mundos de fantasia estão as propriedades da criança. Ela enviará do seu campo etérico projeções semelhantes a amebas, circundando com elas os objetos. Quanto mais importante for o objeto na construção do mundo de fantasia, tanto maior será a consciência da energia do seu campo com que ela o circundará. O objeto passa a ser parte do eu. E quando lhe é arrebatado à força das mãos, dilacera-lhe o campo e causa-lhe dor, física e emocional.

Aos dois anos de idade, mais ou menos, a criança começa a ver os pais como se estes lhe pertencessem: "eu, papai, mamãe, etc." As cores vermelho-laranja e cor-de-rosa tornam-se mais visíveis na aura. A criança aprende a relacionar-se com outra pessoa, aprende um tipo básico de amor. Em função do campo, é capaz de separar-se do campo da mãe, em que pese ao umbigo etérico que ainda as liga. Tem início, assim, o processo da separação e da identidade independente. A criança cria um espaço de fantasia, vive nele, mas ainda tem a mãe ligada a ela por intermédio do umbigo etérico. Ainda pode olhar para trás e perceber que mamãe não está longe demais. Esse espaço se apresenta à visão clarividente como composto de energia proveniente, na maior parte, do nível azul ou nível etérico. É um espaço em que a criança prefere brincar sozinha ou, se consentir na entrada de um companheiro de brincadeiras, vigia-o com muito cuidado, a fim de não admitir uma perturbação excessiva do espaço. Nessa fase, a criança não tem o ego suficientemente forte para manter muita clareza entre o eu e o outro. Luta por encontrar sua singularidade e, no entanto, ainda se sente ligada a todas as coisas. Os objetos pessoais tornam-se modos de definir a individuação. O espaço da energia particular ajuda a definição. Assim, quando outra criança visita o quarto de uma criança de cinco a sete anos de idade, a anfitriã se debate entre o desejo de comunicação com outrem e a preservação da imagem do eu. Daí a luta por controlar objetos pessoais que ajudam a definir quem ela é e em torno dos quais colocou sua própria consciência de energia. A luta aqui visa a reconhecer e manter a autoindividuação e ainda sentir a conexão de um "indivíduo" diferente.

Aos sete anos de idade, a criança começa a criar muita energia dourada nesse espaço, que fica mais livre, maior, menos ligado à mamãe e mais aberto a visitantes. Com um sentido maior do eu, a criança começa a ver suas similaridades com outros seres humanos. Pode permitir ao "outro" uma autoexpressão maior dentro do seu espaço particular. Consente-se ao visitante criar todos os tipos de formas de energia dentro do espaço particular. Isso torna as coisas mais "divertidas" e "animadas" e realça a vida da fantasia. As crianças entram na fase da "turma". Uma das coisas que possibilita tudo isso é que, aos sete anos de idade, mais ou menos, todos os chakras têm uma tela protetora estendida sobre eles, que filtra muitas influências energéticas procedentes do campo à sua volta. A criança se sente "mais segura" porque, em seus corpos áuricos, realmente o é.

Exercício para Sentir os Espaços Psíquicos

Os adultos também impregnam seu espaço com a própria energia. Esses espaços psíquicos são ninhos seguros em que as pessoas podem viver e ter o seu ser. Tente sentir os espaços psíquicos que os outros criam. Você pode aprender muita coisa com eles – tanto a respeito de si mesmo quanto do dono do espaço. Basta que você comece a afinar-se com os espaços que visita regularmente. Entre na sala do seu amigo. Como se sente? Gosta dela? Quer ficar aí ou prefere sair?

Se tiver filhos, vá ao quarto de cada um deles. Sinta a diferença da energia em cada quarto. Como se ajusta ela ao seu filho? Que parte dele expressa? A cor é a cor certa para ele, ou é uma cor que você lhe impôs ao espaço? Pense nisso.

Tente fazer o mesmo com as diferentes lojas em que entra. Eu, pessoalmente, acho impossível permanecer em algumas lojas por causa da energia que delas emana.

Faça agora uma pequena experiência com objetos. Num grupinho de pessoas (de preferência pessoas sobre as quais você não sabe muita coisa), coloque-lhes os objetos pessoais no centro e escolha um pelo qual se sente atraído. Segure-o com a mão. Que sensação produz? Sente-o pesado, quente, amistoso, inamistoso, triste, feliz, seguro, perigoso, saudável, doentio? Você capta algumas imagens? Espere o tempo que for preciso para afinar-se com eles. Verifique-o com o dono do objeto. Aposto que você acerta a respeito de algumas coisas que apanha. Pratique e se tornará melhor da próxima vez.

A Latência

À medida que a criança cresce e chega à latência, entre os sete anos e a puberdade, ocorre o desenvolvimento de outras faculdades mentais, a par com o desenvolvimento do terceiro chakra. Nessa ocasião, adiciona-se à aura mais um pouco da cor mental, o amarelo. Conquanto este chakra esteja abrindo as energias mentais e a criança frequente a escola, usam-se as energias mentais principalmente para ressaltar a vida de fantasia da criança. Aqui entram em cena profundos impulsos teleológicos e conexões com o longo desenvolvimento passado da humanidade. A criança passa a ser o chefe índio, a princesa, a Mulher Maravilha. São profundos impulsos idealistas, que revelam os anseios da alma e, muito provavelmente, se relacionam com a sua tarefa mundial. No interior dessas formas arquetípicas se encontram os profundos anseios espirituais do indivíduo, suas metas e aspirações, expressas pelas qualidades manifestadas no quintal de casa ou no pátio da escola. É agora que os três primeiros centros – o físico, o emocional e o mental do plano da terra – trabalham juntos para expressar a primeira fase da encarnação da alma.

A Adolescência

O desafio da adolescência, como em todos os estágios do crescimento, é encontrar o eu e permanecer-lhe fiel por todo o caos das mudanças físicas e emocionais, doces anseios e dolorosas rejeições.

À proporção que a criança se aproxima da puberdade, vastas mudanças começam a verificar-se em todo o corpo e no campo de energia circundante. Acrescenta-se mais verde à aura e ao espaço particular do indivíduo, que se impregna das vibrações dos amigos. À medida que se abre o chakra do coração para novos níveis de sentimentos, e o amanhecer de eros e do amor emerge das profundezas da psique, a bela cor-de-rosa enche o campo. Ativa-se a pituitária (o chakra do terceiro olho), e o corpo começa a amadurecer para chegar ao corpo do adulto. Todos os chakras sofrem o influxo dessas mudanças. As novas vibrações superiores são, por vezes, aceitas com entusiasmo pelo indivíduo e, outras vezes, detestadas por trazerem consigo novos anseios e nova vulnerabilidade, que o indivíduo ainda não experimentou. Às vezes, todo o campo se arrebenta e os chakras se desequilibram totalmente, ao passo que, em outras ocasiões, tudo flui na maior harmonia. Assim sendo, o indivíduo passa por grandes mudanças da realidade emocional, e seus atos expressam essa confusão. Num momento ele é criança e, no momento seguinte, adulto.

O indivíduo repete agora todas as fases de crescimento que experimentou, mas com uma diferença. As três primeiras envolviam o eu como centro do universo. Era eu, papai, mamãe, meus amigos, etc. Agora é um relacionamento eu-tu. O "eu" não existe sozinho e o bem-estar do "eu" depende de ajustamentos apropriados ao "não-eu". Isso é causado, em parte, pelo fato de já não "possuir" o indivíduo o objeto do amor, como o possuía no caso dos pais ou dos brinquedos. Seu bem-estar depende de um equilíbrio de seus atos a fim de "convencer" o ser amado a amá-lo ou, pelo menos, assim acredita ele. Isso faz pressão sobre a psique, levando-o a oscilar entre quem ele pensa que é e quem ele pensa que deve ser (de acordo com o que imagina que ela quer que ele seja, e vice-versa). É claro que o mesmo já ocorria com os pais, mas é trazido à superfície porque, a qualquer momento, o ser amado pode escolher outro, e amiúde o faz, publicamente.

A Idade Adulta

No fim da adolescência, os chakras e o padrão de energia usado pelo indivíduo estão estabelecidos. Todos os chakras assumiram uma forma adulta. Nesse ponto, o indivíduo tenta firmar-se e não quer mais mudanças. Alguns são capazes de levar a efeito os seus desígnios nesse sentido e, com isso, fazem com que a vida se estagne em padrões seguros e estabelecidos de realidade claramente definida e limitada. A maioria das pessoas, abalada o suficiente pelas experiências de vida, vê que a realidade não é tão facilmente definível e continua a busca perpétua do sentido que a leve, através de um desafio constante, a experiências mais profundas de realização.

Na maturidade, o "eu-tu" se expande para incluir a família pessoal, que cria sua própria forma de energia. Mais energias que fluem pelo chakra da garganta ajudam esse dar e receber pessoal. Enquanto o tempo se escoa, o "eu-tu" se expande até incluir o indivíduo e o grupo. O coração pode abrir-se para abranger não só o amor da companheira e dos filhos, mas também da humanidade. A cor que se vê na aura é um formoso lilás, que se transforma na integração da consciência do eu, do outro e do grupo. Quando o terceiro olho se abre para vibrações mais elevadas, começamos a ver a unidade de todas as coisas e podemos ver, ao mesmo tempo, a preciosidade única de cada alma dentro da unidade.

A Maturidade

À medida que o indivíduo se aproxima da velhice e da morte, podem ser acrescentados aos corpos de energia maiores graus de vibração superior. Os cabelos das pessoas assumem uma coloração branca brilhante, à proporção que a luz branca que lhes percorre o ser aumenta sua afinidade com o mundo espiritual. Agora, à relação "eu-tu" se acrescenta uma relação pessoal muito profunda com Deus. A energia terrena inferior, metabolizada através dos chakras inferiores, diminui e é firmemente substituída por energias superiores mais finas, que têm muito mais a ver com o espírito do que com a vida no plano físico. A pessoa está se preparando para regressar à casa no mundo espiritual. Quando esses processos naturais são compreendidos e se lhes permite desdobrarem-se desde o interior da psique, a serenidade e o amor enchem a vida pessoal do indivíduo. As coisas ocupam seus lugares em favor do crescimento que se verificou no correr dos anos. O chakra do plexo solar, em especial, torna-se mais harmonioso. A pessoa é capaz de aumentar a profundidade da percepção que faz da vida (a despeito da diminuição da força física), uma coisa de interesse cada vez maior e de experiência cada vez mais rica. É lastimável que a nossa cultura, de um modo geral, não respeite nem utilize esse grande recurso de sabedoria e luz, como o fazem outras culturas, como a dos índios americanos nativos, na qual os avós retinham o poder de decidir pela comunidade.

A Morte

No momento da morte, segundo Phoebe Bendit, um raio luminoso ilumina o alto da cabeça quando a pessoa deixa o plano da terra pelo chakra da coroa.

A experiência de sair pelo alto da cabeça foi descrita muitas vezes como a passagem pelo túnel entre a vida e a morte, um longo túnel escuro com uma luz brilhante no fim. Pode dizer-se também que a "experiência do túnel" é a alma que sobe pela principal corrente de força do corpo ao longo da coluna vertebral e deixa o corpo na luz brilhante do chakra da coroa.

Por ocasião da morte, a alma é recebida por velhos amigos falecidos e pelos guias espirituais. Nesse momento, vê passar toda a sua vida muito rápida e claramente, de modo que não há engano possível quanto ao que aconteceu, às escolhas que foram feitas, às lições que foram aprendidas e às lições que ainda precisam ser aprendidas na encarnação seguinte. Segue-se a isso um tempo de celebração da tarefa completada, e um tempo gasto no mundo espiritual antes de ser levada a cabo a encarnação seguinte.

Depois que as pessoas morrem em consequência de uma longa enfermidade, tenho-as visto, muitas vezes, descansando, cercadas por uma luz branca durante certo período de tempo após a morte. Tem-se a impressão de que elas estão sendo tratadas em alguma espécie de hospital do outro lado.

Observei duas pessoas agonizantes dois dias antes da morte. Em ambos os casos, estavam morrendo de câncer e tinham adoecido havia algum tempo. Os três corpos inferiores, fragmentando-se, saíram do corpo em forma de bolhas nebulosas opalescentes, o que emprestava à pessoa um aspecto opalescente branco. Os três chakras inferiores também se fragmentavam, e longos fios de energia saíam do plexo solar. Os quatro chakras superiores pareciam escancarados, como buracos hiantes. Já não havia um escudo sobre eles. As pessoas que iam de um lado para outro passavam a maior parte do tempo fora do corpo e afastadas. Aparentemente, haviam saído para algum lugar em companhia dos guias espirituais. Quando elas se achavam em seus corpos, era grande a quantidade de espíritos no quarto. Num caso, vi Azrael guardando o portão. Enquanto a pessoa se contorcia, presa de dores profundas, perguntei a Azrael por que não a ajudava a morrer. E ele me respondeu: "Ainda não recebi minhas ordens." (Azrael é o anjo da morte e me parece muito forte e belo, e não aterrador como querem algumas fontes.)

De Heyoan sobre a Morte

Meu guia tem dissertado sobre o processo da morte e eu gostaria de citá-lo aqui. Primeiro, diz ele, a morte não é o que compreendemos, senão a transição de um estado de consciência para outro. Segundo Heyoan, já morremos ao esquecer quem somos. As nossas partes que se esqueceram estão separadas da realidade por um muro, e nós nos sujeitamos à encarnação para recuperá-las. Daí que, embora temamos a morte, já morremos e, no processo encarnatório de reintegração com o nosso ser maior, realmente encontramos mais vida. No dizer de Heyoan, a única coisa que morre é a morte.

Durante a vida, separamos com uma parede as experiências que desejamos esquecer. Fazemo-lo de maneira tão eficaz que não nos lembramos de muitas delas. Encetamos o processo de separação pela parede no princípio da infância e continuamo-lo em todo o correr da existência. Essas peças da nossa consciência separadas pelo muro podem ser vistas no campo áurico em forma de obstruções e serão discutidas no capítulo sobre psicodinâmica. Diz Heyoan que a morte verdadeira já ocorreu na forma desse muro interior.

"Como você sabe, a única coisa que a separa de qualquer outra coisa é você mesma. E a coisa mais importante é que a morte já ocorreu nas suas partes emparedadas. Isso seria talvez, do nosso ponto de observação, a mais clara definição do que o ser humano cuida ser a morte. A morte é estar emparedado e separado. É esquecer. É esquecer quem você é. Isso é a morte. Você já morreu. Você, de fato, encarnou para trazer à vida as suas partes que já estão no que você chama de morte, se algum dia usássemos essa palavra. Essas partes já morreram.

"O processo da morte, que chamaríamos de transição para uma percepção maior, pode ser visto como um processo do campo energético. Será descrito agora para ajudá-la a compreender o processo da morte do ponto de vista áurico. Há uma lavagem do campo, uma clarificação, uma abertura de todos os chakras. Quando você morre, vai para outra dimensão. Há dissolução nos três chakras inferiores. Há dissolução, e note que dizemos dissolução, dos três corpos inferiores. Aqueles dentre vocês que assistiram à morte de outros, viram a qualidade opalina das mãos, do rosto, da pele, qual madrepérola opalescente, e belas nuvens cor de opala flutuam no ar. Essas nuvens são os corpos inferiores de energia que servem para manter a união do corpo físico. Estão se desintegrando. Flutuam, e os chakras existentes se abrem e deles escapam cordões de energia. Os chakras superiores são grandes buracos abertos em outras dimensões. De sorte que esta é a etapa inicial da morte, em que o campo de energia começa a separar-se. As partes inferiores do campo de energia separam-se das superiores. Depois, nas três horas, mais ou menos, que cercam a hora da morte, ocorre uma lavagem do corpo, um batismo, um batismo espiritual do corpo em que a energia jorra como fonte logo acima da principal corrente de força vertical. Uma fonte de luz dourada flui e limpam-se todas as obstruções. A aura assume a cor do ouro branco. Como será isso experimentado pelo moribundo em termos de memória? Você já o ouviu. A pessoa vê a vida inteira passar por ela. É justamente isso. Há os fenômenos concomitantes do campo de energia da lavagem da aura. Todas as obstruções se foram. Todas as experiências esquecidas dessa existência estão desobstruídas. Todas fluem através da consciência, e quando a pessoa se vai, vai-se a consciência. É a dissolução de muitas paredes criadas para o processo de transformação nessa determinada vida. Uma tremenda integração.

"Com a dissolução das paredes erguidas para esquecer no seu interior, você se lembra de quem realmente é. Integra-se no seu eu maior e sente-lhe a leveza e a vastidão. Assim a morte, ao contrário da opinião popular, é uma experiência maravilhosa. Muitos de vocês já leram as descrições dos que foram declarados clinicamente mortos e voltaram à vida. Todos falam num túnel com uma luz brilhante no fim. Falam no encontro com um ser maravilhoso na extremidade do túnel. A maioria passa revista à própria vida e a discute com aquele ser. A maioria confessa que decidiu, por vontade própria, voltar ao mundo físico para completar o aprendizado, apesar de toda a maravilhosa beleza do local em que se encontra. A maioria já não tem medo da morte, mas a aguarda com ansiedade, como uma grande liberação para a serenidade.

"Nessas condições, é a sua parede que a separa desta verdade: o que você chama de morte é, na realidade, a transição para a luz. A morte que você imagina que experimentará pode ser encontrada dentro da sua parede. Todas as vezes que você se separa, de um modo ou de outro, morre uma pequena morte. Todas as vezes que obstrui sua maravilhosa força vital, impedindo-a de fluir, está criando uma pequena morte. Assim sendo, quando se lembra das partes separadas do seu ser, e as reintegra em si mesma, você já morreu. Você volta à vida. Quando expande sua percepção, a parede no meio do mundo, a parede entre a realidade espiritual e a realidade física, se dissolve. Assim a morte se dissolve, não é mais que a liberação da parede da ilusão quando você está pronta para prosseguir. E o que você é se redefine como a realidade maior. Você ainda é o seu eu individual; quando deixa cair o corpo, mantém a essência do eu. Sente a essência do eu nas meditações futuras e passadas dadas no Capítulo 27 (Autocura). Seu corpo físico morre, mas você passa a outro plano de realidade. Mantém a essência do eu além do corpo, além da encarnação. E quando deixa o corpo, sente que é um ponto de luz dourada, mas sente, ainda assim, que é você mesma."

Revisão do Capítulo 8

1. Quando a alma se encarrega de um corpo?
2. Qual é a significação do momento do nascimento no que diz respeito ao Campo de Energia Humano (CEH)?
3. Quais são as duas principais diferenças entre os chakras de uma criança e os de uma pessoa adulta?
4. Que relação existe entre a aura e o desenvolvimento na infância?
5. Por que, no que diz respeito à aura, uma criança grita de dor quando alguém lhe arrebata alguma coisa das mãos?
6. Por que uma criança gosta de sentar-se no interior da aura de um adulto?
7. Quais são os principais progressos que ocorrem na aura no decorrer das seguintes etapas do desenvolvimento: antes do nascimento, no nascimento, na primeira infância, na infância, na latência, na puberdade, na maturidade, na meia-idade, na idade avançada e na morte?
8. Em que idade se completa o processo de encarnação?
9. Descreva a experiência da morte tal como foi testemunhada por observadores de alta percepção sensorial.

Matéria para reflexão

10. Exponha a relação existente entre o CEH e o espaço pessoal de uma pessoa.
11. Exponha a relação existente entre os limites pessoais e o CEH.

Capítulo 9

A FUNÇÃO PSICOLÓGICA DOS SETE CHAKRAS MAIORES

À proporção que o ser humano amadurece e os chakras se desenvolvem, cada qual representa os padrões psicológicos que envolvem a vida do indivíduo. Quase todos reagimos a experiências desagradáveis obstruindo o sentimento e detendo grande quantidade do fluxo natural de energia. Isso influi no desenvolvimento e na maturação dos chakras, do que resulta a inibição de uma função psicológica plenamente equilibrada. Se uma criança, por exemplo, for rejeitada muitas vezes tentando dar amor a outrem, deixará provavelmente de tentá-lo, e buscará interromper os sentimentos interiores de amor, aos quais responde com atos. Para fazê-lo, terá de suspender o fluxo de energia através do chakra do coração. Quando se interrompe ou desacelera o fluxo de energia que passa por esse chakra, o desenvolvimento fica comprometido. Por fim, é muito provável que de tudo isso resulte um problema de ordem física.

O mesmo processo funciona no caso de todos os chakras. Toda vez que uma pessoa obstrui uma experiência que está tendo, seja ela qual for, obstrui, por sua vez, os seus chakras, os quais se acabam desfigurando. Os chakras ficam "obstruídos", atravancados de energia estagnada, giram irregularmente, para trás (num movimento contrário ao dos ponteiros do relógio), e até, em caso de doença, ficam severamente distorcidos ou rasgados.

Quando os chakras funcionam normalmente, cada qual está "aberto" e gira na direção dos ponteiros do relógio, a fim de metabolizar as energias necessárias do campo universal. Um giro no sentido dos ponteiros do relógio tira energia do Campo de Energia Universal (CEU) para o chakra, de maneira muito semelhante à da regra da mão direita no eletromagnetismo, segundo a qual um campo magnético mutável em torno de um fio induzirá uma corrente naquele fio. Segurando o fio com a mão direita, os dedos apontarão na direção do polo magnético positivo. O polegar, automaticamente, apontará na direção da corrente induzida. As mesmas regras funcionam no caso dos chakras. Se você mantiver a mão direita sobre um chakra, de maneira que os dedos se enrolem no sentido dos ponteiros do relógio em torno da borda exterior do chakra, seu polegar apontará para o corpo e na direção da "corrente". Assim classificamos o chakra de "aberto" às energias que entram. Ao contrário, se você enrolar os dedos da mão direita na direção contrária à dos ponteiros do relógio em torno do chakra, o polegar apontará para fora, na direção do fluxo da corrente. Quando o chakra gira num movimento contrário ao dos ponteiros do relógio, a corrente flui para fora do corpo e, desse modo, interfere no metabolismo. Em outras palavras, as energias necessárias, e que experimentamos como realidade psicológica, não fluem para o chakra quando este gira no sentido contrário ao dos ponteiros do relógio. Nessas condições, classificamos o chakra de "fechado" às energias que entram.

A maioria das pessoas que tenho observado tem três ou quatro chakras que giram na direção contrária à dos ponteiros do relógio em qualquer tempo. Geralmente, eles se abrem cada vez mais em decorrência da terapêutica. Como os chakras não são apenas metabolizadores de energia, mas também dispositivos que sentem a energia, servem para falar-nos sobre o mundo que nos rodeia. Se "fecharmos" os chakras, não permitiremos que entre a informação. *Assim, quando fazemos nossos chakras fluírem no sentido oposto ao dos ponteiros do relógio, lançamos nossas energias para fora, para o mundo, sentimos o que é a energia que lançamos para fora e dizemos que é o mundo. Em psicologia, dá-se a isso o nome de projeção.*

A realidade imaginada que projetamos sobre o mundo relaciona-se com a "imagem" do que supúnhamos fosse o mundo através das nossas experiências infantis e através da mente da criança que éramos então. Como cada chakra está relacionado com uma função psicológica específica, o que projetamos através de cada um deles estará dentro da área geral em que cada qual funciona e será muito pessoal para nós, porque a experiência de vida de toda pessoa é única. Assim, medindo o estado dos chakras, podemos determinar nossas atuais questões de vida a longo prazo.

John Pierrakos e eu relacionamos a disfunção de cada chakra com um distúrbio psicológico. Qualquer perturbação no chakra, medida pelas técnicas rabdománticas, mostra uma disfunção nessa área de relacionamento psicológico (veja no Capítulo 10 as observações sobre a técnica rabdomântica). Desse modo, medindo o estado dos chakras, habilitamo-nos a diagnosticar as necessidades psicológicas do cliente. Também trabalho diretamente com os chakras no intuito de levar a cabo uma mudança psicológica. Inversamente, descobrimos que os padrões psicológicos descritos pelos terapeutas estão ligados ao campo de energia humano em localizações, formas e cores predizíveis.

A Figura 7-3 mostra a localização dos sete centros principais de energia dos chakras utilizados para diagnosticar estados psicológicos. Eles estão divididos em centros mentais, centros de vontade e centros de sentimento. Para a saúde psicológica, é preciso que os três tipos de chakras, a saber, da razão, da vontade e da emoção, estejam equilibrados e abertos. Os três chakras da área da cabeça e da garganta governam a razão; os que se localizam na frente do corpo governam as emoções; seus equivalentes nas costas governam a vontade. A Figura 9-1 dá uma tabela dos principais chakras e da sua função psicológica.

Observemos as áreas gerais de funcionamento psicológico de cada chakra. O *primeiro chakra, o centro coccigiano* (1), relaciona-se com a quantidade de energia física e com a vontade de viver na realidade física. Quando a força vital funciona plenamente através desse centro, a pessoa tem muita vontade de viver na realidade física. Quando a força vital funciona na sua plenitude, por meio dos três chakras inferiores, combinada com um fluxo pujante pelas pernas abaixo, vem com ela uma clara e direta afirmação de potência física. O cóccix atua como bomba de energia sobre o nível etérico, ajudando a dirigir o fluxo de energia pela coluna, de baixo para cima.

A afirmação de potência física, combinada com a vontade de viver, dá ao indivíduo uma "presença" de força e vitalidade. Ele afirma: "Estou aqui agora" e, de fato, se acha bem fundamentado na realidade física. A "presença" da força e da vitalidade emana dele em forma de energia vital. Ele age amiúde como gerador, ativando os que o rodeiam, recarregando-lhes os sistemas de energia. Possui uma forte vontade de viver.

Quando se obstrui ou fecha o centro coccigiano, bloqueia-se a maior parte da vitalidade física da força vital, e a pessoa não produz uma impressão vigorosa no mundo físico. Ela não está "aqui". Evitará a atividade física, estará por baixo em matéria de energia e poderá até ser "enfermiça". Faltará a ele força física.

O *centro púbico (chakra 2A)* relaciona-se com a qualidade do amor ao sexo oposto que a pessoa é capaz de sentir. Estando aberto, facilita a concessão e o recebimento do prazer sexual e físico. Se este centro estiver aberto, a pessoa apreciará o ato sexual e, provavelmente, será orgástica. O orgasmo pleno do corpo, todavia, exige que todos os centros estejam abertos.

Figura 9-1
Chakras maiores e função psicológica associada

CENTROS MENTAIS		ASSOCIADOS COM:
7	Centro da coroa	Integração da personalidade total com a vida, e aspectos espirituais da humanidade.
6A	Centro da testa	Capacidade de visualizar e compreender conceitos mentais.
6B	Executivo mental	Capacidade de pôr ideias em obra de maneira prática.
CENTROS DA VONTADE		
5B	Base do pescoço	Sentido do eu, dentro da sociedade e da nossa profissão.
4B	Entre as omoplatas	Vontade do ego, ou vontade dirigida para o mundo exterior.
3B	Centro diafragmático	Cura, intencionalidade dirigida para a nossa saúde.
2B	Centro sacro	Quantidade de energia sexual.
1	Centro coccigiano	Quantidade de energia física, vontade de viver.
CENTROS DO SENTIMENTO		
5A	Centro da garganta	Aceitação e assimilação.
4A	Centro do coração	Sentimentos de amor a outros seres humanos, abertura para a vida.
3A	Plexo solar	Grande prazer e expansividade, sabedoria espiritual e consciência da universalidade da vida. Quem é você dentro do Universo.
2A	Centro púbico	Qualidade de amor ao sexo oposto, concessão e recebimento do prazer físico, mental e espiritual.

O *centro sacro (chakra 2B)* relaciona-se com a quantidade de energia sexual da pessoa. Com o centro aberto, esta sente a sua força sexual. Se ela obstruir o chakra, a força e a potência sexual que tiver, sejam elas quais forem, serão fracas e decepcionantes. Não terá provavelmente muito impulso sexual, tenderá a evitar o ato sexual, negando-lhe a importância e o prazer que proporciona, do que resultará a subnutrição dessa área. Como o orgasmo banha o corpo de energia vital, o corpo deixará de ser alimentado dessa maneira, e não receberá a nutrição psicológica da comunhão e do contato corporal com outrem.

Relação entre os chakras 2A e 2B. Os atos sacros como parceiros do chakra púbico. Nos dois pontos em que o centro frontal e o centro dorsal se juntam, no coração do chakra, na coluna, a força vital manifesta o seu segundo impulso e propósito físico mais poderoso – o do desejo de união sexual. Essa força poderosa rompe as barreiras autoimpostas entre duas pessoas e as deixa mais próximas uma da outra.

Desse modo, a sexualidade da pessoa está ligada à sua força vital. (Isso é verdade, naturalmente, em relação a todos os centros: qualquer um deles que seja obstruído também obstrui a força vital na área relacionada.) Como a área pélvica do corpo é a fonte da vitalidade, qualquer centro obstruído nessa área reduz a vitalidade física e sexual. Para a grande maioria da humanidade, a energia sexual atravessa esses dois chakras sexuais e os carrega e descarrega no orgasmo, num movimento que revitaliza e limpa o corpo com um banho de energia, livrando o sistema do corpo da energia bloqueada, dos produtos de residuais e da tensão profunda. O orgasmo sexual é importante para o bem-estar físico.

O mútuo abandono na comunhão profunda, através do dar e do receber no ato sexual, é um dos modos principais que a humanidade tem de liberar a "separabilidade" do ego e experimentar a unidade. Quando feito com amor e respeito à singularidade do parceiro, esta é uma experiência sagrada que coroa os profundos impulsos evolutivos primordiais no nível físico e os profundos anseios espirituais de união com a Divindade. É o casamento entre os aspectos espirituais e físicos de dois seres humanos.

Para os que já atingiram essa comunhão e passaram a outras fases ao longo do caminho espiritual, algumas disciplinas espirituais, como o yoga de Kundalini e a tradição tântrica, afirmam que essa descarga já não é necessária ao bem-estar da pessoa. (A maioria dos seres humanos não figura nessa categoria.) Muitas práticas espirituais utilizam a meditação para conter, transformar e redirigir a energia sexual ao longo de diferentes canais de energia, movendo-a ao longo da corrente de força vertical pela coluna acima para ser transformada em energia vibratória mais elevada, empregada na construção dos corpos de energia espiritual superior. Essa prática, muito poderosa e potencialmente perigosa, precisa ser feita sob orientação capaz. Em seu livro *Kundalini,* Gopi Krishna fala na transformação, dessa maneira, da sua semente física, o esperma, em energia espiritual, ou Kundalini. Muitas práticas espirituais advogam a retenção do esperma, ou semente espiritual, para transformação.

Obstruções nos chakras 2A e 2B. A obstrução do centro púbico pode resultar na impossibilidade de alcançar o orgasmo, na mulher que é incapaz de se abrir e de receber alimentação sexual do companheiro. Ela provavelmente não conseguirá fazer conexão com a vagina e talvez não goze a penetração, mostrando-se mais inclinada à estimulação do clitóris do que à penetração. Poderá também querer ser sempre o parceiro agressivo no ato sexual, isto é, ficar por cima e iniciar a maioria dos movimentos. A distorção aqui cifra-se em que ela precisa estar sempre no controle. Num estado saudável, ela desejaria ser ativa às vezes e receptiva em outras ocasiões mas, nesse caso, teme inconscientemente os poderes do parceiro. Com desvelo, paciência, carinho e aceitação do companheiro, ela poderá, aos poucos, abrir o chakra púbico para receber e desfrutar a penetração. É preciso também que investigue os sentimentos mais profundos de medo e recusa do parceiro, que acompanham esta sua condição, para encontrar as imagens de onde vêm os sentimentos acima descritos. Não estou querendo dizer que a mulher não deve ser agressiva no ato sexual. Estou me referindo apenas a um tipo de desequilíbrio no dar e no receber.

Uma grave obstrução do chakra púbico, no homem, geralmente é acompanhada de orgasmo precoce ou de incapacidade de ereção. O homem tem medo, em algum nível profundo, de entregar toda a sua força sexual e, por isso, a retém. O fluxo de energia amiúde é interrompido, atravancado ou redirigido para as costas, para fora do chakra sacro, de modo que ele emite a energia, no orgasmo, pelo segundo chakra dorsal, em vez de emiti-la pelo pênis. Essa experiência, às vezes dolorosa, resulta numa aversão ao orgasmo e numa fuga do ato sexual, o que precipita dificuldades em outros níveis com a companheira, como acontece com a mulher não orgástica. Está visto que, muitas vezes, por meio da lei segundo a qual "o semelhante atrai o semelhante", essas pessoas se encontram e partilham do problema mútuo. Num número demasiado de vezes, a "pseudossolução" tem sido pôr a culpa no parceiro e sair à procura de outro, o que apenas perpetua a situação, até que o "dono" do problema se reconheça finalmente como tal. Nesse ponto, pode começar o trabalho de desenterrar as imagens ou crenças que foram a origem de tudo.

É uma bênção, nesses casos, ter um parceiro que aceita, compreensivo e vigorosamente empenhado, ajudar. Se as duas pessoas, em lugar de se recriminarem mutuamente, admitirem a dificuldade, poderão concentrar-se em dar amor, compreensão e apoio um ao outro e, assim, desenvolver uma nova forma de mutualidade. Esse tipo de crescimento demanda tempo e paciência. Demanda a concessão verdadeira, sem exigir que os seus desejos sejam satisfeitos pela outra pessoa. E, à medida que a confiança e o respeito mútuos crescem, a partir da renúncia às recriminações e da outorga do amor, a sexualidade costuma abrir-se e crescer, numa troca nutritiva. Não é incomum estar fechado um desses centros quando o outro está aberto. Muitas vezes é precisamente assim que os pares de chakras (dianteiro/traseiro) funcionam nas pessoas. O funcionamento será exagerado num deles e reduzido no outro, porque a pessoa não tolera a força de ter ambos os aspectos de um chakra funcionando ao mesmo tempo. Para alguns, por exemplo, é muito difícil sentir uma tremenda força sexual e estar, ao mesmo tempo, muito aberto para dar e receber no ato do amor. A força sexual transmuda-se não raro em fantasia, em vez de permitir que o momento se expanda pela imersão do eu nas profundezas e mistérios pessoais do parceiro ou parceira. Os seres humanos, infinitamente belos e maravilhas complexas, raro permitem a si mesmos vagar desinibidos por essa beleza e maravilha. Os problemas psicológicos que acompanham o desequilíbrio nos chakras 2A e 2B acarretam circunstâncias de vida insatisfatórias.

Por exemplo, quando o centro dorsal é forte numa direção idêntica à dos ponteiros do relógio, a pessoa terá um forte impulso sexual e, provavelmente, uma grande demanda de relações sexuais. O problema está em que a grande quantidade de energia e impulso sexuais não é acompanhada da capacidade de dar e receber sexualmente. Dessa maneira, será muito difícil satisfazer a um impulso forte. Se o centro dorsal estiver forte numa direção contrária à dos ponteiros do relógio, o mesmo será verdade; o impulso, entretanto, também provavelmente será acompanhado de imagens negativas, talvez até de fantasias sexuais violentas. É evidente que isso tornará o impulso ainda mais difícil de satisfazer, e o dono de uma configuração dessa natureza terá de empenhar-se em muita sublimação a fim de evitar totalmente a questão, por envergonhar-se desses sentimentos íntimos. Por outro lado, a pessoa pode ter muitos parceiros sexuais e, nesse caso, perder a possibilidade de uma comunhão profunda entre duas almas no ato sexual. A pessoa pode romper compromissos sexuais ou ser incapaz de assumi-los.

O *plexo solar (chakra 3A)* está associado ao grande prazer que deriva do profundo conhecimento do nosso lugar único e ligado dentro do universo. Uma pessoa que tenha aberto o chakra 3A pode erguer os olhos para o céu estrelado, à noite, e sentir que lhe pertence. Está firmemente assentada no seu lugar dentro do universo. É o centro do seu aspecto único de expressão do universo manifesto e disso lhe advém sabedoria espiritual.

Embora o chakra do plexo solar seja mental, seu funcionamento saudável está diretamente vinculado à vida emocional do indivíduo. Isso é verdade porque a mente ou os processos mentais servem de reguladores da vida emocional.

A compreensão mental das emoções as coloca numa estrutura de ordem e define de maneira aceitável a realidade.

Se estiver aberto e funcionar harmoniosamente, o centro terá uma vida emocional profundamente satisfatória, que não o esmagará. Quando, porém, estiver aberto, mas a membrana protetora estendida sobre ele estiver rasgada, terá grandes extremos não controlados de emoções. Poderá sofrer a influência de fontes exteriores, procedentes do astral, que talvez o confundam. Poderá perder-se no universo e nas estrelas. Acabará sentindo dores físicas na área, em virtude de um uso exagerado desse chakra, e poderá acabar padecendo de uma doença, como o esgotamento adrenal.

Se estiver fechado, esse centro lhe obstruirá os sentimentos, não lhe permitindo talvez sentir coisa alguma. Ele não se dará conta do significado mais profundo das emoções, que empresta outra dimensão à existência. Poderá não estar ligado à própria unicidade dentro do universo e ao seu propósito maior.

Muitas vezes esse centro funciona como obstáculo entre o coração e a sexualidade. Se ambos estiverem abertos e o plexo solar obstruído, os dois funcionarão separadamente; isto é, o sexo não estará profundamente ligado ao amor, e vice-versa. Os dois se ligam muito bem quando um deles está consciente de sua existência firmemente enraizada no universo físico e da longa linha histórica de seres humanos que serviram para criar o veículo físico que a pessoa possui agora. Nunca devemos subestimar o quão profundamente físico é o ser que cada um de nós representa.

O centro do plexo solar é muito importante no que diz respeito ao relacionamento humano. Quando uma criança nasce, subsiste um umbigo etérico entre mãe e filho. Esses cordões representam um relacionamento humano. Toda vez que uma pessoa estabelece relação com outro ser humano, crescem cordões entre os dois chakras 3A. Quanto mais fortes forem as associações entre as duas pessoas, tanto mais fortes e mais numerosos serão os cordões. Nos casos em que a relação está terminando, os cordões vão-se desligando devagar.

Também se desenvolvem cordões entre outros chakras de pessoas relacionadas umas com as outras, mas os cordões do terceiro chakra parecem uma reencenação do relacionamento entre o filho e a mãe, e são muito importantes em termos de análise transacional no processo terapêutico. A análise transacional é um método de determinar a natureza da sua interação com outras pessoas. Você interage com elas como uma criança interagiria com um dos pais (filho/pai)? Ou interage como se elas fossem a criança e você o adulto (adulto/criança)? Ou age como adulto? Esse tipo de análise revela muita coisa acerca de suas reações pessoais diante de outras pessoas. A natureza dos cordões do chakra, que você constrói na sua primeira família, será repetida nas relações seguintes, que você construir depois. Quando você é criança, os cordões filho/mãe representam exatamente isso, a relação entre o filho e a mãe. Quando adulto, você, muito provavelmente, cria cordões dependentes filho/mãe entre você e seu companheiro ou companheira. À proporção que se movimenta pela vida e amadurece, você transforma gradativamente os cordões filho/mãe em cordões adulto/adulto.

O centro diafragmático (chakra 3B), localizado atrás do plexo solar, está associado à nossa intenção no tocante à saúde física. Se alguém tiver muito amor à saúde dirigido ao próprio corpo, e intentar mantê-lo saudável, esse centro estará aberto. Também conhecido como Centro da Cura, associa-se à cura espiritual. Diz-se que em alguns curadores o mesmo centro, muito grande e desenvolvido, é também um centro da vontade, como o localizado entre as omoplatas, e menor, por via de regra, do que os outros centros da vontade, a não ser em pessoas com capacidades curativas. Esse centro, associado ao centro do plexo solar na parte dianteira do corpo, estará habitualmente aberto se o centro do plexo solar estiver aberto. Se uma pessoa tiver o plexo solar aberto e, por conseguinte, estiver ligado ao seu lugar no universo, admitindo-se que ele se ajuste tão perfeitamente quanto cada haste de relva e os "lírios do campo", a autoaceitação dessa pessoa se manifestará, no nível físico, como saúde física. A saúde total – mental, emocional e espiritual – exige que todos os centros estejam abertos e equilibrados.

O leitor verá, à medida que passarmos pelas descrições dos chakras, que os aspectos frontais e dorsais de cada um funcionam juntos como um par, e que o equilíbrio entre eles é mais importante do que tentar escancarar apenas um.

O chakra do coração (chakra 4A) é o centro por cujo intermédio amamos. Através dele flui a energia do nexo com toda a vida. Quanto mais aberto estiver esse centro, tanto maior será a nossa capacidade de amar um círculo de vida cada vez mais amplo. Quando o centro funciona, nós nos amamos, amamos nossos filhos, nossos companheiros, nossas famílias, nossos animais de estimação, nossos amigos, nossos vizinhos, nossos conterrâneos, nossos semelhantes e todas as criaturas da Terra.

Através desse centro, ligamos cordões aos centros do coração das pessoas com as quais temos uma relação de amor. Isso inclui filhos e pais, assim como amantes e cônjuges. Vocês, provavelmente, já ouviram a expressão "cordões do coração", referente a esses cordões. Os sentimentos de amor que fluem através do chakra muitas vezes nos trazem lágrimas aos olhos. Depois de experimentarmos esse estado aberto de desejo, compreendemos quanta falta nos fez antes e choramos. Quando o chakra está aberto, a pessoa pode ver todo o indivíduo dentro do seu semelhante. Pode ver a unicidade, a beleza e a luz interiores em cada indivíduo, bem como os seus aspectos negativos ou subdesenvolvidos. No estado negativo (fechado), a pessoa tem dificuldade em amar – amar no sentido de dar amor sem nada esperar de volta.

O chakra do coração é o mais importante dos que se utilizam no processo curativo. Todas as energias metabolizadas através dos chakras sobem pela corrente de força vertical, atravessando as raízes dos chakras e entram no chakra do coração antes de saírem das mãos ou dos olhos do curador. No processo de cura, o coração transforma as energias do plano da Terra em energias espirituais e as energias do plano espiritual em energias do plano da Terra para serem usadas pelo paciente. Isto será mais desenvolvido no capítulo sobre a cura.

No meio do caminho entre as omoplatas, o *chakra 4B* se associa à vontade do ego, ou vontade externa. É o centro a partir do qual agimos no mundo físico. Seguimos aquilo que desejamos.

Se o centro girar no sentido horário, tomaremos uma atitude positiva no tocante à realização de coisas na vida e veremos outras pessoas como sustentáculos das realizações. Teremos experiências para sustentar essa opinião porque as vivemos. Experimentaremos a concordância entre a nossa vontade e a vontade divina. Veremos a vontade dos nossos amigos em harmonia com a nossa. Se você quiser, por exemplo, escrever um livro, imaginará seus amigos ajudando-o e imaginará o livro sendo aceito pelos editores com palavras como estas: "Sim, é exatamente o que estávamos procurando."

Por outro lado, se o centro estiver girando em sentido anti-horário, o oposto será verdadeiro. Suporemos erroneamente que a vontade de Deus e a de outras pessoas se opõem à nossa. As pessoas parecerão estorvos em nossa caminhada para obter o que desejamos ou em nosso afã de realizar alguma coisa. Teremos de passar pelo meio ou por cima delas para conseguir o que desejamos, em lugar de vê-las como se nos estivessem ajudando. Acreditaremos em declarações como: "minha vontade se sobrepõe à sua" e "minha vontade se sobrepõe à de Deus". Aqui estão envolvidas crenças arraigadas em relação ao modo com que o universo funciona.

Uma imagem do universo como sítio basicamente hostil, onde os agressores fortes sobrevivem, às vezes se reduz a: "se eu não conseguir o que quero, é sinal de que minha sobrevivência final está em jogo". A pessoa funciona por controle e procura tornar o seu mundo seguro controlando os outros. A solução, para ela, consiste em compreender o modo com que cria um ambiente hostil através da sua agressão e, em seguida, arriscar-se a deixar que tudo vá como vai e verificar se a sobrevivência é possível sem controle. A assunção desse risco conduzirá finalmente a experiências de um universo benigno, abundante e seguro, em que a existência da pessoa é apoiada pelo todo.

Em outro caso, o centro pode ser hiperativo. Pode ter dimensões muito amplas no sentido horário acompanhado de um pequeno chakra do coração na mesma direção ou na direção contrária. Nesse caso, a vontade da pessoa não é particularmente negativa; é tão somente usada para cumprir a função que o centro do coração cumpriria. Em lugar de ser capaz de deixar correr, de confiar e amar, isto é, em vez de mandar mais energia pelo chakra do coração (4A), a pessoa a compensa com a sua vontade. Deixa correr mais energia através do aspecto dorsal do chakra 4 entre as omoplatas. E pode estar dizendo veladamente: "Quero seguir o meu caminho sem precisar pensar na sua humanidade." Essa pessoa funciona mais pela vontade do que pelo amor, ou pelo poder sobre o íntimo mais do que pelo poder proveniente do íntimo. É a distorção em virtude da qual "possuiríamos" o nosso parceiro, ou parceira, em lugar de sermos seus iguais.

O *chakra da garganta (5A),* localizado na frente da garganta, associa-se à tomada de responsabilidade pelas nossas necessidades pessoais. O recém-nascido é levado ao peito, mas precisa sugar antes de conseguir a nutrição. O mesmo princípio vigora pelo resto da vida. À proporção que a pessoa amadurece, a satisfação das suas necessidades repousa cada vez mais sobre si mesma. Alcança-se a maturidade e esse chakra funciona apropriadamente quando deixamos de censurar os outros pelas nossas falhas e nos aventuramos a criar o de que precisamos e o que desejamos.

O centro mostra também o estado da pessoa no que diz respeito ao recebimento do que quer que lhe esteja destinado. Se o centro for medido como se fosse contrário ao sentido horário, a pessoa não receberá o que lhe é dado.

Isto se associa, em primeiro lugar, a uma imagem do que lhe está destinado. Ou seja, se a pessoa enxerga o mundo como um lugar negativo, geralmente hostil, será cautelosa e alimentará expectativas negativas a respeito do que a aguarda. Poderá esperar mais hostilidade, violência ou humilhação do que amor e nutrição. Como ela constrói um campo de força negativa com suas expectativas negativas, atrairá para si uma alimentação negativa. Vale dizer, se ela tiver expectativas de violência, terá violência dentro de si mesma e, portanto, a atrairá, por meio da lei segundo a qual o semelhante atrai o semelhante, como ficou explicado no Capítulo 6 sobre a natureza do Campo da Energia Universal.

À medida que a pessoa abre o centro da garganta, atrai, pouco a pouco, mais alimentação até poder receber tanta que será capaz de manter o centro da garganta aberto na maior parte do tempo. Nesse ínterim, pode atrair uma alimentação negativa logo após a abertura do centro, por acreditar que é isso o que lhe está reservado. Depois que tiver passado por essa experiência, e se tiver ligado à causa original dentro em si mesma e houver reencontrado a confiança interior, reabrirá o centro da garganta. O processo de abrir e fechar continuará até que todas as concepções errôneas sobre receber ou deixar entrar se transformem em confiança num universo benigno e alimentador.

O aspecto de assimilação que ocorre no verso *do quinto chakra (5B), ao qual às vezes se dá o nome de centro profissional,* está associado ao sentido do eu da pessoa dentro da sociedade, da profissão e entre os iguais. Se uma pessoa não se sentir à vontade nessa área da sua vida, o desconforto poderá ser coberto pelo orgulho, que compensa a falta de respeito próprio.

O centro localizado na parte posterior do pescoço estará geralmente aberto se a pessoa for bem-sucedida e bem-ajustada ao trabalho e satisfeita com esse trabalho como a sua tarefa na vida. Se ela tiver escolhido uma profissão ao mesmo tempo estimulante e satisfatória e estiver dando o melhor de si no trabalho, este centro estará em pleno florescimento. A pessoa será profissionalmente bem-sucedida e estará recebendo apoio para alimentar-se do universo. A não ser esse o caso, ela se absterá de dar o que tem de melhor. Será malsucedida e disfarçará a ausência de sucesso com o orgulho. "Sabe" intimamente que seria "melhor" se pudesse dar o que tem de melhor ou se obtivesse um emprego mais estimulante. Seja como for, nunca faz uma coisa nem outra, e se socorre da defesa do orgulho a fim de evitar o verdadeiro desespero que há por trás. Sabe que, na verdade, não está vencendo na vida. Desempenhará provavelmente o papel de vítima, declarando que a vida não lhe deu oportunidades para que pudesse desenvolver o seu grande talento. Há que liberar o orgulho e há que sentir e liberar a dor e o desespero também.

Nesse centro, descobriremos também o medo do fracasso que obstrui o impulso de sair e criar o que tão deveras desejamos. Isso também é válido em relação às amizades pessoais e à vida social em geral. Evitando o contato, a pessoa evita igualmente revelar-se e sentir, de um lado, o medo de não ser querida e, de outro, a competição e o orgulho ("sou melhor do que você; você não é suficientemente bom para mim"). Uma vez que os nossos sentimentos de rejeição nascem dentro de nós e depois os projetamos para fora, sobre o outro, evitamos que o outro evite a rejeição. Assumir o risco de procurar conseguir a profissão por que ansiamos, de mover-nos na direção dos contatos que ambicionamos e de revelar nossos sentimentos a respeito são maneiras de liberá-los e, desse modo, abrir o chakra.

O *centro da testa (chakra 6A)* está associado à capacidade de visualizar e compreender conceitos mentais. Isso inclui os conceitos de realidade, ou o universo da pessoa, ou a maneira com que ela vê o mundo, ou como acha que o mundo provavelmente lhe responderá. Se o centro girar no sentido anti-horário, a pessoa terá conceitos mentais confusos ou imagens acerca da realidade que, sobre não serem verdadeiras, são geralmente negativas. Quem os adota projeta-os no mundo e por eles cria o seu mundo. Se o centro estiver atravancado e fraco, a pessoa terá, com frequência, obstruídas suas ideias criativas pela simples razão de que a quantidade de energia que atravessa o centro é pequena. Se o centro girar vigorosamente no sentido anti-horário, a pessoa terá a capacidade de gerar ideias fortes, que são negativas. Se isso estiver combinado com um centro executivo que funciona vigorosamente, localizado na base da cabeça (chakra 6B), isso poderá devastar a vida da pessoa.

Durante o processo terapêutico de purificar ou de classificar nossas imagens de crença negativa, quando uma imagem surge no sistema de energia e começa a funcionar de maneira dominante, o centro girará, provavelmente, em sentido anti-horário, ainda que gire, de hábito, no sentido oposto. O processo terapêutico traz a imagem para o primeiro plano e faz que ela se manifeste na vida da pessoa. Com ajuda terapêutica, esta compreenderá e verá claramente a imagem como ela é. O centro, então, virará ao contrário e passará a girar no sentido horário. Por via de regra, o movimento em sentido anti-horário pode ser detectado pelo terapeuta amadurecido em razão da qualidade instável do sentimento que acompanha o movimento nesse sentido. Será manifesto para o terapeuta não ser esse o estado normal das coisas. O chakra, por exemplo, pode até mostrar um movimento caótico, a indicar ao terapeuta que uma questão relativa a um dos conceitos de realidade do cliente lhe está abalando vigorosamente a personalidade.

Na parte dorsal da cabeça, o centro executivo mental (chakra 6B) se associa à implementação das ideias criativas formuladas através do centro da testa. Se o centro executivo da vontade estiver aberto, as ideias da pessoa serão seguidas da ação apropriada para fazê-las materializarem-se no mundo físico. Se não estiver aberto, a pessoa terá dificuldade para aproveitar suas ideias.

É especialmente frustrante ter o centro frontal *(6A)* aberto e o dorsal fechado. A pessoa tem muitas ideias criativas, que nunca parecem funcionar. Existe habitualmente uma desculpa que as acompanha e que põe a culpa no mundo exterior. Em geral, a pessoa precisa simplesmente exercitar-se na maneira de levar avante, passo a passo, o que deseja realizar. Ao fazer esse trabalho gradativo, muitos sentimentos emergirão. "Não posso suportar uma espera tão longa"; "Não quero assumir a responsabilidade por esse acontecimento"; "Não quero pôr à prova essa ideia na realidade física"; "Não aceito esse longo processo de criação. Quero que tudo aconteça sem tanto trabalho"; "Você faz o trabalho, eu entro com a ideia." Essa pessoa provavelmente não se exercitou, desde o início, no modo de dar os passos simples no mundo físico para levar a cabo o propósito escolhido, por ser provavelmente avessa a estar na realidade física e na posição de aprendiz.

Por outro lado, se o centro girar no sentido dos ponteiros do relógio e o centro da ideia girar em sentido contrário, teremos uma situação ainda mais inquietante. Ainda que os conceitos básicos da pessoa não estejam na realidade, ela continuará a levar adiante os conceitos distorcidos com certa dose de sucesso. Se você acredita, por exemplo, que este mundo é um lugar detestável, onde "todo mundo procura os seus interesses, de modo que cada qual pega o que quer", e você tem a capacidade de fazê-lo porque sabe como se haver, ou seja, se a sua vontade executiva está funcionando, você poderá agir como um criminoso. Nesse caso, é provável que o seu coração também esteja atravancado. Sua vida comprovará sua ideia, até certo ponto. Você será bem-sucedido, até certo ponto, até ser apanhado. Ou, com esse tipo de configuração, você tentará fazer que aconteça alguma coisa, o que é simplesmente impossível no mundo físico. Ou você poderá ser o autor do movimento que executa as ideias de outra pessoa, sejam elas quais forem.

O *centro da coroa (chakra 7)* está associado à conexão da pessoa com sua espiritualidade e a integração de todo o seu ser, físico, emocional, mental e espiritual.

Se o centro estiver fechado, a pessoa provavelmente não terá uma conexão experiencial com a sua espiritualidade. Não terá provavelmente o "sentimento cósmico" e não saberá do que estão falando as pessoas quando relatam suas experiências espirituais. Se o centro estiver fechado, a pessoa provavelmente experimentará com frequência sua espiritualidade de forma muito pessoal, peculiar a ela. Essa não é uma espiritualidade definida pelo dogma nem se relaciona facilmente com palavras. É, antes, um estado de ser, um estado de transcendência da realidade mundana para o infinito. Vai além do mundo físico e cria no indivíduo um sentido de totalidade, de paz e fé, dando um sentido de propósito à sua existência.

Revisão do Capítulo 9

1. Descreva a função psicológica de cada chakra.
2. Explique o significado de chakras abertos e fechados, como se descreve neste capítulo.

Capítulo 10

DIAGNÓSTICO DO CHAKRA OU CENTRO DE ENERGIA

....

Existem várias maneiras de discernir o estado dos chakras. A princípio, você terá de explorar a que lhe for mais fácil e mais útil.

A melhor maneira que descobri de perceber o estado dos chakras é usar um pêndulo, dispositivo que ajuda a aumentar sua sensibilidade ao fluxo de energia, porque atua como amplificador. Os melhores pêndulos que encontrei para esse propósito são feitos de faia, têm forma de uma pera de cerca de 2,5 cm de diâmetro e 3,8 cm de comprimento. Seu campo de energia é difuso, penetra-se facilmente e, sobre ser também piriforme, é simétrico em torno de um eixo vertical, o que não deixa de ser importante nesse tipo de mensuração. (Os pêndulos de faia podem ser adquiridos no Metaphysical Research Group, Archer's Court, Stonestile Lane, Hastings, Sussex, Inglaterra.)

Se você desenvolveu alguma sensibilidade nas mãos, ou se gosta de tocar, pratique a percepção da energia quando esta flui para dentro ou para fora dos chakras, sentindo-a com as mãos. Isso ajuda a perceber se a energia flui livremente ou se está bloqueada, se é fraca ou forte. Poderá fazer a mesma coisa com um ponto de acupuntura simplesmente colocando a ponta do dedo sobre ele. Com esse tipo de sensibilidade, você obterá até certas respostas de sensação física no próprio corpo, que lhe darão a informação que você deseja conhecer.

Finalmente, depois que tiver desenvolvido sua Alta Percepção Sensorial a um grau mais elevado, poderá olhar simplesmente para os chakras e ver como estão girando (regular ou irregularmente) e quais são as suas cores (escuras e bloqueadas, desbotadas e fracas, ou claras, brilhantes e de tonalidade forte).

Também poderá ver se estão desfigurados e, especificamente, como estão. Poderá, finalmente, percebê-los em cada camada do campo áurico.

Antes de tudo, porém, pratiquemos o uso do pêndulo.

Exercício para Diagnosticar Chakras com um Pêndulo

Para medir os chakras frontais, peça ao paciente que se deite de costas. Para medir os dorsais, peça-lhe que se deite de bruços.

Para medir o estado do chakra, amarre o pêndulo a uma corda de mais ou menos 15 cm de comprimento acima do chakra e esvazie a mente de todas as ideias preconcebidas quanto ao estado do chakra. (Essa é a parte mais difícil e requer prática.) Certifique-se de que o pêndulo está o mais próximo possível do corpo sem tocá-lo. Sua energia flui para o campo do pêndulo a fim de ativá-lo. O campo e sua energia, combinados, interagem com o campo do sujeito, levando o pêndulo a mover-se. (Veja a Fig. 10.1.) Ele se moverá, provavelmente, em círculo e descreverá um círculo imaginário acima do corpo do sujeito. Poderá mover-se para trás e para diante, num movimento elíptico, ou poderá mover-se em linha reta. E poderá mover-se erraticamente. A extensão e a direção do movimento do pêndulo indicam a dose e a direção da energia que flui através do chakra.

O Dr. John Pierrakos descobriu que um movimento realizado no sentido horário denota um chakra psicodinamicamente aberto. Isso quer dizer que os sentimentos e experiências psicológicos governados por esse chakra, e que fluem através dele, estão equilibrados e cheios na vida da pessoa. Se o pêndulo se mover em sentido anti-horário, o chakra estará psicodinamicamente fechado, indicando uma área de problema e seu aspecto psicológico correspondente. Isso significa que os sentimentos e experiências psicológicos, governados por um fluxo através desse chakra, não estão equilibrados, porque a energia foi bloqueada e a pessoa provavelmente tem experiências negativas associadas a eles.

O tamanho do círculo descrito pelo pêndulo vincula-se à força do chakra e à quantidade de energia que flui através dele. Relaciona-se também com a quantidade de energia que o curador e o sujeito têm nesse dia. Se um círculo mais amplo for descrito pelo pêndulo, haverá uma quantidade de energia fluindo através dele. Se o círculo for pequeno, menos energia estará fluindo através dele.

É importante ter em mente que o tamanho do chakra não é o diâmetro da figura circular descrita pelo pêndulo, mas é indicado por ela. O tamanho do círculo do pêndulo é uma função da interação dos três campos: o do sujeito, o do terapeuta e o do pêndulo, como já foi dito antes. Se as energias das duas pessoas forem baixas, todos os chakras parecerão menores. Se forem altas, todos os chakras parecerão maiores. Precisamos concentrar-nos na comparação dos tamanhos relativos dos chakras. A saúde se obtém pelo equilíbrio dos chakras

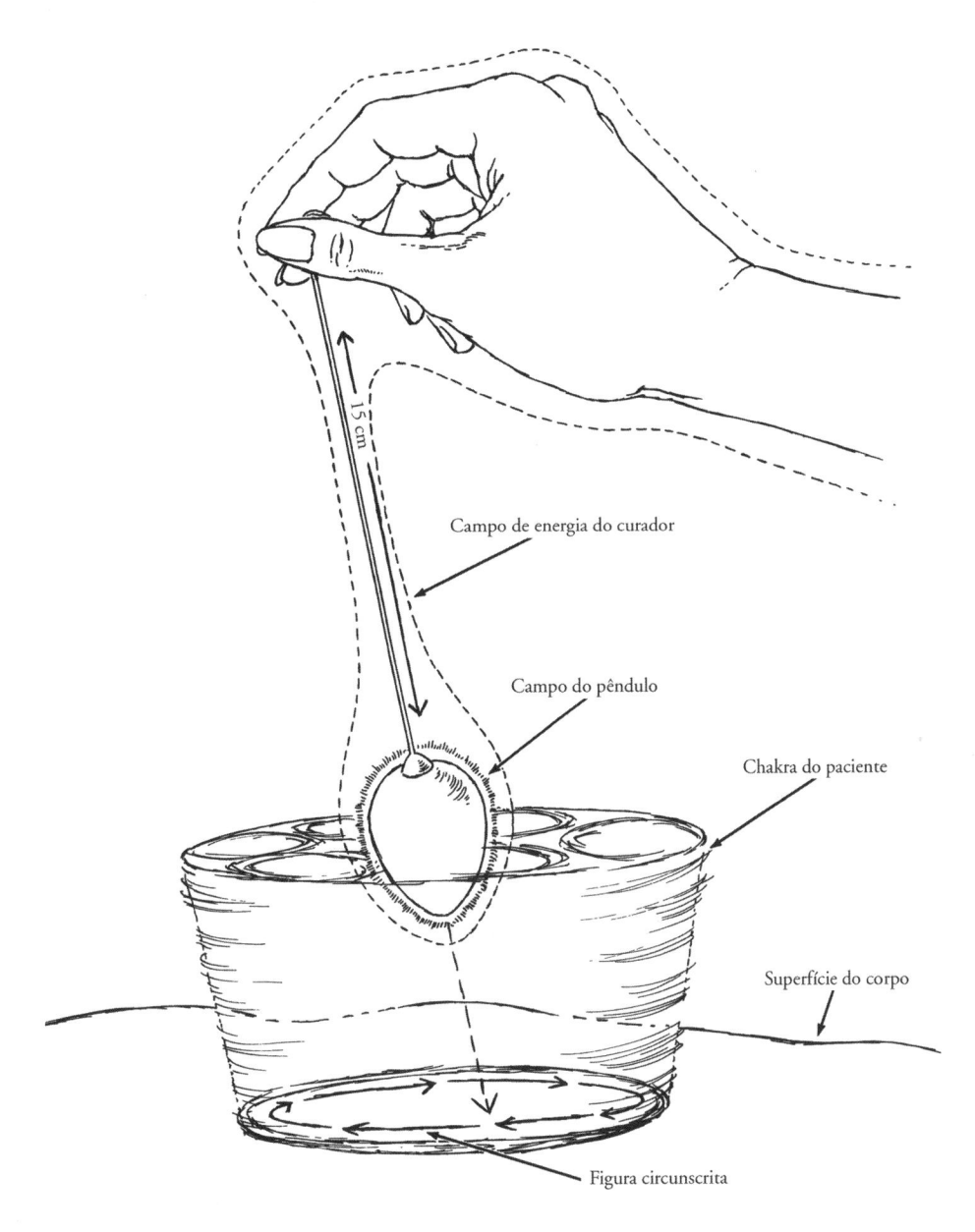

Figura 10-1: Explorando um chakra com um pêndulo

para criar um fluxo igual de energia através de todos eles. Para a saúde, portanto, todos os chakras deverão ter, aproximadamente, o mesmo tamanho.

Existem muitas variações entre as formas básicas do movimento no sentido horário e do movimento no sentido inverso, que indicam vários estados psicológicos. A Figura 10-2 é uma tabela das várias formas descritas por um pêndulo. Posto que, à primeira vista, pareça um pouco complicada, a tabela, na verdade, é muito simples. Cada movimento realizado pelo pêndulo é uma variação entre os extremos de um chakra plenamente aberto (movimento no sentido horário, que desenha um círculo de 15 cm de diâmetro), C6, ou um chakra inteiramente fechado, que gira em sentido anti-horário, CC6. Raramente encontro diâmetros maiores do que 15 cm, a menos que a pessoa esteja usando em demasia determinado chakra ou que este esteja exageradamente aberto depois de uma experiência espiritual, quando se abre a maioria dos chakras. Cheguei a medir até C10 (no sentido horário com o diâmetro de 25 cm).

A única exceção incidente entre C6 e CC6 é o chakra estática, quando o pêndulo não exibe movimento algum. Nesse caso, ou o chakra está invertendo o giro, ou o indivíduo o usou excessivamente ou lhe deteve e obstruiu o funcionamento psicológico, de maneira que o chakra deixou totalmente de girar e já não metaboliza energia alguma do Campo de Energia Universal. A continuar por muito tempo, esse estado resultará seguramente em doença, visto que o corpo não funciona saudavelmente sem fazer uso da energia exterior. (Veja, no Capítulo 15, a relação entre doenças e chakras.)

Qualquer oscilação elíptica do pêndulo indica um desequilíbrio do fluxo de energia do lado direito ou do lado esquerdo do corpo. As designações de direito ou esquerdo referem-se aos lados direito e esquerdo do corpo do paciente, a saber, o pêndulo oscila para cima do lado esquerdo ou para cima do lado direito do corpo do paciente. Isso também indica que um lado do corpo é mais forte do que o outro. O lado direito representa a natureza ativa, agressiva, "masculina" ou *yang*. O lado esquerdo representa a natureza passiva, receptiva, "feminina" ou *yin* da personalidade. Quando o pêndulo descreve uma elipse inclinada para cima, na direção do lado direito do corpo do paciente, o Dr. John Pierrakos observou que a personalidade tem o aspecto masculino mais desenvolvido que o feminino. Essa pessoa será provavelmente "hiperativa", no sentido de ser agressiva em momentos em que a receptividade é mais apropriada. O mesmo acontece em relação a questões diretamente relacionadas com a área do funcionamento psicológico governado pelo chakra que exibe o movimento elíptico.

Em qualquer chakra em que a oscilação elíptica do pêndulo se eleva para a esquerda, a pessoa tende a ser passiva em situações relacionadas com questões atinentes aos aspectos psicológicos particulares governados pelo chakra em tela. Se o centro da vontade, por exemplo, localizado entre as omoplatas (4B), significar passividade (elíptico ascendente para a esquerda), a pessoa será incapaz de conseguir o que deseja, permanecerá passiva quando dela se exigir uma ação agressiva, e esperará que alguém a execute ou dê a ela. Tampouco será capaz de defender seus direitos ou a sua vez. Muitas vezes recorrerá a uma falsa humildade para explicar por que permanece passiva, mas a verdade é que ela tem medo de ser agressiva, quase sempre em virtude de imagens muito fortes acerca do que significa ser agressiva.

A imagem relativa à agressão vem diretamente da experiência da infância. Uma criança, por exemplo, pode ter tido um pai muito agressivo, que a dominava ou humilhava todas as vezes em que ela estendia a mão para pegar o que queria. Isso a terá convencido de que estender a mão para pegar o que se quer não é uma boa maneira de conseguir o que se deseja. Como as crianças são muito criativas, esta, provavelmente, experimentou várias formas de obter o que cobiçava ou, pelo menos, de conseguir alguma coisa que servisse de compensação ao que queria. A maneira que der certo é a que a criança adotará como comportamento natural. E continuará a adotá-la até o momento em que ela deixar de funcionar a contento. Infelizmente, o hábito é difícil de romper, e mudar para encontrar novas maneiras dá trabalho, porque a agressão é vista como negativa. Debaixo de toda a passividade existe, em geral, um componente agressivo muito hostil da personalidade, que gostaria de fulminar os sentimentos sem restrições e apropriar-se do que deseja. Se isso for feito repetidamente num cenário terapêutico, a pessoa acabará sendo capaz de integrar sua agressão saudável no resto da personalidade. O trabalho agressivo precisa ser feito simultaneamente com o que muda a passividade em receptividade saudável.

Quanto mais distorcido for o movimento circular do pêndulo acima de qualquer chakra, tanto mais grave será a distorção psicológica. A cisão direita/esquerda mais profunda é denunciada pelo movimento do pêndulo para trás e para a frente, num ângulo de 45 graus em relação ao eixo vertical do corpo (R3, L4 da Figura 10-2). Quanto mais amplo for o movimento do pêndulo, tanto maior será a quantidade de energia contida na distorção. Por exemplo, uma mensuração R6 para o chakra 4B indica que a pessoa pegará simples e agressivamente o que deseja, sejam quais forem as circunstâncias.

Figura 10-2
Diagnose do centro de energia

SÍMBOLO*	NOTAÇÃO	SIGNIFICADO DO SÍMBOLO	INDICAÇÕES PSICOLÓGICAS
	C6	Dextrogiro, 15 cm de diâmetro	Aberto e harmonioso com clara percepção da realidade.
	CER3	Dextrogiro, elíptico, direita, 8 cm de diâmetro	Aberto. Cisão ativa/receptiva com lado ativo da personalidade mais desenvolvido que o receptivo. Percepção da realidade inclinada para o lado ativo, masculino ou yang do dualismo.
	CEL3	Dextrogiro, elíptico, esquerda, 8 cm de diâmetro	Aberto. Cisão ativa/receptiva com lado receptivo mais desenvolvido. Percepção da realidade inclinada para o lado receptivo, feminino ou yin da dualidade.
	CEV3	Dextrogiro, elíptico, horizontal, 15 cm de diâmetro	Aberto. Com algum deslocamento ascendente da energia para o espiritual, a fim de evitar interação com pessoas.
	CEH6	Dextrogiro, elíptico, horizontal, 15 cm de diâmetro	Aberto. Com alguma compactação e sujeição da energia a fim de evitar a interação energética com as pessoas.
	CC6	Sinistrogiro, 15 cm de diâmetro	Fechado e desarmônico, com projeções ativas da realidade.

SÍMBOLO*	NOTAÇÃO	SIGNIFICADO DO SÍMBOLO	INDICAÇÕES PSICOLÓGICAS
	CCER3	Sinistrogiro, elíptico, direita, 8 cm de diâmetro	Fechado. Cisão, aspecto agressivo mais desenvolvido do que o passivo, com projeção de uma realidade passiva, inclinada para o *yang*.
	CCEL2	Sinistrogiro, elíptico, esquerda, 5 cm de diâmetro	Fechado. Cisão, aspecto passivo mais desenvolvido do que o agressivo, com projeção de uma realidade inclinada para a agressividade.
	CCEV3	Sinistrogiro, elíptico, vertical, 8 cm de diâmetro	Fechado. Com deslocamento ascendente da energia para o espiritual, a fim de evitar a interação com pessoas.
	CCEH5	Sinistrogiro, elíptico, horizontal, 12 cm de diâmetro	Fechado. Alguma sujeição e compactação da energia, a fim de evitar interação energética com pessoas.
	V6	Vertical, 15 cm	Movimento sentimentos e energia para o espiritual, a fim de evitar interação pessoal.
	H4	Horizontal, 10 cm	Sujeitando o fluxo de energia e os sentimentos para evitar interações pessoais. Indicada forte obstrução.
	R3	Direita, 8 cm oscilação	Grave cisão agressiva/passiva com o lado agressivo mais desenvolvido que o passivo.

SÍMBOLO*	NOTAÇÃO	SIGNIFICADO DO SÍMBOLO	INDICAÇÕES PSICOLÓGICAS
↗	L4	Esquerda, 10 cm oscilação	Grave cisão agressiva/passiva com o lado passivo mais desenvolvido que o agressivo.
•	S	Imóvel	O chakra não funciona de maneira alguma e conduzirá a sintomas patológicos no corpo físico.
(símbolo)	CEAS5	Dextrogiro, elíptico, mudança de eixo, 12 cm de diâmetro	Tremenda mudança ocorre na pessoa, que trabalha ativa e profundamente nas questões envolvidas. Provavelmente preocupado com problemas relevantes, como os definidos pela função do chakra. Caos sensível.
(símbolo)	CCEAS6	Sinistrogiro, elíptico, eixo mudando, 15 cm de diâmetro	As mesmas que a CEAS, com caos negativo.

* Lembre-se de que os símbolos são desenhados enquanto você olha para a parte frontal do corpo do paciente.

A mesma regra geral para medir a gravidade vale para a oscilação do pêndulo para trás e para a frente, que é vertical (paralela ao eixo vertical do corpo [V]) ou horizontal (perpendicular ao eixo vertical do corpo [H]). O aspecto vertical indica que o indivíduo está desviando energia para cima na direção da vertical, o que significa que ele evita a interação pessoal. O movimento horizontal do pêndulo indica que o indivíduo está sujeitando e compactando o fluxo de energia e os sentimentos para fugir à interação pessoal. Uma leitura do pêndulo de V5 no chakra 3A, por exemplo, indica que a pessoa está focalizando sua conexão pessoal com a vertical e a espiritualidade, e evitando uma relação pessoal com outro ser humano. Ela define quem é no universo do ponto de vista de uma crença espiritual e corta o aspecto da ligação com outro ser humano. Ao passo que uma leitura de pêndulo de H5 para o mesmo chakra indica que a pessoa não se liga com ninguém, nem no nível espiritual, nem no nível humano, o que pode levar ao isolamento pessoal. Esse movimento pode entrar num chakra imóvel, em consequência da falta de uso e compactação. Num caso como esse, faz-se necessário vigorosa psicodinâmica física.

Quando um indivíduo focaliza seu trabalho psicológico num determinado aspecto do seu ser, ou por haver decidido fazê-lo desde um lugar interior ou por ter sido forçado a fazê-lo por circunstâncias externas, o chakra ou chakras envolvidos apresentarão provavelmente um movimento caótico ou assimétrico (CEAS, CCEAS) como na Figura 10-2. Esse movimento fará o pêndulo oscilar de maneira caótica, exibindo com frequência um movimento elíptico combinado com um eixo móvel deslocável. A princípio, o movimento pode confundir o principiante, se se mantiver, contudo, o pêndulo sobre o chakra por um período mais longo de tempo, a mudança do eixo será observável. O modelo descrito pelo pêndulo terá a aparência dos dois últimos itens da Figura 10-2. Toda vez que se observar esse tipo de movimento, o terapeuta saberá que muita coisa está acontecendo no cliente. É chegada a hora de analisar profundamente as questões pertinentes, dando-lhe, ao mesmo tempo, muito tempo e espaço para que ele faça o próprio exame/transformação. Se ele puder ausentar-se do trabalho por alguns dias, nessa ocasião, e não ser perturbado pela rotina cotidiana, tirará o máximo proveito desse período de grande mudança pessoal. Tenho observado regularmente esse fenômeno em pessoas que estão passando por uma profunda transformação pessoal em retiros que duram semanas inteiras.

À medida que o terapeuta se torna mais proficiente no uso do pêndulo, começará a observar outras "qualidades" em suas mensurações. O ritmo da oscilação (a rapidez com que o pêndulo se move) indica a quantidade de energia metabolizada através do chakra. Com a prática, o terapeuta poderá também "captar" qualidades como o retesamento, a tensão, a exuberância, o peso, a tristeza, o pesar, a tranquilidade e a clareza. Uma oscilação rápida pode ser rápida e retesada, indicando excesso de trabalho, tensão e pressão na área. Uma oscilação rápida também pode combinar-se com um sentimento exuberante, indicando muita agressão positiva na área. Dessa forma, desenvolvendo sentidos mais agudos para perceber a qualidade da energia que flui através do chakra, o terapeuta pode informar-se melhor acerca do estado do cliente. Pode aferir a estabilidade do chakra, dizer por quanto tempo ele se encontra no estado atual, se muda para trás e para a frente entre dois estados, e outras coisas mais. Um chakra pode estar aberto

20% do tempo, o que será "captado" pelo terapeuta treinado sensitivamente. Está claro que para isso se faz necessária a prática da verificação.

Os chakras experimentam fases diferentes à proporção que passam de fechados para abertos graças ao trabalho intenso do terapeuta. O processo de alterar o sistema de crença de uma pessoa dá nova direção ao movimento do chakra. Um chakra continuamente fechado num diâmetro amplo (CC6) diminuirá às vezes durante um período de tempo o seu diâmetro, virará e, em seguida, aumentará o diâmetro na direção harmoniosa até tornar-se C6. Esse tipo de mudança não durará muito, mas, à proporção que a pessoa prosseguir no trabalho por um longo período, o chakra tenderá a ficar "aberto" por mais tempo, cada vez que se abrir, aumentando a percentagem global de tempo de funcionamento harmonioso, e a pessoa se sentirá feliz por períodos mais dilatados. Durante muito tempo o chakra se estabilizará na posição aberta e raro se fechará. O indivíduo, em geral, continuará trabalhando e passará ao chakra seguinte que esteja funcionando desarmonicamente e interfira na sua felicidade diária.

Segundo verifiquei, quando um chakra cronicamente fechado se abre durante uma sessão de terapia, é comum outro chakra, habitualmente aberto, fechar-se por breve espaço de tempo, a título de compensação. A personalidade não tolera o novo estado "aberto" sem algum grau de "proteção" imaginada no princípio.

Estudo de um Caso de Retiro Intensivo

Examinemos agora as configurações do chakra realmente medido no caso de uma mulher que veio ao Phoenicia Pathwork Center, de Phoenicia, Nova York, em duas ocasiões separadas, para fazer um retiro de uma semana, que incluía um trabalho muito intenso sobre si mesma. A primeira foi em 1979 e a segunda, em 1981. Na segunda vez, ela veio com o novo marido, e ambos fizeram um trabalho intensivo de casais. Tomaram-se as medidas do chakra antes do início do trabalho da semana e, em seguida, logo depois de completado o citado trabalho. Todas as medidas foram tomadas enquanto a mulher se achava num estado muito tranquilo, depois de estar assim por algum tempo. Essas medidas são mostradas na Figura 10-3. Para interpretar as leituras será preciso usar ambas as Figuras 7-3 e 9-1, além da Figura 10-2 sobre o significado de cada chakra.

Como vocês podem ver pelas leituras, os centros que funcionam mais harmoniosamente são os da razão; depois vêm os do sentimento e, por fim, os da vontade. Isso significa que ela tem uma bela mente, que funciona bem,

Figura 10-3
Estudo de um caso de retiro intensivo
Leituras de chakras

CHAKRA	1979		1981	
	Antes do retiro	Depois do retiro	Antes do retiro	Depois do retiro
Centro da coroa (7)	C6	C6	CS	CS
Vontade executiva (6B)	CER4	S	R4	CER6
Vontade profissional (SB)	CC3	CER3	CC3	C4
Vontade do ego externo (4B)	C5	C5	CC5	C5
Vontade da saúde (3B)	CER3	CC3	CEH4	C4
Vontade sexual (2B)	CC4	CC4	CC4	C4
Conceptual (6A)	C4	C5	C5	C5
Receptividade/Responsabilidade (SA)	L4	CER4	C5	C3
Amante (4A)	C3	C4	C4	C4
Conhecimento universal (3A)	CC4	C3	CC3	C5
Sexual receptivo (2A)	C4	C4	CEAS4	C5

sobretudo nos conceitos da realidade (6A) e na integração da personalidade e espiritualidade (7).

Seu centro mental de vontade executiva (6B) mostra uma cisão direita/esquerda na maior parte do tempo, o que quer dizer que ela tende a ser agressiva, quando o mais apropriado seria ser receptiva em qualquer situação que se relacionasse com a execução gradativa das suas ideias. Ela decidirá o que fazer e passará a fazê-lo de um modo gradual, independentemente do fato de ter ou não chegado o momento de começar. Quando ela apareceu para o primeiro retiro, esse centro estava agressivo. Na ocasião em que o primeiro retiro chegou ao fim, o centro se acalmara, já não estava agressivo, mas continuava imóvel. A configuração de imobilidade não se manteve nem se mudou em harmonia, como acontece frequentemente com o passar do tempo. Dois anos depois, quando ela voltou, o centro estava agressivo de novo; e não se modificou durante o segundo retiro. Por ocasião da última leitura, o fato de ser superagressiva, quando punha em prática suas ideias, continuava sendo um problema para ela. Este foi o único caso de nenhuma mudança nos chakras. Mas, quando chegou ao fim o segundo retiro, todos os outros chakras estavam equilibrados.

Seus outros centros da vontade também mostraram problemas, pois cada um deles deixou de funcionar numa ou noutra ocasião durante as semanas de retiro. Quando ela chegou em 1979, os chakras 5B, 3B e 2B não funcionavam direito, o que quer dizer que ela estava negativamente agressiva em termos de orgulho (chakra 5B), autodestruição (chakra 3B) e amortecimento da potência sexual. Ela amorteceu a potência sexual cindindo o fluxo de energia no chakra 2B em quatro partes (o pêndulo mostrava quatro círculos distintos e separados) e empregando-o de maneiras negativas, como as brigas com o ex-marido. Após o primeiro retiro, a única melhora no funcionamento da vontade ocorreu na área do orgulho, que se abatera, e passou a ser positivo na área da profissão (5B). Ela ainda possuía um componente hiperativo, que tomou o lugar do orgulho usado para compensar os sentimentos de inadequação nessa área. Quando apareceu para o segundo retiro, dois anos depois, ainda trazia consigo os mesmos problemas da vontade. Estes foram resolvidos no decorrer do segundo retiro intensivo, e todos os centros da vontade passaram a funcionar normalmente.

Os centros dos sentimentos evidenciaram algumas dificuldades, mas nem tantas quanto os da vontade. O centro do coração (4A) permaneceu aberto durante os dois anos. (Ela é muito boa em matéria de amor.) O centro da garganta (5A) revelou problemas na aceitação da nutrição e uma negação agressiva das suas necessidades. Esta se abrandou ao final da primeira semana e, quando ela voltou dois anos depois, havia sido resolvida, principalmente através do relacionamento muito terno com o homem que ela ama. Por outro lado, o centro do plexo solar (3A), que se relaciona com o que você é no universo, estava fechado quando ela veio pela primeira vez. Abriu-se durante o retiro, mas, no período do segundo ano, entre os retiros, voltou a fechar-se. Ao término do segundo retiro, aberto outra vez, metabolizava mais energia.

O leitor notará que o centro de potência sexual dela clareou quando seu relacionamento com o homem que ela amava se tornou mais estável e definiu-se claramente por intermédio do trabalho no retiro dos casais.

No transcorrer do primeiro retiro, ela abriu os centros dos sentimentos e principiou a sentir-se segura nesse mundo universal. No segundo retiro, tendo realizado muito trabalho nos centros dos sentimentos, que não se achavam tão obstruídos quanto os da vontade, foi-lhe possível enfrentar com firmeza o uso equivocado que fazia da sua vontade e reequilibrá-lo. Como se depreende das leituras, a maior parte dos chakras exibia grandes diâmetros, o que quer dizer que a pessoa que possui esse sistema de energia possui também muita força.

É interessante notar que os centros da coroa, do terceiro olho e do coração permaneceram abertos durante os dois anos. Isso significa que ela está muito ligada à espiritualidade, à realidade conceptual, e é capaz de amar. O quadro global da sua personalidade indica que sua função clara primordial é a razão, e que ela compensa os sentimentos vulneráveis e se defende contra eles com a vontade, demasiado agressiva.

Como eu já disse, ao final do segundo retiro, todos os centros, com exceção do centro executivo da vontade, funcionavam bem. Enquanto continuarem desse jeito, ela se mostrará equilibrada na razão, na vontade e nas funções emocionais, e levará uma vida mais feliz e mais harmônica.

Revisão do Capítulo 10

1. Que significa uma leitura de pêndulo de C6 para o aspecto frontal do quarto chakra?
2. Que significa uma leitura de pêndulo de CC5 para o aspecto dorsal do terceiro chakra?
3. Que significa a leitura de um pêndulo de V6 para o aspecto frontal do chakra 2?
4. Que significa uma leitura de pêndulo de CC4 para o quinto chakra frontal, tanto física como psicologicamente?
5. Que significa uma leitura de pêndulo de H5 para o aspecto dorsal do chakra 2?

Matéria para reflexão

6. Se você trabalha com pessoas para abrir-lhes os centros do coração e do sexo, e é bem-sucedido, por que podem elas fechar o chakra do seu plexo solar? Isso está certo?

Capítulo 11

OBSERVAÇÕES DE AURAS EM SESSÕES TERAPÊUTICAS

A aura é realmente o "elo que faltava" entre a biologia e a medicina física e a psicoterapia. É o "lugar" em que se localizam todas as emoções, pensamentos, lembranças e padrões de comportamento que discutimos sem parar na terapêutica. Não estão apenas suspensos em algum lugar de nossa imaginação, senão localizados no tempo e no espaço. Pensamentos e emoções movimentam-se entre as pessoas no tempo e no espaço através do campo de energia humano, e seu estudo é o modo de se conseguir um instrumento para lidar com essa atividade. Reparemos em alguns fluxos de energia fluida de auras enquanto as pessoas se movimentam em sua vida diária e, a seguir, em sessões terapêuticas. Nós nos concentraremos nas formas móveis coloridas das quatro camadas inferiores da aura e retornaremos à exposição dos chakras num capítulo subsequente.

Percebendo Cores no Campo

Quando uma pessoa começa, pela primeira vez, a ler auras, pode não compreender de imediato o significado das cores. Depois, com a prática, o sentido geral das cores se tornará claro. Quando o praticante adquire maior sensibilidade pelo emprego do seu dom, passa a ler também o significado das cores que percebe. (A cor será discutida minuciosamente no Capítulo 23.)

Uma das primeiras "explosões" do campo de energia humano, que tive o ensejo de observar, continua a ser, para mim, um dos mais vívidos. Em 1972, durante um curso intensivo de gritos primários bioenergéticos, vi Linda iluminar-se como uma árvore de Natal quando gritou por causa da morte do pai, vitimado pelo câncer. Raios brilhantes, vermelhos, amarelos, alaranjados e alguns azuis lhe jorravam da cabeça. Pisquei, mas a imagem não se foi. Fechei os olhos; movimentei-me pela sala; procurei a pós-imagem. O fenômeno ainda estava lá. Eu via alguma coisa. Já não podia negar as muitas experiências que tivera observando cores aparentes em torno da cabeça das pessoas. Passei a observar o fenômeno mais de perto.

À medida que me tornei mais hábil em ver a aura, comecei a tentar correlacionar meus achados com o estado pessoal de cada sujeito. Concluí então que as pessoas ostentam cores vivas quando empenhadas em sentimentos ou ações. Quando estão quietas, o campo áurico volta a um estado "normal" estável.

De um modo geral, descobri que a aura "normal" ou "quiescente" se parece com a Figura 7-1. Uma camada pulsante púrpura-azulada, escura ou clara, sai 0,6 cm até 3,8 cm para fora da pele. Pulsa constantemente a uma velocidade aproximada de 15 pulsações por minuto. As pulsações costumam produzir um movimento ondulado, que desce pelos braços, pelas pernas e pelo tronco. A princípio, ela é cercada de uma camada nevoenta, entre o azul-claro e o cinzento, muito mais brilhante perto do corpo, mas que se vai dissipando à proporção que aumenta a distância do corpo. A cor azul geralmente se transforma numa cor amarela em torno da cabeça, a uma distância aproximada de 7,6 a 10 cm. Existem, em geral, jorros do azul mais claro vindos das pontas dos dedos das mãos e dos pés e do topo da cabeça. Descobri que a maioria das pessoas é capaz de ver os jorros saindo das pontas dos dedos com alguns minutos de prática e instruções precisas. Embora esses jorros sejam azuis na maior parte do tempo, suas cores variam nas áreas vermelhas e purpúreas também. Podem ser de qualquer cor.

Exercícios para Observar as Auras de Outras Pessoas

Agora que você já fez os exercícios mencionados no Capítulo 7, observando a aura nas pontas dos seus dedos, olhemos um pouco para as auras de outras pessoas.

Use novamente uma sala escurecida – uma claridade crepuscular, não um escuro de verdade. É preciso que vocês possam ver com facilidade o rosto um do outro. Peça ao seu amigo que se coloque diante de uma parede toda branca ou de uma tela. Certifique-se da ausência de qualquer luz para a qual você possa olhar acidentalmente. Você quer relaxar os olhos.

Para ver a aura, preferirá usar a visão noturna, como acontece quando caminha no escuro e percebe que vê as coisas melhor se não olhar diretamente para elas. Estará usando os bastonetes em vez de usar os cones da retina. Os bastonetes são muito mais sensíveis aos níveis baixos de luz do que os cones, que se usam de dia e com cores brilhantes.

Olhe para o espaço que fica perto do topo da cabeça do seu amigo ou para a área do pescoço e dos ombros. Desfocalize os olhos, de modo que possa olhar para uma área de espaço e não para uma linha fina. Enquanto olha suavemente para um espaço de 10 a 15 cm de profundidade ao redor da cabeça, permita que a luz chegue aos seus olhos. Crie a sensação de permitir que alguma coisa chegue aos seus olhos, em lugar de deixar que seus olhos se alonguem para captar o que quer que seja, como costumam fazer, às vezes, quando você força por ver alguma coisa. Dê tempo ao tempo. Faça-o com outras pessoas, de preferência com alguém que vê auras, de sorte que possa correlacionar com elas o que está vendo.

Você talvez imagine ver alguma coisa e, assim que a vê, ela terá desaparecido, antes mesmo de você poder dizer: "É isso!" Certifique-se de que, ao olhar para um ponto branco na parede, não está vendo a mesma coisa. Esse é o efeito da pós-imagem, em que seus olhos conservarão uma imagem em virtude de um efeito de cor complementar ou de uma intensidade de contraste brilhante. O fenômeno áurico, muito rápido, não perdura. Pulsa. Você pode vê-lo fluir pelo braço abaixo ou ostentar uma cor para cima e para fora do campo. Pode ver uma névoa à volta do corpo que não parece emocionante. Não fique decepcionado; isso é apenas o começo.

Pegue um par de óculos de aura na livraria holística local e siga as instruções que neles encontrar. Eles o ajudarão a desenvolver sua capacidade de ver e têm um efeito cumulativo sobre a sensibilidade dos olhos. As lentes de cor azul-cobalto são as melhores, mas difíceis de encontrar. A maioria dos óculos de aura, de cor púrpura escura, funciona muito bem.

Não faça nenhum destes exercícios por muito tempo, você se sentirá muito cansado depois de alguns momentos. Descobri que um grupo de pessoas se emociona quando vê alguma coisa pela primeira vez, depois, o grupo continua, dúvidas o assaltam e o sistema de energia de cada pessoa principia a cansar-se. Dali a instantes, você terá uma sala cheia de pessoas muito quietas e cansadas. Por isso mesmo, exercite-se apenas um pouco por dia. E confirme cuidadosamente o que viu com as ilustrações e descrições que se seguem.

Se a pessoa tiver um sentimento forte, sua aura quiescente será, de repente, impregnada de outra cor e de outra forma correlacionadas com o seu estado emocional. A seguir, depois que os tons do sentimento se esmaecem, a aura recupera a aparência original. O período de tempo que isso dura varia com o indivíduo e depende de diversos fatores. Se a pessoa não liberou o sentimento, este permanecerá em sua aura (geralmente enfraquecido) até que ela o faça. Se ela liberar parte do sentimento, essa parte será liberada. As cores e formas podem brilhar rapidamente e sair do campo áurico, ou podem simplesmente dissipar-se por um período que vai de poucos minutos a algumas semanas. Elas podem até receber outra cor sobre a primeira ou ser mascaradas por outras cores e formas, num efeito de várias camadas. Algumas formas, sobre as quais falarei mais adiante, ficam na aura anos a fio. Todo pensamento, todo sentimento e toda experiência que uma pessoa tem influi na sua aura e a modifica. Alguns efeitos perduram para sempre.

A Figura 11-1A mostra a aura normal de um homem. Quando ele canta (Figura 11-1B), sua aura se expande e ilumina. Lampejos brilhantes, semelhantes a relâmpagos, e centelhas de coloração azul-violeta iridescente começam a partir logo após o movimento de inalação, antes que ele encete cada novo verso. À proporção que o público se torna mais atento, a aura geral se expande. Grandes arcos de luz se estendem do cantor para o público, e as duas auras se ligam. Formas mútuas principiam a ser construídas, à medida que fluem sentimentos entre o artista e o público. Essas formas de consciência de energia relacionam-se, na estrutura e na cor, com os pensamentos e sentimentos mútuos do grupo e com a música que está sendo criada. Terminado o canto, as formas são desligadas e quebradas pelos aplausos, que atuam como um apagador, que limpa o campo para a criação seguinte. Tanto o artista quanto o público são ativados pela absorção da energia criada pela música. Parte da energia será interiorizada para romper obstruções mantidas no corpo, e parte será utilizada na criação seguinte.

Quando outra pessoa discorre sobre o seu tema favorito, sua aura se expande e torna-se amarelo-ouro com centelhas prateadas ou azuis iridescentes, como se veem na Figura 11-1C. Ocorre o mesmo fenômeno do orador e seu público, desta vez com ênfase dirigida às energias mentais, que se apresentam com a cor amarelo-ouro. Após a palestra, sua aura continua ampliada por algum tempo, visto que ele exulta com o trabalho feito. Registrou-se um intercâmbio de consciência da energia. Parte do público vibra, agora, mais no seu nível. A Figura 11-1D mostra a aura de um homem que fala com paixão sobre educação. Os que o ouvem pegarão provavelmente um pouco da sua cor, entre castanho e cor-de-rosa. Isso ocorre por um processo de elevação das próprias vibrações ao seu nível através da indução harmoniosa. Brilha o amor como suave e bela rosa na aura e, às vezes, também possui manchas de ouro. Os sentimentos espirituais têm uma série de cores: azul para o que fala a verdade, púrpura para a espiritualidade e ouro prateado para a pureza.

As pessoas, às vezes, irradiam cores semelhantes às que gostariam de ostentar. A Figura 11-1E mostra uma mulher depois de dirigir uma aula de energética do núcleo (aula de exercício físico concentrada em exteriorizar sentimentos que ajudem os alunos a compreender sua psicodinâmica). O verde, que ela usa amiúde, está associado à saúde física e à cura. Em outro exemplo, na Figura 11-1F, um homem irradia com frequência a cor lilás, que corresponde a uma das suas camisas favoritas. Essa cor parece corresponder nele a sentimentos de amor e à suavidade. A Figura 11-1G mostra uma mulher que medita para aumentar a energia em seu campo, exibindo muitas cores, algumas das quais lhe escorrem pela testa em movimento fluido. Seu centro da vontade, entre as omoplatas, é visível em parte.

Quando uma mulher engravida, seu corpo se expande e brilha muito mais. A Figura 11-1H mostra uma mulher grávida, de uma menina, no sexto mês de gestação. A futura mãe exibe lindas bolas macias, azuis, cor-de-rosa, amarelas e verdes, que rolam umas sobre as outras pelos ombros abaixo.

Estes são apenas alguns exemplos de como o campo de energia humano está inerentemente ligado a tudo o que vemos ocorrendo num nível puramente físico e psicológico.

A Raiva e Outras Emoções Negativas

O vermelho sempre esteve associado à raiva. Um dia, entretanto, meu filho de 11 anos de idade, muito feliz e enérgico, brincava cheio de alegria, quando me pareceu a Figura 11-2A, em que jorros brilhantes, vermelhos e alaranjados, se irradiavam da sua cabeça. É a qualidade da cor vermelha que denota a raiva. O vermelho-laranja brilhante não é raiva; relaciona-se com a força vital vibrante. A reação madura da mulher no curso de gritos primários está retratada na Figura 11-2B. Ela experimenta grande número de sentimentos ao mesmo tempo, o que explica a grande quantidade de cores de alta intensidade, que se traduz na aura pelo brilho e pelos vigorosos raios que o corpo emite em linhas retas.

Uma pessoa irritada apresenta uma cor vermelho-escura. Quando a raiva se manifesta, desprende-se da pessoa em forma de jatos de luz feito relâmpagos ou centelhas redondas, que se alongam do corpo, como mostra a Figura 11-2C. Vi tudo isso muitas e muitas vezes em grupos e sessões.

Em compensação, na Figura 11-2D, temos um exemplo em que a pessoa não liberou a raiva nem a dor. Assim que o ponto vermelho emergiu da área da garganta, movimentou-se lentamente para fora. Um momento depois, o líder do grupo dirigiu-lhe um comentário que me pareceu capaz de magoar. Nesse instante a mancha vermelha recuou depressa, movendo-se na direção do seu corpo, e entrou na área do coração. Quando lhe atingiu o coração, ela se pôs a chorar. O choro não era do tipo catártico, senão do tipo: "pobre de mim, que sou a vítima". Minha interpretação do acontecimento foi que ela apunhalou o próprio coração com a sua raiva.

O medo, por outro lado, assume na aura uma aparência espinhosa, cinzento-esbranquiçada, como em "branco de medo". Tem o aspecto desagradável e um cheiro repulsivo. A inveja parece escura, de um verde sujo e pegajoso, como em "verde de inveja". A tristeza é cinza, escura e pesada, como nas histórias em quadrinhos de pessoas que têm nuvens turvas sobre a cabeça. A frustração e a irritabilidade assumem provavelmente tons avermelhados escuros (vermelho de raiva), mas são sobretudo aparentes por suas vibrações irregulares, que batem de encontro ao campo da energia de outra pessoa, provocando sensações muito desagradáveis. Nossos amigos costumam reagir a essa interferência tentando elidir uma expressão direta de sentimentos negativos, muito mais agradáveis de se contatarem. Alguém perguntará, por exemplo: "Você está irritado?" E o outro deixará escapar, exacerbado: "Não!" Dessa maneira, libera-se um pouco dessa interferência aborrecida.

Efeito das Drogas sobre a Aura

Drogas como o LSD, a maconha, a cocaína e o álcool prejudicam as cores brilhantes e saudáveis da aura e criam o "muco etérico", exatamente como faz a doença. A Figura 11-2E mostra o efeito da inalação de cocaína sobre a aura da pessoa. Todas as vezes que ela cheirava cocaína no sábado à noite, na sessão das tardes de terça-feira apresentava uma porção de muco etérico cinzento, pegajoso, no lado direito do rosto e da cabeça, ao passo que o lado esquerdo continuava relativamente claro. Perguntei-lhe se usava mais uma narina do que a outra; ela achava que não. Minhas repetidas confrontações – eu poderia dizer todas as vezes que ela o fazia – e uma descrição vívida do seu "muco etérico" ajudaram-na a suspender o hábito.

A Figura 11-2F mostra a aura de um homem que tomou LSD e ingeriu muito álcool. A aura é de um marrom esverdeado sujo. A mancha verde suja, que se movia lentamente para baixo e não era liberada, correlacionava-se com os seus sentimentos mistos, não diferenciados e contidos, de raiva, inveja e dor. Se ele tivesse sido capaz de separar os sentimentos, compreender-lhes a essência, expressá-los e liberá-los, tenho a certeza de que a mancha se teria separado, em matizes mais brilhantes e mais claros, das cores correspondentes – vermelho, verde e cinza – e, em seguida, se afastado. Em virtude, porém, da quantidade de contaminação escura do campo, esse homem tem de levar a efeito uma limpeza enérgica e profunda a fim de remover o muco etérico antes de poder elevar seu nível de energia a uma altura bastante para clarear e mover seus sentimentos.

Um Peso "Aparente" na Aura

A Figura 11-2G mostra um homem que também se entregara, durante anos, ao consumo de drogas, como o LSD e a maconha, com a resultante aura verde suja. O resíduo das experiências aparece no canto superior direito. A impressão de peso provém do fato de que ele sempre mantinha a cabeça num ângulo que parecia equilibrar a forma, a qual permanecia na mesma posição semana após semana. Quando lhe mostrei, ele pôde vê-la. (Usou um espelho.) Para afastar a forma, teria também (além do que já foi mencionado) de renunciar às drogas e limpar o seu campo. Além do trabalho com o corpo, recomendei-lhe jejum e uma dieta de limpeza. Ele poderia então aumentar a força do campo de energia e dissipar o resíduo acumulado.

Na Figura 11-2H vamos encontrar uma exibição interessante de peso "aparente" associado à consistência mucosa. A mulher havia sido uma "moça boazinha" durante anos para, afinal, chegar à rebeldia. Deixou de ser "boazinha" e ficou muito irritada durante a sessão. Derrubou as cadeiras da sala e tripudiou sobre a caixa de lenços de papel, fazendo-a em pedaços. Saiu da sessão sentindo-se liberada. Na semana seguinte, entretanto, encolheu-se e retratou-se, chegando ao consultório com uma dor de cabeça terrível. Fazia movimentos cautelosos e mantinha os ombros próximos das orelhas. Nesse ponto, reparei numa grande "bolha" de muco no alto da sua cabeça. Aparentemente, o muco havia sido liberado na sessão anterior e ali se acumulara. (O fenômeno da liberação da toxina pelo trabalho bioenergético é bem conhecido. Um vigoroso fluxo de energia solta as toxinas retidas nos tecidos. Algumas pessoas ficam "doentes" depois de um trabalho vigoroso. Essa doença chama-se "Gripe Oportunista Energética".) Minha cliente já deixara de ser "rebelde", e exibia um comportamento um tanto masoquista de autopunição. Sugeri que iniciasse a sessão com movimentos físicos. Pedi-lhe que se dobrasse para a frente, numa espécie de movimento vergastante com a metade superior do corpo. Quando ela o fez, a bola de muco lhe saltou da cabeça, caindo a uns 76 cm de distância à sua frente. Ela principiou a inclinar-se, como impelida por um grande peso (Figura 11-2H). Mas recobrou o equilíbrio e, então, o muco pulou de volta para a cabeça, como se um elástico o puxasse. Ela quase caiu de costas. E como se mostrasse temerosa de repetir o movimento, realizamos muito trabalho com o corpo de modo que ela tomasse consciência das pernas, assim como dos pés, bem plantados no chão, e se sentisse ligada à terra que a sustentava. A esse processo dá-se o nome de *aterramento*. No fim da sessão, o muco se lhe distribuíra, como uma camada fina, em torno do corpo. A dor de cabeça desaparecera. Foram necessárias várias semanas de trabalho para livrar seu corpo de toda a camada de muco.

Exercícios para Experimentar o Peso Aparente do Campo de Energia

Um exercício que se faz com frequência nas aulas de Aikidô o ajudará a ter uma experiência do efeito do peso na aura.

Faça duas pessoas ficarem uma de cada lado de você. Elas vão tentar erguê-lo agarrando-lhe o braço em cima e embaixo. Quando o erguerem depois de todos esses exercícios, certifique-se de que o fazem de modo que o levantam bem reto, em lugar de empurrá-lo antes para um lado – isso poderá quebrar-lhe as raízes.

Primeiro faça-o a título de prática para verificar quão pesado você se sente. Sinta como é fácil ou difícil, para eles, levantá-lo do chão. Agora leve o mesmo tempo mandando o seu campo de energia para cima. Pense: "para cima"; concentre-se no teto. Quando tiver um bom centro que pode manter ali, peça-lhes que tentem levantá-lo. Que tal? Não foi mais fácil?

Agora dê a si mesmo tempo para concentrar-se em aumentar sua conexão com o chão. Faça saírem raízes da ponta dos seus dedos e da sola dos seus pés que penetrem no chão e se aprofundem na terra. Concentre-se na robusta e poderosa conexão energética que você tem com o solo. Quando tiver um foco muito bom, peça aos seus amigos que o levantem outra vez. Você está mais pesado e mais difícil de erguer-se? Provavelmente.

"Formas Dissociadas de Pensamento" na Aura

No decorrer dos meus anos de prática energética, tenho observado um fenômeno ao qual dou o nome de espaços móveis da realidade. Esses "espaços" me parecem semelhantes aos descritos no estudo da topografia, onde determinado "grupo" ou "domínio" contém uma série de características que definem as operações matemáticas possíveis naquele domínio. Em termos de psicodinâmica, existem "espaços da realidade" ou "sistemas de crenças", que contêm grupos de formas de pensamento associadas a concepções válidas e a concepções errôneas da realidade. Cada forma de pensamento contém suas próprias definições da realidade, como, por exemplo: todos os homens são cruéis; o amor é fraco; ter tudo sob controle é seguro e forte. Deduzo das minhas experiências que as pessoas, quando se movem na sua experiência diária, também se movem por diferentes "espaços" ou níveis de realidade, definidos pelos grupos de formas de pensamento. O mundo é experimentado de maneira diferente em cada grupo ou espaço da realidade.

As formas de pensamento são realidades energéticas, observáveis, que irradiam cores de várias intensidades. Sua intensidade e sua definição de forma decorrem da energia ou da importância que a pessoa lhes deu. As formas de pensamento são criadas, construídas e mantidas pelos seus donos por intermédio dos pensamentos habituais. Quanto mais definidos e claros forem os pensamentos, tanto mais definida será a forma. A natureza e a força das emoções associadas aos pensamentos dão à forma sua cor, sua intensidade e seu poder. Esses pensamentos podem ou não ser conscientes. Uma forma de pensamento se constrói a partir da constante ruminação de um temor como este, por exemplo: "Ele vai me deixar." O criador da forma de pensamento agirá como se aquilo fosse acontecer. O campo de energia da forma de pensamento influirá de modo negativo no campo da pessoa a que ela se refere. Terá provavelmente o efeito de empurrar a pessoa para longe. Quanto mais força se der a essa influência negativa, enchendo-a de energia, consciente ou inconscientemente, tanto mais eficaz será ela no criar o resultado temido. Tais formas de pensamento, por via de regra, tanto fazem parte da personalidade que o indivíduo nem sequer se dá conta delas. Começam a formar-se na infância e baseiam-se num raciocínio de criança, quando são integradas à personalidade. São como um excesso de bagagem que a pessoa leva dentro de si, sem reparar no seu efeito, que é muito grande. Essas formas de pensamento conglomeradas ou sistemas de crenças atraem muitos "efeitos" na realidade externa da pessoa.

Multicolorida

Ouro

Azul-claro

Multicolorida opalescente

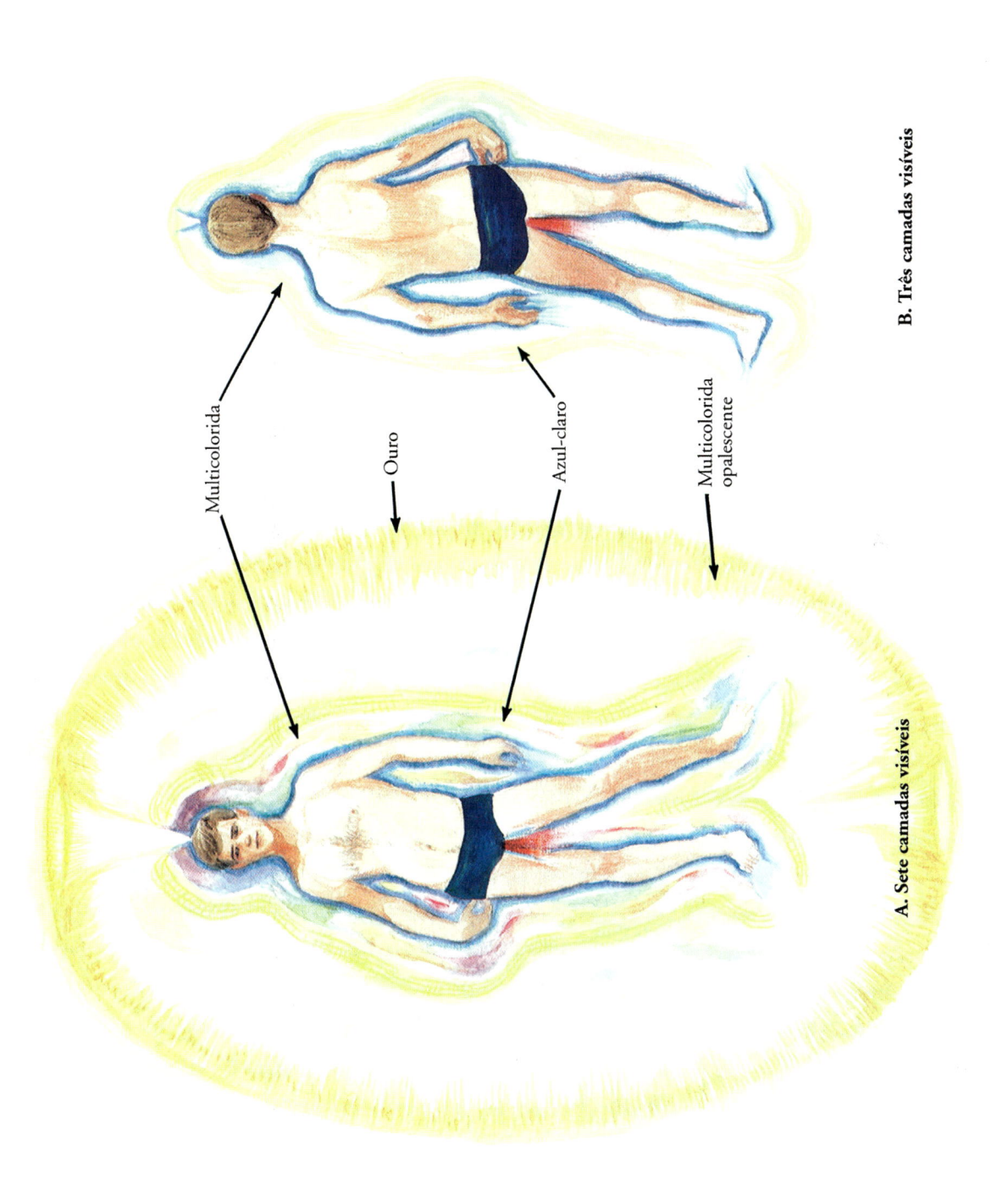

B. Três camadas visíveis

A. Sete camadas visíveis

Figura 7-1: A aura normal

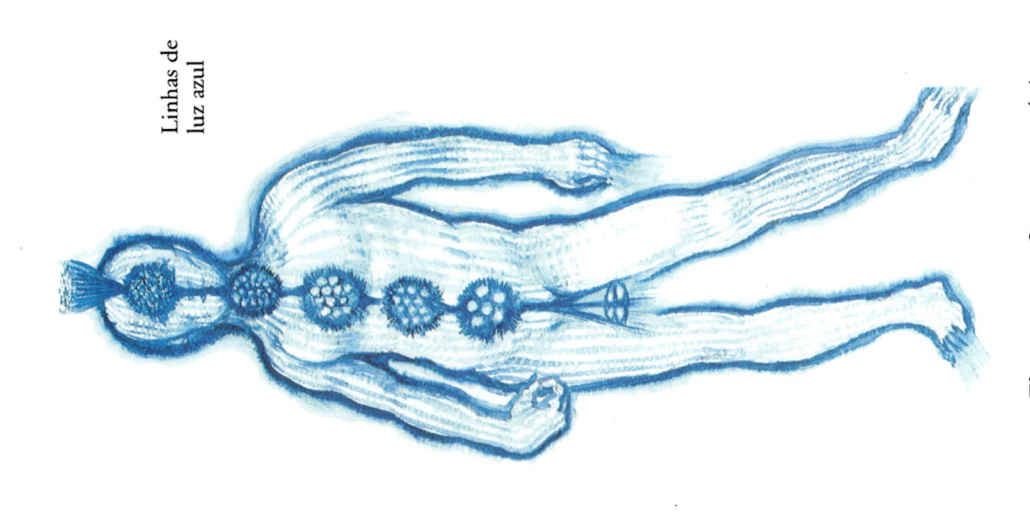

Nuvens de luz
multicolorida

Figura 7-8: O corpo emocional

Linhas de
luz azul

Figura 7-7: O corpo etérico

Nuvens de luz
multicolorida

Figura 7-10: O corpo astral

Linhas de
luz amarela

Figura 7-9: O corpo mental

Espaço azul-cobalto

Figura 7-11: O nível etérico padrão

Raios de
luz dourada

Figura 7-13: O nível ketérico padrão

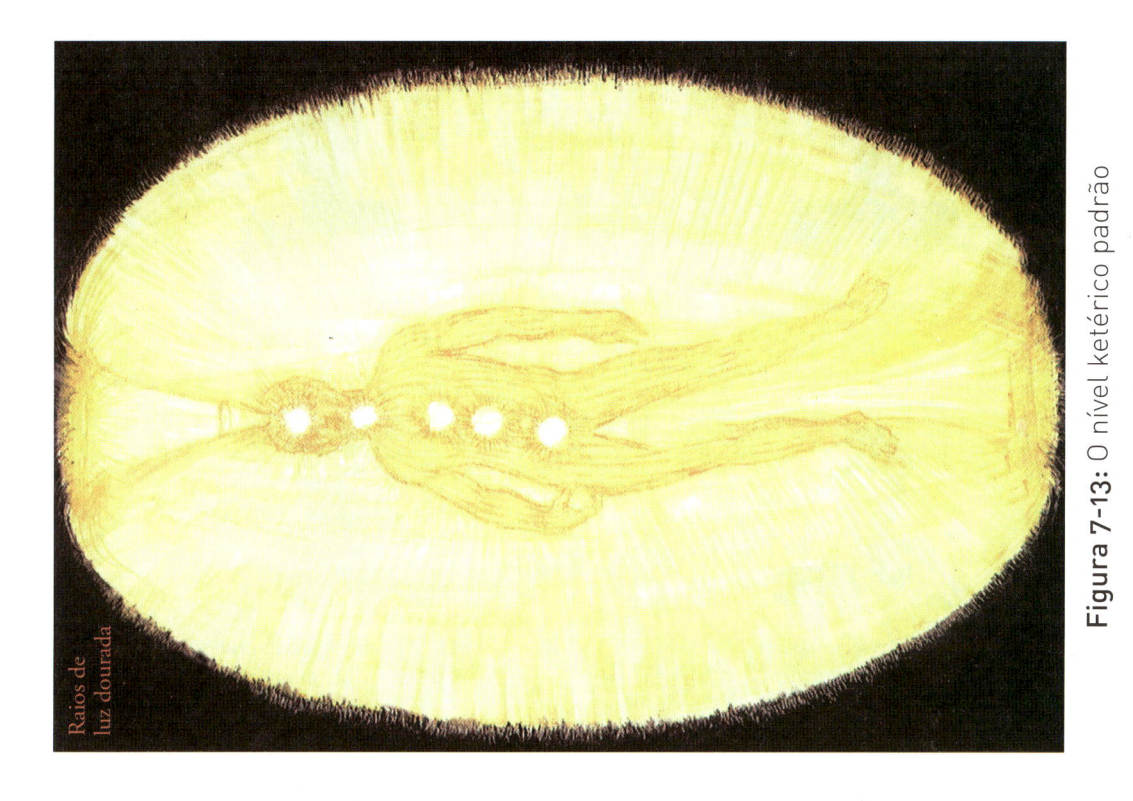

Raios iridescentes
de luz

Figura 7-12: O corpo celestial

A. Aura normal

B. Músico tocando

C. Homem lecionando seu assunto favorito

D. Homem falando com paixão sobre educação

E. Mulher após aula de energética do núcleo

F. Homem que usa frequentemente uma camisa desta cor

G. Mulher meditando para aumentar o campo

H. Mulher grávida
As cores suaves pastéis associam-se frequentemente à feminilidade

Figura 11-1: Auras em movimento

A. Uma criança de onze anos brincando

B. Uma mulher experimentando sentimentos fortes associados à morte do pai

C. A raiva sendo expressa

D. A raiva interiorizada

E. Muco etérico causado pela aspiração da cocaína

F. Homem que toma muito LSD

G. Homem que sempre manteve a cabeça num ângulo determinado

H. A aura parece ter peso

Figura 11-2: Auras vistas em sessões de terapia

Mulher trabalhando numa sessão de energética do núcleo

Figura 11-5: Mulher se defende criando uma nuvem cor-de-rosa de energia

Exame interno

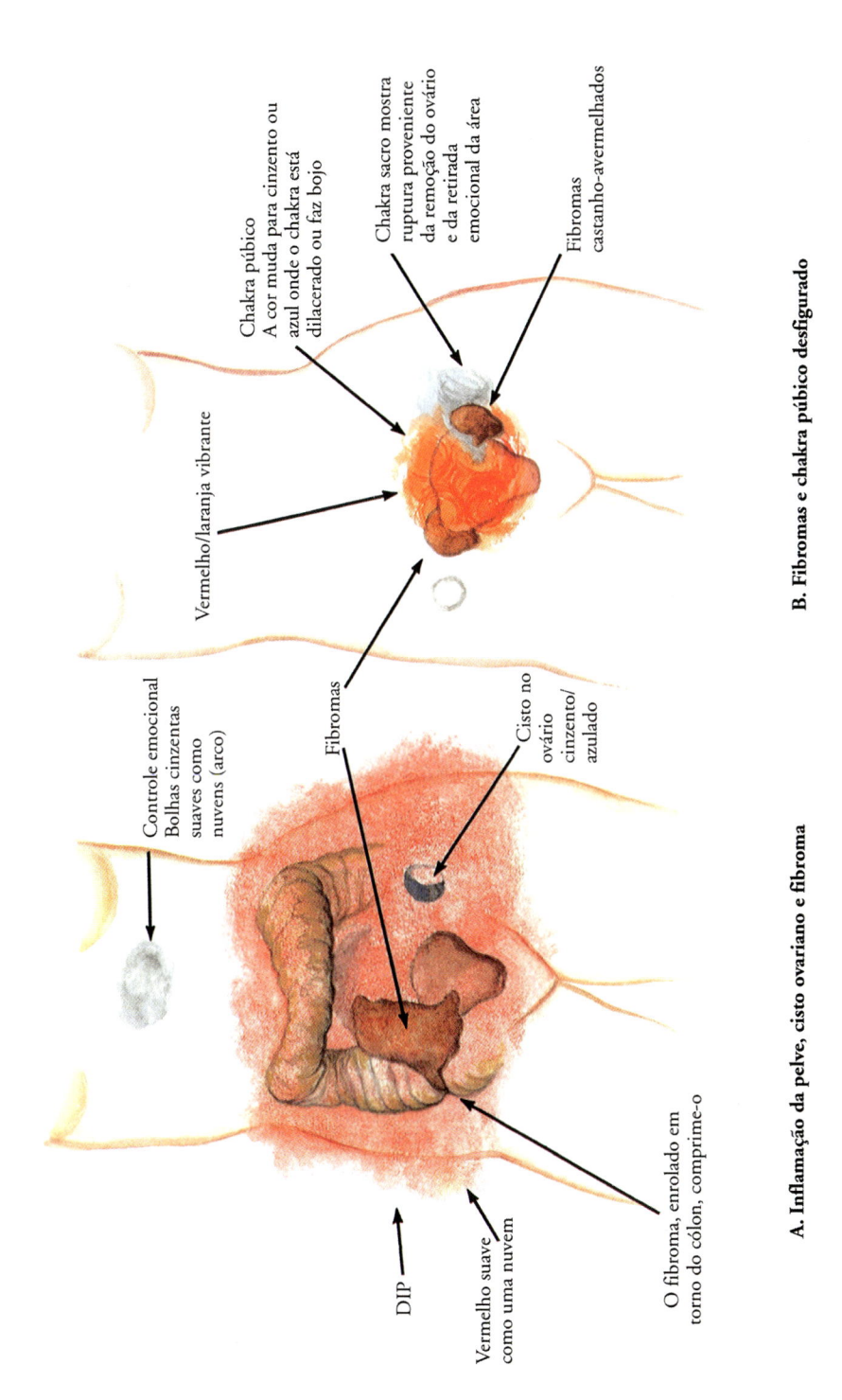

Controle emocional
Bolhas cinzentas suaves como nuvens (arco)

Fibromas

Cisto no ovário cinzento/azulado

DIP

Vermelho suave como uma nuvem

O fibroma, enrolado em torno do cólon, comprime-o

A. Inflamação da pelve, cisto ovariano e fibroma

Chakra púbico
A cor muda para cinzento ou azul onde o chakra está dilacerado ou faz bojo

Chakra sacro mostra ruptura proveniente da remoção do ovário e da retirada emocional da área

Fibromas castanho-avermelhados

Vermelho/laranja vibrante

B. Fibromas e chakra púbico desfigurado

Figura 18-3: Visão interna (diagnóstico por imagem)

Dilaceramento no plexo solar

Chakra desfigurado no plexo solar

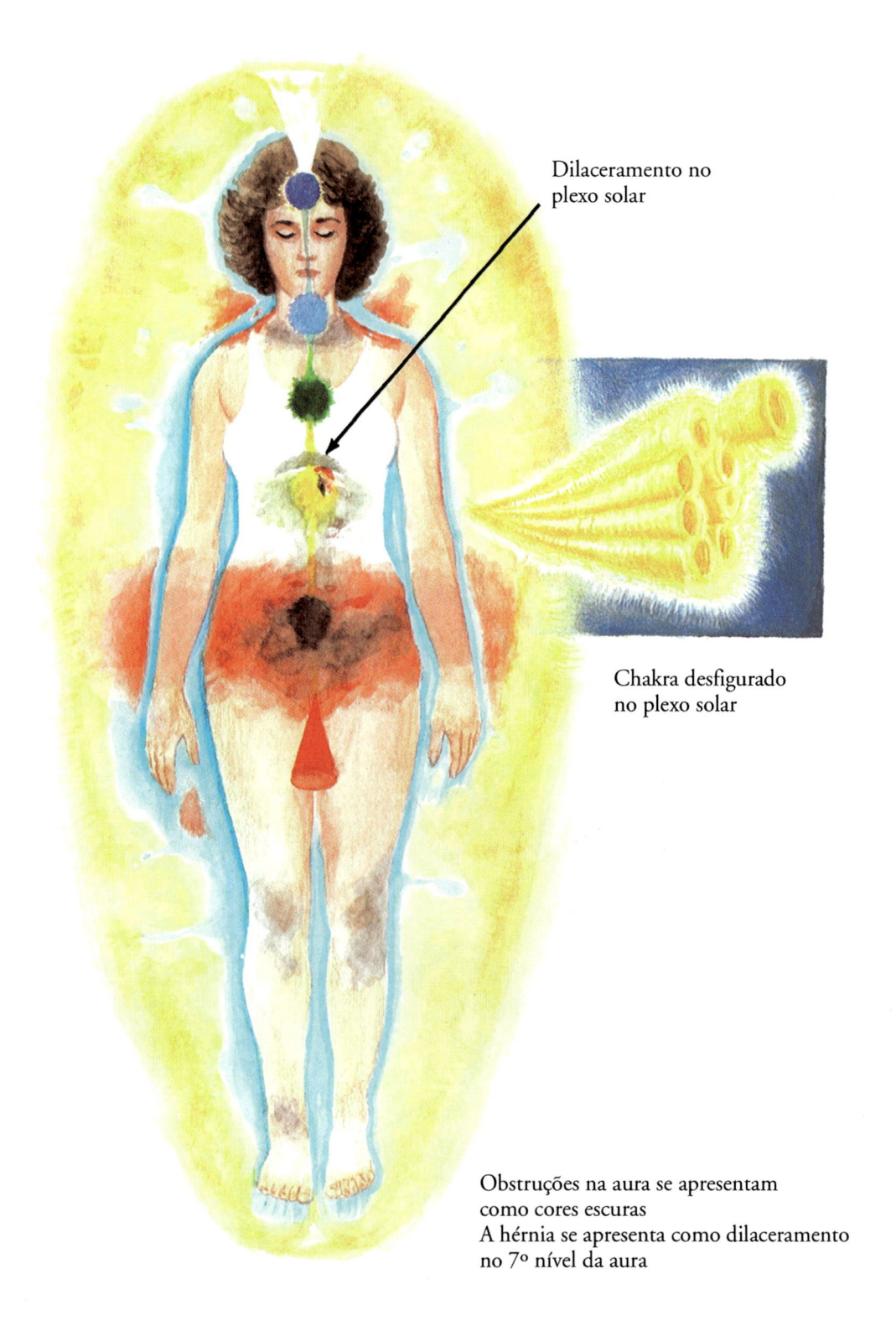

Obstruções na aura se apresentam como cores escuras
A hérnia se apresenta como dilaceramento no 7º nível da aura

Figura 22-4: Aura da paciente antes da cura com inserção do chakra desfigurado do plexo solar

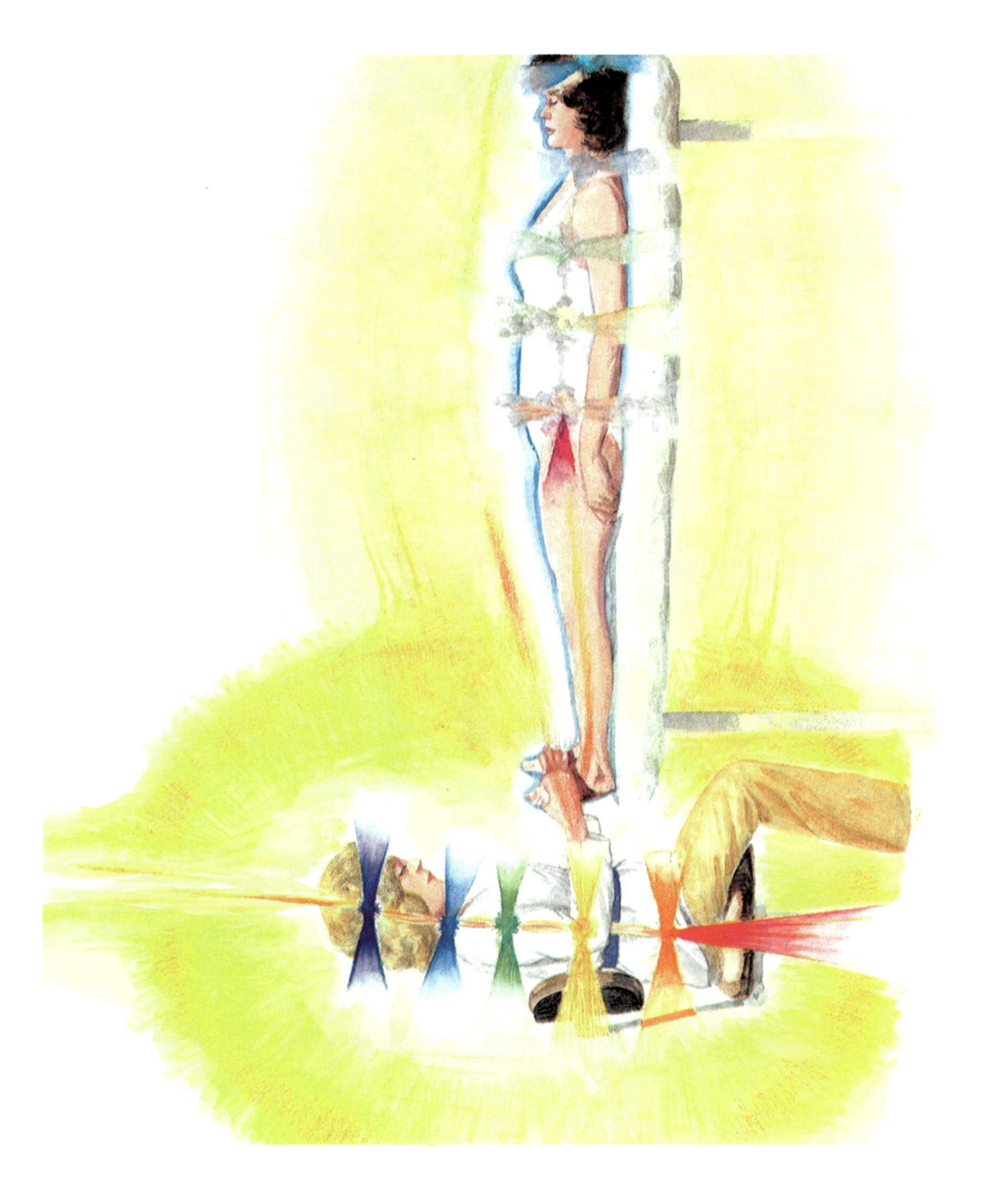

Figura 22-6: Equilibrando o campo áurico da paciente, da curadora e do Campo de Energia Universal

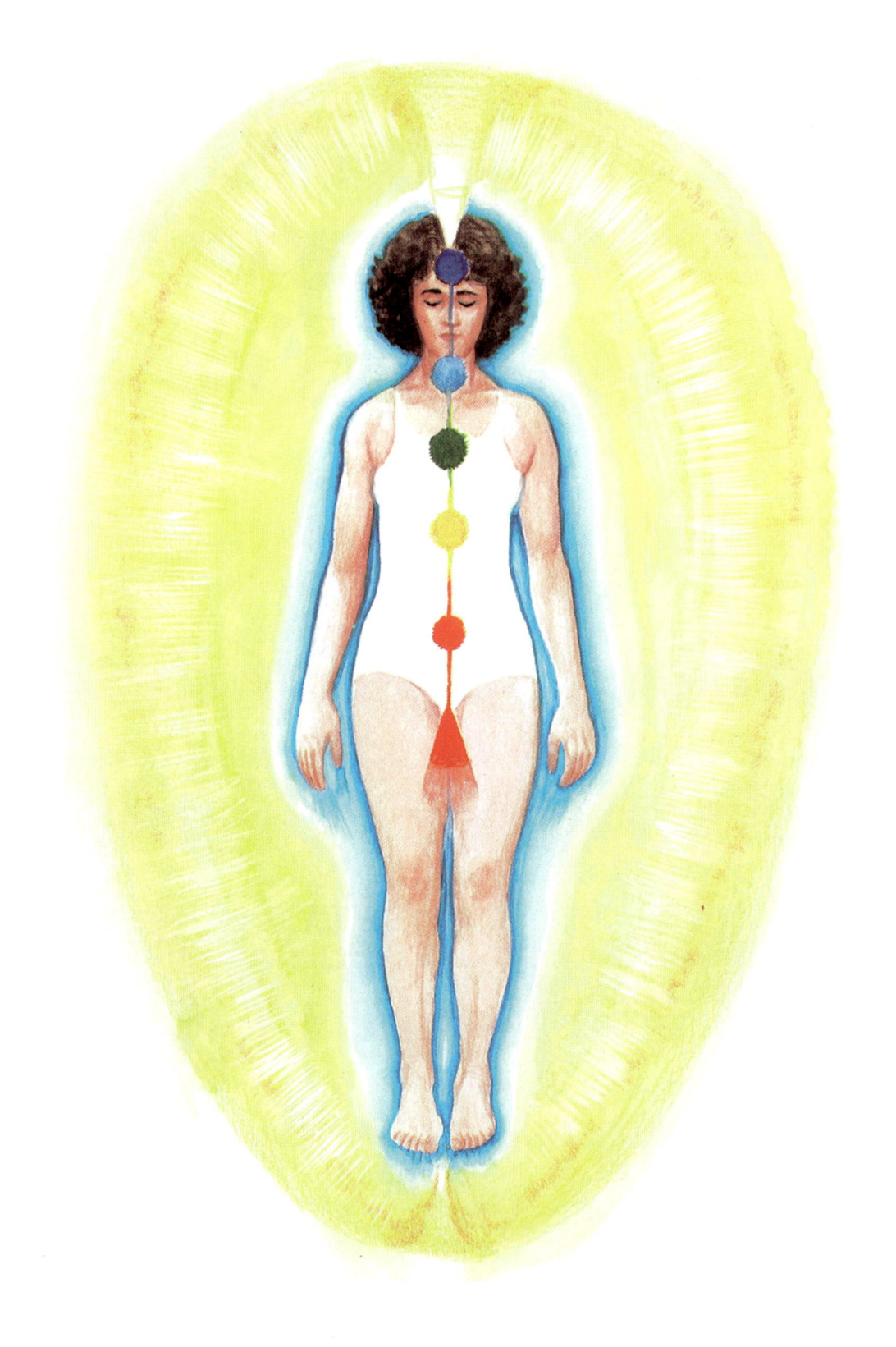

Figura 22-20: A aura da paciente depois da cura

Figura 22-21: Colocando um escudo no oitavo nível, mostrando um escudo azul inserido no pescoço do paciente, que está fora do corpo, à direita, vendo-se também sua falecida mãe, à esquerda

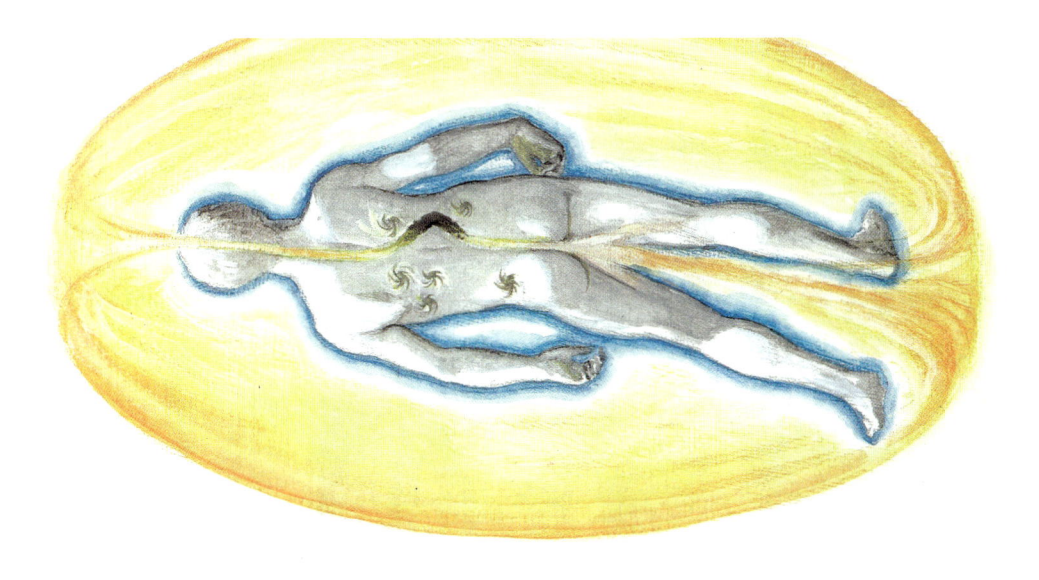

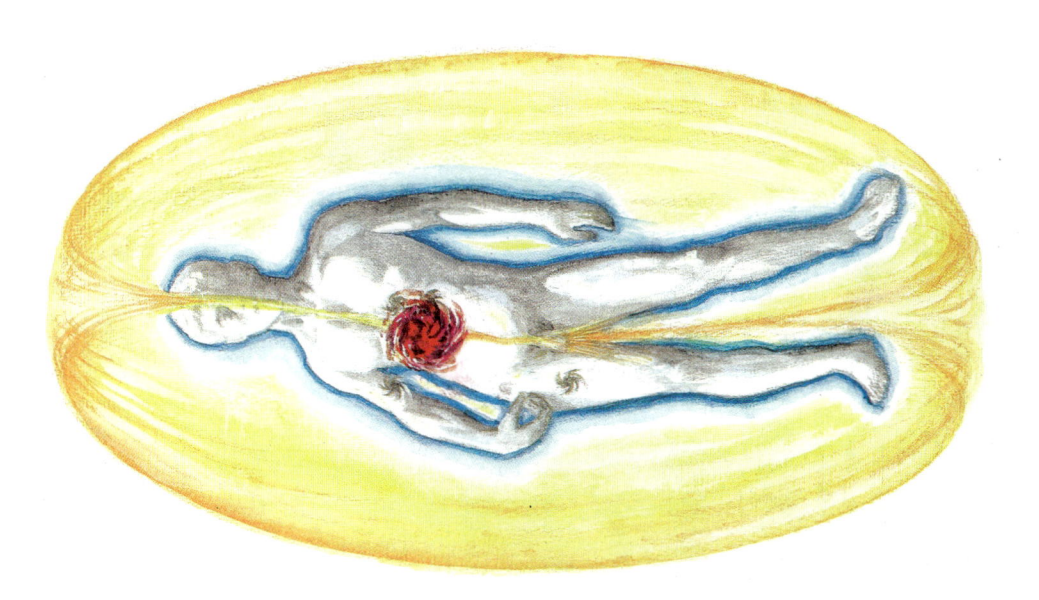

Figura 24-1: Trauma da vida passada na aura mostrando ferimento vermelho escuro à esquerda e a corrente de força vertical desviada à direita

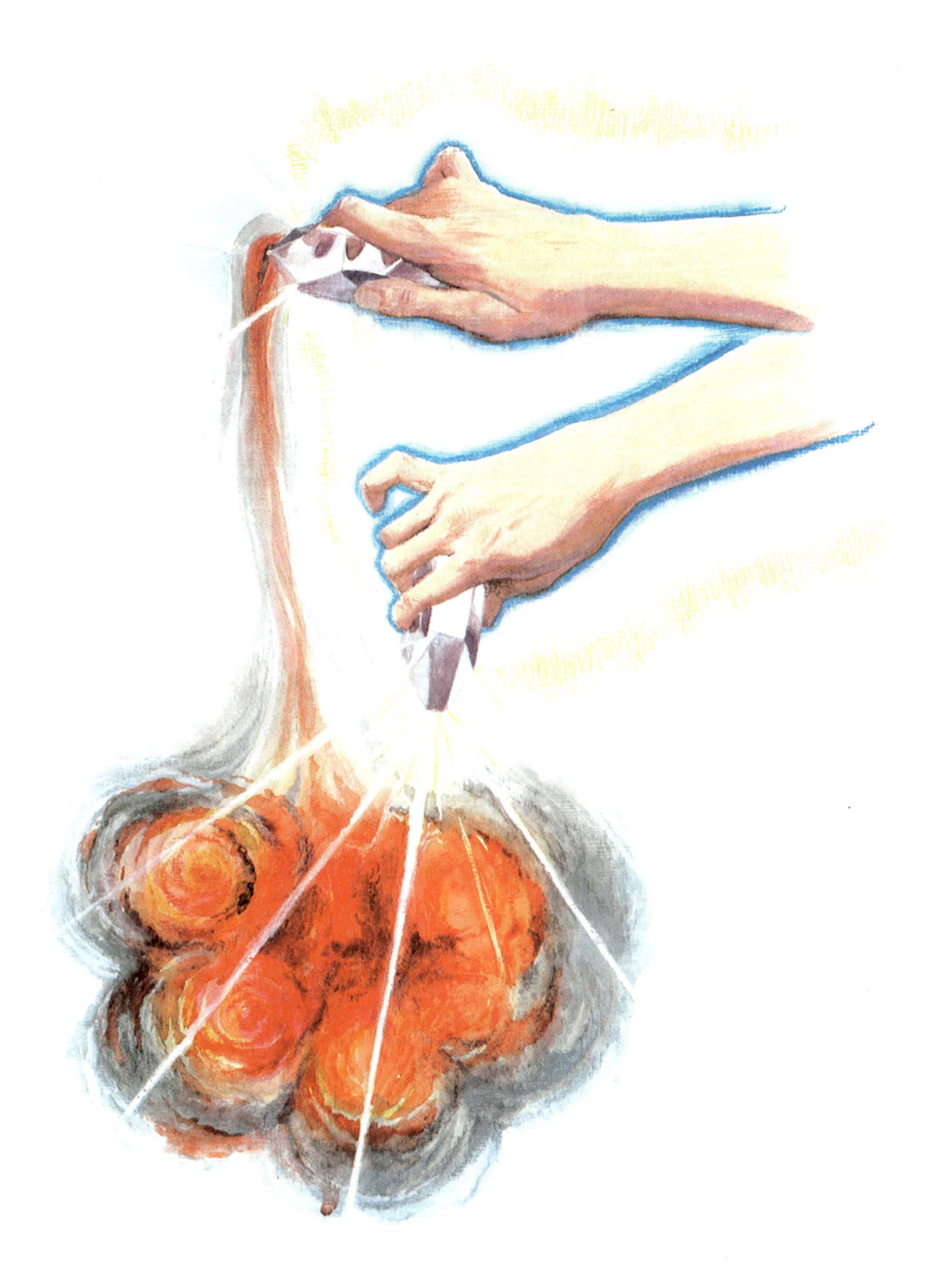

Figura 24-2: Removendo o muco áurico com um cristal
O cristal agarra o muco e arranca-o para fora

Figura 24-6: Mãos de Luz

Como essas formas não estão profundamente sepultadas no inconsciente, mas se encontram na borda da consciência, podem ser recuperadas por métodos como o trabalho de corpo do núcleo energético, jogos de associação de palavras e meditação. Quando se trazem as formas para o foco da consciência, pela expressão dos sentimentos que lhes são associados e pela liberação dos sentimentos, elas são passíveis de mudança. Esse processo faculta uma visão mais clara das suposições da realidade que fazem as formas. Quando as suposições inválidas (não se esqueça de que elas se fundam na lógica da infância) são descobertas, vistas e liberadas, podem ser substituídas por uma visão mais amadurecida e mais clara da realidade, a qual, por sua vez, redunda na criação de experiências positivas de vida.

Em algumas personalidades, essas formas estão interligadas e a consciência da pessoa raro mergulha totalmente num espaço sem ter consciência da maioria dos outros, de modo que mantém um alto grau de integração em sua vida diária.

Por outro lado, um tipo diferente de personalidade pode fluir de um espaço da realidade para outro com entusiasmo, mas sem consciência de alguma ligação entre eles. Talvez não lhe seja possível integrar ou compreender esse fluxo dinâmico e, por isso mesmo, vive em confusão, sobretudo quando determinado fluxo cíclico crônico é disparado internamente. Nesse caso, pode ser apanhado num fluxo sequencial automático, que vai de um pensamento a outro, enquanto permanece irremediavelmente enredado e incapaz de soltar-se do ciclo crônico até que tudo chegue ao fim.

Move-se, então, para um estado diferente da realidade, somente porque a ação cíclica da forma de pensamento esgotou toda a energia disponível. Ele não saberá como saiu do padrão cíclico e, portanto, será provavelmente incapaz de desenredar-se do ciclo na próxima vez que for disparado. Esses estados da realidade podem ser eufóricos, como aquele em que a pessoa imagina realizar grandes coisas e tornar-se famosa ou rica, mas não se dá conta da tremenda carga de trabalho prático que terá pela frente antes de poder atingir essa meta. Ou podem ter um efeito contrário, em que a pessoa se vê num estado muito pior do que o real. Em qualquer um desses casos, ela não está, de fato, cônscia de si mesma nem da situação da sua vida. Em ambos os estados vê, provavelmente, parte de si mesma e a exagera. Ela pode ter o potencial necessário para criar todas as grandes coisas que imagina para si, no primeiro estado, mas isso demandará muito trabalho e muito tempo. Por outro lado, no segundo estado negativo, vê as partes de si mesma que precisa mudar, mas se esquece de que a mudança é possível.

Em seu livro *How to Read the Aura,* William Butler observou que determinadas formas de pensamento permanecem estacionárias no campo da energia até serem disparadas por uma entrada interna ou externa de energia. Essas formas movem-se, então, pela aura, numa sequência crônica, mas não são liberadas. Exaurem-se e adormecem, até ganhar energia suficiente para se movimentarem outra vez. As formas de pensamento ganham energia por intermédio dos pensamentos semiconscientes habituais do indivíduo e dos sentimentos correlatos. Também ganham energia atraindo pensamentos e sentimentos similares de outras pessoas. Ou melhor, se você se julga continuamente a respeito de alguma coisa, seus atos e sentimentos seguirão seus julgamentos e, logo, através de ambos, as pessoas que você conhece captarão o quadro e concordarão com você, mandando assim energia em forma de pensamentos e sentimentos a seu respeito que concordam com os seus. Por exemplo, se você repetir constantemente a si mesma que é boba, indigna, feia ou gorda, os outros não tardarão em concordar com você. Essa energia se acrescenta ao seu estoque pessoal até que sua forma de pensamento tenha energia suficiente (alcançando a massa crítica) para ser disparada. Você cairá então num estado em que se convencerá de que é boba, feia, indigna ou gorda, até que a energia da forma de pensamento se dissipe. Ou você poderá atrair um acontecimento externo que a disparará com uma explosão de energia. Em qualquer caso, o processo é o mesmo. O disparo não é necessariamente negativo, pois se o indivíduo se encontra num processo terapêutico, pode sair do ciclo crônico e romper a forma cíclica de maneira que venha a manejá-la muito bem na próxima vez que ela for disparada.

Se o terapeuta for capaz de perceber essas realidades e descrevê-las, ou assistir o cliente no descrevê-las, poderá ajudá-lo a libertar-se enquanto passa de uma realidade a outra. A descrição, feita pelo terapeuta, de cada estado de realidade, tal como o cliente o experimenta, dará a este uma visão global de todo o processo, que o ajudará a criar para si um observador objetivo interior, capaz também de definir cada espaço à medida que entra e sai dele. A partir desse trabalho, o cliente e o terapeuta definirão com maior clareza o ciclo crônico do cliente e encontrarão juntos um modo de sair dele. E podem encontrar um modo de rompê-lo da próxima vez que ele começar.

Por exemplo, quando um cliente particularmente esquizoide (veja o Capítulo 13) se vê preso numa forma assim, dirijo-me simplesmente ao quadro-negro e ponho-me a desenhar e rotular as formas no momento em que ele as expressa. Quando repete pensamentos em voz alta, desenho uma seta do pensamento anterior para o que está sendo expresso. Em pouco tempo, todos os pensamentos cíclicos estão pintados no quadro. A superfície exterior dessas formas é, normalmente, muito limitada, o que significa que o cliente experimenta uma realidade muito estreita em que as definições e/ou distinções são vistas como negativas e, por vezes, fixas – como se todas as outras pessoas parecessem muito distantes e até perigosas. Ou esse cliente pode acreditar-se uma vítima da vida. Surge o ponto de ruptura quando o cliente é capaz de reter um pensamento, de conteúdo emocional particularmente forte, o tempo suficiente para expressar sua emoção. Em geral, se for capaz de tolerar a raiva ou a dor associadas ao pensamento, o cliente poderá manifestar-se e estabelecer conexão com os níveis mais profundos no interior da forma de pensamento.

A Figura 11-3 mostra um exemplo assim. Nesse determinado caso, enquanto eu desenhava as formas, o cliente viu a imagem global. A compreensão maior ajudou-o a centralizar-se e libertar-se do ciclo crônico. Ele examinou

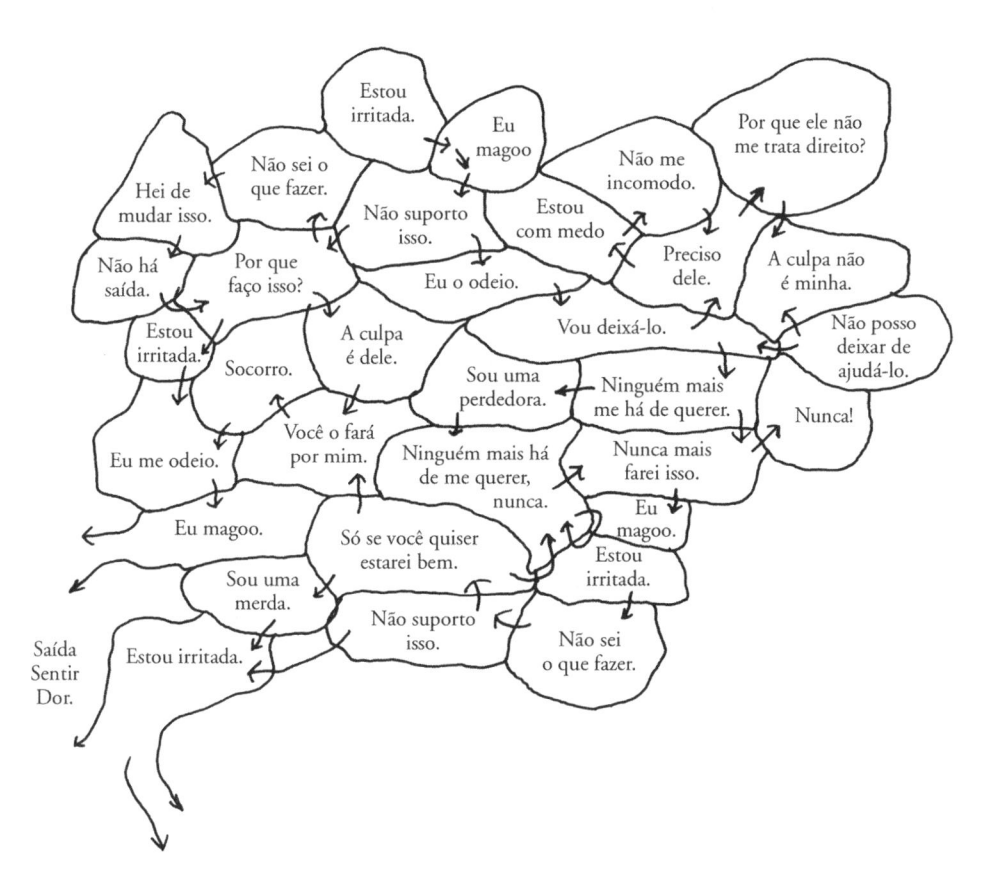

Figura 11-3: Forma de pensamento dissociada

minuciosamente a sua raiva, expressou-a e, depois, viu as questões mais profundas. Grande parte do nível externo dessa forma de pensamento é a máscara em que a pessoa não vê nem assume a responsabilidade por si mesma, mas censura os outros. Ela o faz a fim de parecer "boa". Isso, naturalmente, a deixa impotente até atingir a realidade mais profunda, que é o coração da forma de pensamento. Quando, em consequência de um trauma de infância, ela se sente, pura e simplesmente, "má" por dentro, e nada pode fazer a esse respeito, a pessoa compreende que, no futuro, terá a alternativa de ver e compreender toda a estrutura, examinando primeiro a raiva por sentir-se presa e, em seguida, a dor existente na forma de pensamento. Ela costuma evitar essa dor ficando na superfície da forma de pensamento (e, por conseguinte, na irrealidade). Sentindo a dor, integra a criança que existe dentro dela e que se sente "má", no adulto interior, que sabe que não o é.

Geralmente, a expressão e a liberação dos sentimentos é a chave para sair de um padrão de pensamento cíclico. Na maior parte do tempo essas formas se dissociam, a fim de que a pessoa não experimente os sentimentos nelas contidos. O indivíduo despende um grande esforço em sua vida diária tentando não colocar a forma de pensamento em movimento, porque ela pode evocar o sentimento indesejado. Mas, mesmo que evite situações capazes de evocar tais sentimentos, isso não funciona completamente, porque a pessoa está sempre recarregando as formas de pensamento. Se ela persistir no processo terapêutico, com o passar do tempo a forma se liga mais e mais ao restante da personalidade; os aspectos negativos, transformados em funções positivas, integram-se na aura "normal" como cores sem forma, brilhantes e claras.

A Limpeza da Aura durante uma Sessão de Terapia

A terapia energética do núcleo destina-se a ajudar as pessoas a liberarem obstruções do campo áurico através da focalização e do esforço físico. A Figura 11-4 ilustra exatamente uma liberação desse tipo. Se o indivíduo se deitar de costas sobre uma banqueta almofadada, os músculos do torso se estendem e relaxam. Isso provoca uma liberação energética e a obstrução se desfaz. O cliente apresentava uma vigorosa obstrução de energia nos músculos, bem defronte da coluna, perto do eixo diafragmático. Enquanto ele trabalhava na banqueta bioenergética, a obstrução soltou-se de repente com uma explosão de energia. A "nuvem de energia" elevou-se rapidamente ao longo da coluna. Quando atingiu a cabeça do cliente e lhe irrompeu na consciência, vi-a dirigir-se para

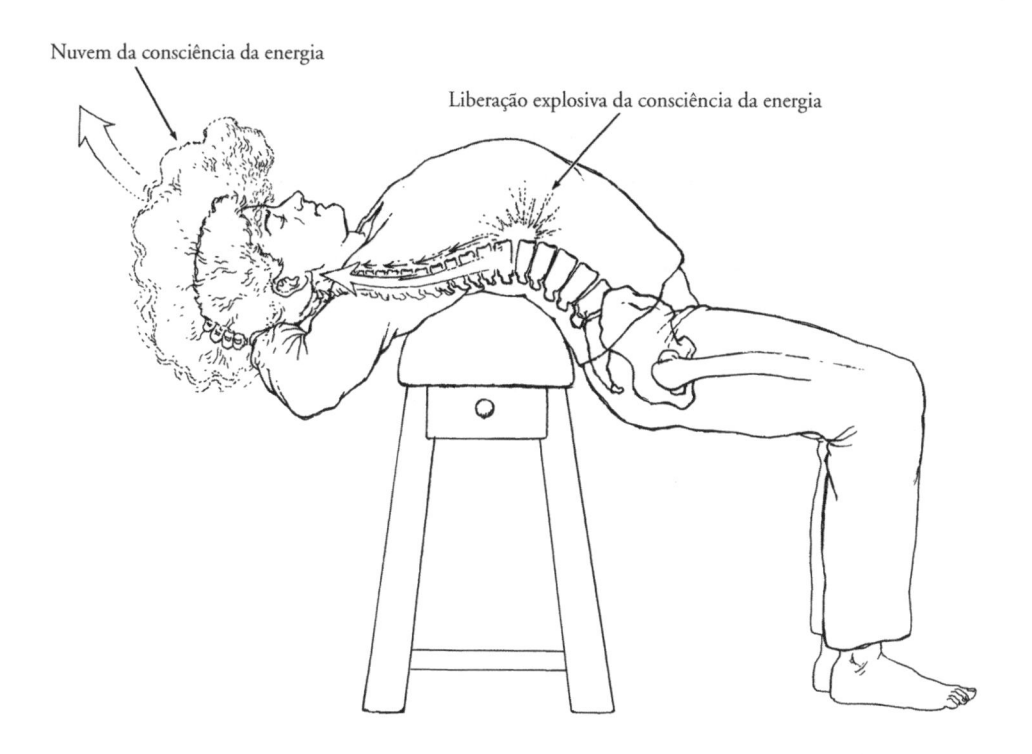

Figura 11-4: Homem trabalhando na banqueta bioenergética

outro espaço de realidade. O cliente começou a gritar e a expressar uma dor da primeira infância. À medida que expressava seus sentimentos, liberava mais e mais a nuvem de energia, e esta se retirou do seu campo.

O que se segue é a descrição do que acontece numa típica sessão de terapia. Primeiro, porém, eis aqui algumas informações sobre a cliente, a quem chamarei Susan.

Susan era uma bela mulher, loira, de vinte e tantos anos, terapeuta profissional, casada, com uma filha de dois anos de idade. Ela e o marido, também terapeuta, tinham um casamento rico e estável e eram líderes entre os seus pares. Haviam-se conhecido e casado muito jovens. O pai de Susan morrera acidentalmente duas semanas antes do seu nascimento, deixando a esposa, mãe de Susan, com um bebê recém-nascido e dois meninos um pouco mais velhos para educar. Tendo pouco ou nenhum rendimento, a viúva precisou pedir a outras pessoas que levassem Susan para casa e tomassem conta dela. Susan cresceu em duas casas: uma muito limpa, ordenada e rigorosamente cristã; outra, a casa desmazelada de sua mãe, que nunca foi capaz de curar a ferida deixada pela perda do marido em ocasião tão importante. Nunca mais voltou a casar, mas teve muitos amantes.

O casamento precoce de Susan satisfez-lhe a necessidade de um homem que cuidasse dela, visto que nunca tivera realmente um pai. Susan também carregava consigo o medo de que nunca faria o casamento dar certo (como a mãe) ou de que teria de ser perfeita para consegui-lo (como na família religiosa).

Quando Susan chegou à sessão, certa manhã, mostrava-se aparentemente muito feliz e alegre. Falou sobre a semana que passara com o marido. Enquanto falava e gesticulava, atirou para cima uma nuvem cor-de-rosa e branca de "felicidade" (Figura 11-5). Essa felicidade, contudo, estava servindo para encobrir sentimentos mais profundos, revelados pelo campo de energia. Minhas observações indicaram a existência de uma obstrução, visível como uma mancha cinzenta escura no plexo solar (área do estômago), relacionada com o medo e outros sentimentos. A obstrução secundária estava na testa (cinzento mais claro, indicativo de confusão mental), diretamente ligada à dor emocional no coração (vermelho). Ela exibia muita atividade mental (alta energia) dos lados da cabeça (amarelo). E evidenciava também muita energia vital, de natureza sexual, vibrante, na pelve (vermelho-alaranjado).

À medida que ela continuava a mover os braços e a falar alegremente, atirando para cima nuvens fofas, cor-de-rosa e brancas, a energia amarela brilhante, que se irradiava dos lados da cabeça, começou a encobrir ou mascarar a área do problema cinzento na testa. Ela procurava literalmente convencer-se de que estava feliz mascarando a energia cinzenta com a energia amarela (mental). Quando descrevi o que eu estava vendo, ela deixou imediatamente de criar a "falsa" nuvem cor-de-rosa. A área cinzenta na cabeça recuperou a extensão original.

A serenidade de Susan transformou-se em medo e dor emocional. Em seguida, ela confessou o que estava realmente acontecendo. Pouco antes de encaminhar-se para a sessão semanal, descobrira que a mãe fora hospitalizada com uma espécie de paralisia dos olhos. O médico encarregado de tratar do caso dera a entender que aquele era sintoma de uma doença séria, como a esclerose múltipla. Susan, muito perturbada com a situação, precisava de toda a sua força para enfrentar seus vários sentimentos em relação à mãe. Obstruindo sua energia vital, de natureza sexual, na pelve e não lhe permitindo fluir pelas pernas abaixo, ela obstruía sua conexão com o solo e com sua base como ser humano na Terra. A essa altura da sessão, era importante movimentar a energia para baixo, no sentido da terra, e ligá-la à sua base energética, a força nas pernas e na pelve.

Por meio de exercícios das pernas e da pelve, começamos a mover a energia pélvica para as pernas, a fim de construir uma base para um trabalho mais difícil. A energia movimentou-se rapidamente pelas pernas abaixo no intuito de ligá-la ao chão. Em seguida, fluiu por todo o corpo e carregou o sistema mais uniformemente. À proporção que a obstrução pélvica se soltou, a mudança de energia deu a Susan um sentimento de segurança dentro dos seus próprios sentimentos de força vital e sexual. A obstrução pélvica relacionava-se com sua mãe, que não soubera lidar com sua energia sexual. Susan ainda tinha medo de parecer-se com ela. Mas como possuía uma forte conexão entre o sexo e o coração, esse perigo, de fato, não existia, razão pela qual a energia se movimentava rapidamente pelas pernas e para o chão, onde se entranhava. Depois que a energia se entranhou, Susan reconheceu que poderia ter aquelas sensações agradáveis e ainda assim dominá-las, podendo fazer com elas o que bem entendesse.

Em seguida, foi-lhe possível falar da dor que sentia no coração por causa da doença da mãe. Pôs-se a chorar, soltando o vermelho da área do coração. Passamos então a trabalhar a obstrução principal, localizada no plexo solar, relacionada com necessidades infantis não satisfeitas, pelas quais, por sua vez, ela rejeitava a mãe. Dessa maneira, o campo de energia lhe revelava o conflito interno. De um lado, experimentava sentimentos de dor e de amor pela mãe, que estava, naquela ocasião, muito doente e, de outro, sentia a raiva da rejeição, que se poderia exprimir por esta frase: "Você não tomou conta de mim; por que, agora, devo tomar conta de você?" O fato de trazer esse conflito à consciência e ao entendimento principiou a soltar a área cinzenta da testa.

A liberação da mancha escura do plexo solar demandou um vigoroso trabalho com o corpo. Susan inclinou-se para trás sobre a banqueta bioenergética para esticar e desatar a obstrução. Feito isso, executou movimentos enérgicos, atirando a metade superior do corpo para a frente e para baixo, no intuito de regurgitar a obstrução e tudo o que ela simbolizava, vale dizer, não só a rejeição da mãe, mas também sua intenção de imputar à mãe todas as privações que experimentara na vida. Susan mantinha um estado "seguro" de privação na vida atual; a privação infantil fora substituída, graças ao hábito, pela autoprivação. A mancha escura (de 10 cm de diâmetro) do plexo solar ficou mais clara e difundiu-se para uma área maior (20 cm de diâmetro), mas um pouco dela continuou no campo da energia, indicando que essa questão não fora completamente resolvida. A mancha escura levaria muito tempo para soltar-se porque continha questões de vida muito importantes.

O que quero dizer ao falar em estado "seguro" de privação é que ela se sentia à vontade com alguma privação. Isso lhe parecia normal. Nós, seres humanos, nos sentimos mais seguros no que consideramos a norma que deve ser, seja ela ou não realmente normal; a norma é estabelecida em nosso meio ambiente infantil.

No caso de Susan, por exemplo, a "norma" se manifestava por intermédio do seu espaço vivo. Em seus anos de criança, conhecera a confusão em casa. Mas qual era a sua verdadeira casa? Na verdade, nenhuma delas. O problema persistia. Vivera numa casa inacabada durante os oito anos de casamento. Nunca tivera, de fato, uma casa completamente terminada e mobiliada que pudesse chamar de sua.

À proporção que progrediu a terapia, o espaço vivo de Susan tornou-se mais harmoniosamente mobiliado e mais lindamente terminado. Era, na realidade, em seu caso, a manifestação externa de um estado interior.

Por essas observações relativas ao campo de energia, é provável que você esteja começando a ver, com maior clareza, a conexão entre doença e problemas psicológicos. Detemos os sentimentos obstruindo o nosso fluxo de energia. Isso cria poças estagnadas de energia em nossos sistemas, as quais, quando ali perduram o tempo suficiente, provocam doença no corpo físico. Isso será discutido com mais detalhes na Quarta Parte. A conexão entre a terapêutica e a cura torna-se óbvia quando se encara a doença dessa maneira. A visão dilatada do terapeuta abrange a totalidade do ser humano. No processo da cura não existe separação entre corpo e mente, emoções e espírito – tudo isso precisa estar em equilíbrio para criar um ser humano saudável. O terapeuta focaliza a disfunção física, psicológica e espiritual. É impossível realizar a cura sem influir nos níveis psicológicos da personalidade. Quanto mais compreender a psicodinâmica dos clientes, tanto mais equipado estará o terapeuta para ajudá-los a se curarem.

Revisão do Capítulo 11

1. Que é uma obstrução da energia?
2. Como se cria uma obstrução da energia no Campo de Energia Universal (CEU)?
3. Quando se pode dizer que uma obstrução no CEU foi liberada?
4. Como se pode dizer que alguém está liberando sentimentos em vez de conservá-los?
5. Que fenômenos acontecem primeiro – os áuricos ou os físicos?

6. Em que cor ou em que cores aparecem na aura as seguintes emoções: medo, raiva, amor, alegria, confusão, inveja, ódio?
7. Que cor é melhor na aura: o vermelho brilhante, vibrante, perto da pelve, ou o verde rico e bonito perto da área do peito e do plexo solar?
8. Qual é o efeito da inalação de maconha sobre a aura? Em curto prazo? Em longo prazo?
9. Que é uma forma dissociada de pensamento?

Matéria para reflexão

10. Faça exercícios (observando as auras de outras pessoas) e descreva o que vê.
11. Trace desde o princípio até o fim o ciclo de uma forma de pensamento em que você se viu preso. O que foi que a iniciou? Qual é a sua origem? Como pode sair dela? Que sentimentos mais profundos ela encobre e como o defende contra o sentimento?

Capítulo 12

OBSTRUÇÕES DA ENERGIA E SISTEMAS DE DEFESA DA AURA

Depois de observar muitas obstruções nos campos das pessoas, comecei a classificá-las em tipos. Encontrei seis tipos gerais de obstruções da energia. Também comecei a notar que as pessoas usam seus campos de maneiras defensivas, a fim de protegê-las contra uma experiência desagradável imaginada, e organizam seus campos áuricos inteiros no que denomino um sistema energético de defesa.

Antes de tudo, examinemos os seis tipos de obstruções da energia que observei.

Tipos de Obstruções da Energia

As Figuras 12-1 e 12-2 mostram como esses bloqueios se me apresentam. A obstrução "maçante" (Figura 12-1A) resulta de se deprimirem os sentimentos e a energia da pessoa até a sua estagnação, provocando um acúmulo de fluidos corporais na área. O corpo tende a intumescer-se ali. Essa obstrução, em geral, não é de alta energia, mas antes de baixa, habitualmente associada ao desespero. Se a obstrução continuar, a doença resultante possível será uma colite ou uma *angina pectoris*. A cor, quase sempre o azul-acinzentado, produz uma sensação de coisa pegajosa e pesada, como o muco. Ali há raiva também, geralmente do tipo que censura. A pessoa desistiu de tudo e sente-se impotente. Uma mulher, que teve um casamento infeliz e renunciou à carreira pelo casamento, por exemplo, sofre de uma obstrução desse gênero. Agora, cinquentona, verificou ser impossível voltar ao mundo dos negócios e encetar uma carreira. Em vez disso, atribui simplesmente ao marido sua infelicidade. Exige que as filhas façam o que ela nunca fez. Tenta viver a vida através delas, mas é claro que isso não pode dar certo.

Por outro lado, a obstrução de compactação (Figura 12-1B), que suprime os sentimentos, contém grande quantidade de fúria acumulada, como um vulcão. De cor vermelho-escura, costuma aparecer ameaçadora, ao observar que normalmente não deseja ser o recipiente da erupção vulcânica. Essa obstrução da energia resulta numa acumulação de gordura ou músculos corporais na área. Se a compactação continuar por muito tempo, poderá redundar em enfermidades como uma inflamação da pelve. A pessoa geralmente se dá conta da fúria e sente-se presa porque a liberação da fúria está associada à humilhação. Uma mulher que conheci chegou à conclusão, na infância, de que o fato de experimentar sensações sexuais acarreta humilhação. O pai humilhou-a em relação à sua sexualidade quando ela era moça. Resultado: ela bloqueou suas vigorosas sensações sexuais e as manteve, apertadas, na pelve. As sensações sexuais contidas, pouco a pouco, se transformaram em fúria. E porque a fúria não se soltou,

A. Obstrução maçante   B. Compactação   C. Armadura de rede

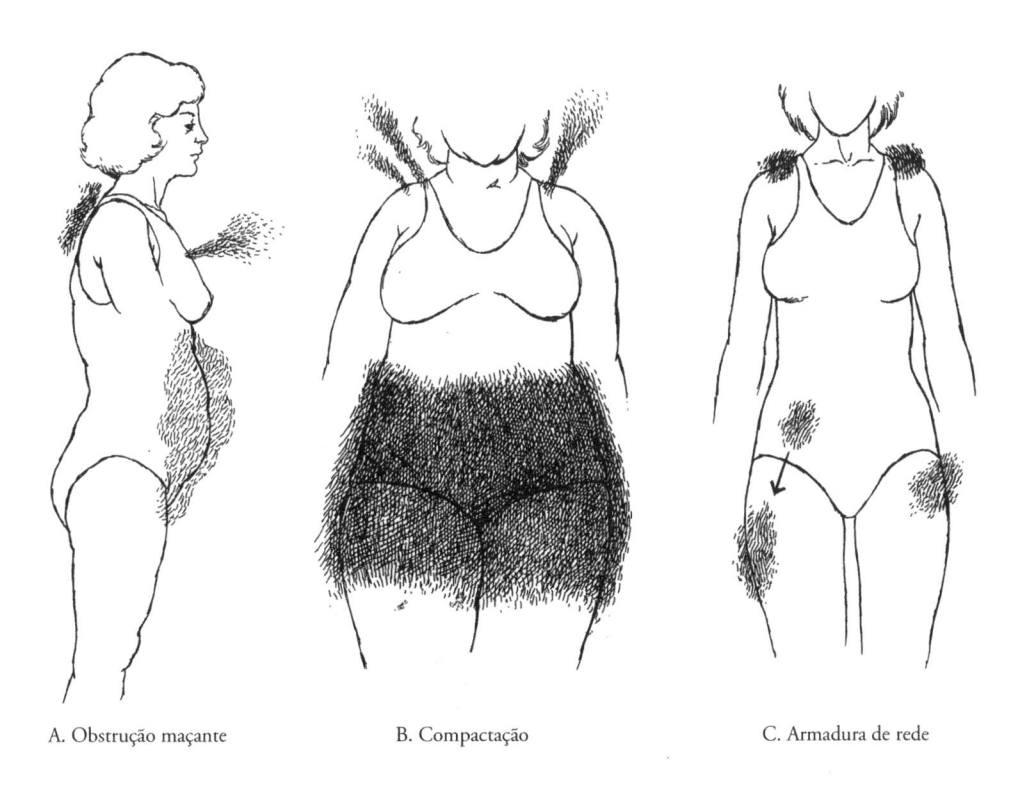

Figura 12-1: Tipos de obstrução de energia

graças ao medo da humilhação, o acúmulo de energia estagnada na pelve produziu uma infecção. Depois de anos de pequenas infecções crônicas, ela ouviu finalmente o diagnóstico de que sofria de uma inflamação da pelve.

A armadura de rede (Figura 12-1C) é uma obstrução eficaz porque ajuda a pessoa a evitar sentimentos, sobretudo o medo, pela rápida movimentação das obstruções quando ela é desafiada, quer numa situação de vida, quer na terapêutica. Se o terapeuta, por exemplo, procurar liberar uma obstrução pelo exercício ou pela massagem profunda, a obstrução simplesmente se mudará para outra parte do corpo. Esse tipo de obstrução provavelmente não dará início a uma doença tão depressa quanto os outros tipos de obstruções. Tudo parecerá maravilhoso na vida do paciente. Ele será bem-sucedido no mundo, terá um casamento "perfeito" e filhos-modelo, mas, em que pese a tudo isso, terá a vaga sensação de que lhe falta alguma coisa. Essa pessoa só será capaz de tolerar sentimentos profundos por um curto período de tempo, antes de pular fora deles. Por fim, criará alguma crise em sua vida a fim de irromper os sentimentos mais profundos. Essa crise pode assumir qualquer forma, como uma doença inesperada e súbita, um acidente ou um caso de amor.

A armadura de placa, mostrada na Figura 12-2A, congela todos os tipos de sentimentos, que são mantidos no lugar, em volta do corpo, por um campo de alta tensão generalizada. Essa armadura ajuda eficazmente a pessoa a construir uma vida bem-estruturada no nível exterior. O corpo será bem construído; os músculos tenderão a ser rijos. No nível pessoal, a vida será menos satisfatória, porque a armadura de placa, na verdade, anula os sentimentos, criando alta tensão em todo o corpo, tensão que pode redundar em tipos diferentes de doenças: úlceras decorrentes do excesso de trabalho, ou problemas cardíacos consequentes ao "empurramento" da vida sem alimentação pessoal. Porque não pode sentir bem o corpo, como, por exemplo, a tensão nos músculos longos, a pessoa fará, provavelmente, pressão excessiva sobre os músculos, causando uma distensão dolorosa dos extensores da perna, ou uma tendinite. Essa pessoa também terá uma vida aparentemente "perfeita", à qual faltará, todavia, uma ligação pessoal mais profunda. É provável que também acabe criando alguma espécie de crise de vida, como as crises supramencionadas, que a ajudará a ligar-se à sua realidade mais profunda. Um ataque cardíaco obtém lindamente esse resultado para alguns homens. Conheço, por exemplo, um homem de negócios muito bem-sucedido, dono de várias revistas, todas de grande circulação. Ele andava tão absorto no trabalho que se acabou distanciando da família. Depois do infarto, os filhos chegaram-se a ele e lhe disseram: "Você precisa parar, pois,

A. Armadura de placa

B. Depleção da energia

C. Vazamento da energia

Figura 12-2: Tipos de obstrução de energia

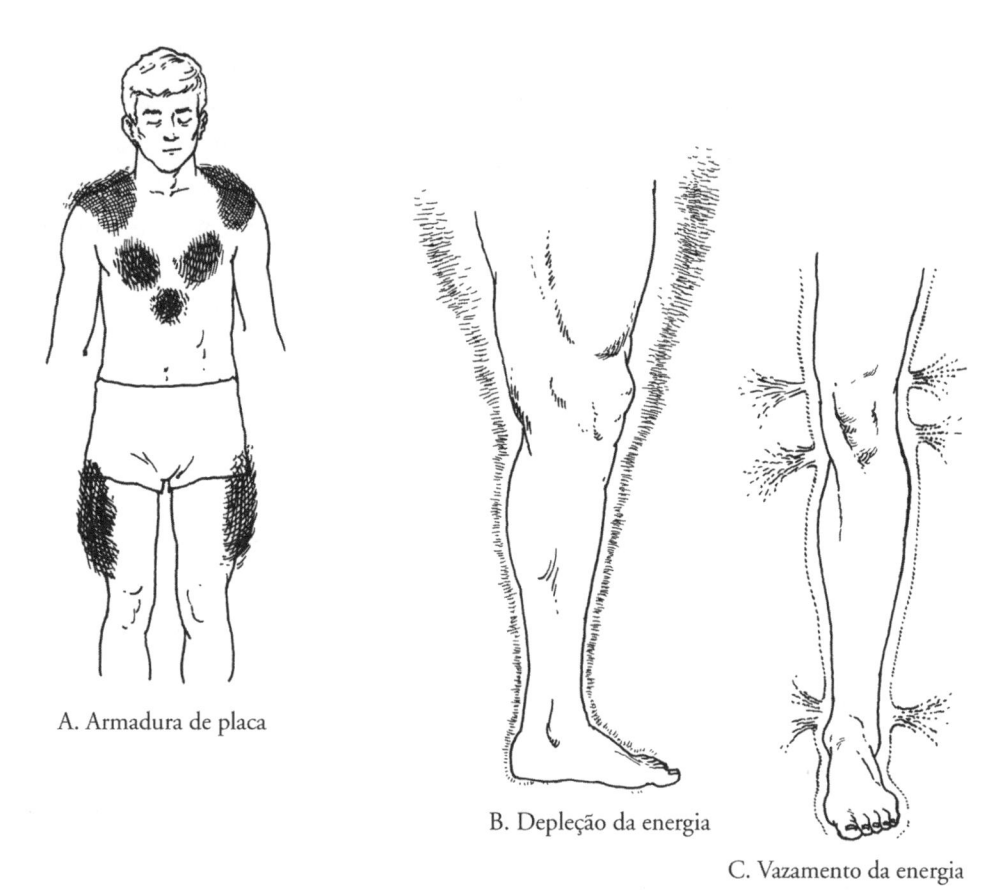

do contrário, morrerá. Ensine-nos a ajudá-lo a dirigir seus negócios." Ele ensinou-os, eles aprenderam e a família voltou a se unir.

A obstrução pela depleção da energia (Figura 12-2B) é uma simples redução da energia que flui pelo membro na direção da extremidade distal. A pessoa bloqueia os membros não permitindo que a energia flua para eles, o que acarreta a fraqueza dos membros e, em alguns casos, até o subdesenvolvimento físico da área. Essa pessoa não fará uso do membro para evitar as sensações de fraqueza e, depois, os sentimentos mais profundamente associados, como o de não ser capaz de se manter de pé na vida, ou o de fracassar.

O vazamento da energia (Figura 12-2C) ocorre quando a pessoa esguicha energia pelas articulações em vez de permitir que ela flua membro abaixo, o que faz (inconscientemente) a fim de reduzir o fluxo da energia através dos membros a ponto de não ter a força nem o sentimento para responder a certas experiências no meio ambiente. A razão por que não quer responder baseia-se numa conclusão a que ela chegou na infância e segundo a qual a resposta só pode ser imprópria ou perigosa. Quando criança, por exemplo, ao estender a mão para alguma coisa que queria, deve ter levado um tapa na mão. Além disso, da evitação do uso do membro resulta fraqueza do mesmo membro (e também coordenação fraca). Ambos os tipos de obstruções acarretam igualmente frieza nos membros. A pessoa é geralmente vulnerável nas áreas onde se registra o vazamento da energia. Esse tipo de obstrução tem por consequência problemas nas articulações.

O tipo de obstruções que uma pessoa desenvolve depende de muitas coisas, incluindo a personalidade e o meio ambiente infantil. Todos nós fazemos uso de várias obstruções. Quais são as suas favoritas?

Sistemas Energéticos de Defesa

Todos criamos obstruções porque o mundo nos parece inseguro. Obstruímos modelos que envolvem todo o nosso sistema de energia. Nossos sistemas energéticos de defesa destinam-se a repelir, a defender-nos, agressiva ou passivamente, contra uma força que entra. Destinam-se a mostrar força e, dessa maneira, a assustar um possível agressor, ou a chamar a atenção para nós indiretamente, sem admitir que é isso o que desejamos.

Exemplos de sistemas energéticos de defesa, que tenho observado, mostram-se na Figura 12-3, e são empregados quando o indivíduo se sente em perigo.

Com o "porco-espinho" (de cor geralmente cinzento-esbranquiçada), a aura da pessoa se torna espinhenta e dolorosa ao toque. É brutal. Muitas vezes, quando ponho a mão em alguém que não quer saber da minha mão ali, sinto espinhos atravessando minha mão. A maioria das pessoas responde a essa defesa distanciando-se.

Na forma de defesa do "recuo", a porção da consciência e da aura da pessoa ameaçada deixa simplesmente o corpo numa nuvem de energia azul-clara. Os olhos terão uma expressão vidrada, ainda que a pessoa simule estar ali, prestando atenção.

O mesmo vale para a pessoa que está "fora de si". A duração dessa configuração é mais prolongada que a do recuo, que varia entre alguns segundos e algumas horas. A manifestação "fora de si" costuma durar mais, dias ou anos talvez. Já vi pessoas que estiveram parcialmente fora do corpo durante anos em virtude de algum trauma ou de alguma intervenção cirúrgica precoce. Num caso, uma mulher sofreu uma cirurgia de coração aos dois anos de idade.

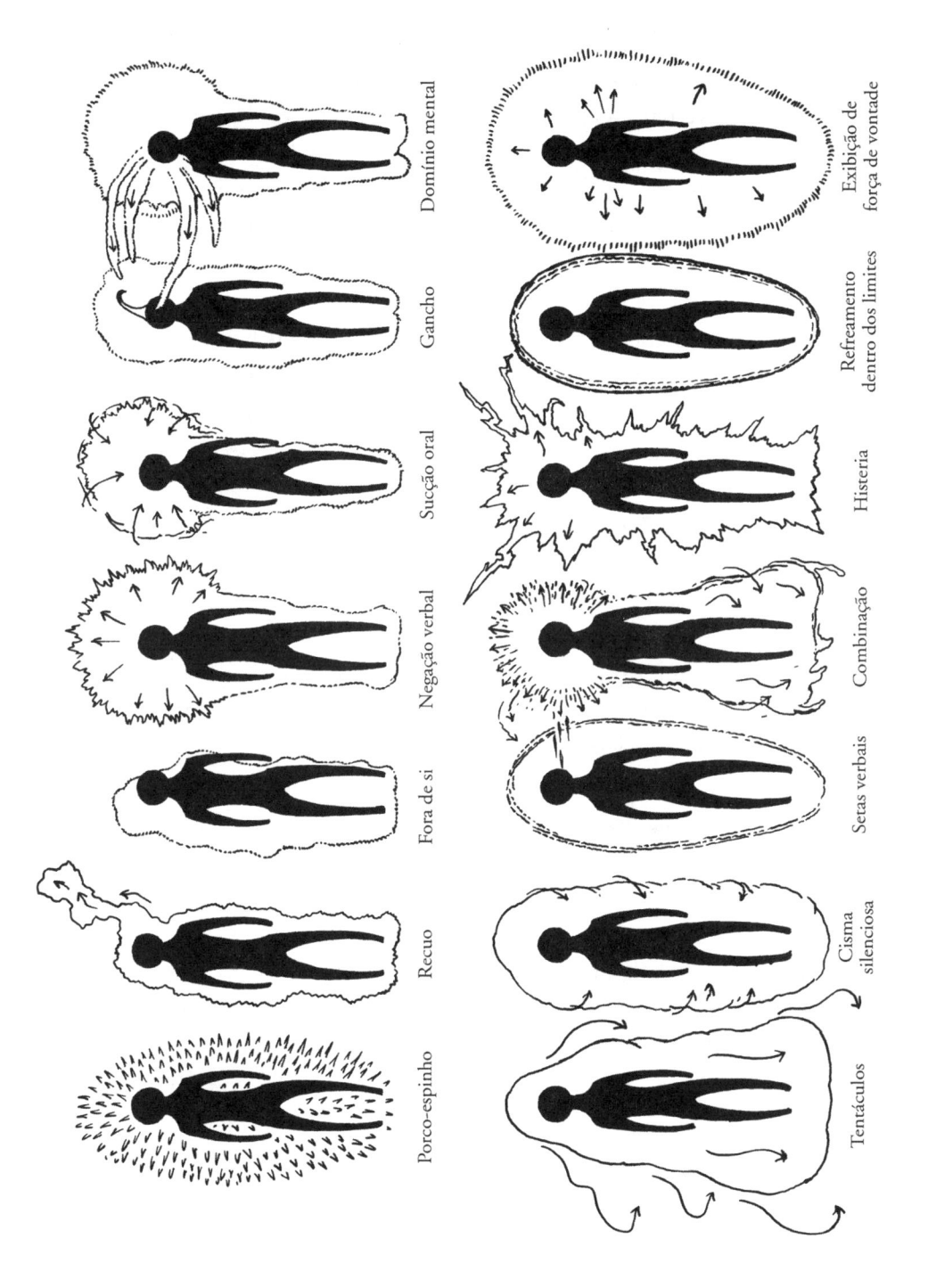

Figura 12-3: Sistemas energéticos de defesa

Já tinha vinte e um quando trabalhei com ela para ajudar-lhe os campos de energia a se assentarem com mais firmeza no corpo. Seus corpos mais elevados se desligavam parcialmente e flutuavam fora, acima e atrás dela. Esse desligamento resultou num desligamento dos seus sentimentos.

A negação verbal está associada a muita energia, geralmente amarela, na cabeça, a uma severa obstrução no pescoço e à depleção da energia na metade inferior, que é pálida e imóvel. Em ordem a manter o *status quo,* a pessoa permanece verbalmente ativa a fim de sustentar alguma sensação de estar viva. A troca verbal mantém a energia fluindo na cabeça.

A sucção oral está estreitamente relacionada com a negação verbal por ser eficaz na sucção da energia daqueles ao redor a fim de encher o próprio campo da pessoa, habitualmente incapaz de fazê-lo no meio ambiente natural. Em outras palavras, há qualquer coisa errada na capacidade da pessoa de metabolizar o suprimento de *orgone* da atmosfera circundante, o que a faz necessitar da energia pré-digerida de outros. Podemos sentir essa forma de sucção na tagarelice verbal, tediosa e esgotante para o receptor, ou vê-la nos olhos de "aspirador de pó" de algumas pessoas. Essas pessoas gostam de estar em volta dos outros em alguma forma de socialização. Outras pessoas necessitam descarregar um excesso de energia (tipos masoquistas) e fazem boa parceria com os sugadores orais. Juntos, satisfazem muito bem as necessidades uns dos outros. (Veja o Capítulo 13.)

Os ganchos que vi na cabeça de algumas pessoas estão geralmente em indivíduos com uma estrutura de caráter psicopática e que se encontram no processo de ser confrontados, digamos, por um grupo de pessoas. Numa situação dessa ordem, eles são muito ameaçados e formam um "gancho" no alto da cabeça. Se as coisas realmente esquentarem, arremessam o gancho em quem quer que lhes pareça capaz de agredi-los. O "gancho" é geralmente acompanhado de uma declaração verbal. Por outro lado, se esse tipo de pessoa quiser enfrentar alguém, pode muito bem tentar agarrá-lo pela cabeça com a energia mental. O efeito possível sobre a pessoa confrontada é ficar presa no campo de energia do confrontador até que este se assegure de que seu ponto de vista está sendo exposto e aceito como ele quer. Esse tipo de defesa ou ataque é muito ameaçador para o receptor porque, a julgar pelas aparências, ele está sendo abordado logicamente com todos os passos racionais que conduzem à conclusão "certa", mas a mensagem nas "entrelinhas", que está sendo transmitida, é que o receptor fará bem em concordar. Esse gênero de troca usualmente é acompanhado da implicação subjacente de que a pessoa confrontada é "má" e está errada, e de que o confrontador, por sua vez, é "bom" e está certo.

Os "tentáculos", exsudantes, escorregadios, silenciosos e pesados, procuram alcançar o seu plexo solar, num esforço para capturar-lhe a essência e puxá-la para fora, a fim de ser devorada pelo buscador de segurança. Essa pessoa, embora cheia da própria essência, não sabe o que fazer com ela, porque, no seu entender, permitir-lhe que se mova significa humilhação. Dessa maneira, ela é apanhada em desespero e perde o contato com a própria essência. Ela pode adotar a postura silenciosa, meditativa, por algum tempo. Depois, os "tentáculos" passarão a trabalhar em sua essência, puxando-a para baixo. O pensativo silencioso, no entanto, é muito barulhento no nível energético. Destaca-se numa sala cheia de gente que se diverte ativamente. Logo estará rodeado pelos que desejam ajudá-lo e, inconsciente, mas atilada e cortesmente, agradece a cada pessoa a ajuda oferecida, dizendo que não dará certo e pedindo outras sugestões. E assim o jogo continua. A pessoa que maneja os tentáculos crê precisar de alguma coisa do exterior, mas o de que precisa é manifestar-se. Pode, então, tentar arremessar setas verbais para provocar alguém e enraivecê-lo. As setas não são dolorosas apenas verbalmente, mas também energeticamente; voam pelo ar e atingem o receptor com muita precisão e eficácia. O arqueiro espera, inconscientemente, que a dor infligida provoque raiva, o que lhe dará um pretexto para soltar a própria raiva de um jeito que evite a humilhação. Dessa maneira intencional, precisa, mental, ele procura humilhar a outra pessoa e, ao mesmo tempo, evitar sensações na metade inferior do corpo.

A pessoa que se utiliza da "defesa histérica" responderá alegremente às "setas" explodindo. O tipo histérico explodirá de maneira que invade o campo de toda a gente com relâmpagos e explosões de cor e com tamanha fúria que ameaça e intimida pela mera força do poder e do caos. Seu propósito é afugentar todos da sala.

A pessoa que emprega o "refreamento dentro dos limites" afasta-se da situação, ao mesmo tempo que fortalece e engrossa seus limites no intuito de permanecer incólume. A mensagem assim transmitida é uma mensagem de superioridade! Outro pode simplesmente proclamar a própria supremacia com uma exibição robustamente ordenada, bem controlada, de força de vontade, que explode e ilumina a sua aura, de modo que não haja dúvidas sobre quem é que manda aqui, e com quem não se deve brincar!

Exercícios para Encontrar sua Principal Defesa

Experimente cada um desses sistemas de defesa; qual é o que você usa? Experimente-o com um grupo de pessoas. Todos andam ao redor da sala em cada sistema de defesa. Quão familiar é cada um deles? Quais são os que você usa em ocasiões diferentes?

Existem, provavelmente, muitos outros sistemas de defesa em uso. Você mesmo, sem dúvida, poderá pensar em alguns – alguns que usa e alguns que são usados pelos seus amigos. O importante é lembrar que todos os usamos, e que todos concordamos, consciente ou inconscientemente, em interagir uns com os outros dessa maneira. Ninguém é obrigado a participar das interações; são todas voluntárias. Em alguns níveis da nossa personalidade, chegamos, às vezes, a apreciá-las. Não precisamos ficar com medo quando as vemos uns nos outros. Temos sempre a opção de responder mais tolerante do que defensivamente. Precisamos lembrar-nos de que há sempre uma razão por que alguém se defende: para proteger alguma parte vulnerável de si mesmo, que deseja conservar sob o seu domínio e escondida, quer de nós, quer dele mesmo, quer de ambos. Criamos e desenvolvemos a maior parte desses sistemas no princípio da nossa vida. Como vimos no Capítulo 8, a aura de uma criança não está plenamente desabrochada, como também não o está o seu próprio corpo. A aura também se desenvolve e passa por estágios de desenvolvimento à medida que o indivíduo cresce, enquanto modelos básicos de caráter, que representam a um tempo forças e vulnerabilidades, se clareiam.

Revisão do Capítulo 12

1. Enumere e descreva seis tipos principais de obstruções da energia.
2. Faça uma lista dos principais sistemas de defesa e do modo como funcionam. Quais são os que você usa? Os que você usa são eficazes? Qual seria um meio melhor para lidar com a sua experiência de vida?

Matéria para reflexão

3. Em que sistema de crença pessoal se baseia a sua defesa principal?
4. Sua vida seria melhor ou pior se você não usasse o seu sistema de defesa?
5. Faça uma lista dos tipos e localizações das obstruções que você criou em seu sistema de energia e de corpo. Com que experiências de infância se relaciona cada um deles?

Capítulo 13

MODELOS DE AURA E DE CHAKRAS DAS PRINCIPAIS ESTRUTURAS DE CARÁTER

....

Estrutura de caráter é uma expressão que inúmeros psicoterapeutas do corpo utilizam para descrever tipos físicos e psicológicos de pessoas. Depois de muita observação e estudo, Wilhelm Reich chegou à conclusão de que a maioria das pessoas que ele tratou poderia ser incluída em cinco categorias maiores. Reich descobriu que as pessoas com experiências de infância semelhantes e relações entre pais e filhos também semelhantes tinham corpos semelhantes. Também descobriu que as pessoas com corpos semelhantes tinham uma dinâmica psicológica básica semelhante. Essa dinâmica dependia não só dos tipos de relações entre pais e filhos, mas também da idade em que a criança experimenta a vida, pela primeira vez, tão traumaticamente que começa a obstruir os sentimentos e, por conseguinte, o fluxo de energia e a desenvolver o sistema de defesa que se lhe tornará habitual. Um trauma experimentado no útero será energeticamente bloqueado ou defendido de maneira muito diferente de um trauma experimentado na fase oral do crescimento, no treinamento para vestir-se ou no período de latência. Isso é natural, porque o indivíduo e o seu campo são muito variados nos diferentes estágios da vida. (Veja o Capítulo 8.)

Nesta seção farei algumas descrições básicas de cada estrutura de caráter, incluindo a etiologia, as formas do corpo e suas configurações áuricas. Examinarei também a natureza do eu superior e a tarefa de vida pessoal de cada estrutura até o ponto em que isso pode ser feito. O eu superior e a tarefa de vida de cada pessoa são únicos, mas é possível fazer algumas generalizações.

O eu superior de uma pessoa é a centelha divina dentro dele, ou o eu divino que habita cada indivíduo, o lugar em que nos identificamos com Deus.

Há uma centelha divina em cada célula do nosso ser físico e espiritual, que contém a consciência divina interior.

Encara-se a tarefa de vida de duas formas. Primeira, no nível pessoal, uma tarefa pessoal com o propósito de aprender a expressar uma parte nova da nossa identidade. As partes da alma não identificadas com Deus ajudam a formar a encarnação específica, que aprende a identificar-se com o Criador e, ainda assim, permanece individualizada. A tarefa mundial é um dom que cada alma herda nesta vida física para dar ao mundo. Muitas vezes é o mesmo trabalho de vida que vem naturalmente, desde o princípio. Um artista traz a sua arte, um médico traz o dom de curar, um músico traz a sua música, uma mãe a sua alimentação e o seu amor, etc. Em outras ocasiões, a pessoa precisa lutar, através de inúmeras mudanças de trabalho, até chegar ao que pode, afinal, conhecer que é o trabalho da sua vida. A força e a clareza com que se aceita a tarefa de vida dependem muito da realização da tarefa pessoal de aprendizagem.

O corpo da pessoa é a cristalização no mundo físico dos campos de energia que a cercam e fazem parte dela. Esses campos de energia contêm a tarefa de cada alma. A estrutura do caráter pode, então, ser vista como a cristalização dos problemas básicos ou da tarefa pessoal que a pessoa elegeu para encarnar-se e para solucionar. O problema (tarefa) cristaliza-se no corpo e ali é mantido para o indivíduo poder vê-lo facilmente e trabalhar com ele. Estudando a estrutura de caráter na medida em que ela se relaciona com o corpo, encontramos a chave para nos curar e para encontrar a nossa tarefa pessoal e a mundial.

A doença fundamental que se me deparou em todas as pessoas com as quais já trabalhei é o ódio de si mesmas. O ódio de si mesmo, na minha opinião, é a doença interior básica de todos nós, mas a maneira exata com que esse ódio e a não aceitação do eu se manifestam transparece nas diferentes estruturas de caráter. À proporção que nos obrigamos a compreender nossa dinâmica num nível diário, aprendemos a aceitar-nos por esse processo. Podemos viver durante anos segundo a vontade de Deus (o Deus que está dentro de nós), segundo a verdade e segundo o amor – todos são degraus de autocompreensão – mas enquanto não pudermos amar incondicionalmente não teremos chegado lá. Isso significa começar com o eu. Podemos amar-nos incondicionalmente, ainda que vejamos nossas deficiências? Podemos perdoar-nos quando metemos os pés pelas mãos? Podemos, depois de haver criado uma confusão, levantar-nos e dizer: "Bem, preciso aprender a lição que essa enrascada me dá." "Sou um homem de Deus". "Eu me realinho com a luz e continuarei enfrentando tudo o que tenho de enfrentar a fim de reencontrar meu caminho para o meu Deus interior e para o meu lar." Portanto, tendo isso em mente, voltemo-nos para as estruturas de caráter, sabendo que a abordagem das questões mais profundas, relacionadas com a razão pela qual cada um de nós é um tipo ou uma combinação de tipos de estrutura de caráter, levará provavelmente a vida inteira.

Trabalhando juntos, os drs. Al Lowan e John Pierrakos classificaram os principais aspectos das estruturas de caráter no nível físico e no nível da personalidade. A estes, John Pierrakos acrescentou os aspectos espiritual e energético. Modificou o significado das estruturas de caráter, acrescentando a dimensão espiritual do gênero humano aos elementos puramente biológicos e mórbidos que Reich desenvolvera. Como parte do trabalho, Pierrakos relacionou a função do chakra com as estruturas de caráter. Prosseguindo nesses estudos, desenvolvi os modelos áuricos gerais de cada estrutura de caráter, como se vê nas Figs. 13-5 até 13-8 e os sistemas energéticos de defesa apresentados no Capítulo 12.

As Figuras 13-1, 13-2 e 13-3 fornecem tabelas que mostram as principais características de cada estrutura. Essas tabelas foram compiladas nas aulas de estudos bioenergéticos dadas pelo dr. Jim Cox, em 1972, e nas aulas de estudos energéticos de núcleo dadas pelo dr. John Pierrakos em 1975, de que participei. Completei-as com as informações do campo de energia obtidas pelo meu próprio trabalho.

A Estrutura Esquizoide

À primeira estrutura de caráter (primeira no sentido de que a principal interrupção do fluxo de energia vital se verificou mais cedo) dá-se o nome de estrutura esquizoide. Nesse caso, a primeira experiência traumática registrou-se antes do nascimento ou por ocasião dele, ou ainda nos primeiros dias de vida. O trauma costuma centrar-se ao redor de alguma hostilidade recebida diretamente de um pai, como a raiva de um dos pais, o pai que não deseja o filho, ou ainda o trauma durante o processo de nascimento – como a mãe que se desliga emocionalmente do filho, fazendo-o sentir-se abandonado. A série de eventos dessa natureza é grande; um ligeiro desligamento entre mãe e filho pode ser muito traumático para um filho, e pode não surtir efeito nenhum sobre outro. Isso se relaciona com a natureza da alma que chega e com a tarefa que ela escolheu para si nesta vida.

A defesa energética natural empregada contra o trauma nesta fase da vida consiste simplesmente em retroceder para o mundo do espírito, do qual a alma está chegando. A defesa é desenvolvida e usada por esse tipo de estrutura de

Figura 13-1
Principais aspectos de cada estrutura de caráter
Constituição da personalidade

	ESQUIZOIDE	ORAL	PSICOPATA	MASOQUISTA	RÍGIDO
PARADA DO DESENVOLVIMENTO	Antes ou durante o nascimento	Sentimento da infância	Primeira infância	Fase autônoma	Puberdade genital
TRAUMA	Mãe hostil	Abandono	Sedução Traição	Controle Sentimento forçado e Evacuação	Negação sexual Traição do coração
MODELO	Manter-se coeso	Manter-se firme	Suspender	Refrear	Deter
SEXUALIDADE	Sexo para sentir a força da vida, Fantasia	Sexo para a intimidade e contato	Fantasia homossexual hostil ou frágil	Impotência Forte interesse pela pornografia	Sexo com desprezo
FALHA	Medo	Cobiça	Falsidade	Ódio	Orgulho
EXIGE O DIREITO DE	Ser/Existir	Ser alimentado e satisfeito	Ser sustentado e animado	Ser independente	Ter sentimentos (amor/sexo)
QUEIXANDO-SE DE	Medo / Ansiedade	Passividade (Cansaço)	Sentimentos de derrota	Tensão	Não ter sentimentos
INTENÇÃO NEGATIVA	"Serei dividido"	"Eu o obrigarei a dá-lo" "Não precisarei"	"Minha vontade será feita"	"Amo a negatividade"	"Não me renderei"
DISPOSITIVOS POR TRÁS DA INTENÇÃO NEGATIVA	Unidade vs. cisão	Necessidade vs. abandono	Vontade vs. entrega	Liberdade vs. submissão	Sexo vs. Amor
NECESSIDADES DE	Fortalecer limites	Necessidades próprias e necessidade de manter-se de pé	Confiança	Ser positivo Ser livre Abrir conexões espirituais	Ligar o coração aos órgãos genitais

Figura 13-2
Aspectos principais de cada estrutura de caráter
Sistemas físico e energético

	ESQUIZOIDE	ORAL	PSICOPATA	MASOQUISTA	RÍGIDO
CONSTITUIÇÃO FÍSICA	Alongamento Desequilíbrios à direita e à esquerda	Magro Peito caído	Peito inchado Mais pesado em cima do que embaixo	Cabeça para a frente Pesado	Costas rígidas Pelve inclinada para trás
TENSÃO DO CORPO	Tensão de "anel" descoordenada Articulações fracas	Flácida Músculos macios Domínio	Metade superior compactada Metade inferior espástica	Comprimida	Espástica Armadura de chapa Armadura de rede
CIRCULAÇÃO DO CORPO	Mãos e pés frios	Peito frio	Pernas e pelve frias	Nádegas frias	Pelve fria
CAMPOS DE ENERGIA	Hiperativo sem base	Hipoativo Energia baixa	Hiperatividade seguida de colapso	Hipoativo (energia interiorizada)	Hiperativo (Energia alta)
LOCALIZAÇÃO DA ENERGIA	Congelada no núcleo	Na cabeça Geralmente esvaziada	Na metade superior do corpo	Fervendo por dentro	Na periferia, afastada do núcleo
FUNCIONAMENTO DOS CHAKRAS PRIMÁRIOS	7º 6º frontal 3º frontal 2º dorsal Assimétrico	7º 6º frontal 2º aspecto frontal	7º 6º 4º aspecto dorsal	6º frontal 3º frontal	Centros da vontade 6º frontal
PSICODINÂMICA DOS CHAKRAS ABERTOS	Espiritual Mental Vontade	Espiritual Mental Amor	Mental Vontade	Mental Sentimento Vontade	Vontade Mental
SISTEMA ENERGÉTICO DE DEFESA	Recuo "Porco-espinho" Fora de si	Sucção oral Negação verbal	"Gancho" "Domínio" mental Histeria	Pensativo silencioso "tentáculos"	Poder / Vontade Exibição Refreamento dos limites

Figura 13-3
Aspectos principais de cada estrutura de caráter
Relações interpessoais

	ESQUIZOIDE	ORAL	PSICOPATA	MASOQUISTA	RÍGIDO
EVOCA	Intelectualização	Maternidade	Submissão	Arreliação	Competição
REAÇÃO CONTRA A TRANSFERÊNCIA	Recuo para longe	Passividade Indigência Dependência	Exercício de controle	Culpa Vergonha Controle	Recuo para esconder-se
COMUNICA-SE POR	Absolutos	Perguntas	Injunções	Aversão Choramingas	Qualificadores
LINGUAGEM	Despersonalizada	Indireta	Direta Manipulação ("Você devia")	Indireta Manipulação (Expressões polidas)	Sedutora
DILEMA	"Existir significa morrer"	"Se eu pedir, não é amor. Se eu não pedir, não entrarei"	"Ou estou certo ou morro"	"Se eu me zangar, serei humilhado; se não me zangar, serei humilhado."	"Qualquer alternativa é errada."
DECLARAÇÃO MASCARADA	"Eu o rejeitarei antes que você me rejeite."	"Não preciso de você" "Não pedirei"	"Eu estou certo; você está errado."	"Eu me mato (magoo) antes que você o faça."	"Sim, mas..."
DECLARAÇÃO DO EU INFERIOR	"Você também não existe"	"Cuide de mim"	"Eu o controlarei."	"Eu o irritarei e provocarei."	"Não o amarei."
DECLARAÇÃO DO EU SUPERIOR	"Sou real"	"Estou satisfeito, realizado"	"Dou-me por vencido".	"Estou livre."	"Eu me comprometo." "Eu amo."

caráter, até se tornar muito fácil, recuando a pessoa simplesmente para algum lugar "distante", dentro do mundo do espírito (Veja Figura 12-3). Essa defesa torna-se habitual, e a pessoa a utiliza em qualquer situação em que se sinta ameaçada. Para compensar a defesa representada pela fuga, ela procura manter-se coesa no nível da personalidade. Sua falha básica é o medo – medo de não ter o direito de existir. Na interação com outros, sejam esses outros o terapeuta ou os amigos, ela falará numa linguagem despersonalizada, em termos absolutos, e tenderá a intelectualizar-se, o que só corrobora a experiência de estar separada da vida e a de não existir verdadeiramente.

Quando se apresenta para a terapia, queixa-se principalmente de muito medo e ansiedade. Trabalhando na terapia, verá que, para sentir que existe, precisa sentir a unidade, mas, para sobreviver, precisa dividir-se e tem, portanto, a intenção negativa de fazê-lo. Isso cria o dilema: "Existir significa morrer." Para resolver o problema na terapia, cumpre-lhe fortalecer os limites que a definem e sentir sua força no mundo físico.

No processo terapêutico, depois que o cliente pára de tentar ser bonzinho para o terapeuta e põe-se a trabalhar, a primeira camada da personalidade que se encontra é a parte recriminativa, às vezes chamada a máscara, que diz: "Eu o rejeitarei antes que você me rejeite." Após o trabalho de escavar mais profundamente a personalidade, emoções baixas, às vezes denominadas de eu inferior ou de eu da sombra, dirão: "Você também não existe." A seguir, quando começa a resolução, a parte mais altamente desenvolvida, apelidada às vezes de o poder mais alto ou o eu mais alto da personalidade, emerge para dizer: "Eu sou real."

Pessoas com caracteres esquizoides deixam seus corpos com facilidade e fazem-no até regularmente. No nível do corpo, o resultado é um corpo que parece uma combinação de peças, não firmemente unidas nem integradas. Altas e magras em sua maioria, essas pessoas, em alguns casos, têm corpos pesados. A tensão do corpo tende a fazer sentir-se em anéis ao redor do corpo. As articulações geralmente são fracas e o corpo descoordenado, com mãos e pés frios. A pessoa, usualmente hiperativa, é destituída de base. A obstrução maior da energia dá-se no pescoço, perto da base do crânio, que tem, quase sempre, uma coloração entre o azul e o cinzento escuro. A energia, habitualmente, esguicha para fora da base do crânio. Muitas vezes se nota uma distorção na coluna, causada por uma torcedura habitual que a afasta da realidade material na medida em que a pessoa voa para fora do corpo. O corpo tem pulsos, tornozelos e panturrilhas fracos e magros e, por via de regra, não está ligado ao chão. Um dos ombros pode ser maior do que o outro (mesmo sem jogar tênis). A cabeça, muitas vezes, mantém-se inclinada de um lado, com uma expressão vaga no olhar, como se a pessoa estivesse, parcialmente, em outro lugar. E está. Pode ser, de vez em quando, chamada de "escamosa". Muita gente assim começou a masturbar-se na infância, supondo poder ligar-se à força vital através da sexualidade. Isso a ajudou a sentir-se "viva" quando não podia estabelecer conexão com outras pessoas ao seu redor.

O que a pessoa de caráter esquizoide evitou por meio do uso de seu sistema de defesa foi o terror íntimo, o terror do aniquilamento. É claro que ela não teria podido lidar com isso quando era apenas um bebê, pois se achava completamente dependente dos seres que lhe pareciam aterradores, ou pelos quais se julgara completamente abandonada na hora de maior necessidade: o processo do nascimento. Como bebê, o caráter esquizoide sentiu a hostilidade direta pelo menos de um dos pais, dos quais dependia a sua sobrevivência. Essa experiência deu início ao seu terror existencial.

O caráter esquizoide encontra liberação do terror do aniquilamento quando, adulto, compreende que esse terror está agora mais relacionado com sua fúria interior do que com qualquer outra coisa. A fúria provém do fato de que ele continua a experimentar o mundo como um lugar muito frio, hostil, em que o isolamento é imposto a quem deseja sobreviver. Uma parte do ser esquizoide acredita piamente que nisso reside a essência da realidade material.

Debaixo dessa fúria está a grande dor de saber que a pessoa precisa de uma ligação afetuosa e nutritiva com outros humanos; em muitos casos, porém, ela não foi capaz de criá-la em sua vida.

O que a aterroriza é que sua própria fúria a faça explodir em pedaços, que se espalharão pelo universo. O segredo para ela é enfrentar a fúria aos pouquinhos, sem precisar voar para longe a fim de defender-se. Se puder permanecer firme e deixar que o terror e a fúria se vão, libertará a dor interior e o anseio por ligar-se a outros e preparar um lugar para o ingresso do amor a si mesma, que demanda prática. Todos nós precisaremos dele, seja qual for a combinação de estruturas de caráter que sejamos. O amor a nós mesmos provém do fato de vivermos de maneiras que não nos traiam. Vem do vivermos de acordo com a nossa verdade interior, seja ela qual for. Vem do não nos trairmos. Pode ser praticado através de simples exercícios, que serão expostos na seção final.

O Campo de Energia da Estrutura Esquizoide

A estrutura esquizoide caracteriza-se principalmente pelas descontinuidades do campo de energia, como desequilíbrios e interrupções. A principal energia da pessoa é conservada profundamente no interior do seu núcleo e, quase sempre, está ali congelada à espera de que se faça a terapêutica e o trabalho de cura para liberá-la. A Figura 13-4 mostra a linha fina e quebradiça do corpo etérico dessa estrutura, com vazamentos de energia nas articulações. A cor é, geralmente, um azul muito claro.

A camada seguinte e os corpos mentais ou estão firmemente seguros e congelados em certas ocasiões ou, em outras, se movimentam a esmo, sem uma energia equilibrada entre a frente e o dorso, a direita e a esquerda. O campo, geralmente mais brilhante, tem mais energia de um lado e na parte posterior da cabeça. Os corpos espirituais do esquizoide costumam ser fortes e brilhantes, com muitas cores cintilantes na sexta camada da aura, ou corpo celeste. A forma oval, ou camada ketérica padrão, possui geralmente uma aparência muito brilhante, com uma cor mais de prata que de ouro. Tem, em geral, limites difusos e não é totalmente inflada, apresentando um estreitamento ovoide nos pés, que, às vezes, são fracos.

O desequilíbrio da aura, encontrado principalmente nos três corpos inferiores, estende-se aos chakras da pessoa esquizoide que ainda não começou a trabalhá-los; muitos chakras movimentam-se no sentido inverso ao dos ponteiros do relógio. Isso significa que mandam mais energia para fora do que recolhem. Os chakras perturbados correspondem a qualidades da estrutura do caráter que necessitam de transformação.

Os chakras que se movimentam no sentido dos ponteiros do relógio (abertos) costumam ser assimétricos, o que quer dizer que também não funcionam de maneira equilibrada, em que pese o fato de estarem "abertos". Mais energia fluirá por uma parte do chakra do que por outra. Esse desequilíbrio é, quase sempre, lateral; vale dizer, pode haver mais energia fluindo pelo lado direito do chakra do que pelo esquerdo. A pessoa, por conseguinte, tende a ser mais ativa ou até mais agressiva do que receptiva na área da vida governada por esse chakra. A assimetria foi descrita no Capítulo 10 em função da cisão ativa ou receptiva. Uma figura diagonal ou elíptica, medida pelo pêndulo, indica um chakra assimétrico que se apresenta à visão clarividente como se vê na Figura 13-4.

Os chakras usualmente abertos são o centro sexual dorsal (segundo), o plexo solar (terceiro), a testa (sexto) e a coroa (sétimo). O sexto e o sétimo estão associados à espiritualidade mental e não física, para a qual a pessoa costuma ser muito orientada na vida. Ela também funciona através da vontade (segundo chakra).

Essas configurações do chakra, variáveis, mudam durante o trabalho de transformação da pessoa. À medida que o indivíduo se abre mais para estar na terceira dimensão e viver na dimensão física, maior número de chakras se abre. Muitas vezes, o centro sexual dorsal não está aberto no princípio do trabalho.

A parte inferior da Figura 13-4 mostra o grau relativo de energia brilhante ativa na área do cérebro. O lugar mais brilhante e mais ativo é a área occipital, ou dorsal, e a menos brilhante e menos ativa é a frontal. O segundo chakra mais

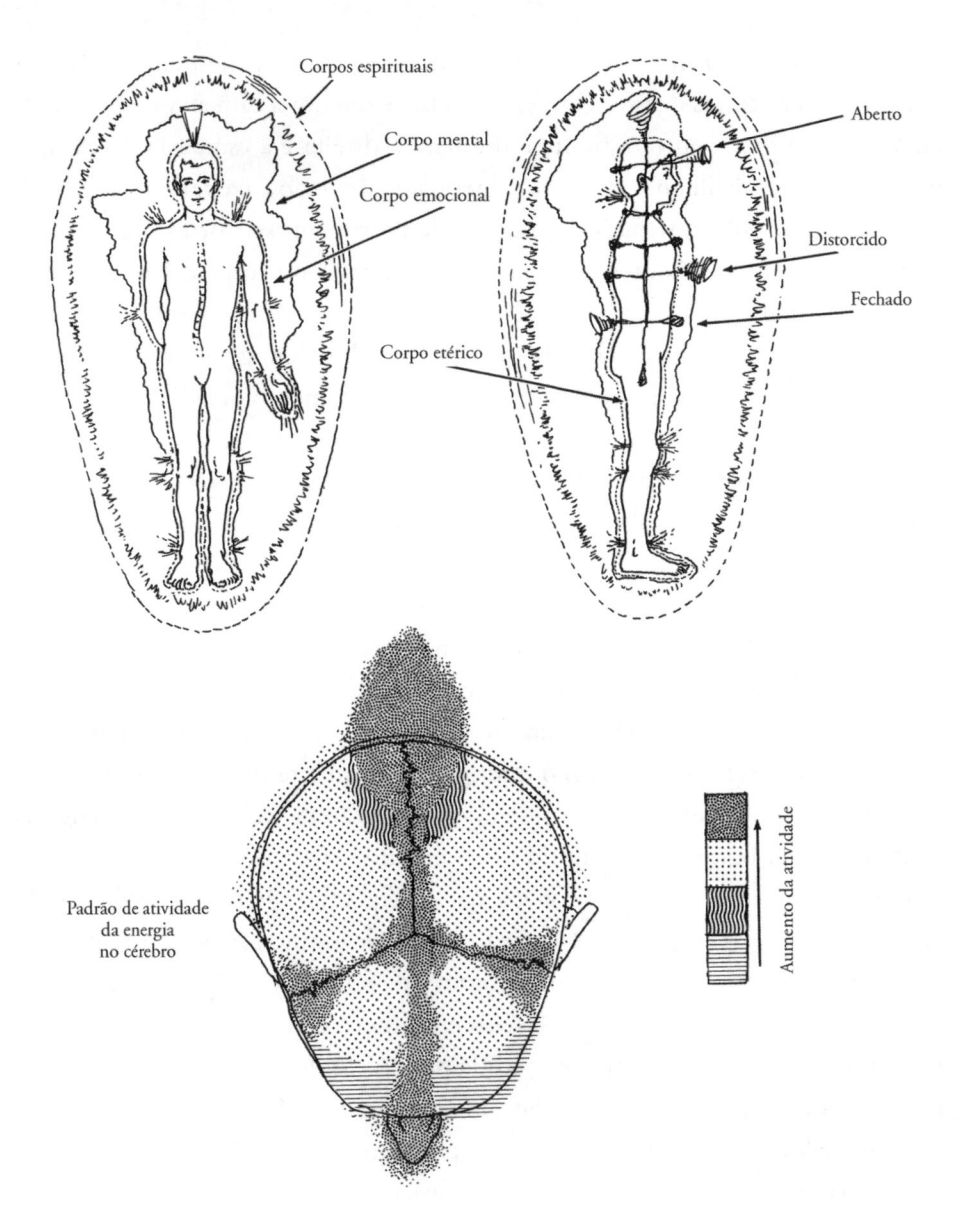

Figura 13-4: A aura do Caráter Esquizoide
(diagnóstico por imagem)

ativo é a área do terceiro olho e do terceiro ventrículo do cérebro, ligados por uma ponte de luz, que se estende entre os dois. Depois vêm os lobos laterais, associados à linguagem. Existem grandes áreas gerais do cérebro das quais se pode dizer que têm baixa atividade.

A baixa energia da área frontal transparece no olhar vazio, "perdido", amiúde observado no esquizoide, que geralmente dirige sua energia coluna acima e para fora da cabeça na região occipital, criando o bojo de energia na parte posterior da cabeça. Trata-se de um modo de evitar o contato aqui e agora no plano físico.

Os sistemas energéticos de defesa usados em primeiro lugar pelo esquizoide são o porco-espinho, o recuo e o ficar fora de si, que descrevemos no Capítulo 12, Figura 12-3. É evidente que uma pessoa, seja qual for a sua estrutura, pode utilizar os vários sistemas de defesa em diferentes ocasiões.

O Eu Superior e a Tarefa de Vida do Caráter Esquizoide

No processo do crescimento pessoal, é sempre importante usar de absoluta franqueza com o eu no que tange às suas deficiências, e trabalhar com elas a fim de transformá-las. Mas não é saudável lidar com as negatividades do eu por muito tempo. Precisamos sempre equilibrar a atenção dada às partes que necessitam de transformação com a atenção dada à descoberta da natureza do eu superior, sustentando-o, realçando-o e permitindo-lhe aparecer. Afinal de contas, é nisso que se resume a transformação, não é mesmo?

As pessoas esquizoides ou que têm alguma característica esquizoide na constituição da personalidade são, em geral, muito espirituais. Têm um sentido penetrante dos mais profundos propósitos da vida. Procuram, não raro, trazer a realidade espiritual às vidas mundanas dos que as rodeiam. Muito criativas, têm um sem-número de talentos e ideias, que podem ser comparados a uma bela mansão de muitas salas, cada uma das quais é primorosa e ricamente decorada num estilo, cultura ou período diferentes. Cada sala é elegante por si mesma, porque o esquizoide teve muitas vidas em que desenvolveu essa ampla extensão dos seus talentos (salas decoradas). O problema é que as salas não se comunicam entre si. Para passar de uma a outra, o esquizoide precisa pular a janela, descer uma escada, subir outra e entrar na sala seguinte por outra janela. Isso é muito inconveniente. O esquizoide necessita integrar-se em seu ser, construir portas entre as belas salas, de modo que tenha um acesso mais livre a todas as suas partes.

De um modo geral, pode dizer-se que a tarefa pessoal do caráter esquizoide se relaciona com o enfrentamento do seu terror e da sua fúria íntima, que lhe obstruem a capacidade de materializar sua tremenda criatividade. O terror e a fúria, na realidade, mantêm separadas as partes da sua pessoa porque ele teme a poderosa reunião de todos os seus talentos criativos. Sua tarefa também se relaciona com a materialização ou manifestação da sua espiritualidade no mundo material. Isso pode ser feito expressando a realidade espiritual através da criatividade, como, por exemplo, escrevendo, inventando, ajudando as pessoas, etc. Essas tarefas são muito individuais e, por isso mesmo, não devem ser generalizadas.

A Estrutura Oral

Cria-se o caráter oral quando o desenvolvimento normal é interrompido na fase oral do crescimento. A causa disso é o abandono. Na infância, a pessoa perdeu a mãe, pela morte, pela doença ou pelo afastamento. A mãe deu-se para o filho, mas não se deu o suficiente. Muitas vezes ela "fingiu" dar-se – ou deu-se a despeito de si mesma. A criança compensou essa perda tornando-se "independente" demasiado cedo, muitas vezes falando e andando muito precocemente. Dessa forma, sente-se confusa no que respeita à receptividade e receia pedir o que realmente necessita porque, bem no fundo de si mesma, tem a certeza de que não lhe será dado. Seus sentimentos em relação à necessidade de que alguém tome conta dela redundam em dependência, tendência para apegar-se, agarramento e redução da agressividade. Ela compensa tudo isso com um comportamento independente, que desmorona debaixo de pressão. Sua receptividade converte-se, então, em passividade rancorosa, e a agressão se transforma em cobiça.

A pessoa com estrutura oral, basicamente destituída, sente-se vazia e oca e não quer assumir responsabilidades. O corpo, pouco desenvolvido, ostenta músculos longos, finos, flácidos e cai de fraqueza. A pessoa não parece adulta e amadurecida, tem o peito frio e deprimido, a respiração pouco profunda, e seus olhos sugam a energia de quem estiver perto dela. Psicodinamicamente, sua personalidade se agarra e aferra a outros, com medo de ser abandonada. Incapaz de ficar sozinha, experimenta uma necessidade exagerada de calor e apoio alheios. Tenta consegui-lo de "fora", a fim de compensar a tremenda sensação de vazio interior. Abafa seus sentimentos intensos de anseio e agressão. A fúria causada pelo abandono é contida. Utiliza a sexualidade para obter intimidade e contato.

A pessoa oral experimentou muitas decepções na vida, muitas rejeições nas tentativas de agarrar alguma coisa. Por essa maneira, torna-se amarga e acha que nada do que consegue é suficiente. Não pode ser satisfeita porque tenta satisfazer um anseio interior, que ela mesma nega ao tentar compensá-lo com outra coisa qualquer.

No nível da personalidade, exige que a alimentem e satisfaçam. Na interação com os outros, falará por meio de perguntas indiretas, que evocarão proteção da outra pessoa. Mas isso não a satisfaz, porque ela é adulta e não criança.

Ao iniciar a terapia, reclamará de passividade e fadiga. No trabalho terapêutico, o problema consistirá em encontrar alimentação em sua vida. Mas, para satisfazer às suas necessidades, acredita que precisará arriscar o abandono de outra pessoa ou a simulação do abandono. Desse modo, sua intenção negativa será: "Farei que você me dê isso" ou "Não precisarei disso." O que, por sua vez, gerará o dilema: "Se eu pedir, não será amor; se eu não pedir, não o conseguirei." Para resolver o problema na terapêutica, ela terá de descobrir e confessar suas necessidades e aprender a viver a vida de maneira que suas necessidades sejam satisfeitas. Ela precisa aprender a manter-se de pé.

No processo terapêutico, a primeira camada da personalidade encontrada será a máscara. Ela diz: "Não preciso de você" ou "Não pedirei." Escavando-se mais profundamente a personalidade, o eu inferior, ou eu sombra, diz: "Cuide de mim." Em seguida, iniciada a resolução, o eu superior da personalidade emerge para dizer: "Estou satisfeito e realizado."

O Campo de Energia da Estrutura Oral

O Caráter Oral (Figura 13-5) tende a ter um campo esvaziado, calmo e tranquilo. Sua energia principal localiza-se na cabeça. O etérico se conserva bem próximo da pele e ostenta também uma coloração azul-clara. O corpo emocional é igualmente reprimido, sem muita cor, e possui uma qualidade geralmente esvaziada. O corpo mental é brilhante e quase sempre amarelado. Os níveis superiores da aura não são muito brilhantes. A forma ovoide exterior (sétima camada) não de todo inflada, nem brilhante, apresenta um resplendor de ouro prateado, mais tirante à prata e esvaziado ao redor da área dos pés.

Os chakras podem ser, na maioria, fechados ou desativados na pessoa oral que tenha apenas começado a trabalhá-los. O mais provável é que ela apresente o centro da coroa e o centro da testa abertos, o que explica a clareza mental e espiritual. Se ela tiver realizado um trabalho de crescimento pessoal, poderá ter o centro sexual frontal aberto também. Dessa maneira, interessa-se por sexo e experimenta sensações sexuais.

A configuração da atividade em seu campo de energia na cabeça é mostrada embaixo da página na Figura 13-5, em que se percebe que a maior parte da energia se localiza no lobo frontal e nos lobos laterais do cérebro, e a menor quantidade na parte dorsal, nas regiões occipitais. Dessa maneira, o caráter oral centraliza-se na atividade verbal e não na atividade física.

Os mecanismos de defesa usados principalmente pelo caráter oral são a negação verbal, a sucção oral e possíveis setas verbais, mais empregadas para chamar a atenção do que para provocar a fúria – ou seja, à diferença do modo com que as usa a pessoa dotada de estrutura masoquista, como se vê no Capítulo 12.

A Tarefa de Vida e o Eu Superior da Estrutura Oral

O caráter oral precisa aprender a confiar na abundância do universo e a inverter o processo de agarramento. Precisa dar. Precisa renunciar ao papel de vítima e agradecer o que consegue. Precisa enfrentar o medo de ficar só, afundar-se no vazio interior e encontrá-lo fervilhando de vida. Quando reconhece suas próprias necessidades e mantém-se de pé, será capaz de dizer: "Consegui-o", e deixar que a energia do núcleo se abra e flua.

A paisagem interior de um caráter oral assemelha-se a um belo instrumento musical, como um Stradivarius. Ele precisa afinar cuidadosamente o instrumento e compor sua própria sinfonia. Quando tocar sua melodia única na sinfonia da vida, estará satisfeito.

Liberado o ser mais elevado, o caráter oral pode fazer bom uso da sua inteligência num trabalho criativo nas artes ou nas ciências. Será um mestre natural, devido ao seu grande interesse por muitas coisas, e poderá sempre ligar o que sabe com o amor direto do coração.

A Estrutura Deslocada ou Psicopática

Em sua primeira infância, a pessoa com uma estrutura deslocada teve um pai veladamente sedutor do sexo oposto. O pai queria alguma coisa do filho. O psicopata formava um triângulo com os pais e achou difícil obter apoio do progenitor do mesmo sexo. Colocou-se do lado do progenitor do sexo oposto, não conseguiu o que queria, sentiu-se traído e depois compensou tudo isso manipulando esse progenitor.

Sua resposta a essa situação foi tentar controlar os outros do jeito que pudesse. Para fazê-lo, precisa expor-se e até mentir, se for necessário. Exige que o apoiem e estimulem. Na interação com outros, porém, prescreverá a manipulação direta, como: "Você teve de..." para evocar a submissão. Isso não leva ao apoio.

No aspecto negativo, a pessoa com essa estrutura tem uma tremenda tendência para o poder e a necessidade de dominar os outros. Dispõe de duas maneiras para obter esse controle: intimidando e dominando ou solapando através da

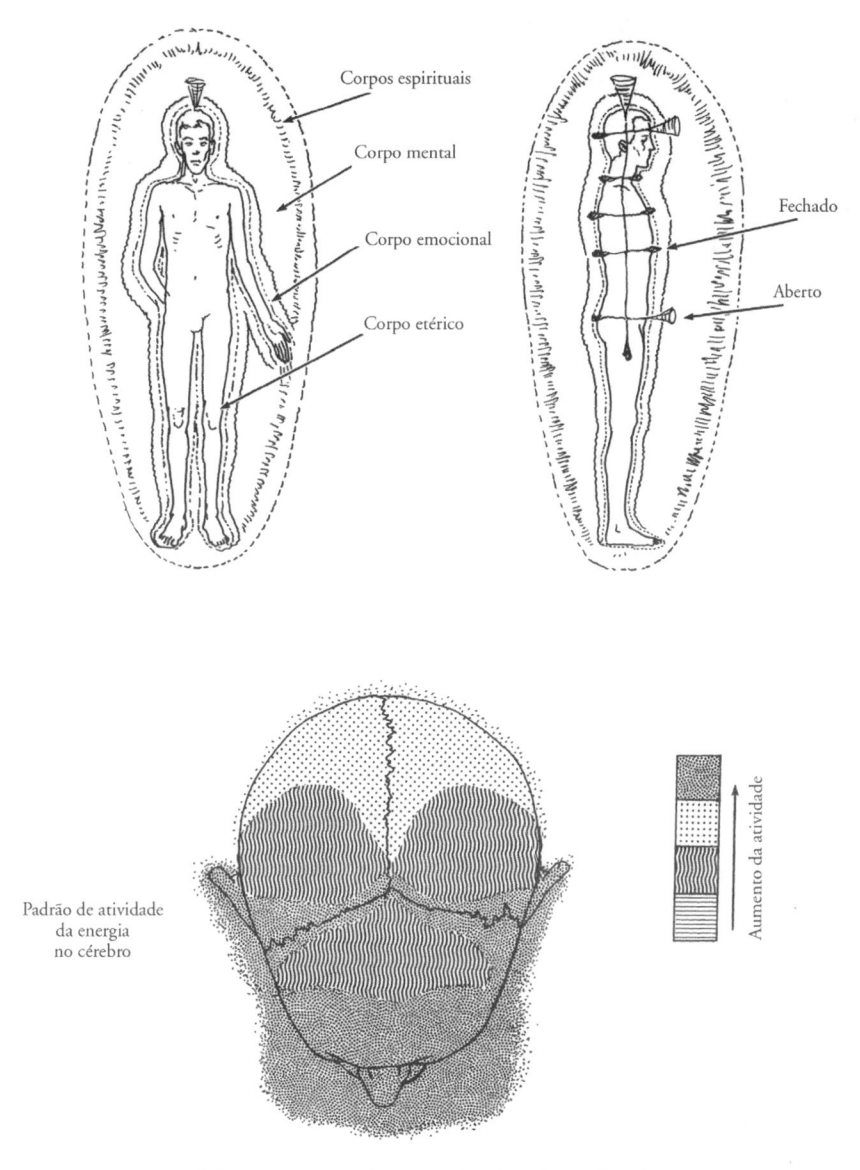

Figura 13-5: A aura do Caráter Oral
(diagnóstico por imagem)

sedução. Muitas vezes sua sexualidade é hostil e tem muita fantasia. Ela investiu na imagem ideal que faz de si mesma e tem sentimentos fortes de superioridade e desprezo, que encobrem sentimentos profundos de inferioridade.

Quando entra na terapia, queixa-se dos seus sentimentos de derrota. Quer vencer. Mas ser apoiada significa render-se, e isso, no seu entender, quer dizer derrota. "Minha vontade será feita." E surge para ela o dilema: "Tenho de estar certa ou morrer." Para resolver o problema na terapia, precisa aprender a confiar.

No processo terapêutico, a primeira camada de personalidade encontrada será a máscara. Diz ela: "Eu estou certa; você está errado." Depois de escavar ainda mais fundo a personalidade, o eu inferior, ou eu da sombra, dirá: "Eu o controlarei." Quando principia a resolução, o ser superior da personalidade emerge para dizer: "Dou-me por vencido."

A metade superior do corpo parece destruída, e nota-se uma ausência de fluxo entre a metade superior e a inferior. A pelve, pouco carregada, está fria e apertadamente segura. Há uma tensão severa nos ombros, na base do crânio e nos olhos; as pernas são fracas e ela não tem base sólida.

O indivíduo psicopático resiste ao medo do fracasso e da derrota. Dividido entre sua dependência das pessoas e a necessidade de dominá-las, receia ser dominado e usado por elas e colocado na posição de vítima, o que lhe é totalmente humilhante. Usa a sexualidade no jogo do poder; o prazer é secundário em relação à conquista. Ele tenta não expressar suas necessidades fazendo que os outros precisem dele.

O Campo de Energia da Estrutura Psicopática

A energia principal está localizada na metade superior do corpo. Seu nível, a princípio hiperativo, depois desmorona. A pessoa que tem uma estrutura deslocada (Figura 13-6) possui um campo geral esvaziado na base em todos os níveis áuricos e ativado no topo; nessas condições, a forma ovoide é distorcida também. O etérico se estreita na direção dos pés e exibe geralmente uma coloração azul mais escura e um tom mais forte que os do esquizoide e do oral. O corpo emocional também é mais cheio no topo. O corpo mental projeta-se mais para a frente do que para atrás do corpo, ao passo que o corpo emocional dá a impressão de ter uma saliência no centro da vontade, localizado entre as omoplatas e, em geral, grandemente aumentado. As camadas áuricas superiores também são mais fortes e mais brilhantes na metade superior.

A configuração dos chakras numa estrutura psicopática mostra geralmente abertos os centros da vontade no ombro e na base do pescoço, muito amplos e muito usados os centros da vontade entre as omoplatas, abertos o centro frontal e o da coroa, e a maioria dos outros centros fechados, sobretudo os dos sentimentos e das sensações. O centro sexual dorsal pode estar parcialmente

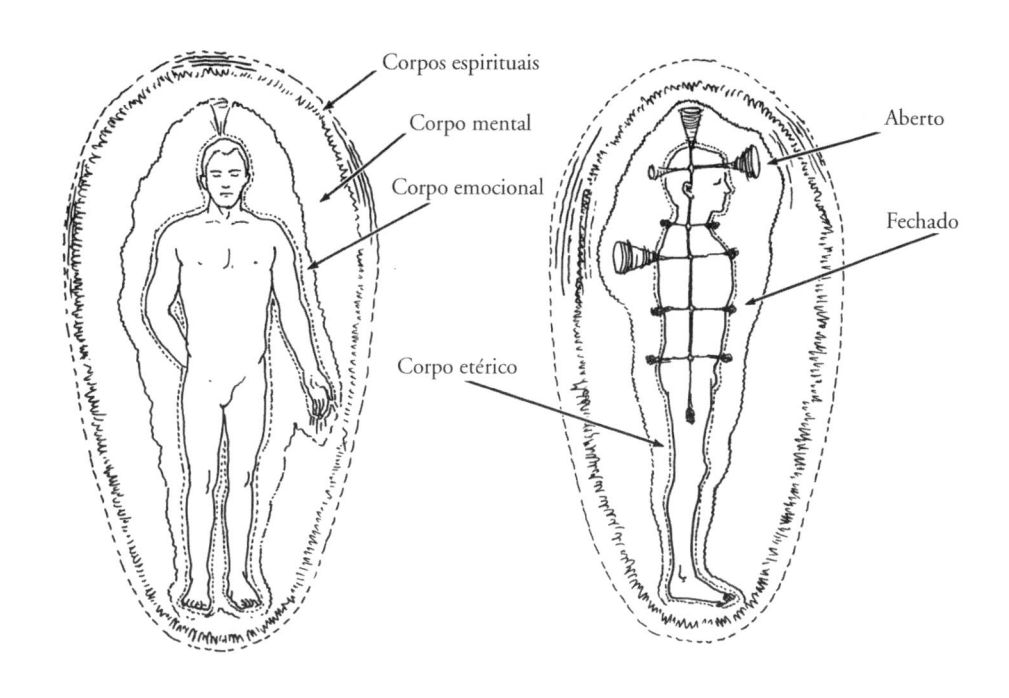

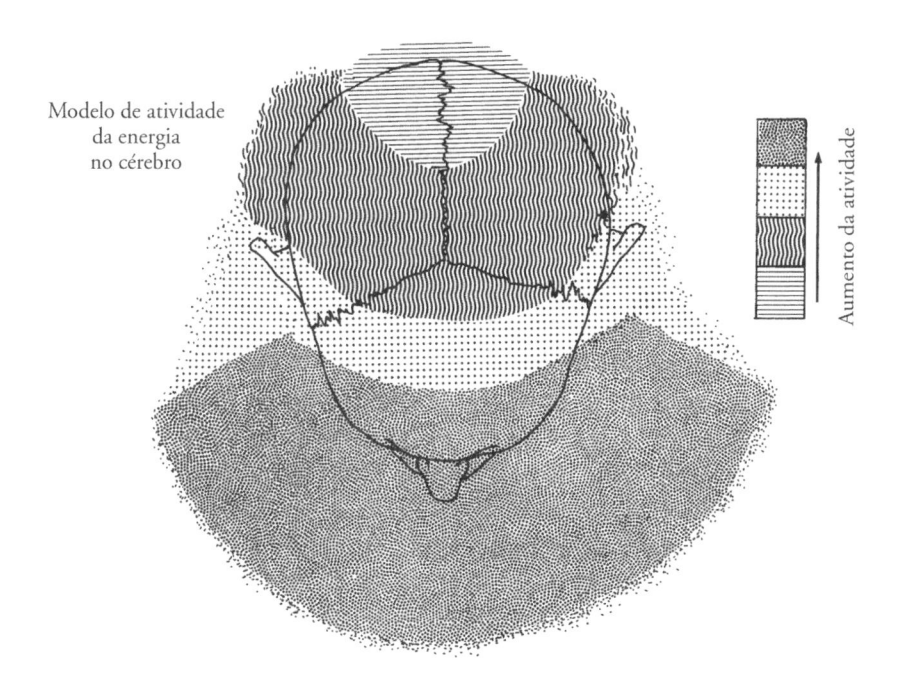

Figura 13-6: A aura do Caráter Psicopático
(diagnóstico por imagem)

aberto, de modo que a estrutura psicopática funciona principalmente por intermédio da energia mental e da vontade.

A atividade da energia no cérebro, forte e brilhante nos lobos frontais, vai diminuindo à medida que se aproxima da parte posterior da cabeça, e se imobiliza e escurece na região occipital. Isso indica que a pessoa se interessa principalmente por atividades intelectuais e só se dedica à atividade corporal de maneira que sirva à vontade ativa. O intelecto também é utilizado para servir à vontade.

Desses poderosos lobos frontais o psicopata envia para fora arcos de energia que chegam até a cabeça de outra pessoa, a fim de retê-la no tipo de defesa do domínio mental. Empenha-se também em alguma negativa verbal. Pode explodir numa fúria vulcânica, semelhante à usada no sistema de defesa histérico, mas em forma de energia controlada, equilibrada, que não contém o mesmo tipo de caos.

A Tarefa de Vida e o Eu Superior do Caráter Psicopático

O psicopata encontra a verdadeira entrega no esvaziamento gradativo e na liberação de sua tendência para dominar os outros e para ceder ao seu ser mais profundo e às suas sensações sexuais. Com isto, satisfaz ao anseio profundo de estar na realidade, de estabelecer contato com amigos e de sentir-se como um ser humano.

A paisagem interior do caráter psicopático está cheia de fantasia e de aventuras de honra. Aqui vencem os mais verdadeiros e sinceros. O mundo gira ao redor de valores nobres, sustentados pela perseverança e pelo valor. E ele anseia por trazer tudo isso ao meio físico do seu mundo real. Haverá de consegui-lo algum dia.

Quando se liberam as energias do seu eu superior, ele é sincero e íntegro. Seu intelecto, altamente desenvolvido, pode ser utilizado para resolver desavenças ajudando outros a encontrarem a sua verdade. Por meio da sua sinceridade, ele pode levar outros à sinceridade deles. Excelente no manejo de projetos complicados, tem um grande coração cheio de amor.

A Estrutura Masoquista

Na infância, o amor dado à personalidade masoquista era condicional. A mãe, dominadora e sacrificadora, chegava a controlar-lhe a alimentação e as funções excretórias. Induzia-se a criança a sentir-se culpada por qualquer afirmação de si mesma ou tentativa de proclamar sua liberdade. Todas as tentativas de resistir à tremenda pressão exercida sobre ela eram esmagadas; ela agora se sente pega, derrotada e humilhada. Sua resposta a essa situação foi reprimir os sentimentos e a criatividade. Na realidade, ela tentou reprimir tudo. Isso a levou à raiva e ao ódio. Quer ser independente, mas, quando interage com outros, emprega expressões polidas, emitidas com chorosa repugnância, para manipular indiretamente os outros, que passam a provocá-la. A provocação, por sua vez, fá-la irritar-se. Ela já estava irritada, mas, agora, foi-lhe dado o direito de expressar a raiva. Dessa maneira, vê-se presa num ciclo que a mantém dependente.

Do lado negativo, essa pessoa sofre, lamenta-se e queixa-se, permanece exteriormente submissa, mas, na verdade, nunca se submeterá. Em seu interior, estão bloqueados sentimentos fortes de rancor, negatividade, hostilidade, superioridade e medo de que venha a acabar numa explosão de fúria violenta. Ela pode ser impotente e manifestar um forte interesse pela pornografia. A mulher propende a ser não orgástica e a achar que a sexualidade é suja.

Seu sintoma ao entrar na terapêutica é a tensão. Ela quer libertar-se da tensão mas, inconscientemente, acredita que a liberação e a aceitação do que está dentro dela conduz à submissão e à humilhação. Desse modo, sua intenção negativa inconsciente é permanecer bloqueada e "amar a negatividade", o que a leva ao dilema seguinte: "Se eu me irritar; serei humilhada; se não me irritar, serei humilhada." Para resolver o problema na terapia, precisa tornar-se afirmativa, ser livre e abrir a sequência espiritual.

No processo terapêutico, a primeira camada da personalidade encontrada será a máscara que diz: "Eu me matarei (magoarei) antes que você me mate (magoe)." Depois de algum trabalho terapêutico de exploração dessa paisagem interior, o eu inferior se torna consciente. E diz: "Eu o irritarei e provocarei." Isso, finalmente, libera o eu superior, que resolve a situação afirmando: "Estou livre."

Fisicamente pesada e compactada, essa pessoa tem músculos superdesenvolvidos e a cintura e o pescoço curtos. Carrega tensões fortes no pescoço, na mandíbula, na garganta e na pelve, que é forçada para baixo. As nádegas são frias. A energia é sufocada na área da garganta, e a cabeça se projeta para a frente.

Psicodinamicamente, reprime-se e acaba presa num pântano em que se lamenta, se queixa, retém sentimentos e provoca. Se a provocação for bem-sucedida, terá uma desculpa para explodir. Mas como não está consciente da provocação, acha que tenta agradar.

O Campo de Energia da Estrutura Masoquista

Sua principal energia é interiorizada. O masoquista é hipoativo e, no entanto, ferve por dentro. O campo da estrutura masoquista (Figura 13-7) é plenamente inflado.

O corpo etérico, denso, espesso, grosseiro e sombreado, apresenta mais cores cinzentas do que azuis. O corpo emocional, cheio, multicolorido, regularmente distribuído, asssemelha-se ao corpo etérico. O corpo mental é amplo e brilhante até na parte inferior do corpo. O intelecto e as emoções são mais integrados. O corpo celeste brilha em toda a volta do corpo com colorações de malva, marrons e azuis. O ovo, plenamente inflado, ostenta uma cor dourada escura e um pequeno excesso de peso mais para o fundo. Sua forma, mais ovalada que a de um ovo, tem a borda externa vigorosamente definida, com uma tensão e uma espessura o seu tanto exageradas.

Os chakras habitualmente abertos num masoquista antes de se iniciar o trabalho do núcleo são o da testa, o do plexo solar e, possivelmente, um centro sexual dorsal parcialmente aberto. Ele assim funciona nos aspectos mental, emocional e volitivo da personalidade. O modelo de atividade da energia do cérebro mostra atividade nas áreas frontal, parietal e ventricular, estendendo-se um pouco para uma areazinha central do occipício, cercada por uma área menos ativa. Os sistemas de defesa comumente empregados pelo masoquista são os tentáculos, cisma óbvia, silenciosa e setas verbais.

A Tarefa de Vida do Eu Superior do Caráter Masoquista

O masoquista liberta-se da humilhação libertando a sua agressão. Expressa-se ativamente de qualquer maneira que se aproprie à sua fantasia, sempre que o desejar.

A paisagem interior de um caráter masoquista é como a prata e o ouro filigranados. Sua força criativa se manifesta em desenhos intricados, delicados, de distinção e gosto pessoais. Cada matiz é importante. Quando ele puser para fora essa criatividade altamente desenvolvida, o mundo se sentirá tomado de admiração e reverência.

As energias do seu eu superior estão cheias de desvelo pelos outros. Ele é um negociador natural. Tem o coração grande. Apoiador, tem muito para dar, tanto em energia quanto em compreensão. Está cheio de profunda compaixão e, ao mesmo tempo, possui grande capacidade para divertir-se e alegrar-se. Capaz de alegria e suavidade, porá para fora todos esses dons e será excelente no que quer que deseje fazer.

A Estrutura Rígida

Na infância, a pessoa que tem uma estrutura de caráter rígido experimentou rejeição por parte do progenitor do sexo oposto. A criança experimentou-a

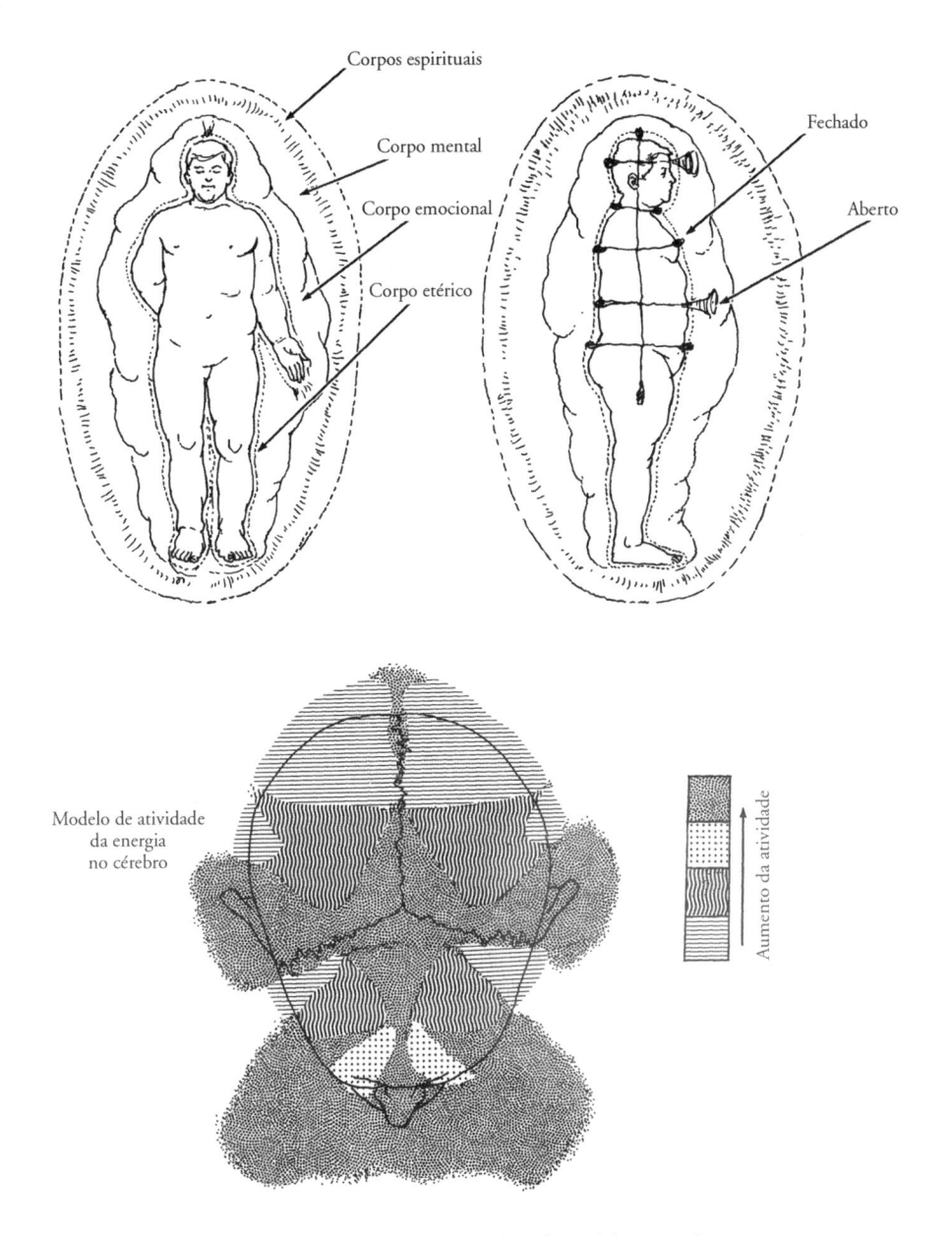

Figura 13-7: A aura do Caráter Masoquista
(diagnóstico por imagem)

como traição de amor, porque o prazer erótico, a sexualidade e o amor são todos a mesma coisa para ela. No intuito de compensar a rejeição, decidiu controlar todos os sentimentos envolvidos – dor, fúria e bons sentimentos – reprimindo-os. Entregar-se é uma coisa que a assusta, porque significa liberar todos esses sentimentos outra vez. Dessa maneira, não estenderá a mão diretamente para conseguir o que deseja, mas recorrerá à manipulação a fim de obtê-la. O orgulho associa-se a sentimentos de amor. A rejeição do amor sexual fere-lhe o orgulho.

Psicodinamicamente, a pessoa rígida reprime seus sentimentos e ações de modo a não parecer tola. Tende a ser mundana, com um alto grau de controle externo, muita ambição e agressão competitiva. Diz ela: "Sou superior e sei tudo." Por dentro, há um profundo terror da traição; cumpre evitar a todo o custo a vulnerabilidade. Teme ser ferida.

Mantém a cabeça alta e a coluna vertebral empertigada pelo orgulho. Possui alto grau de controle externo e vigorosa identificação com a realidade física, e usa essa robusta posição do ego como desculpa para a soltura. Essa pessoa teme os processos involuntários dentro do ser humano não determinados pelo ego. O eu interior do indivíduo, defendido contra a maré vazante e a maré montante dos sentimentos, manterá relações sexuais com desprezo, não com amor.

Ao reprimir os sentimentos, apenas cria mais orgulho. Exige amor e sensações sexuais dos outros, mas, quando interage com eles, usa sedutoramente qualificadores para não se comprometer. Isso conduz à competição, não conduz ao amor. Ferido no seu orgulho, torna-se mais competitivo. Vê-se num círculo vicioso, que não lhe proporciona o que deseja.

Seus sintomas na terapêutica (se se decidir a fazê-la) resumem-se na ausência de sentimentos. Embora deseje entregar-se a eles, acredita que eles apenas o ferirão, de modo que sua intenção negativa é: "Não me entregarei." Quer mais sexo do que amor, mas, como isso não o satisfaz, vê-se no seguinte dilema: "Qualquer uma das opções é errada." Entregar-se equivale a ferir-se; o orgulho não lhe permitirá sentimentos. Para resolver esse problema na terapêutica, precisa ligar o coração aos órgãos genitais.

No processo terapêutico, a máscara dirá: "Sim, mas..." Depois de algum tempo, o eu inferior, ou eu da sombra, emergirá no consciente. E dirá: "Não o amarei." Depois, à medida que os sentimentos se puserem a fluir, em resultado do trabalho com o corpo, o eu superior resolverá a situação proclamando: "Eu me comprometo, eu amo."

O corpo, harmoniosamente proporcionado, altamente ativado e integrado, pode ter dois tipos de obstruções – a armadura de chapa, como chapas de aço sobre o corpo, ou a armadura de rede, como vestimenta de rede de correntes sobre o corpo. A pelve, empurrada para trás, é fria.

O Campo de Energia da Estrutura Rígida

A energia principal é mantida na periferia e longe do núcleo. A pessoa dotada de estrutura rígida (Figura 13-8), hiperativa, caracteriza-se pelo equilíbrio e pela integração, mostrados na aura por uma aura brilhante e forte, uniformemente distribuída pelo corpo todo. O campo etérico é forte, amplo e regular, com uma cor cinzento-azulada e aspereza média. O corpo emocional ostenta um equilíbrio calmo e é uniformemente distribuído. Pode não ser tão colorido quanto algumas das outras estruturas se a pessoa não tiver trabalhado para abrir seus sentimentos. Pode ser mais amplo nas costas, visto que todos os centros ali estão abertos. O corpo mental é desenvolvido e brilhante. O corpo celestial não será muito brilhante se a pessoa não se tiver aberto muito para o amor incondicional ou para a espiritualidade. O ovo causal ou ketérico padrão é forte, elástico, muito bem modelado e brilhantemente colorido – ouro prateado com predominância do ouro.

Os chakras do caráter rígido que estão provavelmente abertos antes do trabalho de processamento são os volitivos e sexuais dorsais e os mentais. O indivíduo de caráter rígido vive, assim, em primeiro lugar, pela mente e pela vontade. A coroa e o plexo solar podem, ou não, estar abertos. À proporção que a pessoa enceta o trabalho de processamento e abertura para os sentimentos, os centros frontais destes últimos começam a abrir-se.

O padrão de atividade do cérebro mostra muita atividade dos lados e na porção dorsal central do cérebro. Em alguns casos, os lobos frontais são igualmente ativos, dependendo da área da vida em que a pessoa decidiu concentrar-se.

Em se tratando de atividades intelectuais, essa área será igualmente brilhante e ativa; em caso contrário, será, habitualmente, a segunda área mais ativa. Se a pessoa buscou o desenvolvimento nas artes, como a pintura, a música, ou outras formas criativas, encontro os lobos laterais mais brilhantes. Verifico que, à medida que as pessoas trabalham em seu processo, crescem e se tornam mais esclarecidas, os padrões de atividade do cérebro se equilibram melhor com a atividade nas áreas laterais, frontal e occipital. As pontes, construídas diretamente através da cabeça, formam uma cruz observadas no topo. Quando uma pessoa começa a desenvolver a espiritualidade e a ter experiências espirituais, digamos em meditação, a atividade aumenta na área central do cérebro.

Os sistemas energéticos de defesa mais usados pela pessoa rígida são a demonstração de força de vontade, o refreamento dentro dos limites e, às vezes, a histeria (mostrados na Figura 12-3).

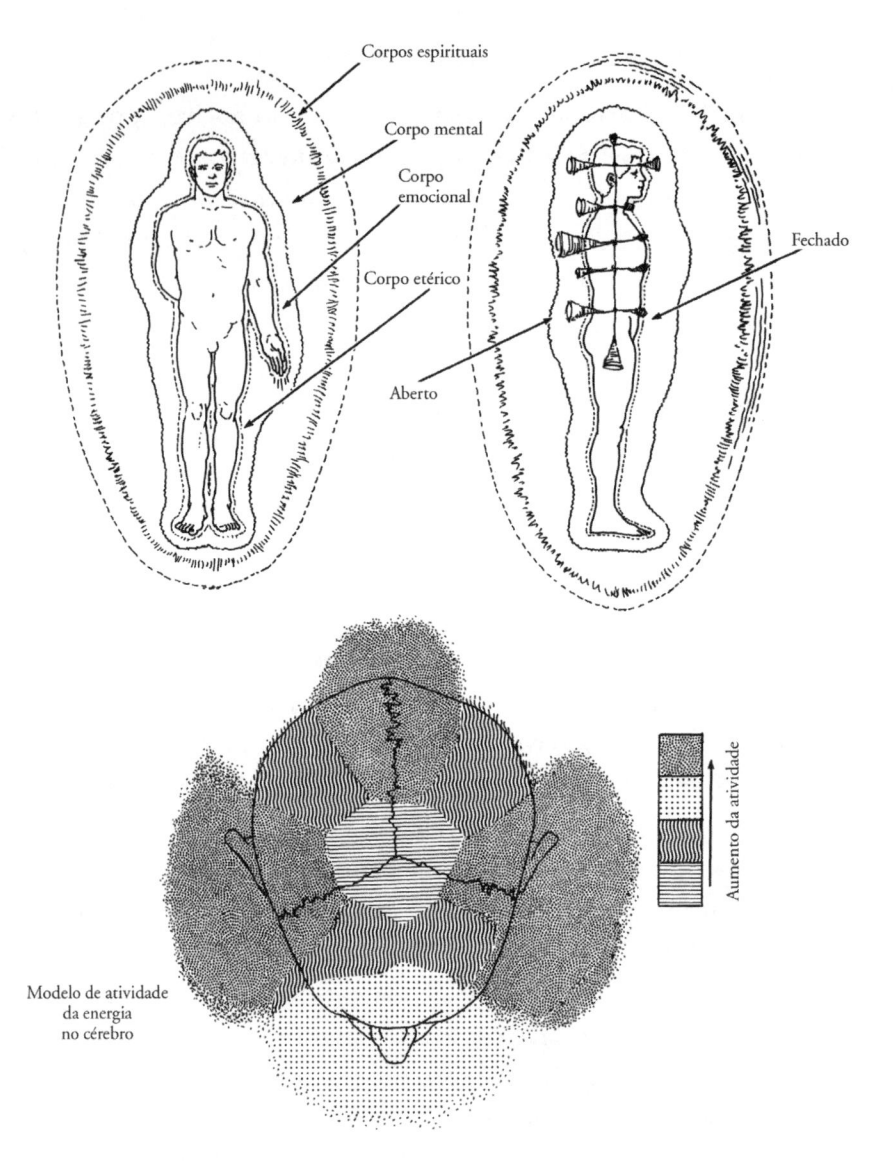

Figura 13-8: A aura do Caráter Rígido
(diagnóstico por imagem)

A Tarefa de Vida e o Eu Superior do Caráter Rígido

O caráter rígido precisa abrir os centros de sentimentos e permitir que eles fluam e sejam vistos pelos outros. Precisa partilhá-los, sejam eles quais forem. Isso fará que as energias corram para dentro e para fora do núcleo e liberem a unicidade do eu superior.

A paisagem interior do caráter rígido encerra aventura, paixão e amor. Há montanhas para escalar, causas para defender e amores para romancear. Como Ícaro, o indivíduo de caráter rígido voará na direção do sol. Como Moisés, conduzirá seu povo à terra prometida. Inspirará outros com seu amor e sua paixão pela vida. Será um líder natural em quase todas as profissões que desejar. Será capaz de um contato profundo com outros e com o universo. Será capaz de brincar no universo e de desfrutar plenamente a vida.

É muito útil ter em mente a estrutura de caráter geral do paciente durante o tratamento. Isso o ajudará, como curador, a abordar o tratamento especificamente para cada pessoa e a torná-lo mais eficaz. A simples abordagem do tratamento em função da relação com os limites de cada paciente é muito proveitosa.

A pessoa com uma estrutura de caráter esquizoide precisará ter seus limites identificados e fortalecidos. Precisará também ter confirmada sua realidade espiritual. A Alta Percepção Sensorial ajuda muito nisso. A aura do esquizoide há também que ser carregada, e é imprescindível ensiná-lo a conservar a carga. Será necessário impedir os vazamentos. É indispensável carregar a aura do caráter oral e abrir os chakras. Os limites têm de ser fortalecidos. Urge mostrar à pessoa o que significa estar aberta, para que ela aprenda a manter os chakras abertos através do exercício e da meditação. A pessoa oral necessita de muitos contatos.

A pessoa com a estrutura de caráter deslocada precisa carregar a metade inferior do campo, abrir os chakras inferiores e aprender a viver mais pelo coração do que pela vontade. É importante demonstrar muita ternura nas questões sexuais com a estrutura de caráter deslocada. O segundo chakra há de ser tratado com cuidado, compreensão e aceitação. O curador precisa ser muito sensível e cuidadoso quando toca a metade inferior do corpo.

A pessoa dotada de um campo de energia masoquista precisa aprender a mover-se e a liberar toda a energia que bloqueou. Cumpre acima de tudo que os seus limites sejam respeitados. Nunca os toque sem permissão. Quanto mais puder o paciente fazer por si mesmo, no tocante ao tratamento, tanto mais depressa e tanto melhor se curará. Sua cura estará sempre relacionada com a criatividade, escondida no interior, e que precisa ser posta para fora e expressa. A aura do caráter rígido requer abrandamento. A pessoa deve abrir o chakra do coração e ligá-lo ao amor e a outros sentimentos. A segunda camada da aura tem de ser ativada e sua atividade levada à consciência. Isso terá de ser feito lentamente pelo curador, permitindo que se experimentem sentimentos durante curtos períodos de cada vez. As energias mais profundas do núcleo da personalidade hão de ser alcançadas através da imposição das mãos. É importante que o curador aceite afetuosamente a personalidade quando suas mãos estão sobre o corpo.

Além da Estrutura do Caráter

À medida que cada pessoa trabalha consigo mesma psicodinâmica, física e espiritualmente, a aura se modifica. A aura se equilibra, os chakras se abrem cada vez mais. Desaparecem as imagens e concepções errôneas acerca da realidade, dentro do nosso sistema de crenças negativas, criando maior luminosidade, menor estagnação e vibrações mais elevadas no campo da energia. O campo torna-se mais elástico e mais fluido. A criatividade aumenta à proporção que cresce a eficiência do sistema de metabolização da energia. Expande-se o campo e mudanças mais profundas começam a ocorrer.

Muitas pessoas começam a ter um belo ponto de luz ouro prateado no centro da cabeça, que cresce até formar uma bola brilhante de luz. À medida que a pessoa se desenvolve, a bola cresce de tamanho e estende-se além do corpo. Parece ser a amêndoa da semente que traz luz ao corpo celestial e o transforma num órgão mais brilhante e mais avançado, que começa a perceber e, assim, a interagir com a realidade além do mundo físico. A localização dessa luz parece estar na área da raiz do chakra da coroa e no chakra do terceiro olho, onde se localizam a pituitária e a glândula pineal. Quando o corpo mental se torna mais brilhante, desenvolvem-se as sensibilidades à realidade além do físico. Nosso modo de viver muda-se para um fluxo natural de troca e transformação de energia com o universo. Começamos a ver-nos como um aspecto único no universo, completamente integrado no todo. Vemos nosso sistema de energia como um sistema de transformação de energia, que a recebe do meio ambiente, rompe-a, transforma-a e depois a ressintetiza mandando-a para fora, para o universo, num estado espiritual mais elevado. Dessa maneira, somos todos sistemas vivos de transformação. E, visto que a energia que transformamos tem consciência, estamos transformando consciências. Estamos realmente espiritualizando a matéria.

Estrutura do Caráter e Tarefa de Vida

Cada estrutura de caráter é um modelo de sistema de transformação desarrumado. Primeiro obstruímos a energia, que atravanca nossos sistemas e se desacelera. Fazemo-lo quando vivemos de acordo com nossas crenças negativas.

Ficamos, de fato, fora da realidade grande parte do tempo porque vivemos e reagimos ao universo tal como supomos que ele é e não como ele realmente é. Mas isso não prevalece por muito tempo, pois, ao fazê-lo, criamos dor em nossa vida e, mais cedo ou mais tarde, ouvimos a mensagem de que estamos fazendo algo errado. Alteramo-nos a nós mesmos e aos nossos sistemas de energia para aliviar a dor. Desatravancamos os sistemas e transformamos a energia. Assim, não somente ajudamos a dissipar nossas crenças negativas pessoais, mas também exercemos uma influência positiva sobre os que se encontram à nossa volta. Desse modo transformamos energia.

Quando começamos a liberar nossos bloqueios, executamos nossa tarefa pessoal. Isso nos libera a energia de modo que podemos fazer o que sempre desejamos: o anseio profundo que alimentamos desde a infância, aquele sonho secreto, eis aí a tarefa da nossa vida. Foi para realizá-la que viemos aqui. Afastando suas obstruções pessoais, você pavimenta o caminho para levar a cabo o seu anseio mais profundo. Deixe que o anseio o conduza. Siga-o. Ele lhe trará felicidade.

Você desenhou o seu corpo e o seu sistema de energia como um instrumento para executar sua tarefa de vida, feita de uma combinação de consciência e energia que melhor se ajusta ao que você se encarnou para fazer. Ninguém mais tem essa combinação, e ninguém mais quer fazer precisamente o que você quer fazer. Você é único. Quando obstrui o fluxo de energia em seu sistema, que você criou para a sua tarefa, também obstrui a sua tarefa. Os padrões gerais de bloqueio que as pessoas constroem chamam-se estruturas de caráter e sistemas de defesa. São todos modos com que você costuma separar-se do que veio fazer no nível da tarefa mundial. São também manifestações diretas do que você não sabe sobre a vida e que veio aqui para aprender. Por conseguinte, sua lição cristalizou-se no seu corpo e no seu sistema de energia. Você construiu e modelou a sua sala de aula de acordo com suas próprias especificações. E vive dentro dela.

Como você aprenderá, as obstruções da energia conduzem finalmente à desordem física. Inversamente, as desordens podem ser trilhadas até a sua estrutura de caráter ou até o modo com que você bloqueia suas energias criativas. Por conseguinte, seja ela qual for, sua doença está diretamente relacionada com a tarefa da sua vida. Está diretamente relacionada, através do seu sistema de energia, com o seu anseio mais profundo. Você está doente porque não segue o seu anseio mais profundo. Por isso mesmo, torno a perguntar: o que é que você mais anseia por fazer em sua vida – mais do que tudo no mundo? Descubra como se detém a si mesmo. Afaste os bloqueios. Faça o que deseja fazer, e ficará bom.

Exercício para Encontrar a Estrutura do seu Caráter

Observe-se num espelho. Com que tipo de corpo se parece o seu? Leia de novo cada tabela e cada estrutura de caráter. Depois responda às perguntas de 7 a 10.

Revisão do Capítulo 13

1. Descreva a configuração do CEH de cada uma das cinco principais estruturas de caráter.
2. Descreva as qualidades superiores de cada uma das principais estruturas de caráter.
3. De acordo com a visão áurica, quais são as áreas do cérebro mais ativas em cada estrutura de caráter?

Matéria para reflexão

4. Qual é a tarefa de vida de cada estrutura de caráter?
5. Como se relaciona a estrutura de caráter com a tarefa de vida?
6. Como se relaciona a doença com a tarefa de vida da pessoa?
7. Enumere proporcionalmente cada estrutura de caráter que constitui a personalidade e o corpo do seu eu. Por exemplo:

    50%   Esquizoide
    20%   Oral
    15%   Deslocado
     5%   Masoquista
    10%   Rígido

8. Examine a Figura 13-1. Encontre os traços da sua personalidade relativos a cada item listado.
9. Examine a Figura 13-2. Descubra os seus traços físicos e energéticos relativos a cada item listado.
10. Examine a Figura 13-3. Descubra como se relaciona com outras pessoas pela sua estrutura de caráter no tocante a cada item listado.
11. Pelas respostas dadas aos três itens precedentes, qual poderia ser a tarefa da sua vida? E a sua tarefa mundial?
12. Se você tiver alguma desordem física, relacione-a com a pergunta 11 acima.
13. Agora relacione os itens 7-12 com cada um dos seus pacientes.

Quarta Parte

OS INSTRUMENTOS PERCEPTIVOS DO CURADOR

"Embora o Senhor te dê pão da adversidade e a água da aflição, contudo não se esconderão mais os teus mestres; os teus olhos verão os teus mestres."

"Que te desvies para a direita, que te desvies para a esquerda, teus ouvidos ouvirão atrás de ti uma palavra, dizendo: Este é o caminho, anda por ele."

Isaías 30:20-21

Introdução

A CAUSA DA DOENÇA

....

Segundo a perspectiva do curador, a doença resulta do desequilíbrio. O desequilíbrio resulta de você haver esquecido quem é. O esquecimento da própria identidade cria pensamentos e ações que conduzem a um estilo de vida insalubre e, finalmente, à doença. A doença, em si, é um sinal de que você está desequilibrado porque se esqueceu de quem é. Mensagem direta dirigida a você, diz-lhe não só que você está desequilibrado, mas também lhe mostra os passos que o levarão de volta ao verdadeiro eu e à saúde. Essa informação é muito específica; basta-lhe saber chegar a ela.

Nessas condições, a doença pode ser compreendida como uma lição que você dá a si mesmo para ajudá-lo a lembrar-se de quem é. Você pensará imediatamente em todos os tipos de exceções a essa afirmativa. A maioria, porém, o restringirá a uma percepção da realidade que apenas inclui esse determinado período de vida e apenas a vida no corpo físico. Meu propósito, contudo, é mais transcendental. As afirmativas acima só serão compreendidas de modo total e saudável se você já admitir sua existência além das dimensões físicas do tempo e do espaço. Elas só podem ser consideradas afetuosas se também o incluírem como parte do todo e, por conseguinte, o todo. Baseiam-se na ideia de que a individuação e a totalidade são a mesma coisa. Ou seja, *a priori,* o todo é constituído das partes individuais, e as partes individuais, portanto, não só são parte do todo, mas também, como um holograma, são o próprio todo.

Durante meu processo de crescimento pessoal, que se verificou nos anos em que eu fazia observações sobre o campo de energia como conselheira, ocorreram duas mudanças importantes que modificaram drasticamente minha maneira de trabalhar com as pessoas. Na primeira, comecei a receber orientação, durante as sessões, de mestres espirituais sobre o que fazer então, e pus-me a procurar e solicitar tipos específicos de informações relativas a diferentes níveis da aura. Na segunda, comecei a desenvolver o que denomino "visão interior"; vale dizer, eu via o interior do corpo mais ou menos à maneira de um aparelho de raios X. Pouco e pouco, minha prática passou da de um conselheiro para a de uma curadora espiritual.

A cura, a princípio, tornou-se uma extensão da terapêutica e, logo, o núcleo central de toda a terapêutica, porque alcança todas as dimensões da alma e do corpo muito além das que a terapêutica é capaz de alcançar. Meu trabalho tornou-se claro. Eu estava curando a alma ou me transformando num canal para ajudar a alma a lembrar-se de quem é e para onde está sendo dirigida nos momentos em que se esquece de si e sai do caminho por culpa da doença. Esse trabalho me foi muito satisfatório, cheio de êxtase na experiência de energias superiores e seres angélicos que vêm curar. Ao mesmo tempo, é estimulante enfrentar a dor de uma doença física terrível, que o curador tem de experimentar, até certo ponto, se quiser curar. Eu precisava sujeitar-me a ver a tremenda energia e os desequilíbrios da alma com que vive um sem-número de pessoas. A humanidade carrega consigo uma dor horrível, uma horrível solidão e um anseio profundo de liberdade. O trabalho do curador é um trabalho de amor. O curador chega a essas áreas dolorosas da alma e, delicadamente, redesperta a esperança. Redesperta suavemente a antiga lembrança da identidade da alma. Toca a centelha de Deus em cada célula do corpo e recorda-lhe mansamente que ela já é Deus e que, já sendo Deus, flui, inexorável, com a Vontade Universal, para a saúde e para a totalidade.

Nos próximos capítulos, exporei o processo da doença e o processo da cura tais como são vistos pelos Mestres Espirituais. Partilharei com vocês algumas experiências de orientação espiritual no cenário profissional e analisarei circunstanciadamente a Alta Percepção Sensorial, o modo com que trabalha e o modo com que vocês poderão aprendê-la. Apresentarei também a visão da realidade de Heyoan. É importante compreender tudo isso a fim de aprender as técnicas de cura apresentadas na Quinta Parte.

Capítulo 14

A SEPARAÇÃO DA REALIDADE

Como se pode ver no Capítulo 4, a ideia apresentada pela mecânica newtoniana de que o universo se compõe de blocos separados de construção da matéria saiu de moda no início do século XX. Nossos cientistas apresentaram inúmeras provas de que estamos todos sempre interligados. Não somos seres separados; somos seres individualizados. Nossos antigos modos newtonianos de pensar é que nos conduzem aos conceitos de separação do todo. Mas estes não são verdadeiros. Deixem-me mostrar-lhes um exemplo do que pode fazer uma interpretação da autorresponsabilidade do ponto de vista do estado de separação.

Suponhamos, por exemplo, que uma criancinha contrai Aids em consequência de uma transfusão de sangue. Se o acontecimento for interpretado do ponto de vista da separação, poderemos dizer: "Pobre vítima." Vendo as coisas pela versão popularizada da autorresponsabilidade, diremos: "Foi ela mesma quem a criou; logo, a culpa é sua." Do ponto de vista do holismo, todavia, seria possível dizer: "Que dura lição aquela alma corajosa e sua família escolheram para aprender com sua realidade maior. Que posso fazer para assisti-los? Como posso amá-los melhor? Como posso ajudá-los a se lembrarem de quem são?" Quem aborda a vida dessa maneira não encontra contradições entre a responsabilidade e o amor, mas encontra uma grande diferença entre a responsabilidade e a censura.

A maneira de ver da individuação e do holismo respeita e aceita o que outros seres humanos semelhantes experimentam. Ao contrário, afirmações como: "Você criou o seu câncer; eu não faria uma coisa dessas", são feitas desde a perspectiva da separação e não da individuação. A separação promove o medo e a vitimização; o medo e a vitimização sustentam somente a ilusão da impotência. A responsabilidade e a aceitação promovem o poder, o poder que vem de dentro, para criar a realidade. Porque se você, inconscientemente, contribuiu para fazer as coisas como elas são, poderá ter contribuído para a criação de coisas como quer que elas sejam. Examinemos o processo do esquecimento com maior clareza.

Quando crianças, somente uma pequena porção da nossa experiência interior é verificada pelos que nos rodeiam. Isso cria uma luta interior entre a autopreservação e a confirmação dos outros. Quando crianças, precisávamos de muita confirmação; estávamos numa fase de aprendizado, que tinha por base a confirmação do mundo exterior. Em resultado disso, ou criamos mundos secretos de fantasia, ou rejeitamos muita coisa da nossa realidade interior não confirmada e encontramos um meio de armazená-la para ulterior verificação. Também explicamos o processo mostrando que bloqueávamos nossas experiências, fossem elas imagens, pensamentos ou sentimentos. O bloqueio, de fato, nos separa, como se fosse uma parede, daquela porção da experiência, pelo menos temporariamente. Nós mesmos erguemos paredes que nos apartam de nós. Eis aí outra maneira de dizer que esquecemos quem somos. Nos Capítulos 9 e 10 tratamos extensamente sobre as obstruções do campo áurico, as quais, encaradas do ponto de vista áurico, têm por efeito romper o fluxo saudável da energia através do campo e, finalmente, causar a doença. Elas se tornam o que às vezes se denomina a substância estagnada da alma. São "bolhas" de consciência da energia, cortadas do resto de nós. Examinemos o processo empregando a ideia gestáltica da parede.

Toda vez que você experimenta algum mal-estar, experimenta, de certo modo, a parede que ergueu entre o você integrado maior e uma parte de si mesmo. A parede serve para esconder uma porção de si próprio que você não quer que participe da sua experiência do momento. Com o tempo, a parede vai ficando mais forte e você se esquece de que é uma porção de si mesmo que está emparedada, ou melhor, você cria mais esquecimento. Parece-lhe que o que está do outro lado da parede é algo externo, que a parede está segurando alguma força temida que vem de fora. Essas paredes internas são criadas por uma eternidade de experiências da alma. Quanto mais tempo ficarem de pé, tanto mais parecerão estar mantendo outra coisa que não o eu separado do eu. Quanto mais tempo permanecerem de pé, tanto mais parecerão criar segurança, mas tanto mais solidificarão a experiência da separação.

Exercícios para Explorar sua Parede Interna

Para explorar suas paredes, você pode usar o seguinte exercício. Evoque a lembrança de uma situação particularmente desagradável, ou de uma situação com que você está lutando atualmente, ou de uma situação não resolvida do passado. Comece a experimentar o modo com que se lhe apresentava a situação, retrate-a na mente, ouça as palavras ou sons associados à experiência. Encontre na experiência o medo que ela encerra. O medo é o sentimento de estar separado. Como você é capaz de voltar ao estado de medo, comece a perceber também a parede do medo. Toque-a, prove-a, veja-a, cheire-a. Verifique-lhe a textura, a cor. Ela é clara ou escura, áspera ou dura? De que é feita? Transforme-se na parede. Que é o que ela pensa, diz, vê, sente? Que é o que essa porção da sua consciência acredita a respeito da realidade?

Heyoan deu a seguinte explicação da parede:

"Voltaremos à ideia da parede que você mesmo modelou a fim de conservar o que você considerava, na ocasião, um equilíbrio interno, mas que na realidade mantém um desequilíbrio externo, como num dique, ou em eclusas, em que um nível da água é mais alto que o outro. Nessas circunstâncias, você pode ver-se atrás da parede, ao passo que uma grande torrente, uma grande pressão de força, está do lado de fora. *Sua parede compensa então o que você sente que lhe falta no nível interior.* Em outras palavras, essa grande força marcha ao seu encontro e você acha que tem menos força do que ela. Ergue, então, uma parede para proteger-se, como nos tempos medievais, quando os muros dos castelos eram tomados de assalto. Você que está dentro da parede precisa, primeiro, explorar-lhe a essência, pois ela é modelada de você, modelada de sua essência, e está cheia de declarações sobre o que você deve fazer a fim de permanecer seguro. Ora, o maravilhoso em tudo isso é que a parede, modelada da sua essência, contém força dentro dela, força que pode ser transformada e redistribuída como base para a força do eu interior. Ou pode ser vista como uma escada que leva ao eu interior, onde a força já existe. Essa é outra maneira de dizê-lo, dependendo da metáfora que mais se ajusta a você. E, assim, você se senta atrás da parede de segurança e, ao mesmo tempo, se senta na parede de segurança, porque você é a parede. É, então, a ponte da consciência entre o que você diz como parede, e o que diz como pessoa interior que está sendo protegida."

Exercício para Dissolver a Parede

Mantenha uma conversão entre você, parede, e você, pessoa dentro dela. Feito isso, sugerimos que mantenha a mesma conversação entre você e o que está além da parede, e entre a parede e o que está além, e prossiga nas conversações até que se transformem num fluxo através da parede.

"Agora você pode ver a parede simbolicamente no palco psicodinâmico. Pode vê-la também como representante da parede entre o que você é e o que pensa que é, pois você é também a força do outro lado da parede, seja qual for a sua forma. Você tem força dentro dela e não força sobre ela. A parede representa a crença na força, sobre a força da separação, uma das grandes enfermidades do plano da Terra nesta ocasião: a doença do poder sobre. E, assim, se puder encontrar essa metáfora dentro e fora de você, não só no nível psicodinâmico, mas também no nível espiritual e no mundial, pode usá-la como instrumento de auto exploração e cura. Pode usá-la como instrumento para lembrar-se de quem é."

Examinemos a parede do ponto de vista do campo áurico. Como já dissemos, a parede pode ser vista como bloco de energia na aura. No processo de entrar na parede, de experimentá-la e estimulá-la, você também ilumina o bloco. Visto no campo áurico, o bloco principia a mover-se e deixa de romper o fluxo da energia natural.

Esses blocos existem em todos os níveis da aura. Exercem influência um sobre o outro de camada a camada. Examinemos agora a maneira com que um bloco numa camada da aura – o qual, naturalmente, seria expresso na realidade dessa camada, isto é, em pensamento, crença ou sentimento – pode, finalmente, causar a doença no corpo físico.

Revisão do Capítulo 14

1. Qual é a causa da doença?

Matéria para reflexão

2. Qual é a natureza da sua parede interior?
3. Mantenha uma conversação com a sua parede. Que lhe diz ela? Que diz a parte de você que está sentada atrás da parede? Que diz a parte de você que está sentada fora da parede? Contra o que a parede o protege? Qual é a natureza da força que você emparedou? Como pretende soltá-la?

CAPÍTULO 15

DO BLOQUEIO DA ENERGIA À DOENÇA FÍSICA

Dimensão da Energia e da Consciência

Olhando para nós mesmos de uma perspectiva mais ampla do que o que fizemos antes, vemos que somos muito mais do que os nossos corpos físicos. Somos feitos de camadas sobrepostas de energia e de consciência. Podemos sentir isso internamente. Neste capítulo, apresentaremos uma clara descrição da nossa experiência de sentimentos e pensamentos.

Nossa centelha interior de divindade existe num plano muito mais elevado de realidade e de consciência avançada que o da nossa consciência cotidiana. Com alguma prática, podemos aproveitar essa consciência mais elevada. Depois que a encontramos, ela deixa de ser surpresa. Vem-nos a sensação de que: "Oh, sim! eu sempre soube disso." Nossa centelha divina possui a suprema sabedoria; podemos utilizá-la para guiar nossa vida, nosso crescimento e nosso desenvolvimento de todos os dias.

Vendo a aura o meio pelo qual os impulsos criativos de nossas realidades superiores se precipitam na realidade física, podemos utilizar o campo áurico para trazer de volta nossa consciência (em vibração) através de suas camadas na realidade da Divindade. Para fazê-lo, precisamos conhecer mais especificamente o modo com que se transmitem esses impulsos criativos, camada por camada, em nosso mundo físico, a fim de ajudar a criar nossa experiência diária de vida.

Primeiro, consideremos outra vez o que é a aura. Muito mais do que um meio ou um campo, a aura é a própria vida. Cada camada é um corpo, tão real, tão vivo e tão ativo quanto o corpo físico. Cada corpo existe numa realidade consciente que, de certas maneiras, assemelha e, de outras, dessemelha a realidade física. Em certo sentido, cada camada existe num mundo próprio, mas esses mundos estão interligados e imersos no mesmo espaço em que experimentamos a realidade física.

A Figura 15-1 enumera os planos da realidade em que existimos e que se correlacionam com cada uma das camadas ou corpos áuricos mostrados no Capítulo 7. O plano físico se compõe de quatro níveis: o físico, o etérico, o emocional e o mental. O plano astral é a ponte entre o espiritual e o físico, e o espiritual, acima dele, tem gradações de iluminação dentro de si. Como já ficou dito no Capítulo 7, temos pelo menos três camadas em nossos corpos espirituais – o nível etérico padrão, o nível celestial e o nível ketérico padrão.

A criação ou manifestação acontece quando se transmite um conceito ou uma crença, a partir da sua fonte nos altos níveis para os níveis mais densos da realidade, até cristalizar-se na realidade física. Criamos de acordo com nossas crenças. Claro está que o que ocorre nas camadas inferiores também interessa às camadas mais elevadas. Para entender o processo de criar saúde ou doença, – olhemos de novo, mais de perto, para o modo com que a consciência se manifesta em cada camada do campo áurico.

A Figura 15-2 enumera os modos com que a consciência se expressa em cada camada áurica e as declarações que faz. No nível físico, a consciência assume a forma do instinto, dos reflexos automáticos e do funcionamento

Figura 15-1

Planos da realidade em que existimos
(relacionados com as camadas da aura)

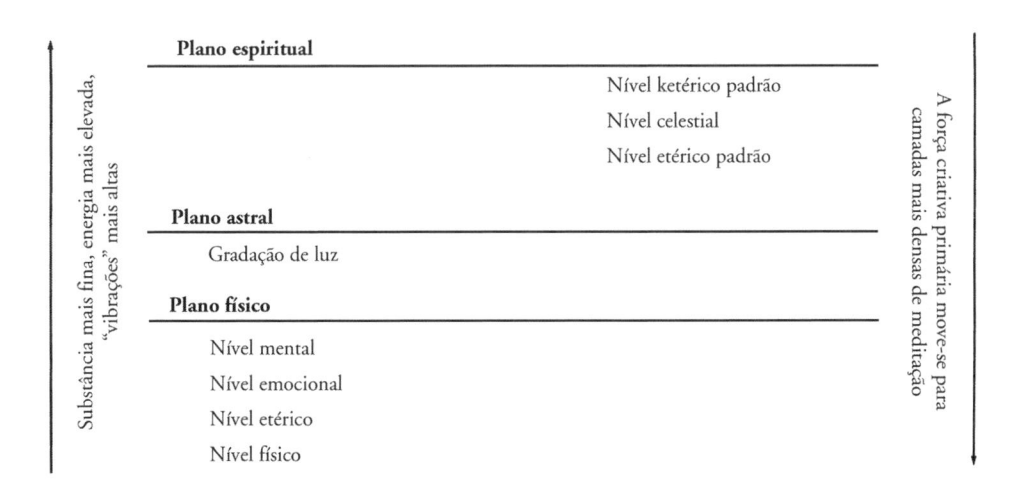

	Plano espiritual	
		Nível ketérico padrão
		Nível celestial
		Nível etérico padrão
	Plano astral	
	Gradação de luz	
	Plano físico	
	Nível mental	
	Nível emocional	
	Nível etérico	
	Nível físico	

(Esquerda: Substância mais fina, energia mais elevada, "vibrações" mais altas. Direita: A força criativa primária move-se para camadas mais densas de meditação.)

automático dos órgãos internos. Aqui a consciência declara: "Eu existo." No nível etérico, ela se expressa em termos de sensações, como a dor e o prazer físicos. Sensações desagradáveis, como o frio e a fome, são sinais de que alguma coisa se faz necessária para reequilibrar nossa energia a fim de que ela volte a fluir harmoniosamente. No nível emocional, a consciência se expressa por meio de emoções e reações primárias básicas, como o medo, a raiva e o amor, a maioria das quais se relaciona com o eu. No nível mental, a consciência se expressa em função do pensamento racional. Este é o plano da mente analítica linear.

No nível astral, experimenta-se a consciência em forma de emoções fortes, que se estendem além do eu e do outro para abranger a humanidade. O plano astral, um mundo inteiramente diferente, é o plano em que se realiza a viagem astral e, como o descreveram as pessoas que o experimentaram, difere do plano físico das seguintes maneiras: os objetos têm forma fluida; a luz se irradia deles, em vez de refletir-se primariamente fora deles; e, para viajar, basta-nos focalizar o lugar onde desejamos ir e permanecer focalizados nele. A direção muda com o foco, de modo que, se você mudar o foco, mudará a direção. O poder de concentração é muito importante nesse plano!

As diferenças e similaridades entre o plano físico e o astral não seriam surpreendentes para o físico, visto que as leis que governam o plano astral se fundem na lei natural que governa um meio de substância mais fina, de energia

Figura 15-2
Expressão da consciência nos níveis áuricos

Nível	Expressão da Consciência	Declaração que faz a consciência
7 Nível ketérico	Conceitos mais elevados	Eu sei. Eu sou.
6 Nível celestial	Sentimentos mais elevados	Eu amo universalmente.
5 Nível etérico padrão	Vontade mais elevada	Eu quero.
4 Nível astral	Emoções Eu-Tu	Eu amo humanamente.
3 Nível mental	Pensamento	Eu penso.
2 Nível emocional	Emoções pessoais	Eu sinto emocionalmente.
1 Nível etérico	Sensação física	Eu sinto fisicamente.
Nível físico	Funcionamento físico	Eu existo. Eu estou vindo a ser.

mais elevada e de vibrações mais rápidas. É evidente que essas leis se correlacionam com as que conhecemos no mundo físico. A meu ver, nossas leis físicas são, na verdade, simples casos especiais de leis gerais, as leis cósmicas ou universais que governam o universo inteiro. No plano espiritual existe ainda outro mundo com sua própria realidade, um mundo que, do meu limitado ponto de vista, parece muito mais belo e muito mais cheio de luz e amor do que o nosso. Na quinta camada, o etérico padrão, a consciência se expressa como vontade mais elevada, com a qual queremos que as coisas se transmudem em seres, através do poder de nomeá-las e defini-las. No nível celestial, a consciência se expressa através de sentimentos mais elevados, qual seja, o amor universal, isto é, o amor que, passando além dos seres humanos e amigos, chega a um amor universal a toda a vida. No sétimo nível, a consciência se expressa por meio de conceitos mais elevados de conhecimento ou sistemas de crenças. Aí começa o impulso criativo inicial a partir do nosso conhecimento, não o simples conhecimento linear, mas o conhecimento integrado.

A força criativa primária básica inicia-se no corpo espiritual mais elevado e depois se transfere para o corpo astral. Ou podemos dizer, desde outro ponto de vista, que as substâncias e energias mais finas que existem nos corpos espirituais provocam uma ressonância harmônica no astral, que, por sua vez, provoca uma ressonância harmônica nos três corpos inferiores. Esse processo continua até o nível de frequência do corpo físico. (O fenômeno da indução harmônica ocorre quando você fere um diapasão, e outro diapasão, na mesma sala, se põe a soar.) Cada corpo expressa esse impulso em função da sua realidade consciente no seu próprio nível. Por exemplo, um impulso criativo proveniente da movimentação espiritual no astral se expressará em termos de amplos sentimentos. À proporção que passa para as camadas de frequência inferior, será expresso, primeiro, em termos de pensamentos, depois de sentimentos específicos e, finalmente, de sensação física, e o corpo físico responderá, automaticamente, através do sistema nervoso autônomo. Ele se relaxará se o impulso for positivo, ou se contrairá se o impulso for negativo.

O Processo Criativo da Saúde

A saúde se mantém quando a força criativa procedente da realidade espiritual humana é dirigida de acordo com a lei universal ou cósmica (Figura 15-3). Quando o corpo ketérico se alinha com uma realidade espiritual maior, manifesta o divino conhecimento dessa realidade. A declaração feita é a seguinte: "Eu sei que me identifico com Deus." É a experiência de identificar-se com o

Criador e ser, ao mesmo tempo, individualizado. Essa realidade provoca o sentimento do amor universal no corpo celeste. O sentimento de identificação com Deus, por sua vez, cria uma coincidência da vontade individual no padrão etérico com a vontade divina, o que se expressa, por sua vez, no nível astral, como amor à humanidade. A experiência do amor à humanidade influirá na camada mental e informará as percepções da realidade no corpo mental. Essa vibração no corpo mental é então transmitida pelas leis da provocação harmônica e da ressonância simpática à matéria e à energia do corpo emocional, que se expressa em forma de sentimentos. Se a percepção da realidade for

Figura 15-3
O processo criativo da saúde

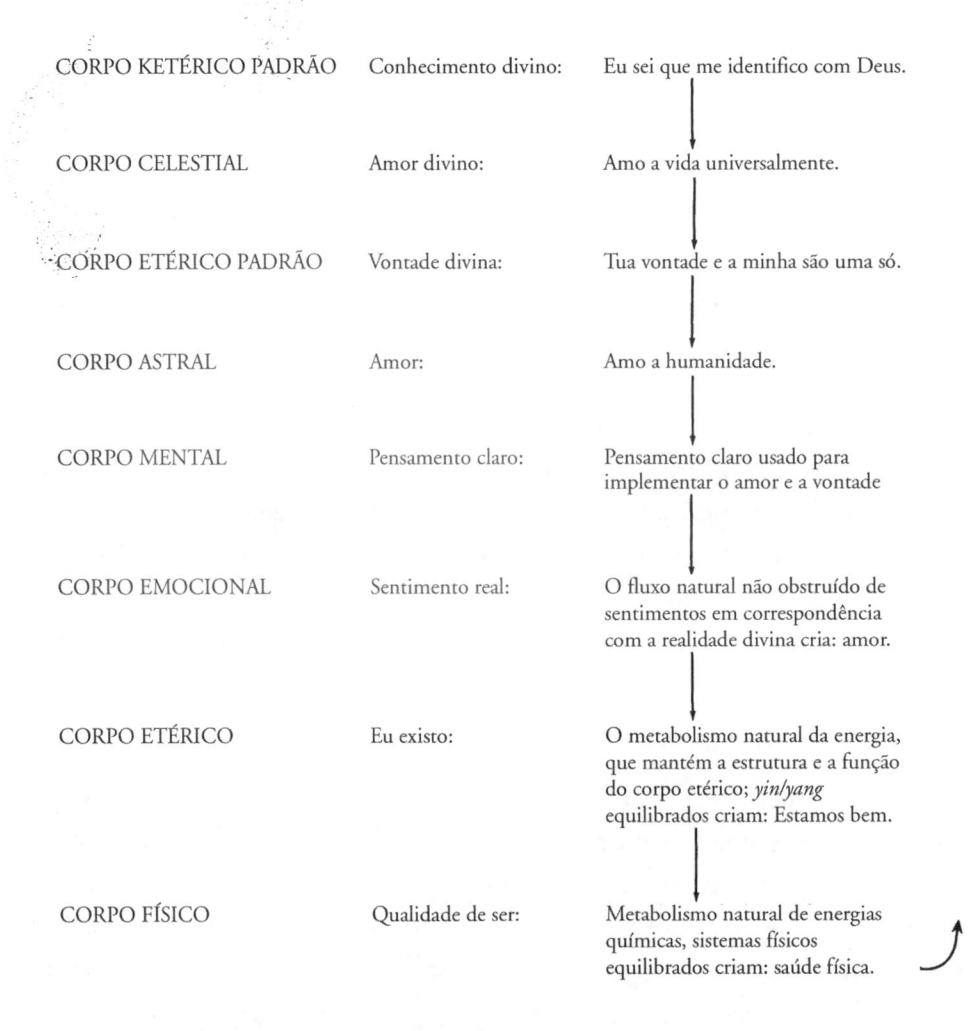

CORPO KETÉRICO PADRÃO	Conhecimento divino:	Eu sei que me identifico com Deus.
CORPO CELESTIAL	Amor divino:	Amo a vida universalmente.
CORPO ETÉRICO PADRÃO	Vontade divina:	Tua vontade e a minha são uma só.
CORPO ASTRAL	Amor:	Amo a humanidade.
CORPO MENTAL	Pensamento claro:	Pensamento claro usado para implementar o amor e a vontade
CORPO EMOCIONAL	Sentimento real:	O fluxo natural não obstruído de sentimentos em correspondência com a realidade divina cria: amor.
CORPO ETÉRICO	Eu existo:	O metabolismo natural da energia, que mantém a estrutura e a função do corpo etérico; *yin/yang* equilibrados criam: Estamos bem.
CORPO FÍSICO	Qualidade de ser:	Metabolismo natural de energias químicas, sistemas físicos equilibrados criam: saúde física.

compatível com a lei cósmica, os sentimentos serão harmoniosos e aceitos pela pessoa e terão permissão para fluir. Não serão obstruídos.

Esse fluxo transmite-se então ao corpo etérico, que responde numa harmonia natural. O resultado são sensações corpóreas agradáveis que promovem o metabolismo natural da energia procedente do Campo de Energia Universal, necessária à alimentação do corpo etérico e à manutenção da sua estrutura e da sua função. Mantém-se também um equilíbrio natural das energias *yin/yang* no corpo etérico. Com esse equilíbrio, a sensibilidade natural do corpo, proveniente do fluxo natural de sentimentos, produz uma percepção aumentada das sensações corpóreas, as quais, por sua vez, conduzem à adoção de uma dieta apropriada e ao exercício. O corpo etérico saudável sustenta e mantém um corpo físico saudável, em que os sistemas químico e físico permanecem equilibrados e normais, perpetuando a saúde física. No sistema de saúde, as energias de cada corpo permanecem equilibradas e suportam o equilíbrio nos outros corpos. Assim a saúde é mantida; isto é, saúde atrai saúde.

O Processo Dinâmico da Doença

No sistema doentio (Figura 15-4) vê-se funcionar o mesmo processo redutor. Entretanto, depois que se move para fora da realidade espiritual humana, a força criativa primária se distorce e age contra a lei universal. Essa distorção sobrevém quando o impulso criativo primário se choca com um bloqueio ou distorção da energia dentro da aura. Assim que o impulso criativo primário se distorce no trajeto para as camadas mais densas dos corpos áuricos, continua a distorcer-se enquanto transmitido aos níveis sucessivos. Tenho visto distorções primárias muito altas, até na sétima camada da aura, onde aparecem como dilaceramentos ou linhas confusas de luz. Essas "distorções espirituais", sempre relacionadas com sistemas de crenças adquiridos nesta ou em outra existência, são, portanto, kármicas. Vejo o karma simplesmente como experiência de vida criada a partir de sistemas de crenças transportadas de uma existência para a seguinte até serem esclarecidas e coincidirem com a realidade maior.

Uma sétima camada distorcida relaciona-se com um sistema de crenças distorcido. Um exemplo: "Acredito que sou superior." A distorção afeta a camada celestial, bloqueando o amor celestial e distorcendo-o. A pessoa, então, pode gostar de ser superior. A luz no nível celestial, que parece muito fraca, afeta a quinta camada do campo, que se distorce. A pessoa tentará ser superior. O nível astral responderá com o desejo de ser superior, o que causará obstruções ou bolhas escuras de energia estagnada no corpo astral. O corpo mental incutirá na pessoa o pensamento de ser superior. Felizmente, ninguém se engana a si mesmo o tempo todo, de modo que, mais cedo ou mais tarde, o oposto acode à mente. Como não sou superior, devo ser inferior. Cria-se um impasse mental, que é também uma distorção da estrutura do corpo mental. Cinde-se a força de vida em duas correntes diretamente contrárias, e a pessoa cai numa cisão dualista. Outro exemplo do mesmo conflito: "Não posso fazê-lo" e, todavia, "Posso fazê-lo." Temos aí um impasse mental estabelecido no corpo mental, expresso em energia e vibrações. Se ele não for resolvido pelo indivíduo, pode converter-se numa forma de pensamento dissociado e cair no inconsciente, influindo no corpo emocional (por intermédio de vibração provocada, como se descreveu antes) e acarretando o medo, porque a pessoa não pode solucionar o problema. Esse medo, baseado na irrealidade, é inaceitável para a pessoa. Está, portanto, bloqueado e, depois de algum tempo, pode também tornar-se inconsciente.

Já não havendo um fluxo livre de sentimentos no corpo emocional, onde aparecerão mais bolhas escuras de energia estagnada ou muito fraca, o rompimento será precipitado no corpo etérico em forma de linhas confusas ou partidas de força de luz. Já que estas são as linhas de força, ou a estrutura de grade, sobre a qual crescem as células do corpo físico, o problema do corpo etérico será transmitido ao corpo físico e se tornará doença no corpo físico.

Em nosso exemplo (Figura 15-4), o medo pode romper o etérico no plexo solar, causando uma sobrecarga de *yin* nessa área se a pessoa não for capaz de resolver o dilema. Se se permitir que continue, a ruptura causará uma interrupção do metabolismo das energias químicas do corpo físico, provocando o desequilíbrio e, finalmente, a doença nos sistemas físicos. Em nosso exemplo, a sobrecarga de *yin* no plexo solar pode causar um aumento de acidez no estômago e, por fim, úlceras.

Assim, no sistema doentio, as energias desequilibradas dos corpos superiores são progressivamente transmitidas aos inferiores, causando finalmente a doença no corpo físico. No sistema doentio, a diminuição da sensibilidade às sensações do corpo traz consigo a insensibilidade às suas necessidades, que se manifesta, por exemplo, por uma dieta imprópria, capaz de criar um circuito negativo de realimentação de novas energias desequilibradas. Cada corpo rompido ou desequilibrado exerce também um efeito prejudicial sobre o vizinho de cima. Essa doença tende a criar mais doenças.

As observações feitas por mim através da Percepção Sensorial Elevada mostram que, *no número par de camadas do campo, a doença assume a forma dos*

Figura 15-4
O processo dinâmico da doença

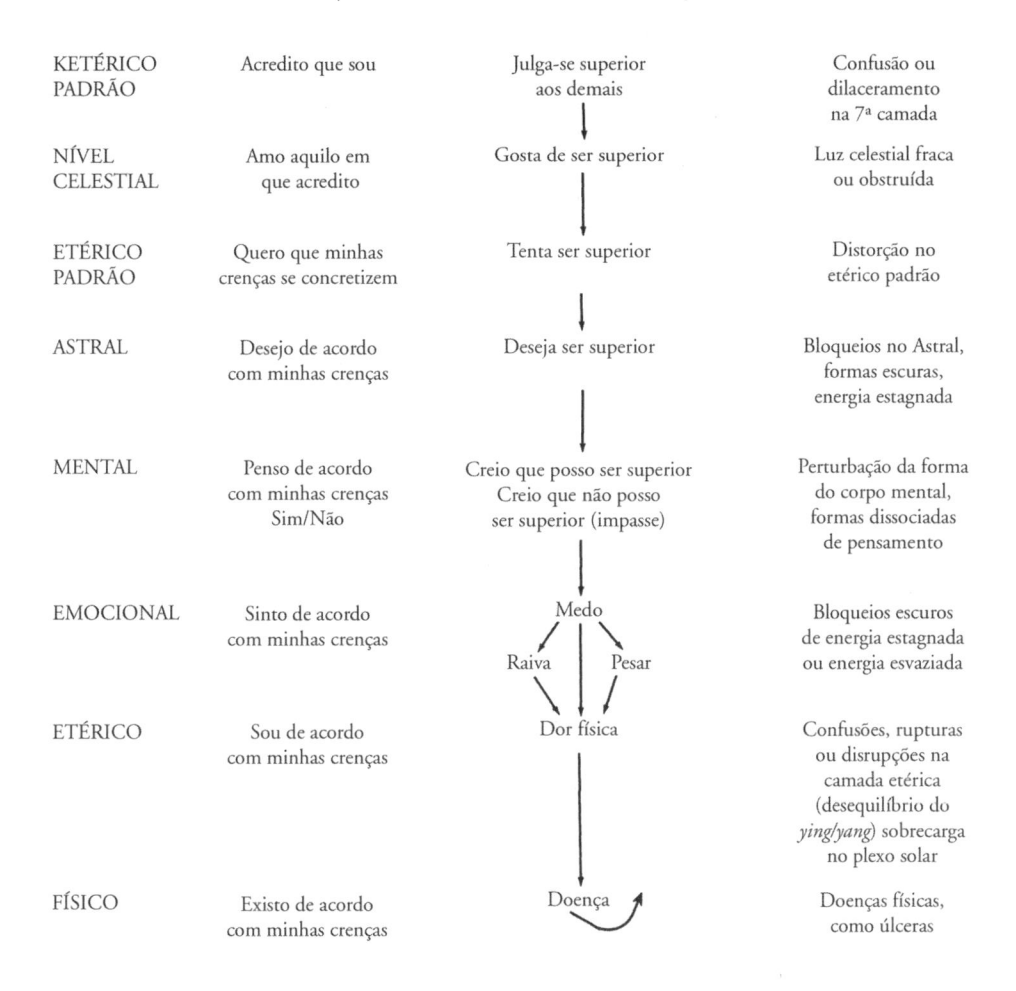

Nível	Crença	Processo	Manifestação
KETÉRICO PADRÃO	Acredito que sou	Julga-se superior aos demais	Confusão ou dilaceramento na 7ª camada
NÍVEL CELESTIAL	Amo aquilo em que acredito	Gosta de ser superior	Luz celestial fraca ou obstruída
ETÉRICO PADRÃO	Quero que minhas crenças se concretizem	Tenta ser superior	Distorção no etérico padrão
ASTRAL	Desejo de acordo com minhas crenças	Deseja ser superior	Bloqueios no Astral, formas escuras, energia estagnada
MENTAL	Penso de acordo com minhas crenças Sim/Não	Creio que posso ser superior / Creio que não posso ser superior (impasse)	Perturbação da forma do corpo mental, formas dissociadas de pensamento
EMOCIONAL	Sinto de acordo com minhas crenças	Medo / Raiva / Pesar	Bloqueios escuros de energia estagnada ou energia esvaziada
ETÉRICO	Sou de acordo com minhas crenças	Dor física	Confusões, rupturas ou disrupções na camada etérica (desequilíbrio do *ying/yang*) sobrecarga no plexo solar
FÍSICO	Existo de acordo com minhas crenças	Doença	Doenças físicas, como úlceras

bloqueios descritos anteriormente neste livro – energias escuras insuficientemente carregadas, sobrecarregadas ou obstruídas. Nas camadas estruturadas do campo, a doença toma a forma de desfiguração, rompimento ou emaranhamento. Podem abrir-se buracos na estrutura da grade em qualquer camada ímpar da aura. As drogas exercem grande influência na aura. Tenho visto formas escuras de energia no fígado, causadas por drogas ingeridas em várias doenças anteriores. A hepatite deixa uma cor amarelo-laranja no fígado anos depois de estar a doença supostamente curada. Tenho visto o corante radiopaco, que se emprega no exame da coluna, injetado no local para diagnosticar ferimentos dez anos após a injeção, embora se suponha que ele tenha sido removido pelo corpo um ou dois meses depois. A quimioterapia atravanca todo o campo áurico, especialmente o fígado, com energia semelhante ao muco e coloração castanho-esverdeada. A terapêutica de radiação desgasta as camadas estruturadas do campo áurico como se fosse uma meia queimada de náilon. A cirurgia deixa cicatrizes na primeira camada do campo e, às vezes, em todo o percurso até a sétima camada. Essas cicatrizes, desfigurações e bloqueios só se curam quando se ajuda o corpo físico a curar-se: se a distorção for para a esquerda, o corpo físico se curará com maior dificuldade. Quando se remove um órgão, o órgão etérico correspondente ainda pode ser reconstruído e serve para manter a harmonia nos corpos áuricos acima do corpo físico. Gosto de imaginar que, algum dia, com maior conhecimento do campo áurico e da bioquímica, seremos capazes de fazer órgãos removidos voltarem a crescer.

Sendo pontos de máxima entrada da energia, os chakras são pontos focais de equilíbrio muito importantes dentro do sistema. De um chakra desequilibrado resultará uma doença. Quanto mais desequilibrado estiver o chakra, tanto mais grave será a doença. Como se vê no Capítulo 8, Figura 8-2, os chakras parecem vórtices de energia constituídos de certo número de cones energéticos espiralados menores. Sobre os chakras adultos estende-se uma tela protetora. Num sistema saudável os cones espiralados giram rítmica e sincronicamente com os outros, captando energia do CEU e enviando-a para o centro, a fim de ser usada pelo corpo. Cada cone se afina com uma frequência específica de que o corpo precisa para funcionar com saúde. Num sistema doentio, porém, os vórtices não trabalham sincronicamente. Os cones de energia que os constituem podem ser rápidos ou lentos, espasmódicos ou desequilibrados. Às vezes se observam rompimentos no padrão de energia. Um cone espiral pode desmoronar ou inverter-se plena ou parcialmente. Essas perturbações relacionam-se com alguma disfunção ou morbidez do corpo físico nessa área. Num caso de distúrbio do cérebro, por exemplo, Schafica Karagulla observou em *Breakthrough to Creativity* que um dos menores vórtices do chakra da coroa estava inclinado para baixo em lugar de manter-se erguido, como seria normal. A matriz dentro do cérebro do indivíduo também mostrava "brechas", que a energia era obrigada a transpor. Essa "brecha da faísca" correspondia à parte do cérebro extirpada cirurgicamente. Em "O caso do coração partido", John Pierrakos afirma ter observado desordens nos chakras do coração de paciente com *angina pectoris* e coronariopatias. Em lugar de serem vórtices brilhantes, rodopiantes, os chakras se diriam obstruídos por uma substância escura e inerte.

Na Figura 15-5 o leitor encontrará exemplos específicos de minhas observações de chakras desfigurados. A primeira (Figura 15-5A) mostra a configuração de cada hérnia hiatal que observei. O chakra do plexo solar tem oito vórtices menores. O pequeno vórtice localizado no lado esquerdo do corpo, no quadrante superior esquerdo, parece uma mola solta. Esse desfiguramento manifesta-se em todo o trajeto até a sétima camada do campo. A Figura 15-5B mostra que a ponta de um dos vórtices menores foi puxada para fora. Observei esse fenômeno em muitos chakras. Registra-se no primeiro chakra quando se causa algum dano ao cóccix. Aparece no chakra do plexo solar quando sobrevém um severo trauma psicológico. Muitas vezes se apresenta como trauma pós-cirúrgico num chakra da área em que se consumou a cirurgia.

A Figura 15-5C é um chakra bloqueado. Todas as pessoas que sofrem de angina têm a energia bloqueada, escurecida, no chakra do coração. Nas três pessoas com Aids que observei, o primeiro e o segundo chakras estavam bloqueados, como estava também o campo inteiro, incluindo as sete camadas, conforme o progresso da doença. Um chakra dilacerado, como o que se vê na Figura 15-5D, era constante nos pacientes de câncer que vi. Mais uma vez as configurações aqui enumeradas vão até a sétima camada. O chakra pode ser rasgado, e o câncer só aparece no corpo dois ou mais anos depois. O escudo protetor é completamente arrancado desse chakra. Em pessoas com formas de câncer muito graves, tenho visto a sétima camada arrancada dos pés em todo o seu percurso, através dos chakras um, dois e três, até o chakra do coração. Uma sétima camada dilacerada provoca a perda de grande quantidade de energia do campo. Além da perda de energia, o paciente está sujeito a todas as castas de influências externas que atuam sobre ele, não só psicológica, mas também fisicamente. O campo não repele as energias supervenientes cuja assimilação não é saudável para o sistema.

A Figura 15-5E é um exemplo de um chakra inteiro puxado para um lado. Tenho-o visto com frequência no primeiro chakra, em que as pessoas ligam sua energia ao solo principalmente através de uma perna, sendo a outra perna fraca. Isso também costuma associar-se a um cóccix empurrado para um lado.

Estou começando a achar que cada vórtice de chakra fornece energia a um órgão específico. Notei que todas as vezes que se verifica um distúrbio no pâncreas, verifica-se também um distúrbio num certo vórtice do lado esquerdo do chakra do plexo solar, logo abaixo do vórtice associado à hérnia hiatal, ao passo que, se o distúrbio for no fígado, um vórtice diferente do mesmo chakra é afetado, perto do fígado.

A Figura 15-5F mostra uma desfiguração ocasionada por uma pesada e longa terapia. Depois de passar uma semana fazendo terapia de grupo com o filho,

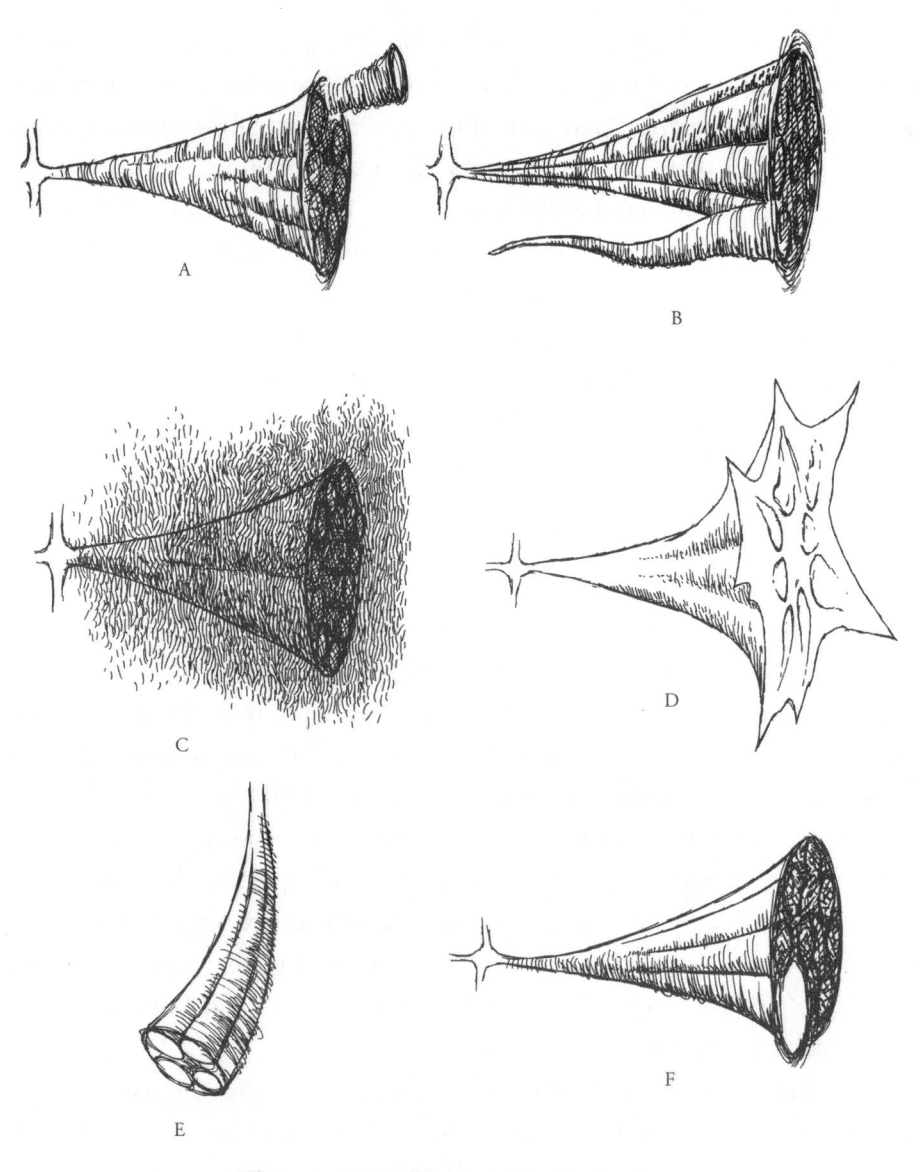

Figura 15-5: Chakras desfigurados

viciado em drogas, essa mulher voltou para casa com um vórtice do chakra do plexo solar acunhado, pálido, sem tela protetora, e sem apresentar quase nenhuma rotação. Como eu vira o problema na semana seguinte à experiência, pude reparar a aura antes que novos danos ocorressem. Se eu não o tivesse feito, a mulher acabaria tendo problemas no fígado, o órgão relacionado com o vórtice enfraquecido, ou ela mesma, de uma forma ou de outra, se teria curado.

Existem inúmeras outras configurações possíveis. Muitas, como se vê, não passam de meros desalinhamentos estruturais. Tenho visto chakras realmente puxados de dentro para fora, de tamanho muito aumentado ou muito reduzido. Todos acabam redundando em doenças, e estão relacionados com uma consciência de energia ou expressão da experiência e do sistema de crenças do indivíduo, como já expusemos. Em outras palavras, em cada camada do campo, a doença se expressará nesse nível da consciência. Cada expressão é uma forma de dor, física, emocional, mental ou espiritual. A dor é o mecanismo embutido que nos adverte da necessidade de corrigir uma situação, dirigindo-nos a atenção para o fato de que algo está errado e nos cumpre fazer alguma coisa nesse sentido. Se não tivermos atentado para nós mesmos antes, se continuamos a ignorar o que sabemos desejar ou precisar fazer, a dor nos acabará ajudando a fazê-lo. A dor nos ensina a pedir ajuda, e cura e é, portanto, uma chave para a educação da alma.

Exercício para Descobrir o Significado Pessoal da Doença

Uma pergunta-chave no processo de educação para a cura é a seguinte: "Que significa essa doença para mim? Qual é a mensagem que o meu corpo me transmite? Como me esqueci de quem sou?" A doença é uma resposta específica à pergunta: "Como essa dor pode me servir?"

Todos criamos doenças no nosso corpo físico. Se olharmos para trás, procurando-lhe a causa original, veremos que ela tem sempre por base o fato de esquecermos quem somos. Enquanto acreditarmos que precisamos separar-nos para nos individualizar, continuaremos a criar doenças. Mais uma vez, estamos de volta ao ponto de onde partimos: a visão holística ou holográfica do universo.

Revisão do Capítulo 15

1. Qual a relação entre a doença psicossomática e a aura?
2. Qual a causa básica de todas as doenças do ponto de vista do Campo de Energia Humano?
3. Descreva o modo com que a doença se forma através do Campo de Energia Humano.

Matéria para reflexão

4. Medite por alguns minutos no modo com que o processo da doença pode estar ocorrendo no seu corpo. Descreva-o.
5. Como foi que nossas crenças modelaram nossas experiências e qual é o papel que o CEH desempenha nessa criação?

Capítulo 16

EXAME GERAL DO PROCESSO DE CURA

O terapeuta tem três coisas distintas para oferecer ao paciente e à profissão médica: uma visão distinta e ampliada das causas e tratamentos da doença; o acesso à informação acerca de qualquer situação vital ou médica que talvez não seja possível obter por outros meios; e o trabalho direto com o paciente no intuito de realçar-lhe as capacidades curativas. Por mais milagroso que seja o resultado, o curador, na realidade, induz o paciente a curar-se por intermédio de processos naturais, mesmo que se situem além do que os que não estão familiarizados com a cura consideram natural. O corpo e o sistema de energia movem-se naturalmente na direção da saúde. O curador tem modos e meios de evocá-la. Está visto que o médico também trabalha com os mesmos princípios. Mas, carregando o fardo de tantos casos impessoais, e defrontando-se constantemente com a doença, muitos médicos se orientam para a cura de determinado conjunto de sintomas, o que nem sempre coincide com a orientação para a saúde. Entende o curador que a saúde não significa apenas saúde no corpo físico, mas também equilíbrio e harmonia em todas as partes da vida.

O processo da cura, na realidade, é um processo de lembrança – lembrança de quem você é. Dentro da aura, o processo da cura reequilibra as energias de cada corpo. Quando todas as energias de cada corpo estão equilibradas, acontece a saúde. A alma aprendeu a sua lição particular e, por conseguinte, tem mais verdade cósmica.

Existem hoje duas abordagens principais da cura. Uma delas, a cura "interior", estabelece o equilíbrio e a saúde em todos os níveis da pessoa pela focalização e manipulação diretas dos aspectos físico, emocional, mental e espiritual do ser humano, do modo com que ele cria seus sistemas de crenças e da realidade. A outra, a cura "exterior", ajuda a restabelecer o equilíbrio das diferentes camadas da aura, incluindo os sistemas do corpo físico, pela aplicação da energia destilada do Campo da Energia Universal.

Tenho para mim que a cura "interior" é a mais importante, mas os métodos de cura "exterior" são necessários à suplementação do processo.

O Processo da Cura Interior

O processo da cura interior reequilibra as energias de cada corpo focalizando a expressão desse equilíbrio, corrigindo-o e reparando a camada apropriada da aura por meio da imposição das mãos. (Veja a Figura 16-1.) Esse realinhamento de cada corpo ajuda a restabelecer o equilíbrio dos outros.

O processo da cura interior, chamado cura de espectro pleno, é exposto em detalhes no Capítulo 22. Aqui o descreveremos em poucas palavras.

Na cura do nível ketérico padrão, o sistema falho de crenças é trazido à consciência e desafiado. A cura se faz na sétima camada do campo e consiste principalmente em reparar e reestruturar esse corpo onde quer que seja necessário. O reparo da sétima camada abre automaticamente a sexta camada para mais amor celestial.

No nível celestial, o curador participa do amor celestial ou universal e canaliza-o para o paciente.

No nível etérico padrão, realinha-se o corpo áurico através da cirurgia espiritual, que faz coincidir a vontade com a Vontade Divina.

No nível astral, a cura se verifica através da quelação e do amor. O curador participa da realidade do amor à humanidade e canaliza energia para o paciente, permitindo ao nível mental começar a relaxar e a soltar algumas defesas.

Na camada mental, o curador desafia os processos defeituosos de pensamento, que criam o desequilíbrio nesse nível, fundados na lógica da criança que experimentou o trauma. Quando se dá conta deles, o adulto os avalia facilmente pelo seu justo valor e pode substituí-los por processos de pensamento mais amadurecidos. O curador trabalha para reestruturar a camada do campo áurico ajudando o cliente a imaginar soluções novas para velhos problemas.

Na camada emocional, utilizando a técnica da quelação, o curador ajuda o cliente a clarear sentimentos bloqueados. Algumas vezes, o paciente revive velhos traumas e experimenta todos os sentimentos bloqueados durante a cura. Outras, os traumas são removidos sem que o paciente dê atenção a eles.

Figura 16-1
O processo da cura interior

CORPO KETÉRICO PADRÃO	Cura da 7ª camada	Desafia o sistema de crenças deficiente.
CORPO CELESTIAL	Cura da 6ª camada	Assenta-se no amor universal.
CORPO ETÉRICO PADRÃO	Cirurgia da 5ª camada	Faz coincidir a vontade individual com a Vontade Divina.
CORPO ASTRAL	Quelação da 4ª camada, amor	Dá amor e aceitação.
CORPO MENTAL	Quelação e remodelagem do pensamento	Desafia os padrões dualísticos do pensamento.
CORPO EMOCIONAL	Quelação e redirecionamento do fluxo emocional	Reexperimenta sentimentos bloqueados e a dor para soltar o fluxo energético de sentimentos.
CORPO ETÉRICO	Quelação e reparo da estrutura	Solta o fluxo de energia e vibrações no corpo etérico. Reestrutura-o. Reequilibra o metabolismo do orgone no etérico.
CORPO FÍSICO	Massagem	Revitaliza e alimenta com energia o corpo físico, reequilibra os processos químicos, que reequilibram os sistemas físicos. Saúde.

Na camada etérica, é preciso fazer um endireitamento e um reparo para reestruturar a camada, a fim de restabelecer um sentido de bem-estar e de força.

No trabalho direto com o corpo físico, empregam-se exercícios, posições do corpo e voz para liberar bloqueios físicos como, por exemplo, tensão muscular, gordura ou fraqueza.

No processo da cura de pleno espectro, trabalham-se todos os corpos ao mesmo tempo. Aplica-se o processo em sessões privadas ou, às vezes, em grupos dirigidos por um curador, quando a saúde do corpo físico geralmente aparece por último, depois de equilibrados os demais corpos. Isso tanto pode levar uma única sessão quanto um ano de sessões.

Você talvez se maravilhe de poderem os curadores fazer tudo isso. A razão é porque eles têm acesso a enorme quantidade de informações através de um estado ampliado de consciência.

O Processo da Cura Exterior

Para realçar e acelerar essa cura básica, usam-se os métodos da cura exterior (em inúmeros casos extremamente necessários), pois os sintomas físicos gerados pelos sistemas de crenças defeituosos não podem ser abandonados enquanto não se corrigir o sistema de crenças. É necessária, às vezes, a cura exterior para salvar a vida da pessoa. Entretanto, se não se aplicar também a cura "interior" e não se contestar o sistema de crenças defeituoso, a doença voltará ao corpo físico, mesmo depois que os sintomas atuais tiverem sido removidos.

Com o avanço da prática da medicina holística, estão-se criando muitos métodos de cura dignos de confiança. Inúmeros médicos dão ênfase à dieta, aos suplementos alimentares, como vitaminas e sais minerais, ao exercício e aos programas de manutenção da saúde para conservar as pessoas sadias. Profissionais que ministram cuidados de saúde, homeopatas, acupunturistas, cinesiologistas, massagistas e outros, que trabalham o corpo, estão em atividade em todo o país para ajudar as pessoas a se conservarem sadias. Existe hoje uma consciência maior dos programas de exercícios e *chek-ups* regulares para descobrir possíveis dificuldades antes que se agravem. A cura pela imposição das mãos é praticada em todo o país de muitas formas. As pessoas se interessam pelo xamanismo e outras formas antigas de cura. Cirurgiões psíquicos visitam regularmente este país e trabalham com centenas de pessoas. Estamos em plena revolução no tocante aos cuidados com a saúde. Por quê?

Com o advento da tecnologia moderna e com o desaparecimento do médico da família, a medicina despersonalizou-se. O médico da família se responsabilizava pela saúde de toda uma família familiarizando-se com a sua história, às vezes por mais de uma geração. Hoje, o médico não se lembra sequer do nome dos pacientes porque os tem em profusão. Com essa mudança para o que é, não raro, uma tecnologia maravilhosa, que salva muitas vidas, o médico não pode assumir a responsabilidade pela saúde de cada paciente. A responsabilidade recaiu sobre o próprio paciente, que é onde deve estar. Esta é a base da revolução respeitante aos cuidados com a saúde. Muitas pessoas querem agora assumir maior responsabilidade pela própria saúde. Para suavizar essa mudança, a melhor maneira consiste em integrar os métodos ao nosso alcance, a fim de que a cura venha a ser de novo muito pessoal, como já o foi, certa vez, na nossa história.

Como Curadores e Médicos Podem Trabalhar Juntos

Se curadores e médicos trabalharem juntos, será possível aproveitar a melhor tecnologia e a melhor atenção pessoal disponível em cada caso. Vejamos como isso pode funcionar.

Os curadores estão aptos a ajudar os médicos das três maneiras mencionadas no início desta seção: dar uma visão mais ampla dos fatores responsáveis pela doença; proporcionar informações que não podem ser obtidas pelos atuais métodos padronizados ou que não podem ser obtidas por esses métodos no prazo requerido; e proporcionar a imposição de mãos para equilibrar o sistema de energia do paciente e acentuar e acelerar a cura. Muitas vezes esse último esforço ajuda o paciente a ganhar a força necessária para salvar a própria vida.

Na prática, o curador pode trabalhar diretamente com o médico e o paciente, fazendo o primeiro diagnóstico para localizar com precisão o problema, fornecer uma visão global do desequilíbrio do sistema de energia (e, dessa maneira, da gravidade do problema), proporcionar uma visão mais ampla dos fatores causativos envolvidos e trabalhar com o paciente sobre o significado que a doença tem na sua vida.

Os métodos de diagnóstico do curador serão expostos no capítulo seguinte. O curador pode receber recomendações por intermédio da Alta Percepção Sensorial acerca das espécies e quantidades de drogas específicas que devem ser tomadas, das técnicas complementares de tratamento, dieta, suplementos alimentares e exercícios. O curador acompanha o caso com o médico e, novamente, graças à Alta Percepção Sensorial, faz recomendações sobre a dosagem e outros suplementos que precisam ser mudados semana a semana, dia a dia, ou até de hora em hora. Dessa maneira, o curador e o médico, juntos, podem alcançar um nível de "sintonia fina" nos cuidados dispensados ao paciente nunca antes imaginado. O curador observa o campo de energia do paciente e diz como a droga ou outros métodos de tratamento o estão afetando em seu todo.

Andei fazendo um pouco desse trabalho e posso assegurar-lhe a eficácia. Conheci um curador, Mietek Wirkus, que trabalhou três anos com médicos numa clínica afiliada à Sociedade Médica "IZICS" de Varsóvia, na Polônia, instituída especificamente para realizar esse trabalho. Muito bem-sucedida, a clínica continua em operação. Registros feitos por ela mostram que a imposição de mãos, chamada terapia bioenergética, é mais eficaz em doenças do sistema nervoso e nas doenças provenientes de enxaqueca, no tratamento da asma brônquica, da enurese noturna, da hemicrania, das doenças nervosas, das enfermidades psicossomáticas, da úlcera gástrica, de alguns tipos de alergia, da eliminação de cistos ovarianos, de tumores benignos, da esterilidade, das dores artríticas e de outras espécies de dores. A terapia bioenergética ajuda a aliviar a dor causada pelo câncer e diminui a quantidade de medicamentos analgésicos ou tranquilizantes tomados pelo paciente. Observaram-se também bons efeitos no tratamento de crianças surdas. Em quase todos os casos, os médicos descobriram que, após o tratamento pela terapia bioenergética, os pacientes se tornaram mais calmos e relaxados, a dor desapareceu ou foi aliviada, e o processo de reabilitação (sobretudo depois de uma cirurgia ou de uma infecção) acelerou-se. Neste país, muitos curadores estão começando a trabalhar com médicos. Há já alguns anos, a dra. Dolores Krieger apresentou a imposição das mãos às enfermeiras do Centro Médico de Nova York, que a praticam no hospital. Rosalyn Bruyere, diretora do Healing Light Center de Glendale, na Califórnia, tem acesso a muitos hospitais para fazer o tratamento e está envolvida em diversos projetos de pesquisa visando determinar a eficiência da imposição de mãos em vários tipos de doenças.

Outro tipo de pesquisa, através do uso da Alta Percepção Sensorial, ajuda os pesquisadores a encontrarem as causas e curas de doenças que hoje se nos afiguram incuráveis, como o câncer. Com a visão interior, que será discutida no próximo capítulo, o curador acompanha o pleno desenrolar da doença no interior do corpo. Que instrumento maravilhoso para auxiliar a pesquisa!

Com o uso da Alta Percepção Sensorial, o curador indica, dentre os muitos métodos holísticos de tratamento, o mais aconselhável para cada paciente pela observação do seu efeito sobre a aura. Com a recomendação, feita ao paciente, para focalizar os métodos mais eficazes no seu caso, a cura será acelerada. Em minhas observações, por exemplo, notei que diferentes métodos ou remédios funcionam em níveis diferentes do campo áurico. Em seu livro *The Pattern of Health*, Aubrey Westlake designou os remédios de flores do dr. Bach que curam certos níveis áuricos. Tenho observado que quanto mais alta for a potência do remédio homeopático, tanto mais alto será o corpo áurico por ele afetado. As potências mais altas, acima de 1M, trabalham nas quatro camadas mais altas do campo áurico, enquanto as mais baixas trabalham nos níveis áuricos mais baixos. Por causa do tremendo poder das potências mais elevadas, sempre se aconselha aos jovens praticantes começarem com as potências mais baixas (corpos de energia inferior), e depois trabalharem os corpos mais altos, quando então se encontra o remédio correto. No processo da imposição de mãos, muitos curadores são capazes de escolher o corpo que vão trabalhar. O mesmo vale para a meditação autocurativa, quando se podem trabalhar todos os corpos. A radiônica é um método usado para destilar as energias curativas do Campo de Energia Universal com o uso de máquinas que geram "ordens" ou "frequências". A par com a *radiathesia,* a radiônica transmite energias através do Campo da Energia Universal para pacientes localizados a distâncias consideráveis dos praticantes. Uma amostra de sangue ou um fio de cabelo do paciente geralmente é utilizado como "antena". O praticante de radiônica escolhe a camada áurica que pretende trabalhar.

A quiroprática atinge, sem dúvida, os três primeiros níveis da aura, como as ervas, as vitaminas, as drogas e a cirurgia. É claro que a imposição das mãos, as meditações de cura e o tratamento pela luz, pela cor, pelo som e pelos cristais, todos alcançam os níveis superiores do campo áurico. Por meio da pesquisa, poderemos aprender muito mais a respeito do modo de usá-los para conseguir os melhores resultados.

Já se escreveu um sem-número de livros sobre esses tipos de cura. Para completar suas leituras, recomendo os seguintes: *The Science of Homeopathy,** do dr. George Vithoulkas, *Dimensions of Radionics,*** do dr. David Tansley, *hiropratic, A Modern Way to Health,* do dr. Julius Dontenfass, *Traditional Acupuncture: The Law of the Five Elements,* da dra. Dianne M. Connelly.

Os médicos deste país concentraram-se principalmente no corpo físico e tornaram-se expertos nesse campo, sobretudo em doenças específicas de órgãos e sistemas de órgãos. Os principais métodos aplicados são as drogas e a cirurgia. Um dos maiores problemas provocados pelo uso das drogas e da cirurgia são os tremendos efeitos colaterais que eles criam muito amiúde. As drogas são prescritas a partir do conhecimento do funcionamento do corpo físico, mas elas também contêm energias nas esferas superiores que, naturalmente, afetam os corpos superiores. Os efeitos dessas drogas sobre os corpos superiores não têm sido estudados diretamente quando se testam as drogas para serem usadas. Ao contrário, só se percebem os efeitos das energias mais elevadas quando elas são finalmente lançadas no corpo físico. Tenho visto o pós-efeito das drogas persistir na aura durante períodos de até dez anos após a sua ingestão. Uma droga, por exemplo, usada antigamente para curar hepatite, passou a causar, cinco

---

* *Homeopatia: Ciência e cura,* publicado pela Ed. Pensamento.
** *Dimensões da Radiônica,* publicado pela Ed. Pensamento.

anos mais tarde, deficiências imunológicas. Um corante vermelho, colocado na coluna vertebral com finalidades exploratórias, passou a inibir a cura de nervos espinhais dez anos depois.

Rumo a um Sistema Holístico de Cura

Acredito que os sistemas holísticos de cura do futuro combinarão o tremendo corpo de conhecimentos "analisados" da medicina tradicional com os conhecimentos "sintetizados" dos sistemas superiores de energia corporal. Os futuros sistemas holísticos de cura diagnosticarão e prescreverão um tratamento simultâneo para todos os corpos de energia e para o corpo físico, conforme as necessidades do paciente, e incorporarão os processos de cura, tanto internos como externos. Médicos, quiropráticos, homeopatas, curadores, terapeutas, acupunturistas, etc., todos trabalharão juntos para ajudar o processo de cura. O paciente será visto como uma alma em sua jornada de volta ao lar, ao seu verdadeiro eu, à Divindade, e à doença, como uma das maneiras de indicar ao viajante a direção certa.

Para fazê-la, precisamos empregar os métodos analíticos desenvolvidos pelos médicos, mergulhando nos mistérios do corpo superior a fim de adquirir um conhecimento prático do seu funcionamento e da sua estrutura. Precisamos juntar os projetos de pesquisa em que se põem à prova os métodos de cura do corpo superior juntamente com a medicina científica alopática atual, para analisar os efeitos combinados. Como trabalham juntos as drogas alopáticas e os remédios homeopáticos? Quais são os que se harmonizam, sustentando e acentuando uma cura? Quais são os que se hostilizam, e não devem ser usados ao mesmo tempo?

Precisamos concentrar-nos na descoberta de um método de detecção para observar os corpos de energia. Sendo o etérico formado da matéria mais grosseira, o mais parecido com o corpo físico e, provavelmente, o mais fácil de detectar, deveríamos concentrar-nos primeiro nele. Que tremendo instrumento teríamos em mãos se pudéssemos produzir uma imagem da estrutura de grade do etérico para mostrar os equilíbrios e desequilíbrios da energia! Com essa informação e novos estudos, poderíamos descobrir métodos mais práticos e eficientes para reequilibrar as energias do etérico. E no futuro, devido as nossas pesquisas, acabaríamos descobrindo métodos aplicáveis aos corpos superiores.

Dessa maneira, poderíamos curar o distúrbio antes que ele se manifestasse no corpo físico como doença física.

Antes de tudo, eu procuraria ensinar aos profissionais da área de saúde, especialmente aos médicos, a perceberem os campos, de modo que também pudessem ver o processo da doença no interior do corpo vivo do paciente. Alguns médicos já estão pedindo ajuda. Mandam os casos mais difíceis para os curadores. Em geral, fazem-no às escondidas. Já é chegada a hora de saírem do gabinete e trabalharem abertamente, como grupos.

Com pessoas altamente treinadas e qualificadas, capazes de detectar, com um simples olhar, os processos internos do corpo, não é difícil de imaginar até onde essas pessoas poderiam levar a pesquisa médica. Em lugar de enfatizar a observação de animais em laboratórios, a pesquisa poderia concentrar-se no paciente verdadeiro e em suas necessidades pessoais. Quando alguém for capaz de conhecer diretamente (de "ler") a espécie de tratamento de que um paciente necessita, serão elaborados programas em nível pessoal para a cura de cada indivíduo.

Heyoan declarou que "a substância precisa, ministrada na dosagem precisa, no momento preciso, a cada indivíduo age como substância transmutativa, e cria saúde da maneira mais eficiente, com os menores efeitos colaterais, no período de tempo mais curto possível". A saúde aqui não é apenas a saúde física; é o equilíbrio completo em todos os níveis.

Supondo que tenhamos esse potencial, examinemos as muitas maneiras diferentes de obter informações sobre todos os níveis da aura.

Revisão do Capítulo 16

1. Descreva o processo da cura interior.
2. Descreva o processo da cura exterior.
3. Quais são os níveis do CEH em que trabalham os remédios?
4. Quais são os níveis do CEH em que se põem à prova os efeitos do remédio nas práticas médicas normais?
5. Como se relaciona a potência de um remédio homeopático com a aura? Que remédios homeopáticos agem sobre que níveis áuricos?

Matéria para reflexão

6. Quais são os principais efeitos da compreensão do processo da doença pelo CEH sobre as práticas médicas? Incluindo aplicações, funcionamento psicodinâmico, responsabilidade do paciente e autopercepção.
7. Como se pode integrar a cura através dos campos áuricos nos processos médicos normais?

Capítulo 17

O ACESSO DIRETO À INFORMAÇÃO

....

O acesso à informação fora dos meios normais favorece muito a cura. É possível obter, por este método, qualquer tipo de informação de que precisamos, ou quase. Acesso direto significa, sem tirar nem pôr, o que isso implica. Você se liga diretamente à informação que deseja ter e a recebe. O processo foi rotulado de Alta Percepção Sensorial, de clariaudiência, de clarividência, de clarissenciência ou leitura psíquica. Examinemos com mais clareza a exata natureza do processo.

A informação que lhe chega, chega através dos seus cinco sentidos, rotulados tradicionalmente de visão, tato, paladar, audição e olfato. A maioria das pessoas desenvolveu, mais do que aos outros, alguns desses meios de acesso à informação. Seus processos internos de pensar, de sentir e de ser têm muito a ver com os seus modos de obter informações, como os programadores neurolinguísticos Richard Bandler e John Grinder afirmaram em seu livro, *Frogs to Princes*. Sua experiência interior passa através de certos canais habituais. Você pode trabalhar essencialmente com uma combinação de processos visuais e cinestésicos, ou auditivos e cinestésicos, ou visuais e auditivos. Todas as combinações são possíveis. Usam-se combinações diferentes para diferentes processos internos. Você pode saber se pensa, ou não, antes de tudo, através de imagens, sons ou sentimentos. Recomendo-lhe que o descubra, porque o modo com que você se utiliza dos sentidos normais é o que eu lhe recomendo para aprender a desenvolver a sua Alta Percepção Sensorial.

Se me dão um nome, por exemplo, primeiro ouço o nome, depois procuro cinestesicamente em todas as direções até sentir que está sendo feita uma conexão com essa pessoa. A partir desse ponto, vejo imagens e ouço informações a respeito da pessoa nomeada. Alguns anos atrás eu não teria podido fazê-lo.

O primeiro Alto Sentido que desenvolvi foi o cinestésico. Passei muitas horas fazendo psicoterapia do corpo, tocando pessoas e seus campos de energia. Dali a pouco, o meu discernir mudou-se em "ver". Comecei a ver coisas correlacionadas com o que sentia. Depois de muita prática, comecei a ouvir informações. Cada um desses modos de acesso pode ser aprendido por intermédio de exercícios e meditações. Ingressando num estado calmo de quietude e concentrando-se num dos seus sentidos, você o acentua. Isso só demanda prática. O difícil é aprender a entrar num estado calmo e permanecer concentrado no seu propósito.

Exercícios para intensificar suas percepções

Para intensificar o sentido cinestésico, coloque-se numa posição meditativa confortável e concentre-se em sentir o interior do corpo. Concentre-se nas partes do corpo e nos órgãos. Se isso ajudar, toque a parte que está focalizando. Se propende a ser visual, pode querer olhar para essa parte do corpo. Se tende a ser auditivo, talvez deseje prestar atenção à sua respiração ou às batidas do coração para auxiliar-lhe a focalização.

A seguir, faça o mesmo com o espaço à sua volta. De olhos cerrados, sente-se e sinta a sala em que se encontra. Focalize, procure alcançar ou sorria para localizações ou objetos diferentes na sala. Precisando de ajuda, abra os olhos ou toque os objetos da sala; depois volte a sentar-se e a sentir simplesmente. Agora, faça um amigo conduzi-lo, de olhos vendados, a uma sala que não lhe é familiar. Sente-se e sinta o espaço cinestesicamente da mesma maneira que sintonizou o seu corpo. Que aprendeu a respeito da sala? Desvende os olhos e verifique. Faça o mesmo em relação a pessoas, animais e plantas.

Para intensificar o sentido visual, sente-se outra vez para meditar e, de olhos fechados, examine o interior do seu corpo. Se lhe for difícil fazê-lo, descubra o sentido que o ajudará. Toque a parte ou preste atenção aos seus processos internos até conseguir uma imagem deles. Agora faça o mesmo com a sala. Primeiro, de olhos abertos, examine-lhe os pormenores; em seguida, cerrando os olhos, crie uma imagem da sala na mente. Vá depois para uma sala com a qual não está familiarizado e comece com os olhos fechados. O que pode "ver"?

Lembre-se de que estamos falando em percepção visual. Isso difere do processo de visualização, ato criativo em que você visualiza o que deseja criar.

Para intensificar o sentido auditivo, sente-se para meditar. Preste atenção ao interior do seu corpo. Mais uma vez, se precisar de ajuda com esse sentido, ponha a mão na parte para a qual está atentando e sinta-a, ou olhe para ela. Depois saia para o exterior e preste atenção a todos os sons à sua volta. Na mata, por exemplo, começará a ouvir o sincronismo dos sons, que, juntos, compõem uma sinfonia. Preste uma atenção ainda maior. O que mais pode ouvir? Sons que não existem? Preste mais atenção ainda – algum dia eles terão um significado para você. Em seu livro *Stalking the Wild Pendulum*,* Itzhak Bentov escreve acerca do som agudo que muitos meditadores conseguem ouvir acima do alcance normal do ouvido. E ele foi capaz de medir-lhe a frequência.

À medida que desenvolvi minhas capacidades "visuais", descobri que as imagens chegavam de duas formas. Uma simbólica, outra literal. No caso da imagem simbólica, vemos simplesmente uma imagem que tem significado para a pessoa para a qual estamos "lendo". Podemos ver, por exemplo, uma nebulosa girando no céu ou um grande bolo de chocolate. No caso da imagem literal, vemos imagens de acontecimentos ou coisas. Podemos testemunhar uma experiência que o paciente teve no passado. Tanto na visão simbólica como na "leitura" de um acontecimento, o curador assume a posição de testemunha. Isto é, entra na estrutura desse tempo e presencia os eventos à medida que eles acontecem. O mesmo vale para a visão simbólica. O curador observa a visão desdobrar-se e descreve-a à proporção que ela se desenvolve. Chamo a isto canalização receptiva. É muito importante que a visão não seja interpretada nem perturbada pelo curador enquanto ela se desenrola.

O significado da visão pode ser diferente para o curador e para o paciente. Se vir uma imagem simbólica, digamos, de um automóvel azul deslizando pela estrada, você não pergunta imediatamente: "Que significa isso?" Apenas observa o carro deslizando pela estrada e deixa que a cena se estenda à sua frente. Nesse processo, você coligirá informações peça por peça e, lentamente, construirá uma imagem compreensível. Só mais tarde saberá se a imagem tem um significado simbólico ou se é literal (isto é, alguma coisa que realmente aconteceu ou pode acontecer). Esse tipo de recepção de informação exige muita fé. Você pode levar de meia hora a uma hora para construir a imagem e fazer dela alguma coisa compreensível.

Por outro lado, alguns leitores usam seus próprios símbolos e dão leituras interpretando-os. Isso só funciona com muita prática, porque o leitor primeiro precisa construir um conjunto claro de símbolos, através dos quais recebe informações.

Em outro tipo de visão literal, o curador vê a imagem de um órgão interno do paciente. A imagem ou aparece numa tela, na mente do curador, a que dou o

---

* *À espreita do pêndulo cósmico*, publicado pela Editora Pensamento.

nome de tela da mente, ou parece localizar-se no corpo do paciente, como se o curador pudesse ver através das camadas do corpo e chegar ao interior do órgão, feito um aparelho de raio X. Chamei-lhe visão interna. É um instrumento eficientíssimo para ajudar a descrever uma doença. Com a visão interna você utiliza o acesso direto ativo, isto é, sai à cata da informação específica que deseja obter. Empregando a visão interna, por exemplo, posso olhar para onde quer que deseje fazê-lo dentro do corpo. Posso decidir para onde olhar, a que profundidade, em que nível da aura e em que resolução ou tamanho, desde o macro até o microscópico.

Percepção a Longa Distância

Descobri que o acesso direto funciona estando a pessoa na mesma sala, ou longe de você. A leitura de aura à maior distância que já fiz foi durante uma conversa telefônica entre a cidade de Nova York e a Itália. Neste ponto da minha experiência, minhas leituras a longa distância parecem bem exatas, mas os tratamentos não são tão eficazes como quando estou na sala com a pessoa.

Acesso Direto e Precognição

Em muitas ocasiões, as pessoas têm feito ao meu guia perguntas relativas ao futuro. Ele sempre responde dizendo ser possível falar sobre a provável realidade futura, mas não sobre realidades futuras absolutas, porque todos temos livre-arbítrio para criar o que desejamos no porvir. Também declara que não fará predições, mas depois muitas vezes se adianta e responde à pergunta formulada. Até agora a maioria desses futuros possíveis se concretizou. Heyoan, por exemplo, disse a alguém que talvez lhe interessasse entrar em contato com a Organização das Nações Unidas para ali trabalhar. Depois disso, a pessoa recebeu dois convites para trabalhar na ONU. Outra pessoa ficou sabendo que poderia ver-se envolvida com o serviço diplomático do México e que faria um contato quando estivesse passando as férias em Portugal. Dito e feito. A outros foi declarado que precisavam terminar certas coisas em sua vida porque provavelmente teriam de mudar-se. Estão-se mudando agora, se bem não tivessem pensado nisso antes. No início de determinado tratamento, disseram-me que a paciente era portadora de um câncer e ia morrer. Morreu. Ninguém suspeitava disso quando ela se apresentou para o tratamento, e o câncer só foi descoberto depois de quatro exames, cerca de quatro meses depois. Os resultados dos exames mostraram a mesma forma, o mesmo tamanho e a mesma localização do tumor que eu vira por meio da visão interna. É claro que fiquei muito perturbada quando a informação me chegou. Eu não disse nada à paciente, senão que procurasse o médico sem perda de um instante. Infelizmente eu não tinha acesso a ele. Experiências como esta suscitam questões sobre a verdadeira extensão da responsabilidade do curador, o que será discutido mais tarde neste livro.

A melhor mensuração do processo de acesso direto à informação é o trabalho feito sobre visão remota por Russel Targ e Harold Puthoff, do Instituto de Pesquisa Stanford, os quais descobriram que um vigia, no porão do laboratório em Stanford, podia desenhar um mapa muito preciso da localização de certo grupo de pessoas enviadas a vários lugares predeterminados. Targ e Puthoff encetaram suas experiências com físicos conhecidos e depois descobriram que, fossem quais fossem, as pessoas escolhidas por eles, até as mais céticas, poderiam fazê-lo. Acredito que o que faço é muito parecido com isso, só que aplicado à cura das pessoas.

Em resumo, tenho para mim que a maioria dos indivíduos pode utilizar alguma espécie de acesso direto à informação na sua vida cotidiana. Que informação pode ajudá-lo a exercitar melhor sua profissão? Você provavelmente o perceberá fazendo uso da própria Percepção Sensorial Superior. Tudo isso é outra maneira de dizer que o ser humano tem muitas maneiras de receber informações e orientação – bastando-lhe, para tanto, solicitar a informação e a orientação ou abrir-se para recebê-las.

O acesso direto às informações tem muitas implicações para o futuro. Se nós, como espécie, estamos aprendendo a obter informações, como o sugere a evidência, isso influirá em todo o nosso sistema educacional e, evidentemente, na sociedade em que vivemos. Iremos à escola não só para aprender a raciocinar por dedução e indução, para colher informações e intensificar a memória, *mas também para aprender a obter acesso instantâneo ao que quer que desejemos saber.* Em lugar de passar horas decorando coisas, aprenderemos a ter acesso à informação já armazenada na "memória" do campo da energia universal. Em termos esotéricos, a essa armazenagem da informação dá-se o nome de registros acásicos, que são a impressão energética fixa, dentro do holograma universal, de tudo o que já aconteceu ou já se conheceu. Nesse tipo de função do cérebro, a informação não se armazena em nossa mente; simplesmente se lhe acrescenta. Nesse tipo de função do cérebro, recordar significa sintonizar de novo o holograma universal e ler a informação outra vez, e não vasculhar a mente para recuperar a informação.

Visto que a informação existe fora da limitação do tempo linear, como vimos no Capítulo 4, seremos provavelmente capazes, até certo ponto, de ler o futuro, como o fez Nostradamus quando predisse a ascensão de um ditador chamado Histler na Europa, uns duzentos anos antes de Hitler.

Revisão do Capítulo 17

1. Quais são os principais meios de chegar diretamente à informação?
2. Descreva as maneiras de intensificar o sentido visual, o auditivo e o cinestésico.
3. Sendo a pessoa cinestésica, que tipo de meditação e acesso direto deve ela focalizar?
4. Qual a diferença entre olhar ativamente para a aura e percebê-la simbolicamente?
5. O acesso direto à informação funciona à distância? Até onde? Do ponto de vista da física, que explicações existem para o fenômeno?
6. Qual é a diferença entre canalização ativa ou receptiva e acesso à informação?

Matéria para reflexão

7. Você é, principalmente, visual, auditivo ou cinestésico?

Capítulo 18

VISÃO INTERIOR

Minha primeira experiência de visão interior verificou-se certa manhã cedo quando, deitada na cama, eu observava a interessante estrutura muscular e óssea da nuca do meu marido, que dormia ao meu lado, de costas para mim. Achei muito interessante o modo com que os músculos se ligavam às vértebras cervicais. De repente, me dei conta do que estava fazendo e, logo, interrompi a observação. Não "voltei", por algum tempo, a esse nível da realidade, imaginando ter inventado tudo aquilo. É evidente que acabei voltando. Comecei-a "ver" meus clientes por dentro. Embora desconcertante a princípio, minha visão interior persistiu e eu também. A visão interior se correlacionava com outras informações que pude colher a respeito dos pacientes, deles mesmos ou dos seus médicos.

A visão interior é a versão humana dos raios X ou do processo de ressonância magnética nuclear, e igualmente sofisticada. A visão interior inclui a capacidade de olhar para dentro do corpo em qualquer profundidade e resolução (dentro de certo alcance) que se deseje ver. É um novo modo de perceber as coisas. Se eu desejo ver um órgão, focalizo-o. Se desejo ver o interior do órgão ou uma parte especial dele, focalizo esse interior ou essa parte. Se desejo ver um microrganismo que está invadindo o corpo, focalizo-o. Recebo dessas coisas imagens que se diriam normais. Um fígado bom e saudável, por exemplo, tem uma coloração vermelha-escura, exatamente igual à que se apresenta à visão normal. O fígado ictérico terá uma coloração enfermiça, marrom-amarelada. O fígado de uma pessoa submetida à quimioterapia geralmente se apresenta marrom-esverdeado. Os microrganismos, de certo modo, têm o aspecto que apresentam ao microscópio.

Minhas experiências de visão interior, que ocorreram espontaneamente a princípio, mais tarde se tornaram mais controláveis. Comecei a compreender que, para ver desse jeito, eu precisava encontrar-me num estado particularmente aberto, com meu terceiro olho (sexto chakra) ativado e o resto da mente num estado relativamente calmo, focalizado. Posteriormente, descobri técnicas capazes de produzir esse estado, de modo que podia olhar para dentro do corpo quando me apetecia fazê-lo, contanto que pudesse entrar nesse estado mental e emocional. Se eu estivesse cansada, talvez não o conseguisse, em parte por ser mais difícil focalizar e aquietar a mente quando estamos fatigados. É também mais difícil elevar nosso ritmo vibracional quando nos cansamos. Descobri, outrossim, que pouco fazia que os meus olhos estivessem abertos ou não, a não ser pela interferência de informações adicionais que pudessem chegar-me através dos olhos abertos. Às vezes, a informação adicional favorece a focalização; às vezes, atrapalha-a. Às vezes, por exemplo, uso os olhos a fim de ajudar a focalizar a mente no ponto para o qual estou olhando. Em outras ocasiões, cerro os olhos num esforço para afugentar a outra informação, que pode estar distraindo minha atenção.

Exemplos de Visão Interior

A Figura 18-1 mostra um exemplo dessa visão. Na parte superior esquerda vemos a visão áurica frontal exterior, na parte superior direita a visão interior, e na ilustração inferior a visão dorsal exterior. Foi o caso de uma amiga minha que caiu sobre o gelo e machucou o ombro. Ao trabalhar com ela, vi a "hemorragia áurica" saindo pela frente do ombro, onde ela perdia energia. As linhas de energia da área dorsal, ao longo do músculo trapézio, emaranhadas, precisavam ser endireitadas. Apliquei a mão direita, como se fosse uma ventosa, sobre a hemorragia para estancá-la e penteei as linhas emaranhadas de energia nas costas. Enquanto o fazia, vi a cabeça esmagada do úmero, esmagamento mais tarde confirmado por uma radiografia. Essa sessão "curta" (meia hora) curou a hemorragia e os emaranhados e contribuiu para uma cura mais rápida do osso esmagado.

Outro exemplo, que se vê na Figura 18-2, é um cisto do ovário, do tamanho aproximado de uma bola de tênis, com 7 cm de diâmetro. No dia 3 de janeiro (Figura 18-2A), ele parecia cinzento azulado. O cisto já fora diagnosticado por um médico, mas a inflamação da pelve, que aparecia na aura com uma cor

Visão frontal

Vermelho

Exploração externa

Exploração interna

Visão dorsal

Azul-acinzentado

Linhas de energia emaranhadas

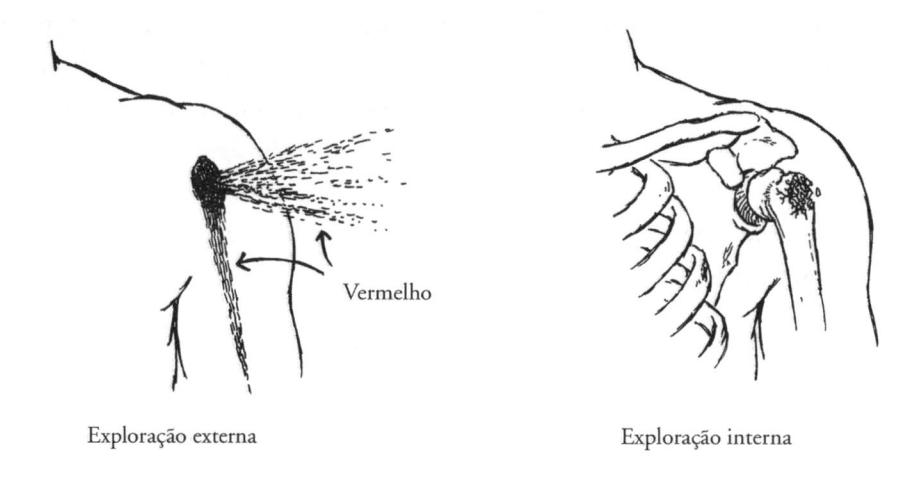

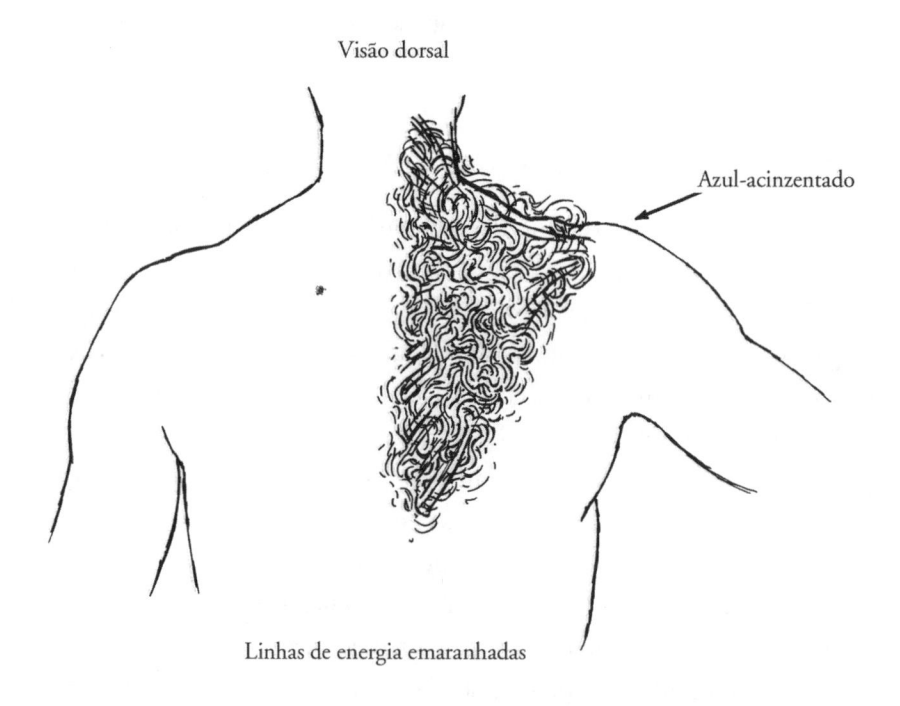

Figura 18-1: Ferimento no ombro visto por intermédio da visão interior (diagnóstico por imagem)

vermelha-escura, não o fora. No dia 15 de janeiro (Figura 18-2B), o cisto encolhera quatro centímetros, e a inflamação havia sido diagnosticada pelo médico. No dia 21 de janeiro (Figura 18-2C), o cisto media dois centímetros, mas começara a escurecer e exibia uma estranha configuração espiralada ligada a ele. A paciente fora submetida a uma dieta de limpeza, que estava afastando o problema. (Não administrei tratamento nenhum naquele tempo; só observava o desenrolar do processo.) No dia 29 de janeiro (Figura 18-2D), o cisto aumentou para três centímetros, e ficou do tamanho de uma moeda de 25 centavos no início da menstruação (ocorrência comum em se tratando de cistos). Em 6 de fevereiro (Figura 18-2E), o cisto diminuíra para um centímetro; em 3 de março (Figura 18-2F) desaparecera completamente, substituído por uma grande quantidade de energia boa, saudável, pré-menstrual. Todas essas observações correlacionaram-se, no tocante ao tamanho, com as observações do médico no exame da pelve.

Por causa da coloração escura do cisto na aura no dia 21 de janeiro, tanto o médico quanto eu aconselhamos à paciente que tomasse antibióticos. Esse tipo de problema, a inflamação da pelve, que durasse um longo período de tempo (três anos nesse caso) era conhecido como precursor do câncer, que desejávamos impedir, livrando a paciente da infecção, e sujeitando-a a uma dieta de limpeza durante todo o tratamento. Ela poderia ter-se livrado da infecção sem o antibiótico, mas não quisemos arriscar-nos. Para a minha visão interior, o cisto era quase preto. Na fase inicial, o câncer se apresenta azul-acinzentado escuro. À medida que progride, aparece preto na aura. Mais tarde, o preto é salpicado de manchas brancas. E quando estas começam a faiscar e a jorrar como um vulcão, inicia-se a fase metastática. No caso em tela, o cisto estava ficando tão escuro que já não se podia esperar que a simples dieta de limpeza fizesse o trabalho que precisava ser feito.

A Figura 18-3A mostra outro caso de inflamação da pelve, um cisto ovariano e um tumor fibroide. Como se pode ver, os cistos se distinguem facilmente dos tumores fibroides, que assumem no campo uma cor marrom-avermelhada.

A Figura 18-3B mostra um exemplo do uso da visão interior remota. No fim de uma de minhas aulas, uma aluna me perguntou se eu podia ministrar um tratamento a uma amiga sua, portadora de dois fibromas. Enquanto ela fazia a solicitação, tive uma visão interior imediata da região pélvica da sua amiga. Desenhei-a no quadro negro. Dois meses depois, quando ministrei um tratamento à paciente, o desenho se confirmou. O que eu vira foi corroborado pelo diagnóstico do médico. Ela apresentava dois tumores fibroides, relativamente pequenos, que pareciam castanho-avermelhados na aura. O tumor à direita localizava-se

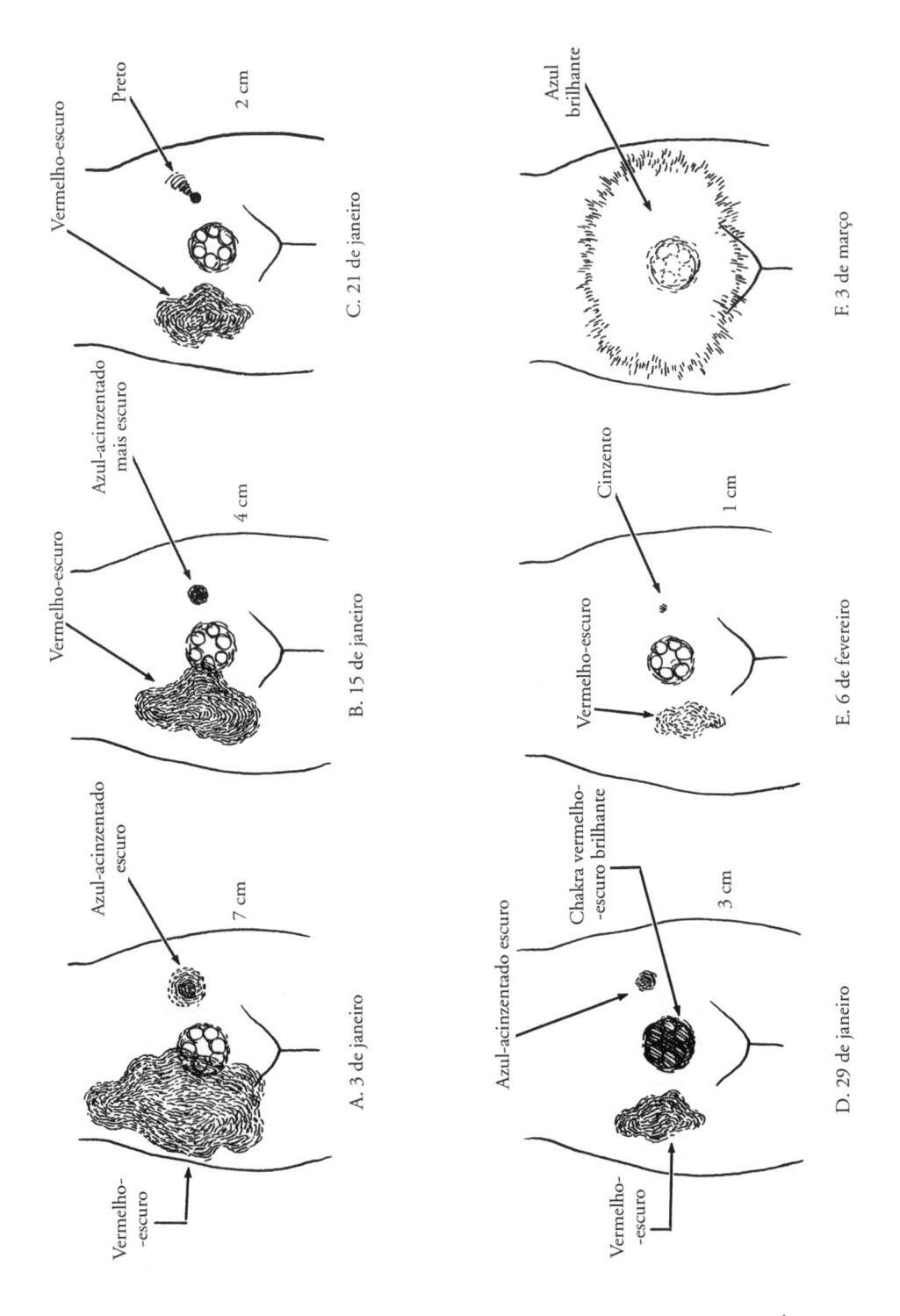

Figura 18-2: Cura de inflamação da pelve e de um cisto ovariano (Visão interior) (diagnóstico por imagem)

acima e fora do útero, ao passo que o da esquerda, situado mais abaixo, estava parcialmente incrustado no útero. O que eu não vira à distância, mas observei durante o tratamento, foi que o segundo chakra frontal ostentava um dilaceramento, provavelmente devido, em parte, à extração do ovário esquerdo. É muito provável que o chakra já estivesse perturbado antes da ablação do ovário, causando primeiro a disfunção. Estou certa de que a cirurgia agravou o trauma do chakra. Além do trauma cirúrgico, as mulheres costumam retirar sua energia da área em que o ovário foi removido, porque não querem sentir a dor emocional da perda do ovário. Esse tipo de obstrução inibe o processo de cura natural nessa área do corpo, e só acaba piorando o trauma.

Precognição com Visão Interior

Um exemplo de precognição ou de advertência dos mestres espirituais aconteceu um dia em que fui visitar uma amiga. Eu me encontrava a três quarteirões do seu local de trabalho quando me disseram que ela não estaria ali, que poderia ter tido um ataque do coração e que eu precisava ministrar-lhe um tratamento. Achando o escritório fechado, fui para o seu apartamento, onde topei com ela às voltas com uma dor física, segurando o braço esquerdo de encontro ao corpo. Passara a manhã na sala de emergência fazendo cardiogramas. A Figura 18-4 mostra o que a minha visão me revelou. Havia dor emocional e medo presos na garganta e no plexo solar, e energia estagnada na área do coração, que lhe impregnava o corpo e depois voltava diretamente para trás, passando pela fase dorsal do chakra do coração. A quinta vértebra torácica, deslocada para a esquerda, não se associa aos nervos do coração, mas localiza-se na raiz do chakra. Observei também uma fraqueza na aorta, logo acima do músculo cardíaco. Enquanto trabalhávamos juntas para clarear a energia estagnada em torno do coração, minha amiga liberou a constrição emocional das áreas da garganta e do plexo solar, partilhou a dor comigo e começou a chorar. A energia escura se foi; a quinta vértebra torácica voltou para o lugar. Ela sentiu-se muito melhor. A fraqueza da aorta ainda perdurava quando me despedi, mas diminuiu consideravelmente com o tempo.

Visão interior Microscópica

Dois exemplos de visão interior microscópica se veem na Figura 18-5A e B. A Figura 18-5A mostra os minúsculos organismos, em forma de bastonetes, que impregnavam a área do ombro e do braço de uma pessoa portadora de um

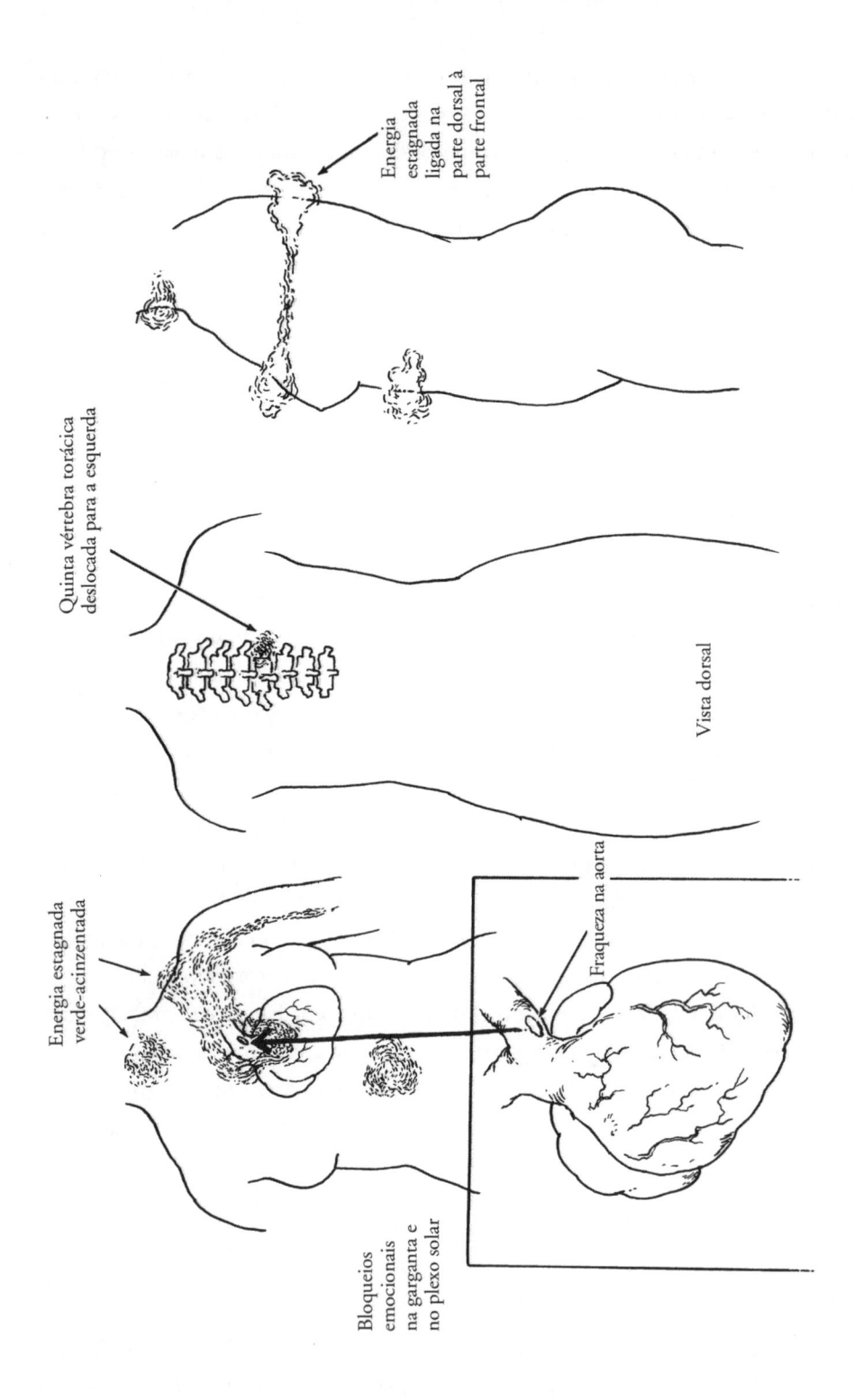

Figura 18-4: Visão interior de problemas do coração

problema diagnosticado como infecção semelhante à lepra. Vi os organismos penetrando a área – tanto o músculo como o osso. Enquanto fazíamos o tratamento, uma luz cor de alfazema, e depois prateada, muito forte, inundou o corpo e encheu a área infectada. Por efeito da luz, os organismos vibravam em alta velocidade, como se ela pretendesse derrubá-los. Depois o fluxo de energia começou a girar e sugou-os para fora do corpo.

No caso de uma paciente de leucemia mieloblástica aguda, chamada Rose, submetida à quimioterapia, vi objetos de aspecto estranho, achatados, brancos, semelhantes a sementes, que pareciam estar amassando os glóbulos vermelhos do sangue (Figura 18-5B). Cerca de um ano antes ela viera procurar-me, depois de ter ouvido de vários médicos que morreria provavelmente dentro de duas semanas. Naquela ocasião, sujeitaram-na imediatamente a cuidados intensivos e à ação da quimioterapia. Ela contou que, quando lhe disseram que só lhe restavam duas semanas de vida, viu uma luz cor de ouro esbranquiçado e soube que não ia morrer. No rótulo de cada frasco de fluido, incluindo os da quimioterapia, que ingeriu durante a estada no hospital, escreveu: "puro amor". A quimioterapia não produziu efeitos colaterais, e Rose entrou num período de remissão.

Quando passou a paciente de ambulatório e continuou a quimioterapia, também começou a ter sessões de canalização com uma amiga minha, Pat Rodegast, que canaliza um guia chamado Emmanuel. Emmanuel aconselhou Rose a interromper a quimioterapia que a estava deixando doente. Os médicos, porém, lhe asseguraram que, se ela interrompesse a quimioterapia, morreria logo, porque os testes de sangue mostravam que ela ainda se achava em processo de remissão – e não se curara. Esta não era uma decisão fácil de tomar, mas ela decidiu parar. A essa altura, procurou-me, e vi-lhe no sangue os objetos em forma de sementes. Já no primeiro tratamento, esses objetos se soltaram após uma rajada de luz cor de alfazema e, depois, prateada e, em seguida, todos foram sugados. O exame seguinte mostrou-lhe o sangue completamente claro e normal, pela primeira vez desde o diagnóstico.

Eu, evidentemente, não fui o principal instrumento de sua cura; limitei-me a apoiá-la e purificar-lhe o sangue. Graças à visão interior, pude tranquilizá-la, assegurando-lhe que nada havia de anormal no seu sangue, o que continuou a ser corroborado pelos exames, até que decidimos não ser mais importante para ela ver-me e receber este apoio. Não lhe foi fácil defender a sua verdade. Ela precisava do apoio porque, na ocasião, os médicos receavam, sinceramente, que ela viesse a morrer muito depressa se abrisse mão da quimioterapia, e não se cansavam de repeti-lo. Não digo isso à guisa de crítica; os médicos estavam fazendo quanto podiam para salvar-lhe a vida. Neste caso, porém, havia outros fatores em ação, a cujo respeito eles nada sabiam. Como terapeuta, eu tinha acesso às informações. Eles não o tinham. Eis aí uma prova do quanto seria proveitosa para os pacientes a colaboração franca dos curadores espirituais com os médicos. Temos muita coisa para dar uns aos outros que pode ajudar o processo da cura.

O Processo da Visão Interior

Tenho a seguinte explicação do modo como funciona esse tipo de visão. Com minha visão interior de raio X, pude observar o caminho seguido pela luz que entra no corpo. E vi o seguinte: a luz penetra não só pelo terceiro olho, mas

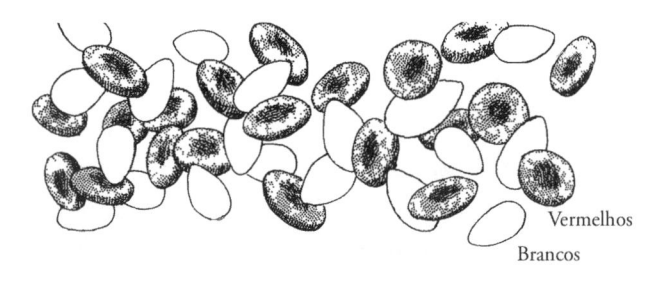

Vermelhos
Brancos

B. O sangue de um paciente de leucemia

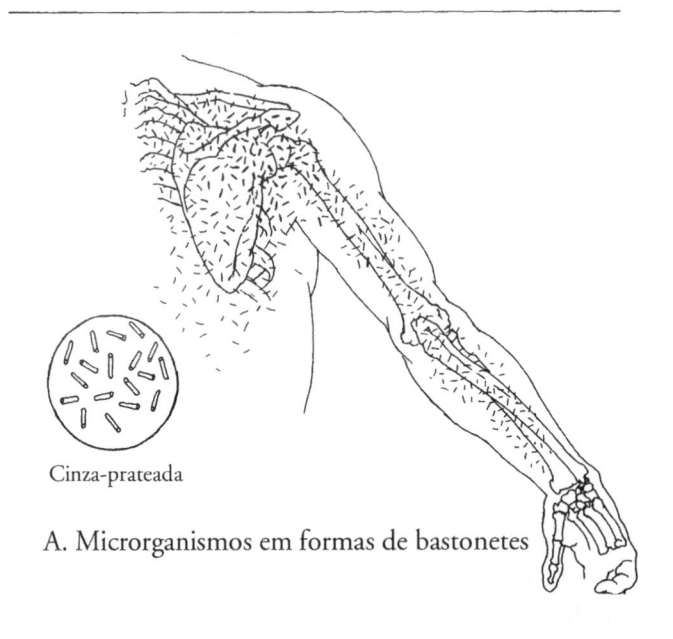

Cinza-prateada

A. Microrganismos em formas de bastonetes

Figura 18-5: Visão interior microscópica

também pelos olhos físicos, e flui ao longo dos nervos óticos, como mostra a Figura 18-6. Essa luz, de vibração mais elevada que a luz visível, passa através da pele. Atravessa o quiasma ótico e contorna a pituitária, que fica logo atrás do quiasma. Em seguida, segue por dois caminhos, um que vai para os lobos occipitais, servindo à visão normal, e outro que vai para o tálamo, servindo ao controle oculomotor. De acordo com minhas observações, certas técnicas respiratórias e

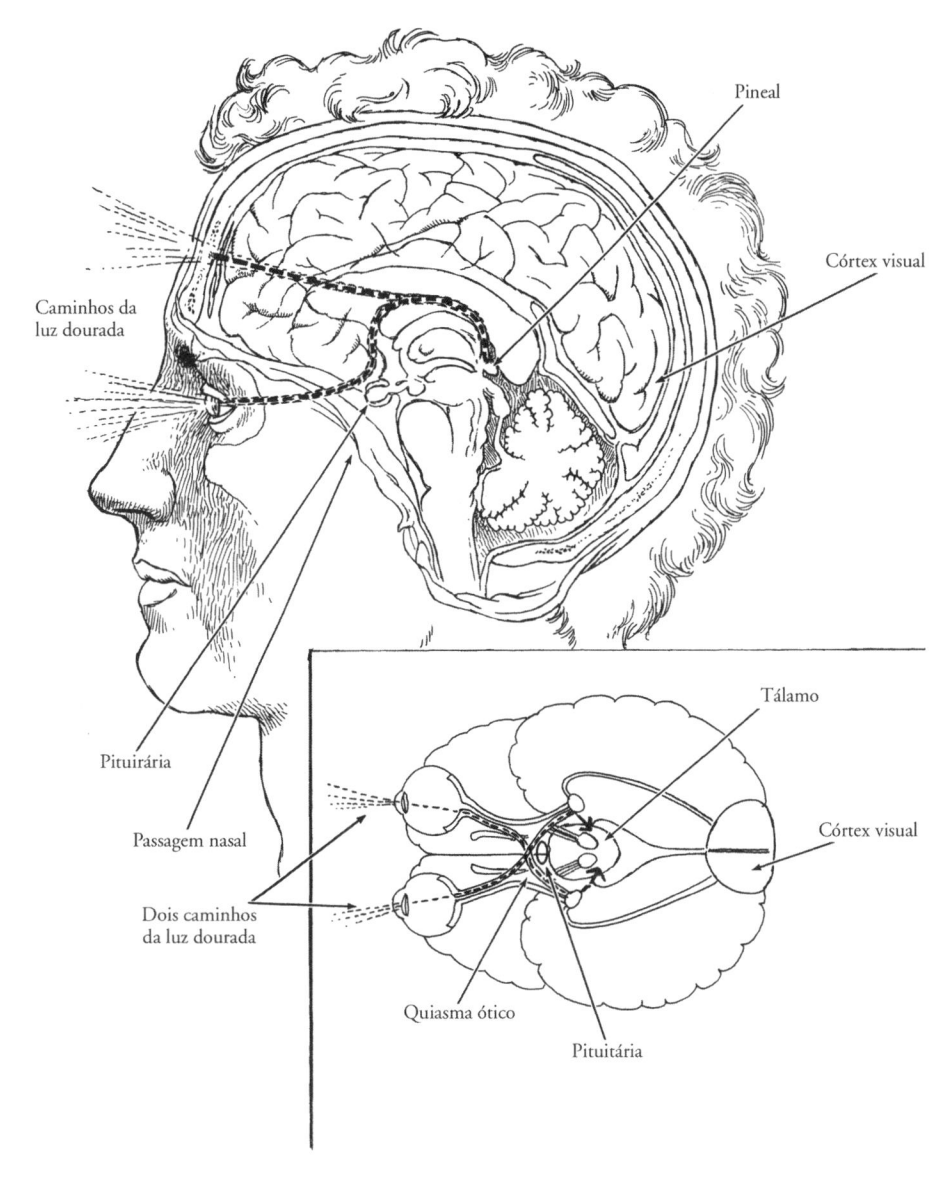

Figura 18-6: Anatomia da visão interior

de meditação induzem a pituitária a vibrar e irradiar luz áurica dourada (ou cor-de-rosa, se a pessoa estiver apaixonada). A vibração e a luz dourada aumentam a quantidade de luz que se ramifica na área do tálamo. De acordo com a minha visão, a luz áurica se arqueia sobre o fundo do corpo caloso e se dirige para a glândula pineal, que age como detector da visão interior. Respirando de maneira controlada, que faz o ar arranhar a parte superior traseira da garganta e o véu do paladar, localizado do outro lado da pituitária, estímulo a pituitária a vibrar do mesmo modo. A respiração meditativa também me ajuda a concentrar a mente e aquietá-la, além de fazer a luz dourada subir pela face dorsal da coluna, desde a base, e a luz cor-de-rosa subir pela face frontal. As duas correntes se arqueiam uma sobre a outra na área do tálamo, levando mais energia para o centro da testa e para as áreas centrais do cérebro, com as quais enxergo. O que esse tipo de visão faculta é permitir que alguma coisa (energia, informação) chegue à região do terceiro olho da cabeça, e traz consigo a capacidade de investigar na profundidade que se deseja, seja ela qual for, com ampla extensão de resolução, até o nível das células e dos vírus.

A impressão que me acode é a de que tenho um investigador dentro da cabeça, localizado na área central do cérebro, atrás do terceiro olho e aproximadamente duas polegadas para trás, onde uma linha reta que começa no terceiro olho cruza uma linha traçada entre as têmporas. Este parece ser o coração do investigador. Desse ponto, posso olhar na direção que eu quiser sem mexer a cabeça; contudo, sempre ajuda a olhar diretamente para onde estou investigando.

Quando um paciente me procura, faço uma investigação geral de todo o corpo, a fim de escolher as áreas de interesse. Sou atraída para as áreas do corpo que precisam de atenção. Em seguida, sintonizo a área e investigo-a miudamente. Para fazê-lo, ponho às vezes as mãos na área em apreço. Acho mais fácil ver dessa maneira.

Às vezes, uso outro método. Peço para ver uma imagem do que é o problema, e recebo uma imagem mental da situação.

Exercícios para Estabelecer a Visão Interior

1. Viajando através do corpo

A melhor maneira de praticar a aprendizagem da visão interior é fazer exercícios de relaxamento profundo, que incluem o que se denomina viagem pelo corpo.

Antes de tudo, deite-se e afrouxe as roupas apertadas. Respire profundamente e relaxe. Tente-o de novo. Agora respire fundo e retese o mais que puder o corpo. Suspenda a respiração; em seguida, expire e deixe que se vá a tensão. Faça-o de novo. Repita o exercício de respiração e tensão, retese o corpo pela metade, mas envolva nisso o corpo todo. Expire e solte-se.

Inspire agora profundamente, e relaxe ao soltar-se. Repita três vezes, sem retesar o corpo. Visualize a tensão esvaindo do seu corpo como mel grosso na superfície debaixo de você. Sinta o coração desacelerar-se até chegar a um ritmo bom, lento e saudável.

Imagine-se agora muito pequeno, como um ponto de luz, e entre em seu corpo onde você quiser. Seu minúsculo eu flui para o ombro esquerdo, relaxando toda a tensão enquanto se dirige para lá. Seu minúsculo eu flui pelo braço esquerdo abaixo e entra em sua mão relaxando toda a tensão com uma leve sensação de formigamento, calor e energia. Seu braço esquerdo está pesado e quente.

Agora o seu minúsculo eu flui de volta pelo braço esquerdo acima e desce pela perna esquerda relaxando toda a tensão ali existente; depois sobe pela perna esquerda, passa para a perna direita e dali sobe para o braço direito. Todo o seu corpo está pesado e quente. Em seguida, você começa a explorar os sistemas do corpo com o seu minúsculo eu. Entra no coração e segue o sangue bombeado por todo o corpo. Esse sistema lhe parece bem? Parece-lhe saudável?

Agora, viaje pelos pulmões e olhe para os tecidos pulmonares. Vá para os órgãos da digestão. Siga o curso dos alimentos ao entrarem no corpo. Da boca, desça pelo esôfago até chegar ao estômago. Que tal lhe parece? Recebe energia suficiente? Está equilibrada a quantidade de enzimas digestivas de que precisa? Agora, acompanhe os alimentos para fora do estômago, entre com eles no duodeno, depois no intestino delgado, depois no intestino grosso. Está tudo bem? Agora torne a subir para o fígado, o pâncreas, o baço. Estão todos funcionando a contento? Viaje pelos órgãos genitais. Estão recebendo os cuidados afetuosos que merecem?

Se houver algum lugar no corpo que o preocupe, mande o minúsculo eu para essa área com amor e energia. Examine bem toda a área. Se estiver faltando alguma coisa, deixe que o seu minúsculo eu faça o que for preciso a respeito. Se ela precisar ser limpa, limpe-a. Se precisar de energia, deixe que o minúsculo eu lhe mande energia.

Quando estiver satisfeito com a exploração e o cuidado do corpo, deixe o minúsculo eu crescer até atingir o tamanho normal e fundir-se com o seu verdadeiro eu.

Podemos voltar a esse tipo de autoexploração a qualquer momento que você desejar.

Volte ao estado normal de percepção, mas deixe-se ficar profundamente relaxado, autoconfiante e atento. Você andou sondando o próprio corpo.

2. Sondando um amigo

Sente-se defronte de um amigo numa cadeira. Uma pessoa observa e a outra se abre a fim de ser observada. Medite para silenciar a mente. Delicadamente, focalize o amigo. Conserve os olhos fechados. Lembre-se do que sentiu ao viajar pelo seu corpo. Viaje agora visualmente pelo corpo do amigo. Isso lhe causará uma impressão um pouco diferente, porque você, desta vez, está sondando de fora do corpo.

Primeiro, sonde o corpo para descobrir uma área que o atraia. Use as mãos no começo, mas não toque no seu amigo. Mais tarde, não precisará usá-las. Quando se sentir atraído intuitivamente para uma área do corpo dele, limite-se a focalizá-la com maior intensidade. Focalize os órgãos dessa área. Acredite no que vê. Você pode conseguir uma cor, uma textura, uma sensação ou apenas um vago sentido de alguma coisa. Deixe que as imagens lhe penetrem na cabeça.

Quando se sentir satisfeito com o que encontrou, deixe-se atrair por outra área e repita. Se não se sentir atraído para outra parte do corpo, restrinja-se a sondar o corpo.

Sonde o corpo pelas suas áreas ou, se estiver familiarizado com a anatomia (que terá de aprender se quiser transformar-se em terapeuta), sonde os sistemas do corpo. Anote mentalmente o que vir.

Quando estiver satisfeito com a exploração, torne lentamente em si e abra os olhos.

Discuta com o amigo o que lhe foi possível captar. De que maneira o que você captou corresponde ao que ele sabe a respeito de si mesmo? O que não corresponde? Pode explicar por quê? A resposta talvez esteja nas suas suposições. O problema talvez esteja no seu próprio corpo. Talvez você esteja certo e seu amigo nada saiba acerca da situação que você "viu". Agora inverta os papéis e deixe que o amigo o observe. Mantenha-se passivo, a fim de facilitar as coisas para ele.

3. Meditação para abrir o perscrutador do terceiro olho

Um exercício sugerido por um dos meus mestres, o Rev. C.B., consiste em deitar-nos de costas ou sentar-nos com as costas direitas. Certifique-se de que está à vontade. Respire profundamente pelo nariz. Primeiro, encha de ar o abdome inferior, depois o tórax médio e, finalmente, o tórax superior. Agora, abra a boca o mais que puder. Deixe o dorso da língua voltado para a parte traseira da garganta e conserve-a de tal jeito que só permita a passagem do ar se este arranhar a parte traseira superior da garganta, perto do céu da boca. Tente fazê-la arranhar o mais atrás que puder. O som da raspagem deve ser fino, não gorgolejante. Não atire a cabeça para trás. Mantenha-a diretamente no topo da coluna. Deixe escapar lentamente o ar do corpo, primeiro o do abdome inferior, depois o do tórax médio e por fim, o do tórax superior. Deixe sair todo o ar. Respire e relaxe. Repita a respiração rascante. Quando lhe tiver captado o significado, acrescente-lhe a visualização seguinte.

À medida que a respiração abandona o corpo, visualize uma corrente dourada de luz, que começa na área pélvica dorsal e sobe, coluna acima, até a área central do cérebro. Repita três vezes com três respirações rascantes. Agora focalize a frente do seu corpo. A corrente de luz apresenta-se cor-de-rosa na frente do corpo. Repita três vezes com três respirações rascantes. Note que as duas correntes de luz se arqueiam sobre o centro do cérebro e penetram-no.

Depois que tiver aprendido esse exercício, não faça mais do que três ou quatro respirações de cada lado do corpo pois, do contrário, poderá ficar muito tonto. Façam-me o favor de tratar este último exercício com extremo respeito, por ser ele muito poderoso. Faça tudo em ritmo lento. Não acelere sua evolução de um modo não orgânico. Isso nunca funciona (muito embora quase todos nós desejemos o contrário).

Muitas vezes, durante um tratamento, faço rápidos exercícios respiratórios, que ajudam a elevar minhas vibrações e minha energia, de modo que eu possa ver melhor a aura, possa ver níveis mais elevados da aura e também transmitir frequências mais altas através do meu campo. Para fazê-la, arranho com o ar a parte superior traseira da garganta, por meio de respirações muito curtas e rápidas pelo nariz. Por haver praticado esses exercícios muitas vezes, faço-os agora com facilidade. Às vezes, também, faço inspirações e expirações longas, firmes, iguais, sem pausa, e arranho a parte traseira da garganta com o ar, a fim de centralizar o meu foco, clarear a mente e equilibrar o campo de energia. Chamo a essa técnica de respiração a *respiração rascante nasal*.

Quando a Alta Visão Sensorial se associa à Alta Audição Sensorial, aumenta a utilidade das informações recebidas.

A Determinação da Causa da Doença: Retrocedendo no Tempo

Um meio de "ler" a causa de determinado problema físico, que descobri, combina duas técnicas: a primeira é a maneira normal de evocar a memória.

Lembre-se simplesmente do tempo em que você era mais moço. Em seguida, escolha determinada idade, ou determinado lugar em que viveu, e recorde-o. Lembre-se agora de um tempo ainda mais remoto. Qual é o seu processo interior para evocar lembranças? Que tal lhe parece isso? Quando me lembro de alguma coisa do meu passado, utilizo minha mente de determinada maneira. Sei qual é a impressão que isso dá. Conservo lembranças de sentimentos, imagens ou sons. *É fácil "retroceder" no tempo. Todo mundo faz isso. Quase todos acreditamos que só podemos fazê-lo para nós, e não para os outros. Essa é uma crença limitada.* Descobri que esse processo interior de voltar atrás no tempo é o que se usa para "ler" a história passada de uma doença.

A segunda técnica consiste em usar a conexão cinestésica e a visão interior. Primeiro, estabeleço conexão com a parte do corpo interessada, usando meu sentido cinestésico. Em seguida, obtenho uma imagem da área do problema a fim de descrever-lhe a condição atual. Mantenho a conexão e depois retrocedo no tempo, lendo o passado e testemunhando a história dessa parte do corpo. Enquanto testemunho a volta ao passado, "leio" finalmente a causa do problema. Por exemplo: assisto à ocorrência de um trauma numa parte do corpo em certa ocasião precedente da vida do paciente. Depois assisto à outra, em ocasião até mais recente, e assim por diante. As doenças mais graves resultam de uma longa série de traumas dessa natureza. Continuo simplesmente retrocedendo até chegar a um tempo anterior à ocorrência de algum trauma nessa parte do corpo. O primeiro trauma a ocorrer é a causa iniciadora da situação atual.

Revisão do Capítulo 18

1. Que é o que se pode ver com o uso da visão interior? Que parte do corpo você vê? Em que profundidade?
2. Com a visão interior, que tamanhos de objetos se podem perceber?
3. A visão interior pode ser usada à distância?
4. Enumere três exercícios para aprender a visão interior.
5. Que glândula endócrina serve de censor da visão interior?

Matéria para reflexão

6. Qual a diferença entre visualizar e perceber?

Capítulo 19

ALTA PERCEPÇÃO AUDITIVA E COMUNICAÇÃO COM OS MESTRES ESPIRITUAIS

A informação que recebi auditivamente foi, a princípio, de ordem geral, mas depois, com a prática, tornou-se específica. Eu ouvia, por exemplo, palavras de amor e confiança endereçadas à pessoa que tinha vindo à procura de tratamento. Mais tarde, a informação se especificava a ponto de nomear pessoas, as doenças que o paciente tivera ou, em alguns casos, uma dieta, vitaminas, remédios ou drogas que poderiam beneficiá-lo. Muitas pessoas decidiram seguir essas instruções verbais e ficaram boas.

A melhor maneira que conheço de intensificar a Alta Percepção Auditiva consiste em ficar sentado à espera de orientação. Pegue lápis e papel, sente-se numa posição de meditação confortável, concentre-se e eleve a consciência. Formule uma pergunta em sua mente o mais claramente possível. Em seguida, focalize o desejo de conhecer a verdade acerca da pergunta, seja qual for a resposta. Feito isso, escreva a pergunta no papel. Deixe a caneta e o papel ao alcance da mão. Focalize e silencie a mente. Espere que lhe chegue uma resposta. Depois de algum tempo em silêncio, começará a recebê-la, em forma de imagens, sentimentos, conceitos gerais, palavras ou até de cheiros. Escreva a resposta, seja ela qual for. Você talvez ache que o que está escrevendo não tem importância, mas continue escrevendo. A forma pela qual sobrevém a informação pode variar. Não se preocupe com isso e escreva. A escrita acabará orientando a informação de modo que ela se transforme em sons. Concentre-se em ouvir diretamente as palavras que lhe chegam. Pratique, pratique, pratique. Escreva tudo o que ouvir. Não deixe nada de fora. Depois que acabar de escrever, ponha o papel de lado, pelo menos por quatro horas. Após esse tempo, leia o que escreveu. Você o achará interessante. Tenha sempre um caderno de apontamentos para esse fim.

Depois de ter feito isso todas as manhãs, ao nascer do sol, durante três meses, a informação verbal me chegava tão depressa que eu mal tinha tempo de pô-la por escrito. A voz me sugeriu que eu comprasse uma máquina de escrever. Logo depois, porém, eu já não conseguia escrever à máquina com rapidez suficiente. A voz sugeriu que eu comprasse um gravador. Comprei-o. A princípio, foi-me difícil passar da escrita para o enunciado das palavras em voz alta. O som da minha voz interferia com a quietude que eu, a esse tempo, conseguira impor à minha mente. Com a prática, tornei-me clara outra vez. O passo seguinte foi fazer o mesmo para outra pessoa, e, em seguida, diante de um grupo. Isso era particularmente embaraçoso, porque a canalização verbal trabalha de modo que o canalizador só pode ouvir as primeiras palavras do que vai dizer. Faz-se necessário muita fé para saltar no começo de uma sentença e permitir que flua o resto desconhecido.

A experiência de obter acesso à informação por via verbal leva, inevitavelmente, à pergunta: "Quem está falando?" Sem dúvida alguma ouço uma voz. Mas trata-se de uma voz inventada por mim, ou ela tem outra origem? Qual é a melhor maneira de descobri-lo? Pergunte à voz. Eu perguntei. E ela me respondeu: "Meu nome é Heyoan, seu guia espiritual."

Que quer dizer Heyoan?

"O vento sussurrando a verdade através dos séculos."

De onde vem ele?

"Do Quênia."

É verdade que já tive visões de espíritos e anjos antes disso, mas eu as classificara de visões. Agora elas falavam comigo. Logo pude sentir-lhes o toque e, às vezes, quando as via na sala, sentia uma fragrância maravilhosa. Seria uma metáfora ou a realidade? Toda a minha realidade pessoal me chega através dos sentidos, e agora que eles se dilataram, existe para mim uma realidade maior, mais ampla. Outras pessoas que têm as percepções dos sentidos dilatadas experimentam-na também. Para mim, isso é real. Você só poderá decidir com a sua experiência.

Receber informações de um guia não é o mesmo que solicitar informações a uma pessoa mais sábia e mais adiantada do que você. A informação que lhe chega está além da sua compreensão, mas, se você permitir que ela continue a chegar, acabará por compreendê-la. A canalização de um guia pode proporcionar informações que vão além da mente linear e toca as pessoas muito profundamente; alcançam a alma, ultrapassando as limitações humanas. Normalmente, no início de uma leitura, o meu guia Heyoan fala, o que quer dizer que estou conseguindo um acesso direto passivo. Depois, a certa altura da sessão, Heyoan sugere que o paciente faça perguntas para esclarecer as coisas. Tenho para mim que essa é a melhor sequência, porque os guias, de hábito, sabem mais do que nós localizar os problemas. Passam diretamente por baixo da defesa do indivíduo e chegam ao âmago da questão. Por conseguinte, quando Heyoan principia uma leitura, não perdemos tempo indo à informação mais profunda, que está esperando para ajudar-nos.

Também faço perguntas a Heyoan durante as leituras. Costumo fazê-las em silêncio. Peço um quadro da situação ou de qualquer parte do corpo, ou solicito a descrição de determinado problema. Posso até fazer perguntas como esta: "Isso é câncer?" Por via de regra, recebo respostas muito específicas, mas as coisas nem sempre são fáceis assim, sobretudo se eu, preocupada com a natureza da resposta, bloquear a informação que está chegando. Preciso, então, reconcentrar-me para prosseguir. Agora é a sua vez de tentá-lo.

Exercícios para Receber Orientação Espiritual

Sente-se numa postura de meditação, com as costas retas, mas com um pequeno vão na parte mais estreita das costas. Sente-se numa cadeira, utilizando o espaldar para descansar ou, se prefere a posição do yoga, sente-se numa almofada colocada no chão e cruze as pernas. Certifique-se de que a posição assumida é confortável para você.

1. Se for do tipo cinestésico, feche os olhos e acompanhe simplesmente a respiração, à medida que ela flui para dentro e para fora do corpo. De vez em quando, pode querer repetir um lembrete para si mesmo: "Seguindo a respiração até o centro." Com o olho da mente, acompanhe a respiração pelo interior do corpo e por todo o trajeto até o seu centro. Seus sentidos podem acentuar-se, e você talvez queira seguir o fluxo de energia através do corpo.

2. Se for do tipo visual, imagine um tubo dourado subindo e descendo pela coluna, onde está a principal corrente de força da aura. Visualize uma bola aurialva acima da cabeça. Enquanto respira tranquilamente, a bola desce devagar pelo tubo e, entrando na parte central do corpo, chega ao plexo solar. A seguir, contemple o crescimento da bola de ouro, qual um sol, no interior do plexo solar.

Você pode querer que o crescimento da bola de ouro no plexo solar continue. Deixe-a, primeiro, encher-lhe o corpo de luz dourada. Depois, deixe-a encher-lhe o campo áurico de luz dourada. Deixe-a expandir-se até encher a sala em que você está. Se estiver meditando num círculo de pessoas, veja as suas bolas de ouro dilatarem-se, criando um anel de ouro, que enche a sala. Deixe o anel expandir-se, ficar maior do que a sala, do tamanho do prédio em que você está, da área que circunda o prédio, da cidade, do estado, do país, do continente, da terra, e além. Faça-o devagar. Movimente a consciência para expandir a bola áurea de luz para fora, rumo à lua e às estrelas. Encha o universo de luz dourada brilhante. Veja-se como parte desse universo, identificando com ele e, portanto, identificado com Deus.

Agora, mantenha a luz igualmente brilhante e traga-a de volta, passo a passo, exatamente como a levou para fora. Encha o seu ser de toda essa luz e conhecimento do universo. Faça-o devagar, passo a passo, de volta ao ponto de partida. Sinta a carga tremenda que o seu campo áurico tem agora. Você também trouxe de volta ao seu campo o conhecimento de que se identifica com o Criador.

3. Se for do tipo auditivo, pode querer simplesmente usar um mantra para meditar. Pode querer usar um nome sagrado à guisa de mantra, como Om, Sat-Nam, Jesus ou "Fique quieto e conheça que sou Deus". Ou pode querer fazer soar uma nota. Há dias em que preciso fazer um esforço maior para concentrar-me, de modo que uso uma combinação das meditações acima a fim de livrar a mente da sua tagarelice. Em outros dias a única coisa de que preciso é um mantra.

Para outras meditações e práticas destinadas a fazê-lo entrar nesse estado tranquilo de autoaceitação e aumentar a sua sensibilidade, recomendo com empenho os exercícios constantes do livro *Voluntary Controls,* de Jack Schwarz, que contém toda uma série de exercícios desse tipo, ajustados à mente ocidental, e muito eficazes.

Agora que se acha concentrado e aquietou a mente, você está pronto para sentar-se e receber orientação espiritual

Canalizando Mestres Espirituais Pessoais para Orientação

Cada pessoa tem vários guias, que a acompanham e orientam através de muitas existências. Além disso, temos guias-mestres que ficam conosco nas ocasiões de aprendizado específico e são escolhidos em favor desse aprendizado específico. Por exemplo, se você está aprendendo a ser artista, arrisca-se a ter uns poucos guias do tipo artístico à sua volta para inspirá-lo. Seja qual for o tipo de trabalho criativo em que estiver envolvido, tenho a certeza de que você é inspirado por guias ligados a esse tipo de trabalho no mundo dos espíritos, onde as formas são mais perfeitas e belas do que as que somos capazes de criar no plano da Terra.

Para entrar em contato com o seu guia, basta que se mantenha na tranquila e pacífica compreensão de que você se identifica com Deus, que uma centelha de Deus existe em toda a parte do seu ser e que você está perfeitamente seguro. Essa atitude lhe faculta alcançar um estado de quietude interior que lhe permite ouvir.

Em regra geral, quando entro num estado elevado em busca de orientação, passo pela experiência interior seguinte.

Comovo-me, porque sinto a presença de um guia cheio de luz e de amor. Em seguida, tomo consciência de um raio de luz branca acima de mim e começo a erguer-me para penetrá-lo. (Pode-se dizer que subo e entro nele com o olho da mente.) Minha comoção diminui à medida que me dou conta de uma nuvem cor-de-rosa de amor que desce sobre mim. Encho-me de um sentimento de amor e segurança. Ato contínuo, sinto-me erguida a um estado mais alto de consciência. Nesse ponto, meu corpo opera alguns ajustamentos, como a pelve que se crispa mais (para a posição anterior), e a coluna vertebral que se endireita mais. Posso abrir a boca involuntariamente, a fim de ajudar a abrir-se o chakra da garganta (o chakra por cujo intermédio ouvimos nossos guias.)

Depois de mais alguma elevação, entro num estado de piedosa serenidade. A seguir, costumo ver e ouvir, ao mesmo tempo, os guias. Durante todo o início da leitura, continuo a elevar-me. Tenho, comumente, três mestres que me guiam. A pessoa que vem procurar-me em busca de ajuda vem geralmente acompanhada do seu guia, ou guias.

A experiência da luz, do amor e da serenidade confirma a conexão com os guias. Se não passar por ela quando estiver tentando canalizar, é provável que você não tenha estabelecido conexão com os seus guias.

O guia se comunicará da forma que for mais fácil para você receber a comunicação, que tanto pode ser um conceito geral, expresso por palavras diretas, ou imagens simbólicas, quanto podem ser imagens diretas de acontecimentos, como experiências ou existências passadas. Quando uma forma de comunicação não chega a você, ou quando você se assusta com o que está sendo transmitido, os guias adotarão outra forma ou abordarão o assunto por outro ângulo. Se eu recear, por exemplo, que as palavras que estão chegando têm certo significado, ou se alguém fez uma pergunta particularmente controvertida, "fugirei" desse lugar de paz e harmonia interiores, e já não serei capaz de ouvir o que o guia está dizendo. Levo, então, um ou dois minutos para encontrar outra vez esse lugar interior. Se eu não puder captar as palavras de novo, os guias, provavelmente, me mandarão um conceito geral, que tentarei explicar com minhas próprias palavras, as quais voltam a fundir-se com as deles, fazendo-me "entrar na linha". Se isso ainda assim não funcionar, eles me transmitirão uma imagem que me porei a descrever, permitindo ao cliente encontrar o significado da imagem simbólica por seus próprios meios.

Minhas experiências interiores de canalização verbal se processam da seguinte maneira. Sento-me de pernas cruzadas, com as palmas das mãos sobre as coxas. Antes de tudo, concentro-me. Isso significa para mim, cinestesicamente, ancorar no corpo, e dá-me a impressão de haver construído uma forte base energética em torno da minha metade inferior. Estabelecida essa base, começo a alçar a consciência, sentindo-a subir cinestesicamente e me concentro visualmente na luz que está em cima. Viro também as palmas das mãos para cima quando o faço.

Em certo ponto, quando me elevo, estabeleço contato com o guia. Volto a senti-lo cinestesicamente. Vejo-o atrás do meu ombro esquerdo, e ouço as primeiras palavras vindas dessa direção. Quando eu e o guia estamos prontos para começar, ergo as mãos e junto as pontas dos dedos umas nas outras, defronte do plexo solar ou do coração, equilibrando meu campo de energia e ajudando a manter um estado elevado. A respiração nasal rascante também ajuda.

Nesse ponto, começo a canalizar verbalmente as comunicações. De início, as palavras vêm da área do ombro direito. Quanto mais me ligo ao processo de canalização, tanto mais próximas estão as palavras. O guia também parece chegar mais perto. Logo, deixa de haver intervalo de tempo entre ouvir e falar, e a aparente direção de que vêm as palavras mudam-se para cima e dentro do coração. O guia, que também parece ajustar-se sobre mim como uma luva, põe-se a movimentar meus braços e minhas mãos em coordenação com a conversação. "Ele" usa igualmente minhas mãos para equilibrar meu campo de energia e inundar de energia os meus chakras enquanto fala. Isso mantém a energia alta e concentrada. Dir-se-ia que o eu da minha personalidade paira fora e em cima, atentando para tudo e observando tudo. Ao mesmo tempo, sinto-me fundir com o guia, como se eu fosse ele. Como o guia, sinto-me muito maior do que como a minha personalidade, Barbara.

No fim da conversação, segundo minha experiência, o guia se desprende levemente e se eleva, ao passo que minha consciência cai em meu corpo e no eu da minha personalidade. Nesse ponto costumo mostrar-me muito tímida.

Os Sentidos dos Chakras

Até agora só aludi ao acesso à informação através de quatro dos cinco sentidos normais: a visão, a audição, o tato e o olfato. É raro, mas suponho que se possam canalizar comunicações através do paladar também. Estudando o processo de acedimento, vi que cada sentido se relaciona com um chakra, ou seja, temos acesso à informação por intermédio do mecanismo perceptivo de cada chakra. A Figura 19-1 enumera os sete chakras e o sentido ativo através de cada um deles. Quando observo alguém canalizando, sou capaz de perceber o chakra que está sendo usado para obter a informação. Esse chakra costuma ser muito ativo e tem mais energia a percorrê-lo durante a canalização.

Figura 19-1
Sentidos dos sete chakras

Chakra	Percepção do chakra	Natureza da informação	Prática da meditação
7	Conhecendo todo o conceito	Recebendo um conceito integral, que vai além de cada um dos sentidos abaixo numerados	Fique quieto e saiba que sou Deus
6	Vendo Visualizando	Vendo imagens claras, simbólicas ou naturais	Consciência messiânica ou de Cristo
5	Ouvindo Falando	Ouvindo sons, palavras ou música e também gosto e cheiro	Soando Prestando atenção
4	Amando	Um sentido de amor a outrem	Luz rósea do amor Ame uma flor
3	Intuição	Um vago sentido de conhecer não específico – um vago sentido de tamanho, forma e intenção de ser sensual	Concentração da mente num só objeto
2	Emocional	Sentimento emocional – alegria, medo, raiva	Meditação sobre o sentido pacífico do bem-estar
1	Toque Movimento e presença Cinestésico	Sensação cinestésica no corpo – feito sensação de equilíbrio, arrepios, cabelos eriçados, energia correndo, prazer ou dor física	Andando Meditação Toque Relaxamento profundo

Note-se que, normalmente, não distinguimos entre o sentido cinestésico, o sentimento e a intuição, mas, no meu modo de ver, eles são muito diferentes, tal como descrito na Figura 19-1. Tampouco chamamos o amor de sentido, mas acredito que ele o seja. Basta que você preste mais atenção ao que está acontecendo quando ama ou "sente amor". O amor não se inclui na categoria dos outros sentimentos. Claro está que ele é mais do que um simples sentido. É também um meio de entrar em sincronismo com outros seres humanos.

O tipo de informação que você recebe através de cada chakra é diferente. O primeiro fornece informações cinestésicas – sensações no corpo, como a sensação de equilíbrio ou desequilíbrio, arrepios que percorrem a coluna de alto a baixo, a dor física numa parte do corpo, a sensação de doença ou de saúde, de segurança ou de perigo. Essa informação pode ser utilizada pelo curador para conhecer o estado do paciente. Se o curador sentir doença, e souber que a doença não é sua, saberá que é do paciente. Pode sentir a dor da perna do paciente na própria perna ou na mão, quando a coloca sobre a perna do paciente. Todo esse tipo de informação vem através do primeiro chakra e pode ser usado com muito bom êxito se o curador se desobstruir de modo que transforme o próprio corpo numa caixa de ressonância.

Pode distinguir entre o seu corpo e o corpo do paciente. Se sentir dor na perna, é melhor que verifique se a dor já estava lá antes da chegada do paciente ou se ele a está captando do próprio paciente. É manifesto que esse método de acesso à informação apresenta desvantagens. A gente se cansa muito depressa de sentir a dor física dos outros.

O segundo chakra fornece informações sobre estados emocionais, do curador ou de outrem. Mais uma vez, o curador precisa usar o próprio campo de energia para distinguir entre os seus sentimentos e os do paciente. Isso se aprende com prática e boa resposta (*feedback*). O curador, por exemplo, sentirá o que o cliente está sentindo emocionalmente a propósito da dor na perna. O cliente pode estar aborrecido por estar doente, ou pode sentir muito medo da doença. Pode estar receoso de que a dor na perna indique realmente um estado muito grave. É importante utilizar essa informação porque toda doença é acompanhada de sentimentos que precisam ser esclarecidos de algum modo.

O terceiro chakra fornece informações vagas, como quando alguém diz: "Pensei que você fosse telefonar, e você telefonou" ou "Minha intuição me diz que eu não devia tomar esse avião hoje; alguma coisa pode acontecer." Se alguém estiver sentindo seres de outro nível, e o terceiro chakra estiver sendo usado para senti-los, a pessoa terá uma vaga sensação de outra presença na sala, sua localização, sua forma geral, seu tamanho e sua intenção, a saber, se ela é amistosa ou inamistosa. O primeiro chakra revela uma informação cinestésica acerca da presença e o segundo revela os sentimentos do ser. No exemplo da dor na perna, o terceiro chakra dá uma vaga ideia da significação mais profunda da dor na vida do cliente, como também alguma intuição das suas causas.

Pelo quarto chakra passam sentimentos de amor. Amor que se estende além do eu, do companheiro (ou companheira), da família e se dirige à humanidade e à própria vida. Quando sente com o quarto chakra, você pode sentir o amor de outrem, bem como a qualidade e a quantidade desse amor, esteja ele num corpo físico ou não. Pode sentir o amor coletivo da humanidade. No exemplo da dor na perna, sentimos amor ao cliente e a qualidade do amor do cliente a si mesmo. O chakra também dá o sentido da ligação com todas as criaturas que algum dia tiveram dor na perna.

O quinto chakra dá o sentido dos sons, da música, das palavras, dos cheiros e do gosto. Tais informações podem ser muito específicas, dependendo do nível do campo áurico de que estão vindo. (Veja a seção seguinte.) Para o cliente que sente dor na perna, por exemplo, o curador pode muito bem receber uma descrição do problema em termos fisiológicos, como: "É uma flebite" ou "É um músculo distendido em virtude de um novo par de sapatos, que provoca torcedura da perna quando o cliente anda." O quinto chakra também revela um som que se poderia usar com muita eficiência na perna a fim de curá-la.

O sexto chakra revela imagens, que tanto podem ser simbólicas, com um significado muito pessoal para o paciente, quanto literais. Imagens literais são imagens de sucessos que aconteceram, estão acontecendo ou acontecerão. São imagens também de coisas que existem. Quando digo imagens, não quero dizer necessariamente que você as vê com os olhos, senão que recebe uma imagem na mente, a qual produz uma impressão forte e lhe permite observá-la, desenhá-la ou reproduzi-la, se quiser. No caso da dor na perna, por exemplo, o sexto chakra pode revelar uma imagem do coágulo de sangue associado à flebite, ou o curador vê simplesmente o músculo distendido, conforme a causa da dor.

A imagem aparece numa tela, na mente do curador, como na televisão, ou dá a impressão de estar vindo diretamente de dentro da perna, como pareceria à visão normal. O sexto chakra também revela uma imagem simbólica, que tem alguma importância para o cliente, mas, provavelmente, pouca ou nenhuma para o curador. A imagem simbólica aparece na tela da mente do curador. O sexto chakra revela também, em forma de imagem, a experiência passada do cliente ligada à dor na perna, como a imagem de uma criança caindo de um triciclo e batendo a perna exatamente no lugar em que o adulto sente a dor agora, digamos vinte anos depois. Esse tipo de acesso direto se parece muito com o assistir a uma fita de cinema.

Observem que me tenho referido a receber imagens. Receber significa perceber. Percepção significa receber o que já existe, quer em forma simbólica, quer em forma literal. A visualização é uma função inteiramente distinta. Visualizar é o mesmo que criar ativamente. Na visualização, você cria uma imagem na mente e dá-lhe energia. Se continuar a mantê-la com clareza na mente, dando-lhe energia, acabará por criá-la em sua vida. Assim, ter-lhe-á dado forma e substância. Quanto mais clara for a imagem e quanto mais energia emocional você lhe incutir, tanto mais lhe será possível criá-la em sua vida.

O sétimo chakra revela informações em forma de conceitos totais. Essas informações vão além dos limites dos sentidos humanos e do sistema de comunicação. Depois de absorver e compreender profundamente o conceito, o canalizador precisa usar as próprias palavras para descrever o que entende. Muitas vezes, quando me ponho a explicar qualquer coisa com minhas palavras, Heyoan se faz presente (vindo do quinto) e explica-a com palavras muito mais claras do que as minhas. O conceito total dá um sentido completo de conhecimento. É a experiência de identificar-se com o conceito. Em nosso exemplo da dor na perna, o sétimo chakra revelará toda a situação de vida a que se associa a dor na perna.

Sentido do Chakra de Diferentes Níveis de Realidade

Agora que você tem uma ideia da informação que vem através de cada chakra, examinemos os diferentes níveis de realidade discutidos nos Capítulos 7 e 15. Ali me estendi sobre o nível físico da realidade, o astral, o nível etérico padrão, o nível celestial, o nível ketérico padrão e os seres que existem em cada um desses níveis. Afirmei também que há níveis além do sétimo. A fim de perceber em qualquer um desses níveis, o chakra através do qual você deseja perceber precisa estar aberto nesse nível. Se você quiser ver alguma camada áurica em particular, precisará abrir o sexto chakra nessa camada. Se quiser ver o primeiro nível do campo áurico, precisa abrir o sexto chakra no primeiro nível da aura. Se quiser ver o segundo nível da aura, precisa abrir o sexto chakra na segunda camada da aura. Quando os principiantes começam a ver a aura, geralmente veem a primeira camada, porque abrem o sexto chakra no primeiro nível da aura. À proporção que progridem, abrem o sexto chakra na camada consecutiva seguinte e podem, então, ver essa camada.

Abrir os chakras nos níveis acima do quarto também quer dizer começar a perceber seres em outros planos de existência. Quando isso sucede pela primeira vez, abala um pouco a sua vida pessoal, e você precisa de algum tempo para habituar-se ao fato. Muitas vezes, por exemplo, você tem de optar entre continuar a conversação que está mantendo e atentar para o seu guia, que está tentando falar-lhe simultaneamente. Passei muito tempo vivendo nesse mundo duplo. A pessoa que percebe a presença de seres e responde a eles parece muito excêntrica aos que não os percebem.

A fim de ouvir um ser que vive no nível astral você precisa abrir o quinto chakra no nível astral. Se quiser ouvir um guia no quinto nível, terá de abrir o quinto chakra no quinto nível do campo áurico. Se quiser ver um guia astral terá de abrir o sexto chakra no quarto nível. Para ver um guia do quinto nível terá de abrir o sexto chakra no quinto nível, e assim por diante.

Como dissemos no Capítulo 7, existem portas ou selos entre os níveis dos chakras bem no âmago deles. Esses selos ou portas precisam ser abertos a fim de poderem passar de um nível para outro, o que se consegue elevando o nível de vibração do sistema de energia. Aumentar e manter o campo num nível de vibração mais alto é sinônimo de trabalho de purificação. Você precisa conservar o seu campo limpo e altamente claro para perceber os níveis mais elevados do campo áurico. Fazer isso também quer dizer aumentar sua sensibilidade na vida de todos os dias, ou seja, tomar muito cuidado consigo mesmo em termos de dieta, exercícios e práticas espirituais – sobre as quais me estenderei ainda mais na Sexta Parte deste livro.

Cada nível representa uma oitava mais alta, em matéria de vibração, do que a do nível que fica logo abaixo. Levar sua percepção consciente a um nível mais elevado significa aumentar o ritmo da vibração em que funciona a sua percepção, o que não é necessariamente uma tarefa muito fácil, pois, como você viu no material apresentado nos capítulos sobre psicodinâmica, todo aumento de energia do sistema solta bloqueios que o levam a passar por experiências sepultadas por você no fundo do seu subconsciente, porque os acontecimentos eram tão ameaçadores que não puderam ser sentidos na ocasião em que ocorreram.

Meditações para Intensificar a Experiência de cada um dos seus Níveis Áuricos

Conheço diferentes práticas de meditação que lhe intensificarão a experiência de cada um dos níveis áuricos. Esses exercícios também constam da Figura

19-1. Para intensificar a experiência da primeira camada da aura, procure andar, meditar, ou entregar-se ao relaxamento profundo. Para intensificar a experiência da segunda camada da aura, medite sobre um sentido pacífico do bem-estar. Para intensificar a experiência do terceiro nível do campo áurico, faça exercícios de concentração mental num objeto só. Para intensificar a experiência do quarto nível, medite sobre a luz rósea do amor ou focalize o amor a uma flor. Para intensificar a experiência de estar no quinto nível do campo áurico, utilize meditações sobre sons ou sobre prestar atenção. Para intensificar a experiência do corpo celestial, medite sobre vir a identificar-se com a Consciência Messiânica ou a Consciência de Cristo. Para experimentar a sétima camada do ser, sente-se em postura de meditação e use o mantra: "Fique quieto e saiba que eu sou Deus."

Revisão do Capítulo 19

1. Descreva uma boa maneira de aprender a Alta Percepção Auditiva.
2. Como é que você pode preparar-se para a orientação espiritual? Pratique-o pelo menos três vezes esta semana.
3. De que forma seus guias tentarão comunicar-se com você? Descreva o processo.
4. Descreva a cena associada a cada um dos sete chakras.
5. Se você quiser "ver" um guia no nível ketérico padrão, qual dos chakras precisa abrir e em que nível do campo áurico?
6. Se você quiser "ouvir" um guia no nível astral, qual dos chakras terá de abrir e em que nível do campo áurico?
7. Se eu dissesse ter a vaga sensação de que um ser se acha num canto da sala e que esse ser não é muito amistoso, em qual dos chakras estaria eu sentindo o citado ser? Em que nível do campo áurico existiria ele?
8. Como é que você abre um determinado chakra num determinado nível do seu campo?
9. Qual é a principal diferença entre visão interior e informação guiada pela canalização?

Matéria para reflexão

10. Em que sentido seria diferente a sua vida se você procurasse e seguisse mais uma orientação?

11. Quais são as suas principais resistências a buscar ativamente uma orientação em sua vida?
12. Peça orientação sobre como utilizar melhor a orientação em sua vida. Qual a resposta?
13. Qual é a sua crença ou imagem negativa das coisas más que lhe acontecerão se você seguir uma orientação? Como se relaciona isso com suas experiências de infância em relação a autoridades? Como se relaciona isso com sua relação com Deus ou com a imagem de Deus?
14. Como funciona a precognição se somos dotados de livre-arbítrio?
15. Como o *uso* desse tipo de percepção pode mudar sua vida?
16. Qual é a diferença entre visualizar e perceber?

Capítulo 20

A METÁFORA DA REALIDADE DE HEYOAN

O Cone de Percepção

No último capítulo, discorri sobre a abertura da sua percepção para níveis mais altos de realidade pelo aumento do ritmo de vibração do campo áurico. Essa ideia baseou-se no conceito de um universo multidimensional, composto de níveis de ritmos de vibração existentes no interior do mesmo espaço. Quanto mais avançado ou aprimorado for esse nível da realidade, tanto mais elevado será o ritmo de vibração. Eu gostaria agora de estender-me sobre esse universo multidimensional em função dos níveis de percepção.

No dizer de Heyoan, cada um de nós tem um cone de percepção através do qual percebemos a realidade. Podemos usar a metáfora da frequência para explicar esse conceito, significando o que cada um de nós é capaz de perceber dentro de certa faixa de frequência.

Como humanos, tendemos a definir a realidade pelo que podemos perceber. Essa percepção inclui não somente todas as percepções humanas normais, mas também suas extensões através dos instrumentos que construímos, como o microscópio e o telescópio. Aceitamos como real tudo o que está dentro do nosso cone de percepção, e como irreal tudo o que está fora dele. Se não podemos perceber alguma coisa, a razão é que ela não existe.

Toda vez que construímos um novo instrumento, aumentamos o cone de percepção e mais coisas são percebidas, de modo que elas se tornam reais. O mesmo acontece aqui com a Alta Percepção Sensorial, mas o instrumento, nesse caso, é o nosso próprio corpo e o nosso sistema de energia. À proporção que percebemos mais coisas através da Alta Percepção Sensorial, mais coisas se tornam reais para nós.

Tentei desenhar um gráfico usando a curva familiar em forma de sino para ajudar a descrever o fenômeno (Figura 20-1A). O eixo vertical denota clareza de percepção, e o horizontal, a extensão da frequência da percepção. A curva que se vê no meio do gráfico pode ser usada para retratar o alcance perceptivo normal de um humano, de um grupo de seres humanos ou da humanidade inteira. Quase todos temos percepções claras, como as definidas pelas linhas pontilhadas. Fora das linhas pontilhadas, nossa clareza é tão escassa, que tendemos a dar desconto ao que percebemos. Entretanto, se aceitarmos tudo o que percebemos, o espaço debaixo da curva também definirá o que denominamos o universo verdadeiro. A linha de traços mostra o aumento da percepção que os nossos instrumentos nos proporcionam e que nós ou, pelo menos, quase todos nós, aceitamos como realidade também.

Olhemos para isso do ponto de vista do que se denomina o Brama e o Maia da tradição budista. Maia é o mundo manifesto, o qual, segundo o budismo, não passa de ilusão. Brama é a realidade básica, que jaz debaixo de Maia, e sustenta o que é manifesto. Não se confunda com brâmane, membro da classe sacerdotal letrada do sistema de castas hindu. Pratica-se a meditação no budismo a fim de transcender a ilusão de Maia, que abarca toda a dor, e tornar-se um brâmane, ou iluminado. Temos aqui um conceito muito semelhante ao do cone de percepção. A Figura 20-1B mostra de novo o cone de percepção, agora interpretado pelo prisma de Brama e Maia. O mundo manifesto de Maia está dentro do cone de percepção, ao passo que o mundo não manifesto de Brama está fora dele. A Ordem Desenvolvida Explicada do físico David Bohm (veja Capítulo 4) encontra-se dentro do cone de percepção, e sua Ordem Envolvida Implicada está fora do cone de percepção.

A Figura 20-2A mostra o efeito que tem a Alta Percepção Sensorial. Agora rotulei de realidade espiritual o que costumávamos apelidar de irreal e inexistente. À maneira que estendemos nosso alcance perceptivo a níveis mais elevados de vibração, uma parte maior do mundo espiritual (não físico) torna-se real para nós. Quanto mais usamos a Alta Percepção Sensorial, tanto mais capazes nos tornamos de perceber (o que nos torna acessível uma parte maior do mundo espiritual), tanto mais saímos da ilusão e nos dirigimos para Brama, ou iluminação. Desse ponto de vista, a linha da curva em forma de sino passa a ser o véu entre o mundo espiritual e o material. Segundo Heyoan, a cura dissolve finalmente o véu entre os dois mundos.

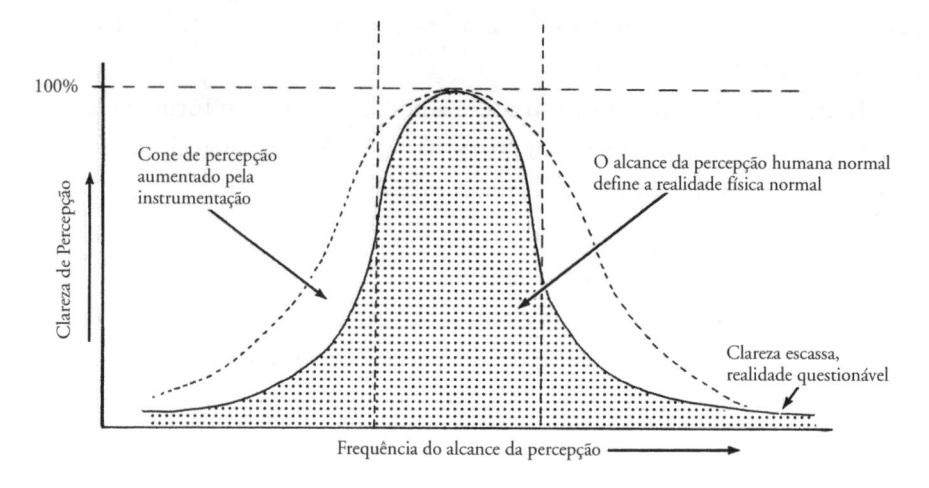

A. Representação gráfica do cone de percepção

B. Interpretação espiritual do cone de percepção

Figura 20-1: Nosso cone de percepção

Outro ponto muito importante é que, visto se basearem nossas autodefinições no que definimos como real, à medida que a nossa realidade se alarga, também nos alargamos. A Figura 20-2B mostra de novo a curva, mas agora rotulada em função da autodefinição. No interior da curva temos uma autodefinição limitada – o que supomos ser com base na nossa visão limitada da realidade. Fora da curva, temos uma autodefinição sem limites, que é Deus. A linha da curva passa a ser o véu entre o que pensamos ser e o que realmente somos. Heyoan afirmou, repetidamente, que os dois véus (entre o mundo espiritual e o mundo material, e entre o que pensamos ser e o que realmente somos) são o mesmo. Como o é o véu entre o que chamamos de vida e o que chamamos de morte. Quando nos sabemos espírito, não deixamos de viver ao morrer; deixamos simplesmente o corpo físico, o veículo que fizemos, como espírito, a fim de encarnar. Por ocasião da morte de uma pessoa vi (com a Alta Percepção Sensorial) seu espírito deixando o corpo para juntar-se a outros espíritos, que também estavam no quarto. Na morte, o véu se dissolve, e nós voltamos para casa, para quem realmente somos.

O Mundo Manifesto

Durante uma leitura, levada a efeito há algum tempo, Heyoan fez-me passar por uma experiência que explicava a manifestação. Eis a transcrição da respectiva gravação.

Heyoan: "Que é, então, a manifestação? Ela se relaciona com a capacidade de sentir o que foi manifestado. Essa capacidade se relaciona com o Um, com a individualização de cada pessoa e com o lugar onde está a sua janela dos sentidos. O que se percebe pela janela dos sentidos é o que você definiu como o mundo manifesto. Quando a visão estreita, através da qual você sente a manifestação, se expande, o mundo manifesto se expande. Por exemplo, quando começa a ouvir a nossa voz, você experimenta mais alguma coisa do mundo manifesto. Esse mundo lhe parece menos sólido ou mais tênue, mas ainda pertence ao manifesto. A aparência de tenuidade se relaciona mais com a sua capacidade de sentir frequências mais altas do que com o fato de frequências mais altas terem uma qualidade de tenuidade. Essa limitação da sua capacidade de perceber através dos sentidos, que faz as realidades mais altas parecerem mais tênues, também lhe dá a impressão de que as frequências mais elevadas parecem estar se desvanecendo no não manifesto. Entretanto, não é este o caso."

Barbara: "A ser assim, o que estou vendo é toda esta série de percepções do que chamamos de manifesto, ou seja, simplesmente, uma série de percepções, que você chama de manifesta. À proporção que a série se alteia e amplia, ou (pode-se usar a analogia) quanto mais aumenta o ângulo de visão, ou quanto mais se alarga a nossa experiência, tanto mais somos capazes de perceber mais daquilo que chamamos o mundo não manifesto... A coisa funciona dos dois

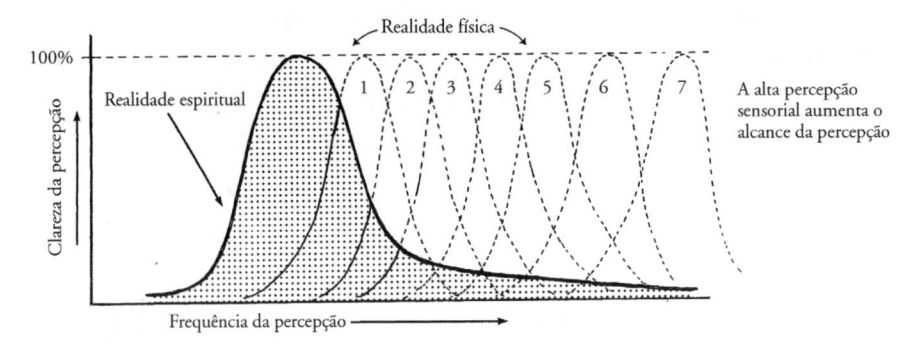

A. Cone da percepção aumentado pela alta percepção sensorial

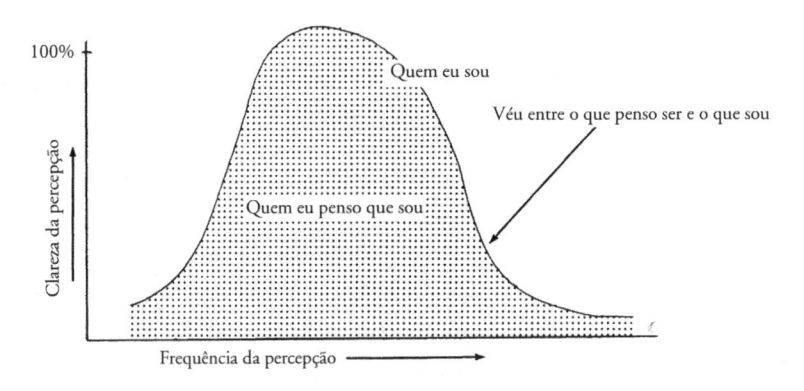

B. Cone de percepção limitado pela definição da realidade pessoal

Figura 20-2: Definição dos limites do nosso cone perceptivo

jeitos, de modo que, quando nos expandimos no sentido das vibrações inferiores, ocorre o mesmo."

Heyoan: "Por uma razão qualquer, a humanidade decidiu ver ou descrever as vibrações inferiores como negatividade, escuridão ou formas desagradáveis. Essa é uma das maneiras de fazê-lo, embora se baseie simplesmente na natureza dualística do ser humano e em seu mecanismo de percepção. É a parte do sistema sensório que vê as vibrações inferiores como negativas."

Barbara: "E que dizer de toda a longa escala evolutiva humana?"

Heyoan: "Em termos de evolução, estaríamos falando simplesmente da capacidade de expansão da janela sensorial. Pode-se dizer que a realidade concreta cai dentro da parte maior da curva da percepção. As pessoas tendem a não acreditar em suas percepções quando estas vão além do desvio padrão, ou além da parte máxima da curva. À medida que a humanidade progride ao longo do caminho evolutivo, a curva da percepção vai-se tornando cada vez mais ampla. (Veja a Figura 20-1.) Ela pode ser considerada uma curva que mostra as limitações da mente humana neste momento da sua evolução. Deveríamos procurar ter todo o alcance da percepção da mente humana funcionando no pico da curva do sino, acima de todas as frequências de percepção de modo que a realidade dilatada se torna tão concreta como, digamos, esse gravador que você está segurando. A curva da percepção se expande para o pico até se achatar. Alcançado o todo, o manifesto e o não manifesto se identificam um com o outro.

"Outra maneira de dizê-lo: À proporção que você expande o cone de percepção, nosso mundo se torna mais e mais manifesto para você e você se relaciona com ele como parte do mundo manifesto. Assim, à proporção que você continua a expandir sua percepção através da evolução pessoal, uma parte cada vez maior do Universo se torna manifesta para você e você se aproxima da Unicidade Universal. Em certo sentido, você está voltando para casa.

"Por meio da expansão da realidade percebida, o ser humano pode escolher, e escolhe, a frequência que percebe, e até existe, no universo manifesto. Este é um instrumento para compreender a ordem implícita. Pode-se dizer que esse processo é o jogo da vida. Quando a ordem implícita e a explícita se identificam uma com a outra, em virtude da expansão da percepção do ser humano, alcança-se o estado de iluminação.

"Por exemplo, usemos esta analogia: um desenho feito com giz branco num quadro branco pode ser o não manifesto. Um desenho feito com giz branco num quadro negro pode ser o não manifesto irrompendo pela primeira vez no dualismo. Um quadro cor de creme desenhado com giz de cores pode ser o universo multidimensional. Estes podem ser vistos como passos no processo evolutivo da percepção do ser humano, ou de quem você é, ou do Deus interior percebendo-se a si mesmo. Assim, à medida que chegamos a dimensões mais altas da realidade, as cores tornam-se mais distintas e dimensionais, como nas cores multidimensionais dentro uma da outra.

"Nisso se resume toda esta discussão: ensinar uma nova percepção (Alta Percepção Sensorial) ao gênero humano. Sua visão interior proporciona-lhe a escolha do lugar para onde olhar, e do tamanho, e da faixa de frequência. Você olha para a manifestação física, ou para o que chama de realidade física? Quer olhar para o etérico inferior, para o emocional, para o etérico superior, ou até para o nono ou para o oitavo nível da aura? Onde prefere colocar a sua percepção? Você também decide sobre a resolução. Prefere olhar para um microrganismo ou para um macrorganismo? O Deus manifesto decide manifestar-se apenas por intermédio da percepção, isto é, escolhe a parte da face da escuridão em que se manifestará através de percepções. Existem seres entre vocês que não podem vê-la e que você também não pode ver. Eles optaram por viver numa janela diferente da percepção. Está me compreendendo, minha querida?"

Barbara: "Não, estou ficando cansada. Esse discurso é demasiado linear."

Heyoan: "Isso porque estamos de novo espremendo a informação na sua estreita percepção. Permita que a sua percepção se expanda enquanto a conduzimos para outro reino de luz. Ao entrar nesta sala, veja a claridade, sinta a alegria..."

Daqui fui levada para o que me parecem ser reinos cada vez mais altos. Cada reino era mais esplêndido que o anterior. Cada qual mais difícil de perceber. Cada um deles se tornava, aparentemente, mais fino e menos formal. Meu guia Heyoan conduzia-me.

Chegamos ao ponto mais alto que me foi dado perceber, e Heyoan me disse: "Estamos diante da porta do Santo dos Santos, onde todo humano anseia entrar."

Pude ver minhas existências passadas pairando debaixo de mim, como o aroma do jasmim que perpassa no ar noturno. À medida que cada uma delas passava, eu me sentia puxada a fim de olhar de volta para a realidade. E cada puxão que eu sentia me dava uma impressão de queda. Tentei resistir com um sentido de ser, além de Barbara, além do tempo, além das existências.

Tentei estender a mão para a porta do Santo dos Santos.

Heyoan: "Não se trata de tentar alcançar a porta; trata-se de permitir a si mesmo estar onde já está. Há aqui um espaço tremendo. Um estado de ser além do tempo e do espaço. Não é preciso ter pressa. É o que a alma está pedindo."

Vi-me, então, transpondo uma porta entre as duas patas da Grande Esfinge. Diante de mim, Heyoan sentara-se num trono.

Heyoan: "Portanto, minha querida, quando você fala de cura, saiba que curar é abrir as portas da percepção de modo que se possa penetrar no Santo dos Santos e identificar-se com o Criador. Não é nada mais e nada menos do que isso. Um processo, passo a passo, nessa direção. A iluminação é a meta;

a cura é um subproduto. Daí que, toda vez que uma alma a procurar para ser curada, conheça, no âmago do seu ser, que é isso que a alma está pedindo.

"Lembre-se de que, toda vez que alguém a procurar em busca de ajuda ou de cura, as palavras desse alguém passam pela porta da percepção que ele tem. Tanto pode ser uma porta estreita quanto uma porta larga. Um dedo do pé machucado, uma doença que ameaça a vida, ou uma busca da Verdade, o que quer que seja pedido passa pela porta da percepção, mas só lhe precisa ser dada uma coisa: a resposta aos anseios da alma. A alma está dizendo: "Ajude-me a encontrar o caminho de casa. Ajude-me a encontrar o caminho que leva ao Santo dos Santos, à paz dos séculos, ao Vento que Sussurra a Verdade através dos Séculos."

A essa altura da meditação, estremeci e chorei de alegria. Heyoan me contara muitas vezes que o significado do nome Heyoan é o "Vento que Sussurra a Verdade através dos Séculos". Então compreendi. Através da meditação, Heyoan me conduzira à compreensão de que eu e Heyoan somos o mesmo. Compreendi, em cada célula do corpo, que sou a Verdade que Sussurra através dos Séculos.

Heyoan continuou: "E assim aqui estou sentado, Heyoan, coroa de joias, cada uma das quais é uma verdade, uma verdade conhecida. Assim, aqui existo, sempre existi e sempre existirei; além do espaço e do tempo, além da confusão; manifesto e, todavia, não manifesto; conhecido, mas não conhecido. E, assim, sente-se aqui também, cada um de vocês, que almeja conhecê-lo, desde o lugar em que se encontra dentro da sua percepção limitada."

Revisão do Capítulo 20

1. Explique o conceito da janela da percepção.

Matéria para reflexão

2. Dada a descrição da realidade aqui feita por Heyoan, descreva a relação entre a sua parede interna do medo, descrita no Capítulo 14, a parede entre o que você pensa ser e o que realmente é; o véu entre o mundo espiritual e o material, e o véu entre a vida e a morte.
3. O que é a morte?
4. De acordo com a última afirmativa de Heyoan, qual é a relação entre o seu guia e você? Como difere isso do seu eu superior? Da sua centelha divina?

Quinta Parte

CURA ESPIRITUAL

"Até maiores milagres do que estes também fareis."

Jesus

Introdução

O SEU CAMPO DE ENERGIA É O SEU INSTRUMENTO

....

Agora que temos uma boa ideia do que é a cura nos níveis pessoal, humano, científico e espiritual, exploremos as várias técnicas de cura que aprendi no decorrer dos meus anos de prática.

Como sempre acontece, a cura começa em casa. O primeiro pré-requisito para qualquer curador é o cuidado consigo mesmo. Se você faz curas e não se cuida, provavelmente ficará doente mais depressa do que em qualquer outra situação. Isso acontece porque a cura requer muito trabalho do seu campo de energia, além da importância que ele tem para a sua própria vida. O que quero dizer com isso é que, além de mantê-lo saudável e equilibrado, o seu campo será utilizado como conduto das energias curativas de que os outros necessitam. O seu campo pode não precisar, necessariamente, das frequências que você estará transmitindo, mas o campo terá de transmiti-las de qualquer maneira. Para transmitir a frequência requerida na cura, o campo precisará vibrar nessa frequência ou em seu harmônico. Assim, para poder curar, você dirigirá seu campo como uma montanha-russa. Estará frequentemente variando a frequência de vibração. Estará constantemente transmitindo diferentes intensidades de luz. Isso mexerá com você. Será bom no sentido de acelerar o seu próprio processo evolutivo, porque mudanças frequentes e intensas quebrarão seus padrões normais de conservação e liberarão os bloqueios no seu campo. Mas poderá esvaziá-lo se você não se mantiver em perfeito estado. Na cura, você não gera a energia que transmite, mas precisa primeiro elevar sua frequência para a frequência de que o paciente necessita a fim de arrastar a energia do Campo da Energia Universal. Dá-se a isso o nome de indução harmônica, que demanda grande quantidade de energia e focalização. Enquanto sua voltagem de energia for mais alta que a do paciente, você transmitirá para ele. Se, todavia, você tentar curar quando estiver muito cansado, a voltagem que for capaz de produzir poderá ser mais fraca que a do paciente.

A corrente flui da voltagem alta para a voltagem mais baixa. Dessa maneira, você pode captar energias negativas da doença dos seus pacientes. Se você for muito saudável, seu sistema se limitará a liquidá-las, ativando-as ou repelindo-as. Se estiver cansado, poderá levar mais tempo para liquidar as energias baixas que captar. Se já tiver tendência para determinada doença, poderá exacerbar sua própria situação. Por outro lado, se se cuidar, enquanto trata de alguém com a mesma doença para a qual tem propensão, poderá aprender a gerar as frequências necessárias para curar-se.

Estudos levados a cabo por Hiroshi Motoyama mediram a força das linhas de acupuntura do curador e as do paciente antes e depois do tratamento. Em muitos casos, as linhas do curador, relativas a certo órgão, se mostraram baixas após o tratamento. Não obstante, recuperaram a força original poucas horas depois. Motoyama também mostrou que, em geral, o meridiano do coração do curador fica mais forte depois de uma cura, a indicar que o chakra do coração já está acostumado à cura, como se mostrará nos capítulos seguintes.

Na próxima seção exporei as técnicas de cura para diferentes camadas da aura, apresentarei casos de cura e descreverei técnicas para o curador cuidar de si mesmo.

Capítulo 21

PREPARAÇÃO PARA A CURA

....

Preparando o Curador

Ao preparar-se para realizar um tratamento, o curador precisa primeiro abrir-se e alinhar-se com as forças cósmicas. Não só antes do tratamento, mas também em sua vida em geral. Precisa ser dedicado à verdade e meticulosamente sincero consigo mesmo em todas as áreas do seu ser. Necessita do apoio dos amigos e de alguma forma de disciplina espiritual ou processo de purificação. Necessita de mestres, tanto espirituais como físicos. Necessita manter o próprio corpo saudável por meio de exercícios e alimentação sadia, dieta equilibrada (incluindo a ingestão de vitaminas e minerais, que o corpo utiliza em maiores quantidades quando movimenta alta energia), descanso e lazer. Através dessa alimentação, mantém o próprio veículo físico num estado que lhe permite elevar suas vibrações a fim de estender-se para cima e para fora, rumo ao campo da energia universal e das energias curativas espirituais, que fluirão através dele. Precisa, antes de tudo, elevar suas próprias vibrações para estabelecer conexão com as energias curativas antes que ocorra a canalização.

Antes de iniciar um dia de tratamento, convém-lhe fazer alguma forma de exercícios físicos de manhã, e alguma meditação, a fim de concentrar-se e abrir os chakras. Isso não precisa levar muito tempo. Trinta ou quarenta minutos serão suficientes. Considero os seguintes exercícios muito eficazes. Troco-os periodicamente, a fim de ajustá-los às necessidades do meu sistema de energia, que mudam sem cessar.

Exercícios Espirituais para o Curador Abrir os Meridianos da Acupuntura

1. Deite-se de costas com os braços ao lado do corpo e as palmas das mãos para cima. Afaste levemente os pés um do outro até encontrar uma posição confortável. Feche os olhos. Relaxe o corpo todo, focalizando cada uma de suas partes, uma depois da outra. Respire naturalmente. Focalize a respiração e conte – uma inspiração, uma expiração, duas inspirações, duas expirações, e assim por diante – durante cinco minutos. Se a mente começar a vaguear, traga-a de volta à contagem; se esquecer o número, comece de novo.

Se a sua atenção se mantiver, por alguns minutos, contando respirações, a mente e o corpo se relaxarão pouco a pouco.

2. O melhor exercício para começar o dia pode ser executado antes de você pular da cama (se não incomodar sua (seu) companheira(o) de cama, o que provavelmente acontecerá). Deite-se de costas, estique os braços deixando-os perpendiculares ao corpo e puxe os joelhos para cima, mantendo as plantas dos pés apoiadas na cama. Conservando os ombros abaixados, deixe que os joelhos caiam para a direita enquanto você rola a cabeça a fim de olhar para a esquerda. Agora puxe os joelhos para cima e deixe-os caírem para a esquerda, enquanto você rola a cabeça para a direita. Repita o movimento até sentir as costas bem esticadas.

Os exercícios das articulações são especialmente recomendáveis para criar um suave fluxo de energia pelos canais de acupuntura por intermédio do ajustamento das citadas articulações. Visto que todos os meridianos fluem através das articulações, a movimentação destas últimas ativa os meridianos. Esses exercícios das articulações, criados por Hiroshi Motoyama para abrir os canais de acupuntura, são descritos em seu opúsculo denominado "A relação funcional entre os asanas do yoga e os meridianos da acupuntura".

3. Sente-se ereto no chão com as pernas estendidas para a frente. Coloque as mãos no chão, ao lado dos quadris, e incline-se para trás utilizando os braços estendidos para apoiar-se. Concentre a atenção nos dedos dos pés. Mova apenas os dedos de ambos os pés. Flexione-os e estenda-os devagar, sem mover as pernas nem os tornozelos. Repita dez vezes. Veja a Figura 21-1A.

4. Permaneça na posição sentada acima descrita. Flexione e estenda as articulações do tornozelo o mais que lhe for possível. Repita dez vezes. Veja a Figura 21-1B.

5. Você continua na posição sentada descrita no item 3. Separe ligeiramente as pernas uma da outra. Conservando os calcanhares em contato com o chão, gire os tornozelos dez vezes em cada direção.

6. Ainda sentado na posição inicial, dobre e erga a perna direita tanto quanto possível à altura do joelho, trazendo o calcanhar para perto da nádega direita. Endireite a perna direita sem permitir que o calcanhar ou os dedos do pé toquem o chão. Repita dez vezes e, em seguida, faça o mesmo com a perna esquerda. Veja a Figura 21-1C.

7. Na mesma posição sentada, segure a coxa perto do tronco com as mãos e imprima à perna um movimento circular à altura dos joelhos, por dez vezes, no sentido horário e depois mais dez vezes no sentido anti-horário. Repita o exercício com a perna esquerda.

8. Dobre a perna esquerda e coloque o pé esquerdo sobre a coxa direita. Segure o joelho esquerdo com a mão esquerda e coloque a mão direita sobre o tornozelo esquerdo. Movimente delicadamente a perna dobrada, para cima e para baixo, com a mão esquerda, relaxando os músculos da perna esquerda o máximo possível. Repita o mesmo processo com o joelho direito. Veja a Figura 21-1D.

9. Sentado na posição descrita no item 8, gire dez vezes o joelho direito em torno da articulação do quadril direito, no sentido horário e, a seguir, gire dez vezes no sentido anti-horário. Repita o exercício com o joelho esquerdo. Veja a Figura 21-1E.

10. Sentado na posição inicial, com as pernas estendidas, estique os braços para a frente e erga-os até a altura dos ombros. Estique e retese os dedos de ambas as mãos. Feche os dedos sobre o polegar, formando um punho bem apertado. Repita dez vezes. Veja a Figura 21-1F.

11. Mantenha a posição do item 10. Flexione e estenda os pulsos. Repita dez vezes. Veja a Figura 21-1G.

12. Na posição indicada no item 10, gire os pulsos dez vezes no sentido horário e mais dez no sentido anti-horário.

13. Na mesma posição do item 10, estenda as mãos com as palmas para cima. Dobre os braços nos cotovelos, toque os ombros com as pontas dos dedos e torne a endireitar os braços. Repita dez vezes e, em seguida, faça o mesmo exercício dez vezes com os braços estendidos para os lados. Veja a Figura 21-1H.

14. Permanecendo na mesma posição com as pontas dos dedos em contato constante com os ombros, erga os cotovelos o mais alto que lhe for possível. Depois, abaixe-os. Repita dez vezes. Agora aponte os cotovelos para a frente. Repita. Veja a Figura 21-1I.

15. Na mesma posição mencionada no item 14, realize um movimento circular com os cotovelos, fazendo girar as articulações dos ombros. Faça-o dez vezes no sentido horário e, a seguir, mais dez vezes em sentido anti-horário. Realize o movimento circular de cada cotovelo o mais amplo possível, juntando os dois cotovelos defronte do peito. Veja a Figura 21-1J.

Depois que tiver aprendido esses exercícios, você poderá, provavelmente, fazer os exercícios dos dedos das mãos e dos dedos dos pés, e os dos tornozelos e dos pulsos ao mesmo tempo.

16. Faça agora vários exercícios de sentar-se, expirando cada vez que se senta. Comece fazendo, pelo menos, dez exercícios desses. E vá se exercitando até chega a vinte vezes.

17. Estenda as mãos para a frente e toque os dedos dos pés sem dobrar as pernas. Faça-o conservando a postura sentada, com as pernas juntas, direitas, à sua frente. Repita o exercício dez vezes. Agora continue na mesma posição e segure os dedos dos pés sem dobrar os joelhos. Faça-o durante três minutos sem se levantar.

18. Estenda as pernas, abra-as o mais que puder e repita o exercício acima, primeiro agarrando os dedos do pé esquerdo, depois virando para o lado direito e agarrando os dedos do pé direito. Em seguida, repita o exercício estendendo os braços à sua frente. Mantenha a posição por três minutos, sem se levantar.

19. Gire um pouco a cabeça e o pescoço. Primeiro olhe para cima e, logo, para baixo, abaixando o rosto. Repita dez vezes. Agora olhe dez vezes para cada lado. Em seguida, gire a cabeça, primeiro no sentido horário, depois no sentido anti-horário, várias vezes, até sentir o pescoço mais flexível.

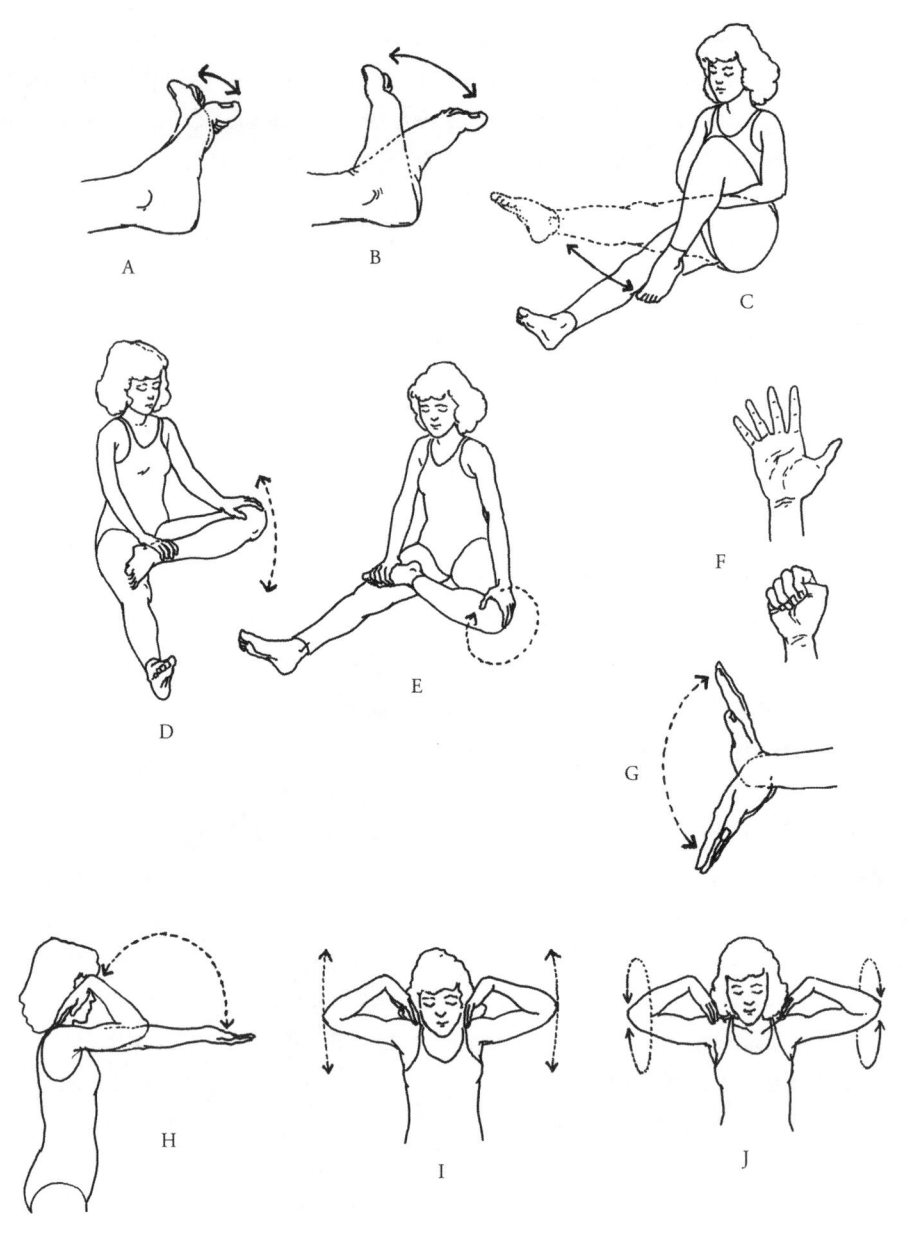

Figura 21-1: Exercícios para as articulações

20. Fique de pé. Com o corpo reto e os pés separados um do outro por uma distância aproximada de 60 cm; incline-se para o lado esquerdo estendendo o braço direito sobre a cabeça. Repita várias vezes. Feito isso, incline-se para a direita e estenda o braço esquerdo sobre a cabeça.

Exercícios Diários para Abrir e Carregar os Chakras

Conheço três grupos diferentes de exercícios físicos para carregar e abrir os chakras. O primeiro abre muito bem os chakras nos três níveis inferiores da aura. O segundo, abre-os bem no nível astral. E o terceiro, uma combinação de exercícios respiratórios e posturas, abre-os nos níveis mais elevados do campo áurico.

Exercícios Físicos para Abrir e Carregar os Chakras (Níveis 1-3 do Campo Áurico)

Esses exercícios vêm ilustrados na Figura 21-2.

Chakra 1. Fique de pé com os pés bem separados um do outro e com os dedos dos pés e os joelhos virados para fora, num ângulo confortável para os seus joelhos. Agora dobre os joelhos o mais que puder. Você deverá ser capaz de abaixar-se de modo que suas nádegas fiquem tão baixas quanto os joelhos. Movimente-se para cima e para baixo várias vezes. Acrescente agora um movimento de vaivém à pelve. Empurre-a o mais para a frente e o mais para trás que puder. Enfatize o movimento para a frente. Oscile para trás e para a frente desse jeito, três vezes, ao abaixar-se. Fique abaixado e oscile para trás e para a frente, três vezes, conservando os joelhos dobrados; em seguida, oscile para trás e para a frente, três vezes, enquanto se levanta. O movimento mais importante do exercício é a oscilação quando os joelhos estiverem bem dobrados. Repita toda a série de exercícios pelo menos três vezes.

Chakra 2. Fique de pé mantendo os pés separados um do outro pela distância existente entre os ombros e paralelos um ao outro. Balance a pelve para trás e para a frente dobrando ligeiramente os joelhos. Repita várias vezes.

Agora faça de conta que você está dentro de um cilindro que precisa ser polido. Faça-o com os quadris. Ponha as mãos nos quadris e movimente-os circularmente, prestando atenção para polir todos os lados do cilindro.

Chakra 3. Saltar. Isso requer um parceiro. Segurem com firmeza as mãos um do outro. Enquanto um apoia o companheiro, o outro salta para cima e para baixo. Ao saltar, procure aproximar o mais possível os joelhos do peito. Salte continuamente, sem parar, durante vários minutos. Descanse. Não se incline para a frente para descansar. Troque os papéis, e deixe que o parceiro salte enquanto você o apoia.

Chakra 4. Este é um exercício de postura isométrica. Apoie-se nas mãos e nos joelhos como mostra a Figura 21-2. Nessa posição, os cotovelos não tocam o chão. Os braços são usados como ponto de apoio. Varie o ângulo das pernas e das nádegas até sentir pressão entre as omoplatas (alguns homens cujos ombros têm músculos grandes sentirão mais nos ombros, por isso tome cuidado). Quando sentir pressão entre as omoplatas, faça uma pressão isométrica sobre esse lugar, empurrando o corpo para a frente por algum tempo e, depois, puxando-o para trás. Faça-o a partir dos quadris e das pernas. Esse exercício aciona a face traseira do chakra do coração ou o centro da vontade.

Para a face dianteira do chakra do coração, encontre alguma coisa grande e redonda, como um barril, a parte de trás macia de um sofá ou uma banqueta bioenergética, deitado no qual, de costas, você possa inclinar-se para trás. Incline-se para trás sobre ele, com os pés firmados no chão. Relaxe e deixe os músculos do peito estirarem-se.

Chakra 5. A cabeça e o pescoço giram. Movimente a cabeça, várias vezes, nas seguintes direções: olhando para a frente, para cima e para baixo, para um lado e para o outro. Para cima à esquerda e, em seguida, para baixo à direita. Inverta. Faça o trajeto todo para cima à direita, e para baixo à esquerda. Gire agora o pescoço e a cabeça por todo o trajeto, várias vezes, em ambas as direções.

O chakra da garganta também responde muito bem ao som. Cante! Faça qualquer tipo de ruído que lhe agrade, se não souber ou não puder cantar.

Chakra 6. Repita com os olhos os movimentos indicados para o chakra 5.

Chakra 7. Esfregue o topo da cabeça no sentido horário com a mão direita.

Visualização para Abrir Chakras (Nível 4 do Campo Áurico)

Para fazer este exercício, sente-se numa cadeira confortável ou assuma a posição do lótus sobre uma almofada colocada no chão. Mantenha as costas retas. Em primeiro lugar, depois de acalmar a mente com um exercício de meditação, conduza a percepção para o primeiro chakra. Visualize-o como um vórtice de luz vermelha girando no sentido horário. (No sentido horário visto quando se

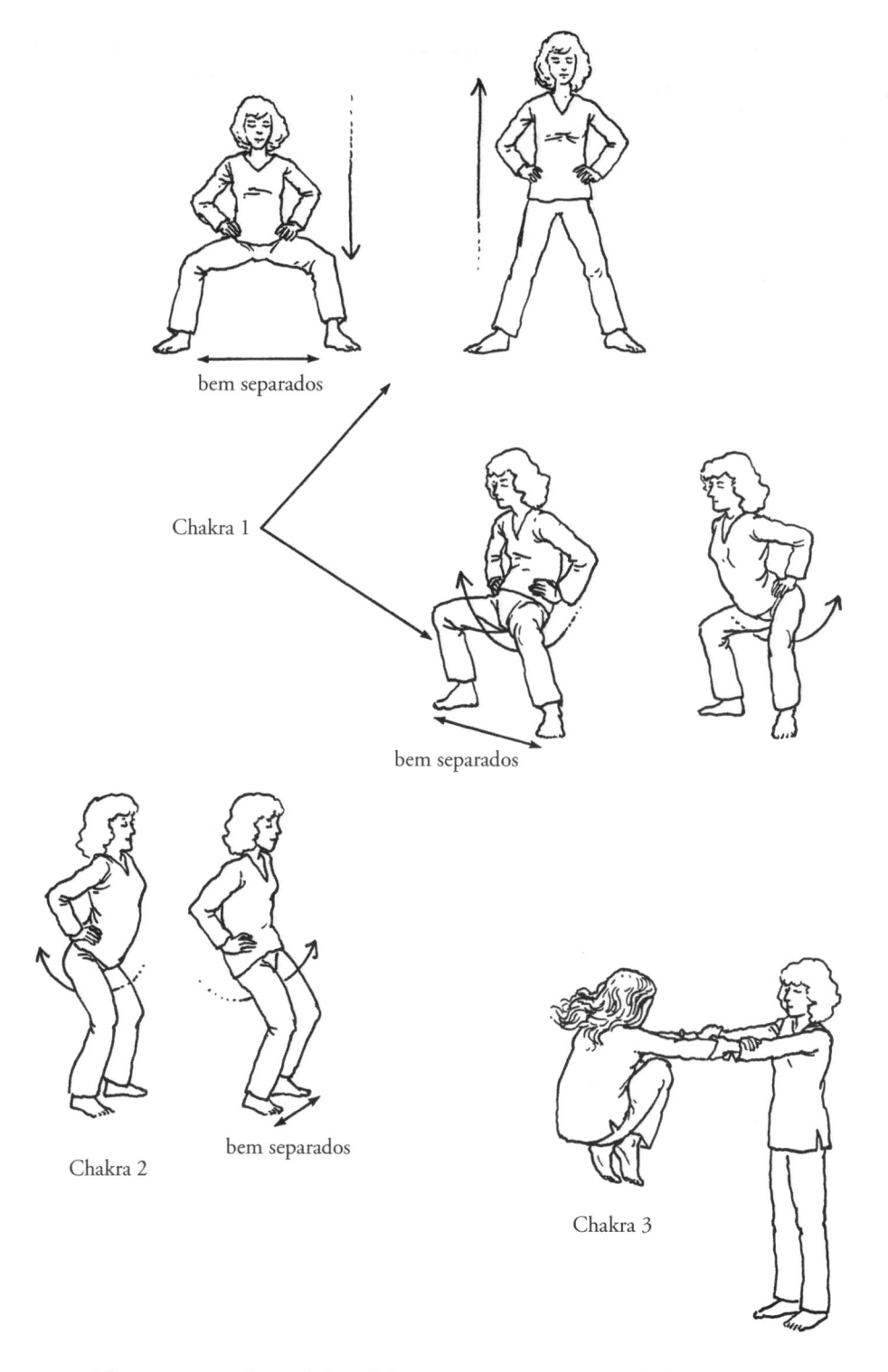

Figura 21-2: Exercícios físicos para carregar e abrir chakras

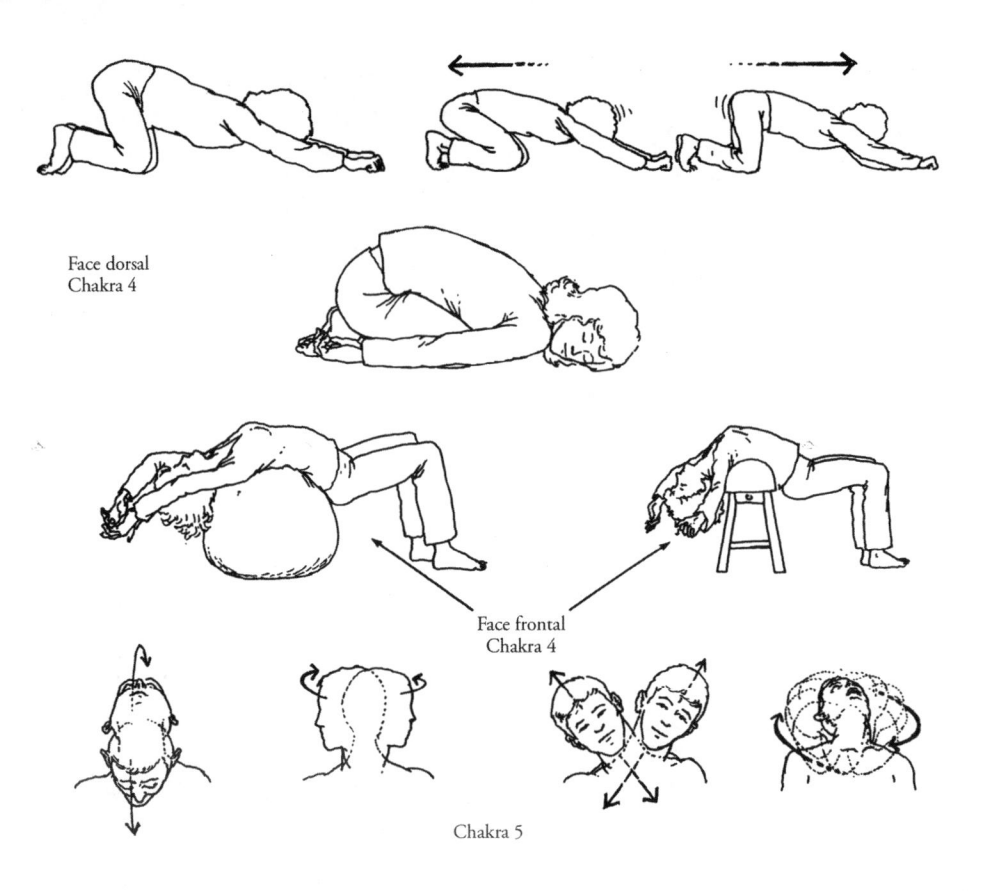

Face dorsal
Chakra 4

Face frontal
Chakra 4

Chakra 5

Chakra 6. Repita os movimentos para o Chakra 5 usando os olhos em lugar da cabeça.

Chakra 7. Erga-se sobre a cabeça.

Figura 21-2: Exercícios físicos para carregar e abrir chakras (continuação)

olha para o chakra do lado de fora do corpo.) O vórtice gira bem abaixo de você, com a extremidade mais larga voltada para a terra e a mais fina apontando para a base da coluna vertebral. Enquanto você o vê girando, inspire vermelho. Expire vermelho. Visualize a respiração vermelha na inspiração. Na expiração, não visualize; limite-se a observar a cor. Repita até poder ver claramente o vermelho tanto na inspiração como na expiração. Se o vermelho for mais claro ou turvo na expiração, você precisa equilibrar suas energias vermelhas. Se for mais claro, você precisa de mais vermelho no campo. Se for turvo, você está precisando limpar o chakra inferior. Faça-o repetindo o exercício até que as cores que entram e as que saem sejam as mesmas. Isso vale para todos os chakras.

Conservando a imagem do primeiro chakra, mova-se para o segundo, localizado cerca de 5 cm acima do púbis. Visualize dois vórtices. Um na parte dianteira do corpo e outro na traseira. Veja-os girando no sentido horário com uma cor vermelho-laranja brilhante. Inspire vermelho-laranja. Expire-o. Repita. Verifique, para certificar-se, antes de prosseguir, se as cores de entrada e de saída são as mesmas.

Conservando a visualização dos dois primeiros chakras, passe para o terceiro, no plexo solar. Visualize aqui dois vórtices girantes amarelos. Inspire amarelo. Expire-o. Repita até que o amarelo se torne brilhante na inspiração e na expiração.

Mude-se para o coração. Veja os vórtices girando verdes no sentido horário. Inspire e expire verde até que as cores se equilibrem. Olhe para baixo para certificar-se de que você pode ver todos os outros chakras (que você já carregou) girando antes de passar para o chakra da garganta.

Na garganta, inspire e expire azul através dos vórtices que giram no sentido horário.

No chakra do terceiro olho, veja roxos os vórtices que giram no sentido horário na parte dianteira e na parte traseira da cabeça. Repita os exercícios respiratórios.

Em seguida, mude-se para a coroa. Branca opalescente, está assentada no topo da cabeça. Inspire branco. Expire-o. Repita. Veja os sete chakras girando no sentido horário. Veja a corrente de força vertical fluindo para cima e para baixo da coluna. Ela pulsa com a sua inspiração. Quando você inspira, pulsa para cima. Quando expira, pulsa para baixo. Veja todos os chakras ligados a ela pelas pontas, com o chakra da coroa formando a entrada e a saída superiores, e o chakra da raiz formando a entrada e a saída inferiores, para que a energia flua através do campo. Veja a energia pulsante fluindo por todos os chakras com a inspiração. Todo o seu campo enche-se agora de uma quantidade de energia luminosa. Esse é um bom exercício para se fazer antes do tratamento, a fim de abrir e carregar todos os chakras.

Exercícios de Respiração e Postura para Carregar e Abrir Chakras (Níveis 5-7 do Campo Áurico)

Os exercícios mais eficazes que já vi para carregar o campo áurico, iluminá-lo, limpá-lo e fortalecê-lo são os ensinados pelo Kundalini Yoga, que focaliza a posição, a respiração e a flexibilidade da coluna. Recomendo-lhe que os aprenda diretamente num *ashram* de Kundalini, se tiver a oportunidade de fazê-lo. Se não tiver, eis aqui, simplificados, alguns exercícios que eles ensinam e que se veem na Figura 21-3.

Chakra 1. Sente-se no chão sobre os calcanhares. Coloque as palmas das mãos nas coxas. Flexione a coluna para a frente, na área pélvica, com a inspiração, e para trás com a expiração. Se quiser, use um mantra em cada respiração. Repita diversas vezes.

Chakra 2. Sente-se no chão com as pernas cruzadas. Segure os tornozelos com as mãos e inspire profundamente. Flexione a coluna para a frente e erga o peito; gire a parte superior da pelve para trás. Ao expirar, flexione a coluna para trás e a pelve para a frente, perto dos "ossos de sentar". Repita várias vezes, utilizando um mantra, se quiser.

Chakra 2. Outra postura. Deitado de costas, erga-se apoiado nos cotovelos. Levante ambas as pernas cerca de 30 cm acima do chão. Abra as pernas e inspire; ao expirar, cruze as pernas nos joelhos, mantendo-as direitas. Repita diversas vezes. Erga ligeiramente as pernas e repita. Faça-o até que as pernas estejam uns 76 cm acima do chão, depois abaixe-as pelo mesmo processo. Descanse. Repita várias vezes.

Chakra 3. Sente-se com as pernas cruzadas; segure os ombros com os dedos na frente e os polegares atrás. Inspire e vire-se para a esquerda; expire e vire-se para a direita. A respiração é longa e profunda. Certifique-se de que a coluna está ereta. Repita várias vezes e inverta a direção. Repita outra vez. Descanse um minuto.
Repita o exercício inteiro sentado sobre os joelhos.

Chakra 3. Outra postura. Deite-se de costas com as pernas unidas e erga os calcanhares 15 cm. Erga a cabeça e os ombros 15 cm; olhe para os dedos dos pés; aponte para os dedos dos pés com os dedos das mãos; os braços estão esticados. Nessa posição, respire com força pelo nariz contando até 30. Relaxe; descanse contando até 30. Repita várias vezes.

Chakra 4. Sentado, com as pernas cruzadas, entrelace os dedos num aperto vigoroso no centro do coração, ao passo que os cotovelos apontam para os lados. Os cotovelos se movem num movimento de serra. Respire longa e profundamente com o movimento. Continue várias vezes; inspire, expire e faça pressão sobre o aperto. Relaxe um minuto.

Repita o exercício sentado sobre os calcanhares. Isso eleva ainda mais a energia. Não se esqueça de empurrar a pelve para a frente.

Chakra 5. Sente-se com as pernas cruzadas, segure os joelhos com firmeza. Mantenha os cotovelos retos. Comece a flexionar a parte superior da coluna. Inspire para a frente. Expire para trás. Repita diversas vezes. Descanse.

Agora flexione a coluna encolhendo os ombros para cima enquanto inspira e encolha-os para baixo enquanto expira. Repita várias vezes. Inspire e retenha a respiração 15 segundos com os ombros encolhidos para cima. Relaxe.

Repita os mesmos exercícios sentado sobre os calcanhares.

Chakra 6. Sentado com as pernas cruzadas, entrelace os dedos num aperto vigoroso ao nível da garganta. Inspire; retenha a respiração; depois comprima o abdome e os esfíncteres e empurre a energia para cima, como se estivesse empurrando pasta de dentes para fora do tubo. Expire a energia para fora pelo alto da cabeça, ao mesmo tempo que ergue os braços acima da cabeça, conservando o mesmo aperto vigoroso. Repita.

Repita sentado sobre os calcanhares.

Chakra 7. Sente-se com as pernas cruzadas e os braços esticados acima da cabeça. Entrelace os dedos com exceção dos dois indicadores, que apontam para cima. Inspire forçando o centro umbilical para dentro e dizendo "sat". Expire, dizendo "nam" ao mesmo tempo que relaxa o centro umbilical. Repita fazendo rápidas respirações por diversos minutos. Depois inspire e comprima a energia da base da coluna até o alto da cabeça, contraindo e segurando os músculos do esfíncter e, depois, os músculos do estômago. Retenha a respiração. Em seguida deixe-a sair, mantendo todas as contrações musculares. Relaxe-se. Descanse. Se você não se der bem com um "sat nam", use um mantra diferente.

Repita, sentado sobre os calcanhares. Descanse.

Repita sem usar o mantra. Em vez disso, respire rapidamente pelo nariz.

Figura 21-3: Exercícios respiratórios e de postura para carregar e abrir os chakras

Chakra 5

Chakra 5

Chakra 6

Chakra 7

Figura 21-3: Exercícios respiratórios e de postura para carregar e abrir os chakras (continuação)

Chakra 7. Outra postura. Sente-se com as pernas cruzadas. Mantenha os braços erguidos num ângulo de 60°, com os pulsos e os cotovelos retos e as palmas das mãos viradas para cima. Respire pelo nariz, com uma respiração rascante contra a parte superior da garganta durante um minuto, aproximadamente. Inspire, retenha a respiração e bombeie o abdome para dentro e para fora 16 vezes. Expire; relaxe-se. Repita duas ou três vezes. Descanse.

Meditação com Respiração Colorida para Carregar a Aura

Com os pés paralelos e separados um do outro pelo espaço equivalente à distância entre os ombros, dobre e endireite lentamente os joelhos. Todas as vezes que dobrar os joelhos e se abaixar, expire. Quando se levantar, inspire. Abaixe-se o mais que puder sem deixar os calcanhares subirem. Relaxe os braços. Mantenha as costas retas e não se incline para a frente. Deixe a parte inferior da pelve projetar-se um pouco para diante.

Agora estenda os braços para a frente, com as palmas das mãos viradas para baixo. Acrescente um movimento circular das mãos ao movimento para cima e para baixo que já está fazendo. Os braços estão estendidos para fora quanto possível no movimento ascendente. Quando alcançar o ápice do movimento, traga os braços para o corpo (com as palmas das mãos para baixo) e deixe-as coladas ao corpo no movimento descendente. Ocaso do movimento, estenda os braços para fora outra vez. (Veja a Figura 21-4.)

Adicione uma visualização ao movimento. Você inspirará cores da terra e do ar que o circunda, através das mãos e dos pés. Ao expirar, expirará as mesmas cores. Expire cada cor várias vezes.

Comece com o vermelho. Quando atingir o ocaso do movimento seguinte, inspire vermelho. Veja o balão da sua aura encher-se de vermelho. Depois que tiver atingido o ápice do movimento e começar a movimentar-se para baixo, expire a cor. Agora experimente fazê-lo de novo. Vê o vermelho claramente com o olho da mente? Se não puder vê-lo repita o exercício até conseguir. As cores difíceis de visualizar são, provavelmente, as de que você precisa em seu campo de energia. Mais uma vez, como no exercício 22, observe a cor ao expirar; não queira controlá-la. Depois que ela estiver brilhante e clara, passe para a seguinte.

Agora inspire laranja, à medida que se move para cima. Deixe que ela entre em você, vinda da terra e do ar que o circunda, e suba pelos pés e pelas mãos, Se tiver dificuldade para visualizar as cores na mente, arranje amostras de cores

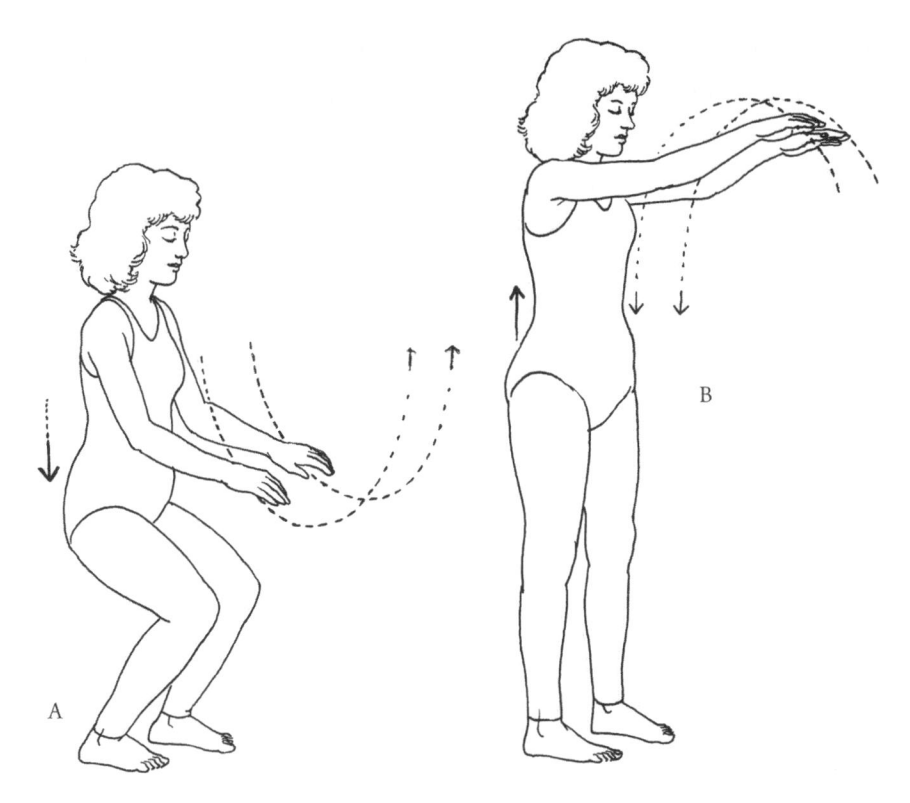

Figura 21-4: Meditação sobre cores estando de pé

para olhar, ou talvez seja mais fácil fazê-lo com os olhos cerrados. Repita o exercício com laranja outra vez.

Continue o exercício através da seguinte sequência de cores: amarelo, verde, azul, violeta e branco. Certifique-se de que está vendo toda a forma ovoide da aura cheia de cada cor antes de passar à cor seguinte. Estas cores são boas para cada um dos chakras. Se quiser aditar vibrações mais altas à aura, continue com as cores seguintes: prata, ouro, platina e cristalino; em seguida, volte ao branco. Todas as cores do segundo grupo devem ser opalescentes.

Exercício Vibratório para Assentamento

Fazer vibrar o corpo significa mantê-lo numa posição de tensão que lhe provoca vibrações físicas involuntárias. Isso aumenta o fluxo de energia e libera os bloqueios. Esses exercícios são bem conhecidos na terapêutica do núcleo e na terapêutica bioenergética.

Fique de pé, com os pés paralelos um ao outro e separados um do outro pela distância entre os ombros. Depois de completar os exercícios de carregamento da aura acima descritos, fique de pé e continue simplesmente a expirar quando se abaixa e a inspirar quando se levanta. Dobre os joelhos o mais que puder; deixe que as pernas comecem a sentir-se cansadas. Se continuar a fazê-lo pelo tempo suficiente, as pernas começarão a vibrar fisicamente de maneira involuntária. Se não começarem, dê início à vibração saltando rapidamente para cima e para baixo sobre os calcanhares. Deixe que as vibrações trabalhem na parte superior das pernas e da pelve. Com a prática, elas se estenderão a todo o corpo. Eis aí uma excelente maneira de criar um forte fluxo de energia no corpo inteiro. Depois de senti-lo, você poderá criar exercícios capazes de fazer qualquer parte do corpo vibrar visando aumentar o fluxo de energia através dessa parte. Nesse caso, necessitamos geralmente que a pelve vibre, a fim de intensificar as energias terrenas que fluem através do primeiro e do segundo chakras. Mais tarde, quando estiver numa situação de cura, você poderá rolar lentamente a pelve para trás e para a frente (enquanto estiver sentado), depois adicione uma vibraçãozinha curta e rápida ao movimento rolante, o que ajuda a pelve a vibrar. Você sentirá o aumento do fluxo de energia em todo o corpo.

Meditações Estando Sentado para Centralizar

Sente-se agora para meditar por 10 a 15 minutos. Certifique-se de que as costas estão retas e confortáveis.

Um bom mantra para repetir a si mesmo a fim de silenciar a mente para a meditação é o seguinte: "Fique quieta e saiba que eu sou Deus." Conserve simplesmente a consciência focalizada no mantra. Se a mente se puser a vagar, traga-a de volta.

Outra boa meditação para silenciar a mente é contar até dez. Conte um ao inspirar, dois ao expirar, três ao inspirar, quatro ao expirar, até chegar a dez. A parte difícil do exercício é que todas as vezes que você deixar a mente vaguear e pensar em outra coisa que não seja contar, terá de voltar para o um e iniciar tudo de novo! Esse tipo de meditação, na realidade, nos faz saber o quanto nossa mente é resvaladiça! Muito pouca gente consegue chegar a dez na primeira tentativa!

Agora você está pronto (depois de um grande copo de água) para iniciar um dia de tratamento.

Cuidados com o Local de Tratamento

É importante trabalhar numa sala limpa, da qual se tenham tirado as energias baixas, as más vibrações ou a energia do *orgone* morto, como Wilhelm Reich lhe chamava. Se for possível, escolha uma sala que apanhe a luz solar direta e dê acesso ao ar livre. Você também pode manter a sala limpa queimando nela, segundo a tradição índia americana nativa, glicéria e cedro, ou salva e cedro.

Para defumar uma sala com salva e cedro, coloque um pedaço de cedro verde seco e salva seca num recipiente e ateie-lhe fogo. Segundo a tradição índia americana nativa, usa-se uma concha de haliote para obter fumaça, de modo que os quatro elementos – fogo, terra, ar e água – estão ali representados. Entretanto, se não tiver uma concha de haliote, use uma frigideira. Quando uma grande porção do cedro e da salva estiver queimando, apague o fogo. Com uma tampa, a coisa funciona melhor. Formar-se-á grande quantidade de fumaça, que invadirá todos os cantos da sala. É também um costume índio americano nativo começar na parte mais oriental da casa ou da sala e atravessá-la na direção do nascente (no sentido dos ponteiros do relógio). Certifique-se de que uma porta da sala está aberta antes de começar a defumá-la. A fumaça atrai a energia do *orgone* morto e leva-a para fora, pela porta.

A fim de completar a defumação, faça uma oferenda de um pouco de farinha de milho, atirando-a ao fogo, em sinal de agradecimento. Se quiser saber mais a respeito das tradições índias americanas nativas, procure a Oh-Shinnah, na Four Corners Foundation, Oak Street, 632, São Francisco, Califórnia, 94117. Oh-Shinnah, a propósito, defuma cada paciente antes de começar a trabalhar com ele, o que afugenta boa porção da energia do *orgone* morto antes do início dos trabalhos. Você também pode defumar-se no caso de sentir-se bloqueado. Algumas pessoas queimam sais de epsom derramando um pouco de álcool sobre eles numa caçarola e levando-a ao fogo. Empunhando a caçarola, dê você, ou o paciente, tanto faz, uma volta pela sala.

Cristais colocados ao redor da sala ajudam a coletar energia morta do *orgone*. Em seguida, limpam-se, bastando para isso colocá-los numa tigela com um quarto de colher de chá de sal marinho e 0,665 litros de água de fonte, para se encharcarem durante a noite. Geradores de íons negativos também ajudam a limpar a sala. Nunca trabalhe numa sala sem ventilação ou com luzes fluorescentes. Essas luzes geram uma frequência que interfere na pulsação da aura, levando uma frequência de batimento a instalar-se no campo. O raio de ação espectral também é insalubre.

Se você trabalhar numa sala sem ventilação ou iluminada por luz fluorescente, provavelmente ficará doente. Começará acumulando energia de *orgone* morto no corpo, suas vibrações ficarão mais lentas e, aos poucos, enfraquecerão. Finalmente, você terá de interromper o trabalho, talvez por um período de vários meses, até o seu sistema de energia voltar a limpar-se. Você talvez nem repare na diminuição das frequências da energia porque sua sensibilidade terá diminuído com elas.

Cuidados com o Curador

Se você descobrir que está acumulando energia morta de *orgone* no corpo, *limpe a sua aura* (tomando um banho de 20 minutos numa banheira quente, adicionando à água 453,59 g de sal marinho e 453,59 g de bicarbonato de sódio. Isso poderá deixá-lo muito fraco, visto que extrai grandes quantidades de energia do corpo e, portanto, prepare-se para descansar depois do banho, a fim de restaurar-se. Ficar deitado ao sol ajuda a recarregar o sistema. O tempo que pode durar um banho de sol depende inteiramente do seu sistema. Seja intuitivo; confie nele quando o seu corpo lhe diz que já tomou sol o suficiente. Você talvez precise tomar esses banhos várias vezes por semana, para limpar-se.

Devemos sempre tomar um copo cheio de água de fonte depois de cada tratamento; o mesmo fará o paciente. A água corrente que atravessa o seu sistema ajuda a levar embora a energia morta de *orgone* e impede a inchação. Paradoxalmente, a inchação é causada, em primeiro lugar, por não bebermos água em quantidade suficiente. Num esforço por manter a energia morta do *orgone* na água, seu corpo a reterá, em lugar de deixá-la aprofundar-se nos tecidos do corpo.

Os cristais também ajudam a proteger o sistema de energia do curador. Usa-se um cristal claro de quartzo ou um cristal de ametista sobre o plexo solar para fortalecer o campo e torná-lo menos permeável. O quartzo rosado ajuda a proteger o coração quando usado sobre o chakra do coração. Há muita coisa ainda para ser dita sobre tratamentos com cristais. Geralmente, uso quatro cristais sobre o corpo do cliente no tratamento, além dos que trago comigo, uma ametista e um quartzo rosado. Coloco um grande quartzo rosado na mão esquerda (meridiano do coração) do paciente e um grande quartzo rosado na mão direita. Eles absorvem a energia morta de *orgone* liberada no tratamento. Uso uma grande ametista com depósitos de ferro no segundo ou no primeiro chakra para o campo do paciente pulsar com força. O ferro ajuda a manter o paciente com os pés no chão. Os cristais seguram o paciente no corpo. Um quartzo enfumaçado no plexo solar é muito bom para isso.

Se você usar um cristal, deve ter a certeza de estar usando o cristal certo para o seu corpo. Se o cristal for muito forte, aumentará as vibrações do seu campo e o acabará esvaziando, porque o ritmo básico do seu metabolismo não poderá acompanhar o ritmo causado pelo cristal no campo; isto é, você não fornecerá energia suficiente ao seu corpo a fim de manter-se a par das vibrações mais altas, e acabará perdendo energia. Se, contudo, escolher um cristal um pouco mais forte do que o seu campo, acabará por intensificá-lo.

Se você usar um cristal que vibre mais devagar do que o campo, aplicará uma força de tração ao campo e tornará mais lentas as suas vibrações. Basta que tenha consciência do modo com que cada cristal o afeta. À proporção que se tornar mais forte, será capaz de usar cristais mais fortes. E também precisará de cristais diferentes em diferentes ocasiões da sua vida, dependendo das circunstâncias.

Os cristais em forma de joias ou mimos antigos estão impregnados da energia dos antigos donos e devem ser completamente limpos, ficando uma semana mergulhados num quarto de colher de chá de sal marinho e 0,665 litros de água de fonte ou de água do mar. Muitos seminários sobre cristais estão se realizando agora. Se você quiser usar cristais, participe de um desses seminários antes de usá-los.

Quando ministro um tratamento, valho-me de uma mesa de massagem e de uma cadeira de secretária. Dessa maneira, não preciso ficar de pé o dia inteiro e minhas costas recebem apoio suficiente. As rodas da cadeira me dão liberdade de movimento e tanto posso ficar de pé quanto sentada, sempre que for conveniente, durante o tratamento. Uso também óleo para passar nos pés, o que ajuda a energia a entrar no corpo.

Uma das coisas mais importantes de que precisa um curador para manter-se sadio é tempo e espaço pessoais particulares. Isso não é fácil, pois quase todos eles estão sendo muito procurados pelos pacientes. É indispensável que o curador possa dizer: "Não, preciso de tempo para mim agora", por maior que seja a demanda. Portanto, quando você precisar de tempo, terá de dá-lo a si mesmo, *não importa como*. Se não o fizer, acabar-se-á esvaziando e terá de interromper a prática por algum tempo, pelo menos. Não espere até não ter mais nada para dar. Descanse agora. Dedique tempo aos *hobbies* e a outros prazeres pessoais. É muito importante que o curador leve uma vida pessoal plena, que satisfaça às suas necessidades. Se não viver esse tipo de vida, acabará tentando fazer que os pacientes tenham as mesmas necessidades satisfeitas. Criará dependência em relação aos pacientes, que interferirá no processo da cura. A regra de ouro do curador é a seguinte: *primeiro, o eu e o que o alimenta; depois, uma pausa profunda para refletir; em seguida, a alimentação dos outros.* Os curadores que não seguirem essa regra acabarão se queimando e podem arriscar-se a contrair uma doença causada pelo esgotamento da energia.

Revisão do Capítulo 21

1. Descreva exercícios para abrir canais de acupuntura. Por que trabalham eles?
2. Descreva os exercícios destinados a limpar o campo áurico do curador.
3. Quais são as duas coisas que um curador deve fazer antes de iniciar um tratamento?
4. Por que o curador precisa tomar muita água?
5. Como pode você limpar uma sala da energia morta de *orgone*? Indique três maneiras.
6. Por que deve o curador cuidar do local de tratamento? Por causa do seu próprio sistema de energia? Que acontecerá se não o fizer?
7. Como pode você abster-se de captar energia morta de *orgone*? Em circunstâncias normais de vida?
8. Quais são as três coisas de que precisa um local de tratamento para manter-se limpo?
9. Por que geralmente é mais fácil curar um local de tratamento do que na casa do paciente?
10. Como é que você pode limpar o seu campo se apanhou energia morta de *orgone* num tratamento?
11. Descreva pelo menos três maneiras de curar com cristais.
12. Como é que você pode ficar doente por usar um cristal? Que efeito produz ele?

Capítulo 22

TRATAMENTO DE PLENO ESPECTRO

....

Uma coisa importante que devemos saber a respeito do tratamento e da cura é que nós curamos ou trabalhamos camadas distintas da aura e que, para cada camada, o trabalho difere muito do realizado nas outras. O que será melhor compreendido quando eu fizer uma descrição circunstanciada do que ocorre num tratamento. O outro ponto importante é que as energias destinadas à cura passam pela prova de fogo do chakra do coração, para transformar o espírito em matéria e a matéria em espírito, como tivemos ocasião de expor no Capítulo 16.

Exercícios para Reunir Forças para um Dia de Cura

Antes de iniciar uma sessão com qualquer paciente, você precisa alinhar-se com as mais altas energias disponíveis e fazer vários exercícios dentre os apresentados no último capítulo para limpar e carregar todos os chakras, a fim de permitir que a energia chegue ao seu campo. Faça os exercícios de meditação durante vários meses até sentir-se à vontade com eles. Antes de começar um dia de tratamento, é muito importante para você juntar energias e concentrar-se nos seus propósitos. Medite na véspera, à noite, ou na manhã do dia da cura. Conceda um minuto a cada paciente. Mantenha a mente vazia enquanto atrai energia suficiente para um minuto por paciente. Outra técnica consiste em focalizar a mente, sem outros pensamentos, em cada paciente enquanto atrai energia. Mais uma vez, o tempo de concentração é de um minuto por paciente. Visualize ou sinta a energia fluindo dentro de você. Cumpre-lhe também ter muita experiência em discernir, o que já se discutiu no Capítulo 19. Certifique-se de estar sendo apoiado por alguns amigos experimentados nesses assuntos. As duas coisas (discernimento e apoio) não são facultativas, mas pré-requisitos para quem queira servir de canal durante o tratamento. Este trabalho, muito profundo, nunca deve ser feito com leviandade nem como um jogo. O uso errôneo das técnicas acarreta com frequência experiências muito desagradáveis, que podem fazer mal à pessoa que tenta canalizar sem a adequada disciplina espiritual. Satisfeitos esses requisitos, podemos prosseguir o exercício para deixar os guias chegarem ao nosso campo, estudado mais adiante neste capítulo. Por ora, faça os exercícios indicados no Capítulo 21 antes de encontrar-se com o paciente.

Depois de cumprimentar o paciente, descreva em poucas palavras o que você estará fazendo, se for a primeira vez que ele trabalha com você. É importante que o curador se comunique o mais que puder na linguagem do paciente. Seja tão simples quanto possível. Se descobrir que o paciente já compreende muita coisa a respeito da aura e do tratamento, fale nesse nível de entendimento. Determine rapidamente o nível geral de compreensão do tratamento e da aura, a fim de estabelecer uma área comum de comunicação, o que deixará o paciente inteiramente à vontade, podendo você começar a trabalhar.

Numa sessão de tratamento, costumo começar primeiro com os corpos áuricos inferiores e passo depois para os mais elevados. Um rápido esboço da sequência do tratamento, apresentado na Figura 22-1, pode ser útil à proporção que você segue a descrição pormenorizada que vem logo abaixo.

SEQUÊNCIA DETALHADA DO TRATAMENTO

1. *Análise geral do sistema de energia do paciente*

Para iniciar um tratamento pela primeira vez, costumo fazer uma rápida análise do corpo energético no intuito de determinar o modo com que o paciente utiliza o seu sistema de energia em geral, notando as características físicas do corpo, a fim de determinar a estrutura do caráter. Assim que vejo essa estrutura, sei que estarei trabalhando muito com os chakras habitualmente obstruídos. Coloco a pessoa de pé com os pés paralelos e os ombros bem separados. Em seguida, peço-lhe que dobre e endireite os joelhos enquanto respira em harmonia com o movimento. Isso revela muita coisa sobre a maneira com que a pessoa dirige (bem e mal) a sua energia, a qual, finalmente, ocasiona o problema físico. A energia, por exemplo, não flui sempre de modo uniforme pelas pernas; em geral, é mais forte de um lado do corpo que do outro; existem áreas que recebem mais energia do que outras. Todos esses desequilíbrios estão relacionados com questões emocionais e mentais, que a pessoa precisa enfrentar e resolver. Alguém que tenha medo de amar, por exemplo, enviará provavelmente mais energia para a parte dorsal do corpo, perto da área do coração (o centro da vontade), desviando assim a energia indispensável à alimentação do centro afetuoso do coração.

Depois de ter uma boa ideia do modo com que a pessoa utiliza o seu sistema, eu tinha por hábito fazer uma análise do chakra, investigando-o com o pêndulo. Agora me limito a "ler" psiquicamente o problema.

Ao principiante, sugiro que analise a estrutura do corpo físico. Compare-o com o que aprendeu a respeito da estrutura do caráter. Quais são as estruturas de caráter mais predominantes? Qual será, então, a psicodinâmica envolvida? Quais são os chakras que, provavelmente, funcionam mal? Reveja as tabelas do Capítulo 13. Essa informação revela muita coisa sobre o equilíbrio da razão, da vontade e da emoção e sobre os princípios ativos e receptivos da personalidade. Diz também muita coisa a respeito do modo com que a pessoa funciona em cada uma das áreas que cada chakra representa psicodinamicamente. Olhe para a estrutura do corpo físico. Todas as informações podem ser usadas para guiar a pessoa a uma compreensão maior do eu e do jeito com que ele funciona cotidianamente.

Em seguida, peço ao paciente que tire os sapatos e toda e qualquer joia (que pode interferir nas linhas normais de energia) e deite-se de costas na mesa de massagem. (Nesse ponto você poderá querer fazer a leitura de um chakra utilizando o pêndulo, como está exposto no Capítulo 10.) Habitualmente, tiro os meus cristais, se o paciente não se incomodar com isso. Como ficou dito no capítulo anterior, quando uso cristais, ponho um grande cristal de quartzo rosado na mão esquerda do paciente e um grande quartzo claro na mão direita. Uso uma ametista com depósitos de ferro no segundo ou no primeiro chakra, visando manter o campo do paciente pulsando vigorosamente e manter a pessoa ligada ao corpo. Um quarto cristal é a minha concha. Trata-se de um cristal de quartzo claro de cerca de 3,80 cm de largura por 8,80 cm de comprimento. Um cristal maior pesaria muito na mão e um menor não extrai tanta energia. Esse cristal emite um raio muito potente de luz branca pela ponta e age feito um raio *laser* para cortar e soltar o refugo acumulado na aura. Faço uso dele na fase de "limpeza" do tratamento.

Figura 22-1
Sequência do tratamento

1. Análise geral do sistema de energia do paciente
2. Alinhamento dos três sistemas de energia que serão usados no tratamento: o do curador, o do paciente e o dos guias e o do Campo da Energia Universal
3. Tratamento dos quatro corpos inferiores (1ª, 2ª, 3ª e 4ª camadas da aura)
    A. Quelação. Carregamento e limpeza da aura do paciente
    B. Limpeza da coluna
    C. Limpeza de áreas específicas da aura do paciente
4. Tratamento do etérico padrão (cirurgia espiritual) (5ª camada da aura)
5. Limpeza do ketérico (7ª camada da aura) padrão (reestruturação)
    A. Reestruturação do órgão ketérico padrão
    B. Reestruturação do chakra ketérico padrão
6. Tratamento do nível celestial (6ª camada da aura)
7. Tratamento desde o nível cósmico (8ª e 9ª camadas da aura)

2. Alinhamento do sistema de energia do curador, do paciente e dos guias

Antes de estabelecer contato físico com o paciente, é muito importante alinhar-se o curador com as sempre presentes energias superiores. Para fazê-lo, torno a levar rapidamente minha energia para os chakras, como está descrito no exercício 22. Faço uma afirmação, a fim de coincidir com o Cristo e as forças universais de luz. Rezo, em silêncio ou em voz alta: "Rezo para ser um canal do amor, da verdade e da cura, em nome do Cristo e das forças universais de luz." Se você não tiver conexão com o Cristo, use, por favor, a que tiver com o Todo Universal, Deus, a Luz, o Santo dos Santos, etc. A seguir, silencio a mente fechando os olhos e faço longas, baixas e profundas inspirações pelo nariz, ao mesmo tempo que projeto o ar de encontro ao véu do paladar. Sento-me aos pés do paciente e mantenho os polegares no ponto de reflexo do plexo solar, na planta dos pés. Esse ponto, tal como o define o sistema de reflexologia do pé, localiza-se na planta dos pés, logo abaixo da sua protuberância. (Veja a Figura 22-2.) Feito isso, focalizo o paciente com a finalidade de ajustar os três sistemas de energia envolvidos: o dele, o meu e o das forças maiores de luz. Isso pode ser feito perscrutando pela coroa do corpo do curador e, depois, pelo corpo do paciente até a sua coroa. Em seguida, podemos levar a efeito rápida inspeção dos órgãos do corpo, tocando os pontos de reflexo nos pés e sentindo o estado da energia de cada um. Os mais importantes se revelam, geralmente, os principais órgãos do corpo e a coluna.

Os pontos desequilibrados na planta dos pés ou se mostrarão demasiado macios ou demasiado rijos. A carne do pé pode ceder à pressão da ponta de um dedo, necessitando de maior elasticidade, como pode ser demasiado elástica e não ceder. Pode dar a impressão de um espasmo muscular. Outra maneira de descrever a sensação que lhe provocam os pontos desequilibrados em função do fluxo de energia é a de uma fontezinha de energia que esguicha ou a de um pequeno vórtice de energia que adentra a pele. O mesmo vale para os pontos desequilibrados da acupuntura. Os pontos da acupuntura parecem pequenos vórtices de energia ou chakras minúsculos. Um ponto desequilibrado da acupuntura esguichará energia ou se assemelhará a um minúsculo remoinho que a suga. Você poderá querer acumular energia especificamente nos pontos que precisam dela.

A. Canalizando para curar

À medida que você progride na sequência curativa, pode adicionar outra dimensão à canalização empregada para receber informações. Na canalização para a própria cura, você autoriza os guias a utilizarem maior porção do seu campo de energia de duas maneiras principais. A primeira consiste simplesmente em permitir que diferentes níveis de vibrações de luz sejam canalizadas através do campo. Em geral, as cores e intensidades são escolhidas pelo guia. A pessoa que canaliza mantém-se alinhada com a luz branca ou luz de Cristo. Uma segunda maneira é consentir que os guias entrem parcialmente em seu campo e trabalhem no campo do paciente através da manipulação direta. Nos dois casos, permita que suas mãos sejam guiadas pelo mestre espiritual. No primeiro, orientação e os movimentos das mãos são gerais, e podem começar assim que você coloca as mãos nos pés do paciente. No segundo, são, a um tempo, muito intrincados e muito precisos e se fazem, de hábito, nos níveis mais altos do campo (5-7). Muitas vezes o guia estenderá a mão através e além da mão do curador, fazendo-a entrar no corpo do paciente. Isso requer do curador a

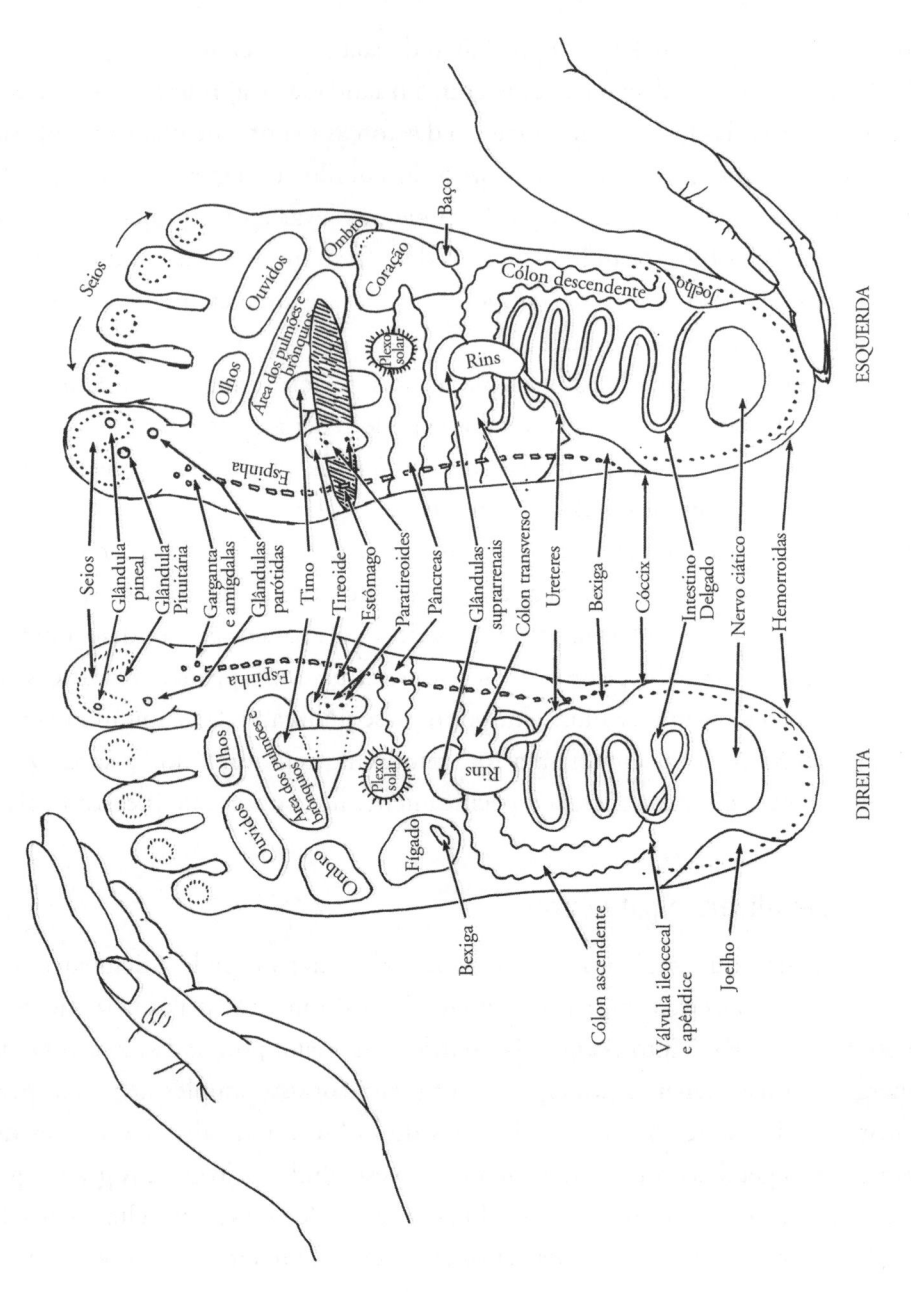

Figura 22-2: Pontos principais da reflexologia do pé

máxima atenção ao que os guias estão fazendo, para não interferir. No tratamento do quinto nível áurico, por exemplo, se você se cansar de manter a mão estendida ou de movimentá-la de certa maneira e desejar parar, deve deixá-lo muito claro para o guia e dar-lhe tempo de ajustar o tratamento e autorizar uma interrupção tão drástica. Se você recolher a mão prematuramente, provocará um choque energético no paciente, o qual, na maior parte das vezes, saltará. Nesse caso, você terá de voltar atrás e consertar o rompimento que tiver causado. Com a experiência, você se familiarizará com as sequências da divisão energética das fases, que permite pausas quando necessárias.

3. Curando as quatro camadas áuricas inferiores

A. Quelação: Carregando e limpando a aura do paciente

"Quelar", que deriva da palavra grega *chele,* ou "garra", significa agarrar. A Rev. Rosalyn Bruyere, que criou e desenvolveu essa técnica, empregou a palavra para significar simplesmente a limpeza do campo do paciente pela retirada do entulho áurico. A quelação também enche a aura de energia, como quando enchemos um balão, e geralmente a equilibra. Isso se faz introduzindo energia no corpo aos poucos, a começar pelos pés. O melhor é introduzir a energia da maneira mais natural, criando equilíbrio e saúde em todo o sistema. A energia, portanto, se introduz no corpo a partir dos pés, porque é normalmente extraída da terra através do primeiro chakra e dos dois chakras da planta dos pés. As energias da terra são sempre necessárias para curar o corpo físico porque pertencem às vibrações físicas inferiores. Por conseguinte, você estará derramando energia num sistema esvaziado da maneira mais natural possível. Assim sendo, o corpo de energia absorve a energia e transporta-a para onde ela é necessária. Por outro lado, se você começar na área lesada, o corpo de energia poderá perfeitamente carregá-la para outro local, antes que ela realmente comece a alimentar a área de entrada. E como este não é um fluxo natural, é menos eficiente. Examine, por favor, a carta de quelação na Figura 22-3. Figuras sucessivas neste capítulo mostrarão como se modificou a aura de uma pessoa através de um tratamento completo.

Quando Mary me procurou pela primeira vez, o seu campo áurico estava bloqueado, turvo e desequilibrado (Figura 22-4). Havia obstruções que se diriam manchas vermelho-escuras e acastanhadas nos joelhos, na área pélvica, no plexo solar e nos ombros. Ela apresentava uma desfiguração do chakra do plexo solar, dando a impressão de que o pequeno vórtice na seção esquerda superior se projetava como mola que houvesse saltado. A deformação estendia-se através da quinta e da sétima camadas do campo. Essa configuração está associada a uma hérnia do diafragma. Mary queixava-se de dores na área e também tinha

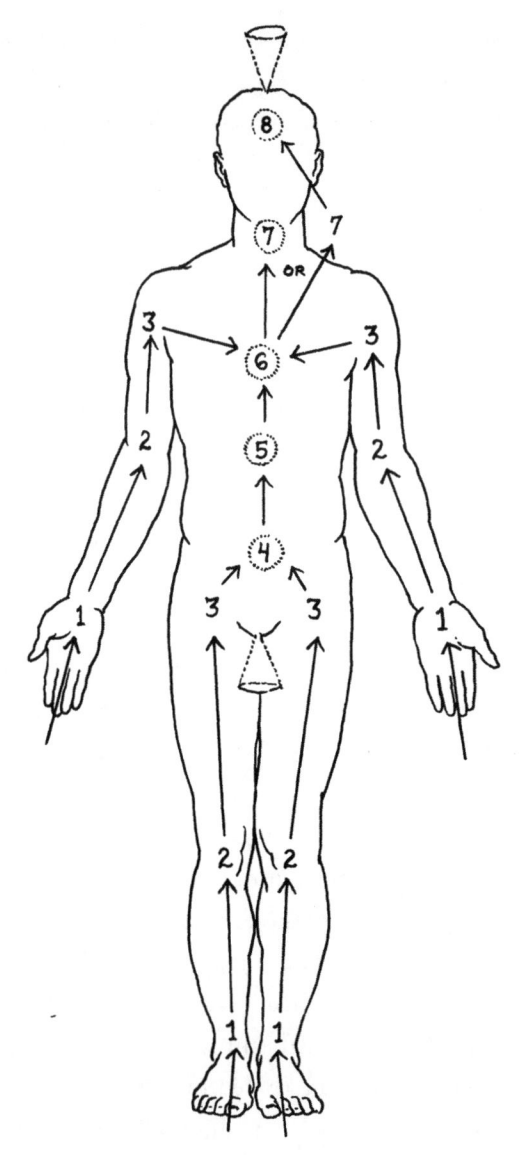

Figura 22-3: Carta de quelação

problemas em sua vida pessoal no que dizia respeito a ligações mais profundas com outras pessoas. O tratamento, que durou poucas semanas, não somente lhe reequilibrou, carregou e reestruturou o campo de energia, mas também a ajudou a ligar-se melhor às pessoas, o que foi feito por meio da canalização de informações a respeito das suas experiências de infância, em que ela aprendera a bloquear habitualmente o seu campo de energia e acabou criando, desse modo, o seu problema psicológico e físico.

Examinemos agora cada fase do processo de cura, como se você fosse o curador.

Sente-se com as mãos nos pés do paciente (que neste caso é Mary) até que o campo geral esteja limpo e equilibrado (Figura 22-5). A energia que flui dessa posição ativa todo o campo. Não tente controlar a cor que vê canalizar-se; consinta em que ela flua automaticamente. Se se concentrar numa cor, é provável que você mais interfira do que ajude, porque os campos são mais expertos do que a sua mente linear.

Enquanto você limpa o seu campo, a fim de que os seus chakras estejam limpos e possam, dessa maneira, metabolizar todas as cores do Campo da Energia Universal, o campo do paciente absorverá o de que necessita. Se um dos seus chakras estiver bloqueado, você terá dificuldade para canalizar a cor ou a frequência da luz transmitida pelo citado chakra. Se for esse o caso, repita o exercício de abertura do chakra até que todos os chakras estejam abertos. A Figura 22-6 mostra o fluxo de energia que penetra os chakras do curador, através da sua corrente de força vertical, e vai para o chakra do coração, saindo depois, pelos braços e mãos do curador, para o campo áurico do paciente.

À maneira que a energia flui, limpando, carregando e, quase sempre, reequilibrando o campo de energia do paciente, você a sentirá provavelmente fluindo pelas mãos. Como se uma fonte fluísse delas. Poderá experimentar uma sensação de calor ou formigamento. Poderá sentir as pulsações, lentas e rítmicas. Se for sensível dessa maneira, perceberá as mudanças do fluxo. Às vezes, haverá mais energia subindo por um lado do corpo. Nesse caso, a frequência da pulsação se alterará, e se alterarão a direção do fluxo, a localização geral da energia, ou a área geral que a energia está enchendo no campo de energia do paciente. Nesse ponto, o fluxo se encontra nas áreas gerais do corpo áurico.

Depois de vários minutos de trabalho, a intensidade do fluxo diminuirá, e um fluxo igual de energia subirá por ambos os lados do corpo. Isso quer dizer que o campo total está equilibrado de um modo geral, e você pronto para passar à posição seguinte. Observe que a aura de Mary, que se vê na Figura 22-5, está muito mais limpa do que a sua aura estampada na Figura 22-4.

Agora, passe para o lado direito do paciente. Conserve uma das mãos no corpo dele, a fim de manter a conexão, ponha a mão direita na planta do pé esquerdo e a mão esquerda no tornozelo esquerdo dele. Para fazê-lo, passe o braço por cima do corpo do paciente (Figura 22-7). Deixe a energia fluir da sua mão direita para a esquerda através do pé do paciente. A princípio, o fluxo de energia pode ser fraco; depois, à proporção que os rios desse fluxo se vão

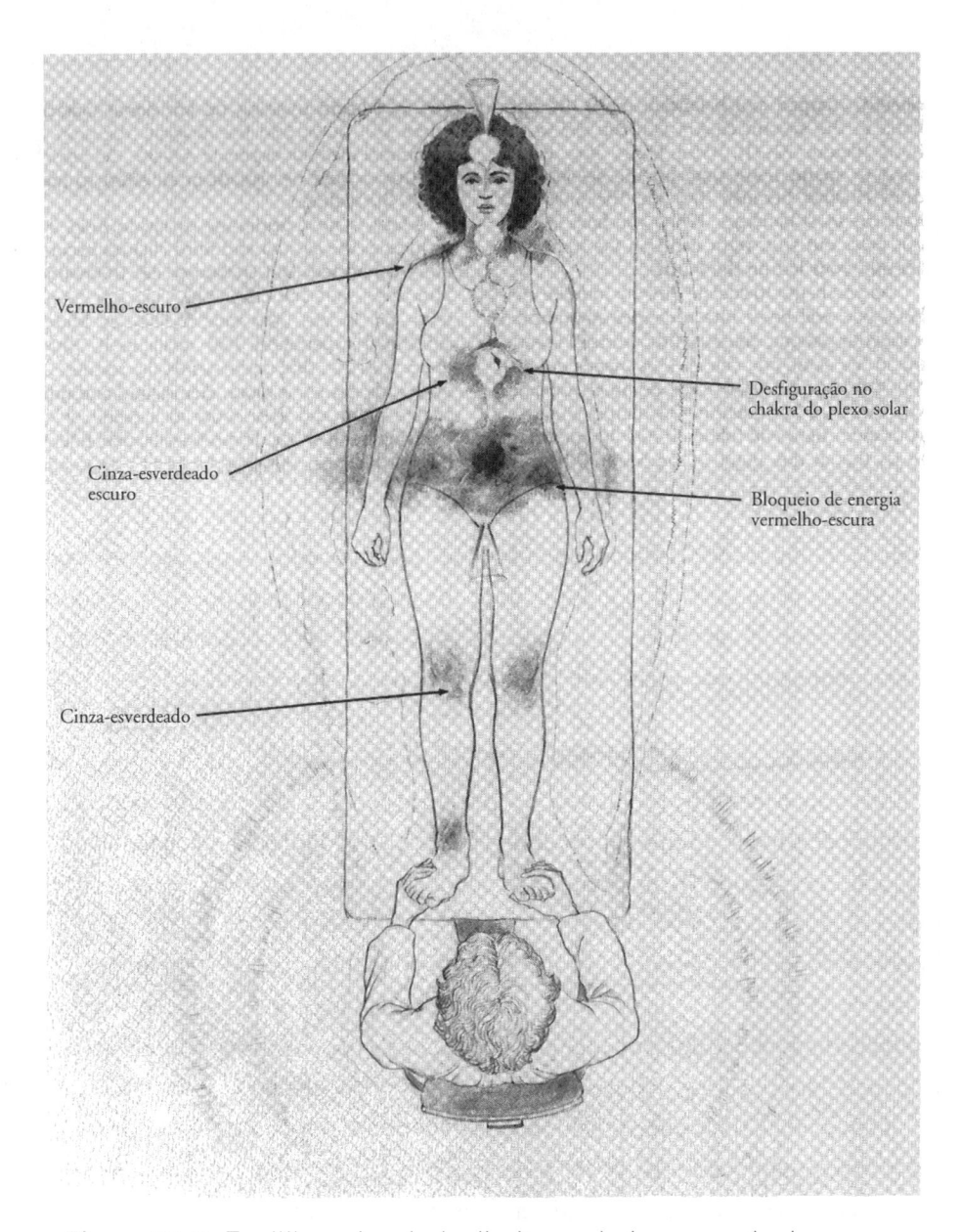

Figura 22-5: Equilibrando o lado direito e o lado esquerdo do corpo e começando a introduzir energia pelos pés

enchendo, ele se fortalece. À medida que o pé se enche de energia, o fluxo entre as mãos do curador volta a diminuir. Agora passe as mãos para o pé e o tornozelo direitos do paciente e repita o processo. Encha-o de energia do modo com que o fez com o pé esquerdo. A seguir, leve a mão direita para o tornozelo esquerdo

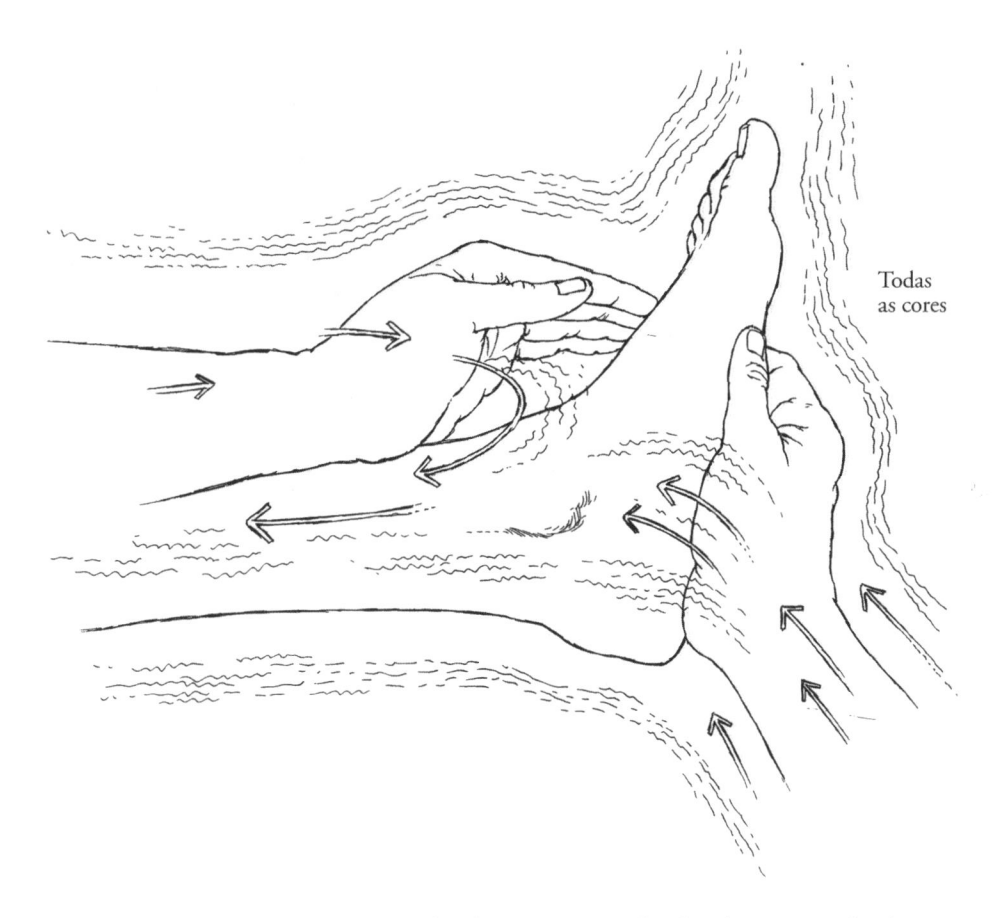

Figura 22-7: Fluxo de energia durante a quelação do campo áurico

e a mão esquerda para o joelho esquerdo do paciente. Deixe que a energia corra da sua mão direita, através da parte inferior da perna esquerda do paciente, para a sua mão esquerda. De início, o fluxo pode ser fraco e, provavelmente, mais forte de um lado da perna que do outro. Completada a repleção, mude para a posição do tornozelo e do joelho direitos (Figura 22-8). Enquanto você proceder à quelação entre o tornozelo e o joelho, as nuvens escuras sobre a coxa e o quadril direitos se tornarão mais claras e o campo ali se iluminará.

Em seguida, parte da zona escura sobre o lado esquerdo do plexo solar começa a clarear. Continue trabalhando nas pernas, de baixo para cima, articulação por articulação, do joelho ao quadril, primeiro do lado esquerdo, depois do direito (Figura 22-9). Enquanto você trabalha no corpo do paciente, de baixo para cima, a aura dele continua a clarear, e ele entra num estado alterado de consciência. Passe do quadril para o segundo chakra (Figura 22-10). Agora

Quadril direito começando a limpar-se

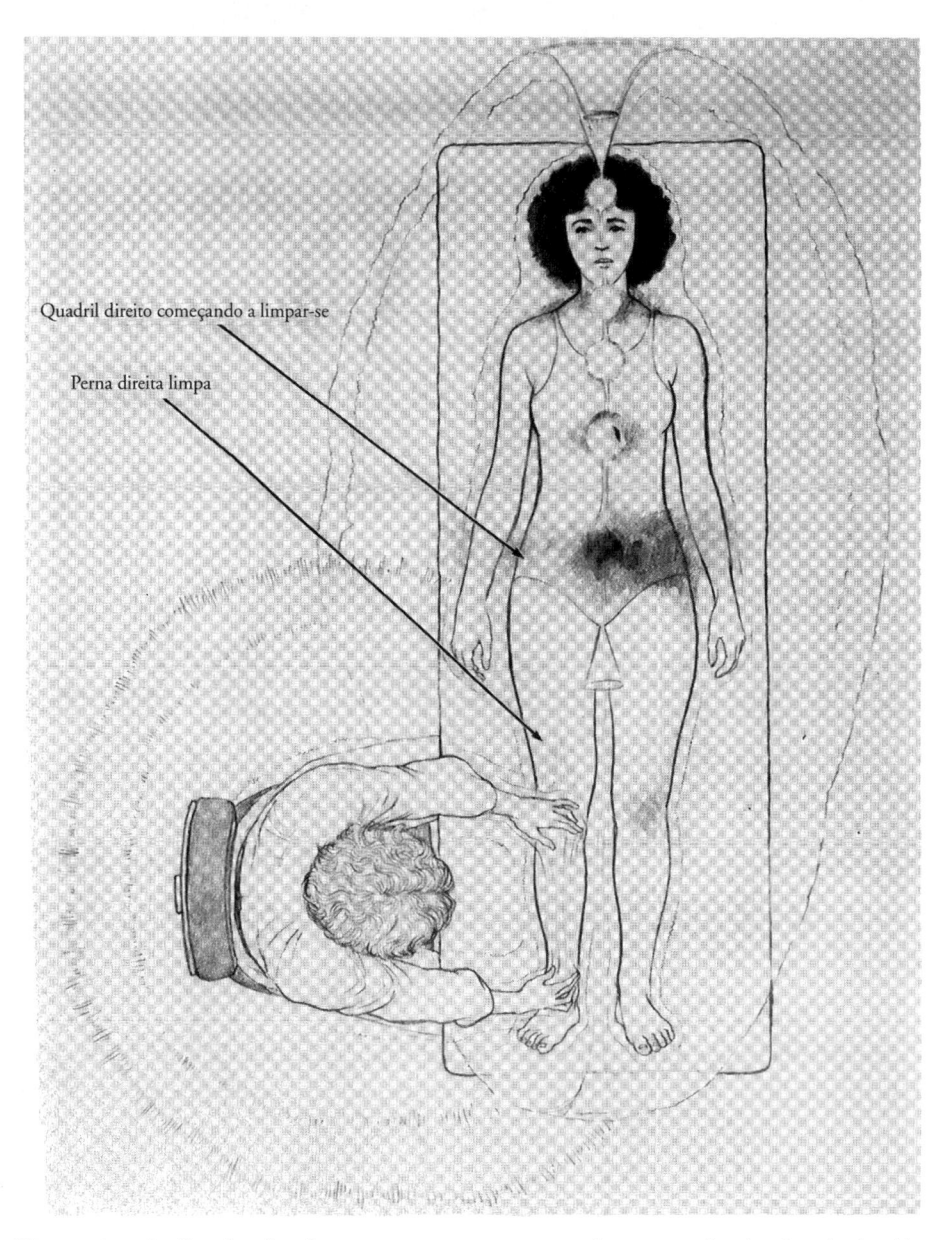

Perna direita limpa

Figura 22-8: Quelação da aura entre o tornozelo e a articulação do joelho

o campo do paciente na área pélvica se limpa, especialmente na área que fica entre as suas mãos. Nessa posição, sua mão direita está no quadril do paciente e a esquerda no centro do segundo chakra, logo acima do púbis. Repita os movimentos de cada lado do corpo. Você se dará conta das mudanças se clareando na aura pelo aumento e diminuição do fluxo de energia, quando você se move

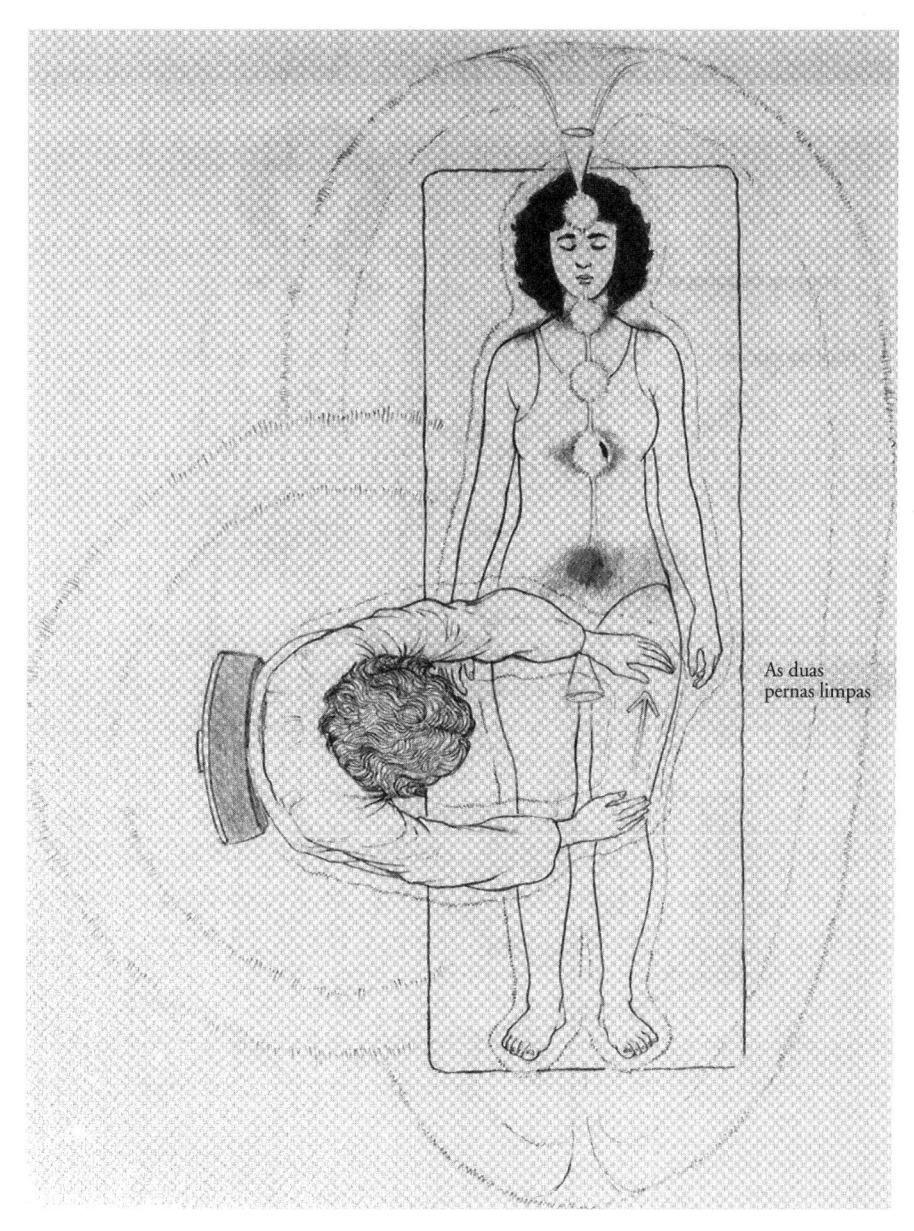

Figura 22-9: Quelação da aura entre o joelho e a articulação iliofemoral

de um lugar para o seguinte. Quando você coloca as mãos num lugar novo, a energia flui, a princípio, devagar, até estabelecer-se a conexão entre o seu campo e o campo do paciente. O fluxo aumenta até chegar ao pico e, depois, diminui lentamente, e/ou cessa de todo ou continua num ritmo muito lento. Isso

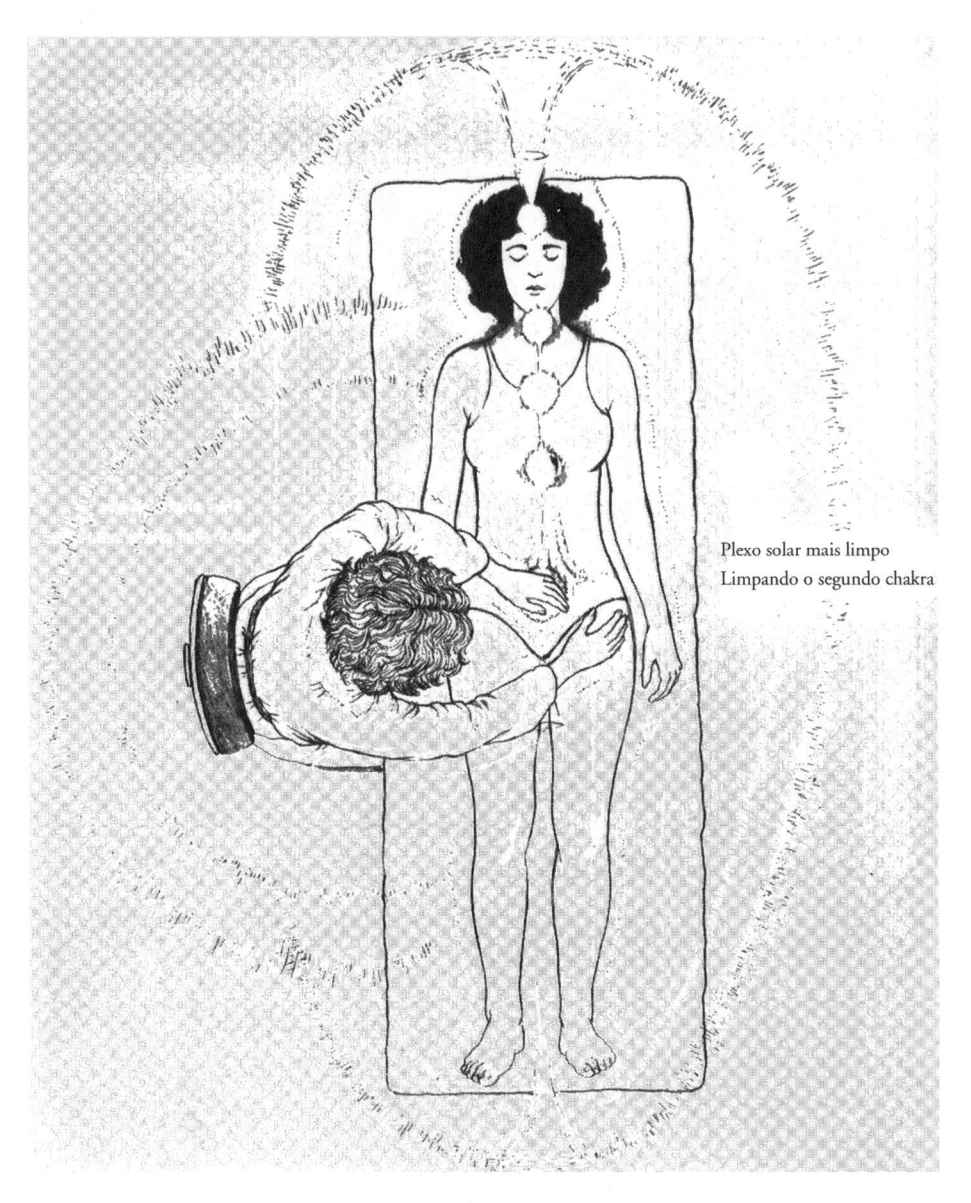

Plexo solar mais limpo
Limpando o segundo chakra

Figura 22-10: Quelação da aura entre a articulação do quadril e o segundo chakra

significa que é chegado o momento de passar adiante. O fluxo de energia provocará uma sensação de formigamento ou de ondas de calor. Certifique-se sempre de que obteve um fluxo igual de energia, de baixo para cima, de ambos os lados de qualquer parte do corpo, antes de passar para o ponto seguinte. Isso inclui os dois lados de cada perna, bem como os dois lados do corpo.

Depois que o segundo chakra estiver completamente limpo, carregado e equilibrado, leve a mão direita ao segundo chakra, e a esquerda ao terceiro (Figura 22-11). No caso de Mary, você teria de passar mais tempo no segundo e no terceiro chakras, onde se encontra o maior bloqueio. Depois que tiver limpado essa área, ponha a mão direita no terceiro chakra e a esquerda no quarto.

Ao iniciar a quelação direta dos chakras, você entrará numa comunhão mais profunda com o paciente, respirando num ritmo igual ao dele. Isso quer dizer que você foi "espelhado". Depois que se tiver espelhado, você poderá imprimir determinado ritmo à respiração do paciente modificando simplesmente a sua; a dele a acompanhará. Pode ser importante fazer isso a esta altura do tratamento, porque você estará começando a abrir material emocional ao passar para os chakras.

Assim que o material emocional começa a soltar-se, a pessoa tenta reter a respiração, num esforço para reprimir os sentimentos.

Mary começa agora a tentar reprimir seus sentimentos à proporção que o segundo e o terceiro chakras se tornam mais ligados. Você a anima a respirar. Ela respira; e chora. Sente a solidão. Você também. Você sente ou vê as experiências infantis de Mary que se relacionam com isso. Compartilhe-as com ela, que agora compreende a conexão e chora mais um pouco. O seu segundo e terceiro chakras se abrem e limpam mais, em resultado da manifestação dos seus sentimentos. Se você tiver dificuldade para tolerar os sentimentos dela, mude a sua respiração, deixando de regular o ritmo da respiração dela, e eleve a sua consciência a um nível mais alto. Continue a mandar energia. À medida que os chakras de Mary se limpam, ela se acalma e aquieta. A Figura 22-12 mostra que a quelação limpou os quatro níveis inferiores do campo de Mary, mas não consertou a laceração. O terceiro chakra demandará uma atenção especial na quinta e na sétima camadas, que foram laceradas. A fim de realizar a quelação do quarto, do quinto e do sexto chakras, continue simplesmente subindo pelo corpo, colocando a mão esquerda no chakra superior e a direita no inferior. Quando você chegar ao quinto chakra, a maioria dos pacientes se sentirá melhor se você puser a mão esquerda debaixo do pescoço em vez de colocá-la sobre ele.

Feito isso, ponha cada uma das suas mãos em cada ombro do paciente, ao mesmo tempo que deixa o seu corpo deslizar até sentar-se acima da cabeça do paciente. Equilibre o lado direito e o esquerdo do campo de energia de Mary. A seguir, devagarinho, erga as mãos dos lados do pescoço até as têmporas, dirigindo a energia durante o tempo todo. Nesse ponto, se você estiver

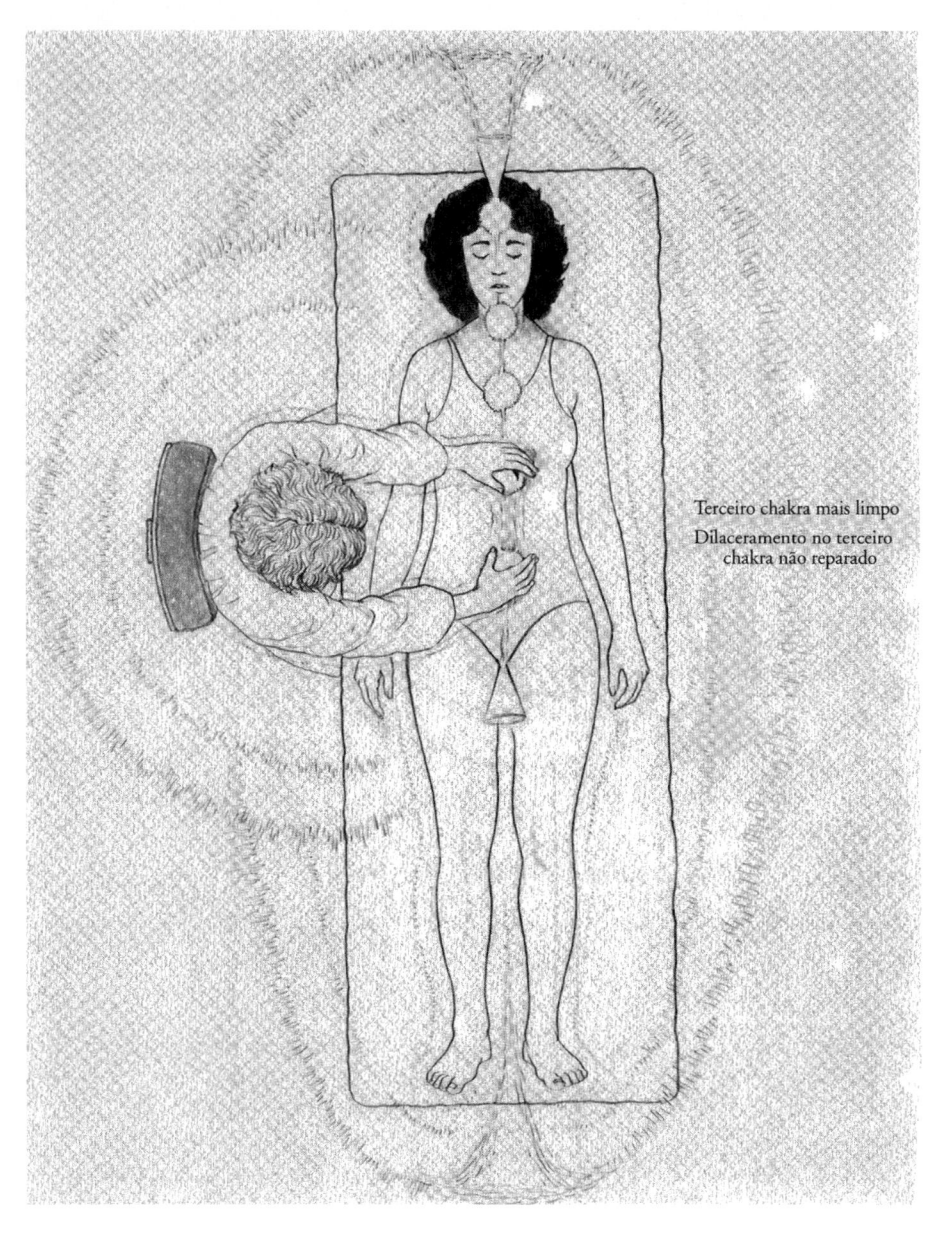

Figura 22-11: Quelação da aura entre o segundo e o terceiro chakras

aprendendo, passará ao tratamento do sexto nível tal como foi descrito no ponto seis. Faça o tratamento do sexto nível e uma oclusão no sétimo, como se descreve sob a rubrica de Selando o Nível Ketérico Padrão. De início, não espere fazer muito mais do que isso, enquanto não se tornar proficiente no tratamento e na cura. Para começar é bem possível que isso lhe custe uma boa hora de trabalho. Após muito tempo de prática, principiando a perceber as camadas superiores do campo áurico, você começará a trabalhar neles do modo descrito nos pontos quatro ou cinco. Mesmo depois, poderá perceber acima da sétima camada e trabalhará no oitavo e no nono níveis, do modo descrito no ponto sete do texto que se segue.

Peço a todos os novos alunos que efetuem uma quelação completa para terem a certeza de que não deixarão de ver nada que precise ser limpo desse jeito. Mais tarde, quando se tornarem mais hábeis, não só na transmissão da energia, mas também na percepção do campo, já não precisarão submeter todos os chakras à quelação. Saberão até onde será necessário fazê-lo. Para os portadores de doenças do coração, é importante executar a quelação ao contrário. Ou seja, você tira energia do chakra do coração, que, em geral, está bloqueado por energia escura.

Neste ponto, darei mais algumas indicações a respeito da quelação. Lembre-se de que você está canalizando, não está irradiando, o que quer dizer que eleva suas vibrações ao nível de energia necessário e depois se liga simplesmente ao Campo da Energia Universal e deixa-a fluir, como se inserisse uma tomada elétrica numa tomada de parede. Se não fizer o tratamento dessa maneira, ficará cansado muito depressa. Você não pode irradiar nem dirigir energia em quantidade suficiente de dentro do seu próprio campo para curar; precisa canalizá-la. (Sua tarefa na canalização resume-se em elevar o nível de vibrações de modo que possa completar o circuito com o CEU.) Para elevar as vibrações a um nível de energia mais alto, são muito úteis os exercícios de abertura do chakra que realizou. Ao preparar-se para um tratamento antes do tempo, você começa com um alto nível de energia e frequência. No correr do tratamento, alça-se, aos poucos, a níveis cada vez mais altos, simplesmente por encontrar-se num estado elevado de consciência. Muito provavelmente, quanto mais tempo ficar nele, tanto mais alto chegará, sobretudo se se mantiver centrado e focalizado com uma boa respiração.

O melhor tipo de respiração que emprego é uma sucessão de longas e contínuas inspirações e expirações, com pouquíssimas pausas no meio. A respiração se faz pelo nariz, arranhando o véu do paladar, como nos exercícios do Capítulo 18. Você também pode focalizar e concentrar-se na expansão do campo áurico. O mais importante é permanecer num fluxo sincrônico sensível com os campos de energia à sua volta. Uma pausa no fluxo de energia indica que está prestes a surgir uma frequência mais elevada. Espere um pouco. Se ela não aparecer, prossiga como já ficou indicado. Quando ficar mais afinado, começará a sentir mudanças na frequência da energia que flui através do seu corpo. Finalmente, você será capaz de manter certos níveis de frequência ajustando sua respiração e seu foco.

Mantenha as mãos, levemente retesadas, no corpo, com firmeza; dirija a energia que está recebendo com todos os seus chakras através das mãos e para dentro do corpo. Você pode querer fazer vibrar o corpo a fim de se porem os chakras a bombear mais energia, usando o exercício 25 descrito no Capítulo 21.

Nessa parte do tratamento, você estará, provavelmente, usando mais energia por intermédio dos chakras inferiores do que dos superiores. Grande quantidade de energia também sobe da terra através da planta dos pés. Certifique-se de que os seus pés estão bem plantados no chão. Visualize o crescimento de raízes dirigidas para o centro da terra e a atração da energia para cima através das raízes. Esse processo alimenta e carrega os corpos inferiores de energia. Diligencie por que o seu corpo se encontra numa posição confortável para garantir o livre fluir da energia.

O sistema de energia do paciente captará a energia e a transferirá automaticamente para a área do corpo em que ela é necessária. Por exemplo, embora suas mãos estejam nos pés do paciente, a energia pode estar subindo pela coluna até chegar à parte dorsal da cabeça. Enquanto se efetua a quelação, a fim de preparar o paciente para um trabalho mais específico, o curador utiliza esse tempo vital na leitura psíquica do paciente e em comunicar-se com ele. Esse é o momento em que o paciente começa a abrir-se e a partilhar sua história pessoal. Logo que o curador põe as mãos no paciente, estabelece-se uma confiança recíproca maior entre eles. O curador também continuará a vasculhar o corpo do paciente na tentativa de encontrar áreas problemáticas.

No caso de Mary, sua aura clareou e está mais leve, como se pode ver pela Figura 22-12. Durante a quelação da área do segundo, terceiro e quarto chakras, sua liberação emocional levou-a a um estado profundamente relaxado. Os primeiros quatro níveis do seu campo estão suficientemente claros para suportar o trabalho na quinta e na sétima camadas. Outro paciente pode não estar, mesmo depois de uma plena quelação através do sexto chakra, e pode ainda precisar clarear o campo em localizações específicas de maior perturbação. Há duas maneiras principais de levar a efeito um aclareamento dessa natureza. Uma delas é a limpeza da coluna. A outra é empurrar ou tirar o detrito áurico de áreas específicas.

B. Limpeza da coluna

A esta altura o paciente pode precisar de uma limpeza da coluna. (Veja a Figura 22-13.) Trata-se, por via de regra, de uma boa coisa, pois limpa a principal corrente de força vertical do campo áurico. Entretanto, numa sessão de

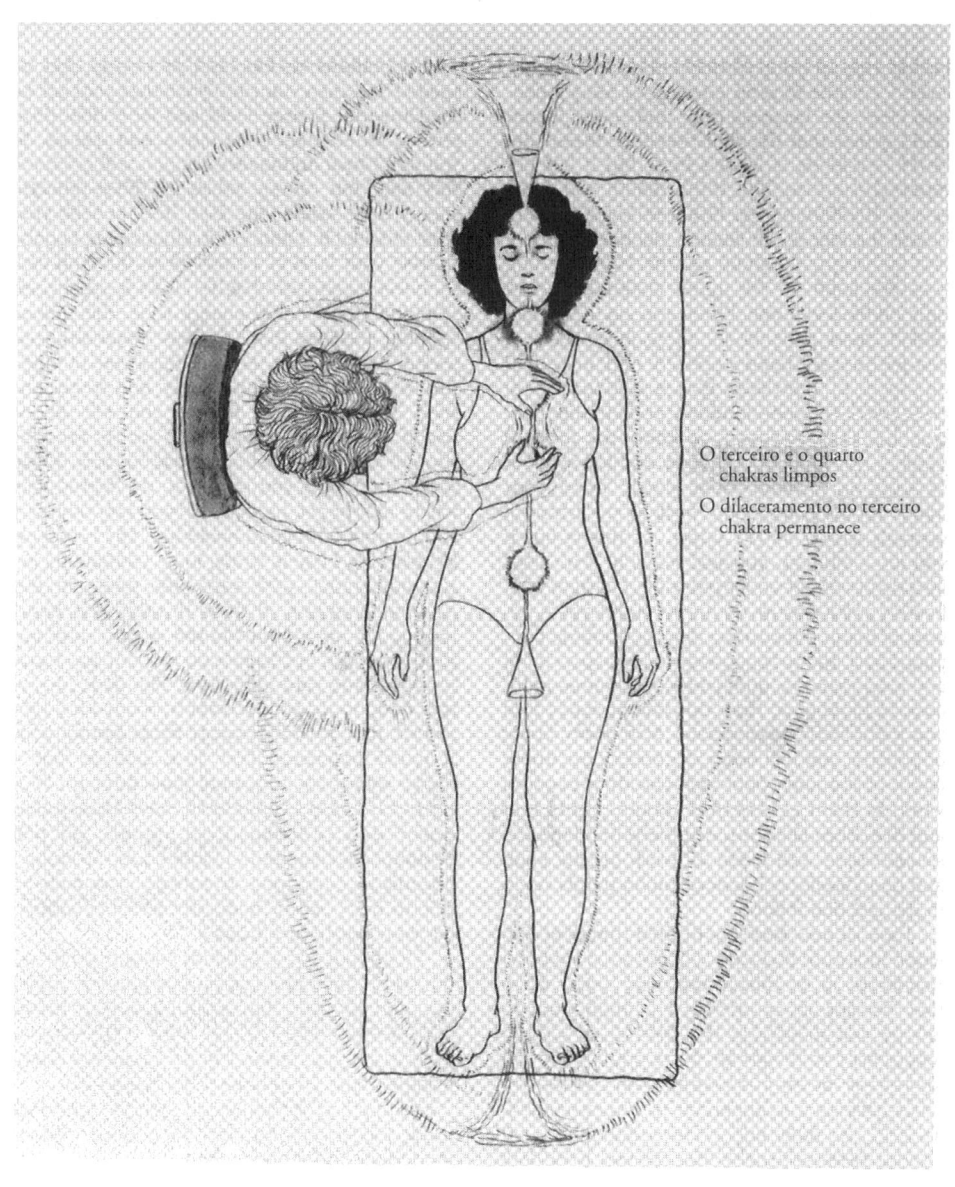

Figura 22-12 Quelação da aura entre o terceiro e o quarto chakras

uma hora, na maioria das vezes não faço isso, a não ser que exista um problema na coluna, porque outras coisas são geralmente mais importantes e uma coluna normal se limpará durante a quelação. Parte dessa técnica me foi ensinada pelo meu mestre C.B.

A fim de fazer uma limpeza de coluna, peça ao paciente que se deite de bruços. Tenha, para isso, uma mesa que permita a ele olhar diretamente para

Luz laranja-vermelha derramada no segundo chakra

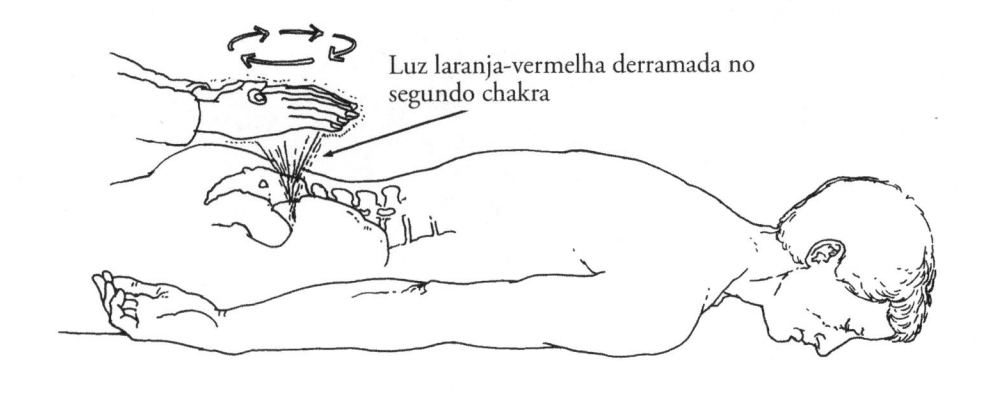

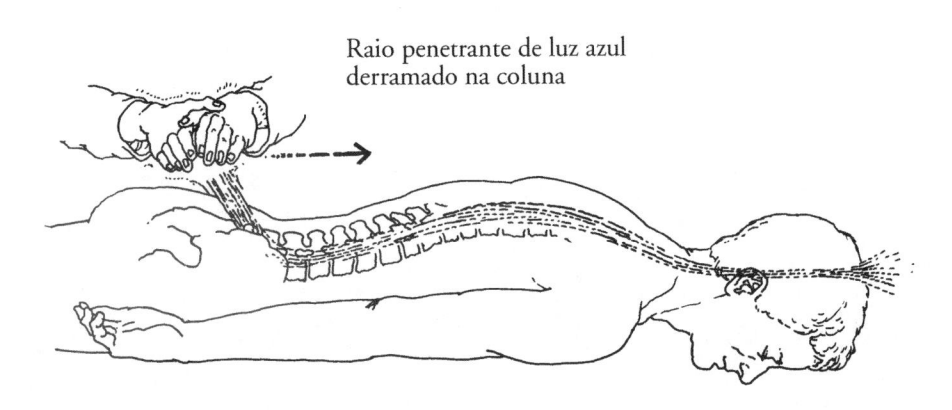

Raio penetrante de luz azul derramado na coluna

Figura 22-13: Limpeza da coluna (diagnóstico por imagem)

baixo, pois o paciente não deve virar a cabeça para lado nenhum nesse trabalho. Massageie a área do sacro. Usando os polegares, massageie os forames (pequenos orifícios do osso, através dos quais passam os nervos) do sacro. (Essa é a área acima do *gluteus maximus,* onde se encontram as depressões.) Se não souber que aspecto tem essa parte do corpo, examine o sacro num livro de anatomia. Trata-se de um conjunto de ossos unidos, com a ponta dirigida para baixo, com cinco forames de cada lado do triângulo. A última vértebra lombar se assenta sobre ele, e o cóccix se estende para baixo, a partir da extremidade inferior. Faça pequenos círculos com os polegares na área dos forames do sacro. Estará mandando energia laranja-vermelha através dos polegares. Trabalhe desse jeito em toda a extensão da coluna, de baixo para cima, usando os polegares de cada lado de cada vértebra. Se fizer círculos no sentido horário com o polegar direito e no sentido contrário com o esquerdo, obterá melhores resultados.

Agora junte as mãos em forma de concha e aplique-as no segundo chakra. Canalize energia laranja-vermelha das mãos para o chakra, ao mesmo tempo que executa um movimento vagaroso no sentido horário com as mãos. Para fazê-lo, retenha o seu fluxo de energia na frequência laranja-vermelha. Essa técnica é ensinada no Capítulo 23 sobre a cura pela cor. Carregue o chakra. Quando o tiver carregado, comece a mover as mãos coluna acima. Deixe que a luz se mude num raio azul, semelhante ao *laser*, quando suas mãos deixarem o segundo chakra. Diligencie não "deixar cair" a conexão energética ao subir coluna acima. Coloque o corpo numa posição que lhe permita mover confortavelmente as mãos, à medida que elas se moverem pela coluna vertebral.

Com a luz azul do *laser*, você estará limpando a coluna e empurrando toda a energia bloqueada para fora, pelo topo da cabeça, através do chakra da coroa. Repita a sequência pelo menos três vezes e até que a corrente principal de força esteja limpa. Você talvez queira dar umas pancadinhas de leve no quarto e no quinto chakras, a fim de ajudá-los a se abrirem.

C. Limpeza de áreas específicas da aura do paciente

Durante a quelação, você começará a sentir, através da Alta Percepção Sensorial, o local onde trabalhará em seguida no corpo físico. À proporção que progride, provavelmente não precisará fazer a quelação de todos os chakras antes de começar a trabalhar diretamente numa área de energia bloqueada. Depois de muita prática, você deverá, pelo menos, fazer uma quelação até o coração antes de concentrar-se numa área. (Deixe-se levar intuitivamente.) Faz-se um trabalho mais direto mandando energia a uma aura bloqueada para ativá-la, soltando a energia estagnada e puxando para fora, com as mãos, o muco áurico bloqueado.

Para levar energia diretamente a uma área específica, você pode usar as mãos separadas uma da outra ou juntas. Colocando-as de cada lado do bloqueio (da frente para trás e de baixo para cima do corpo), dirija a energia de modo que ela saia de uma área e entre em outra, empurrando-a com a mão direita e puxando-a com a esquerda (ou vice-versa). (Veja o Capítulo 7 a respeito das técnicas de empurrar, puxar e parar.) Em certas ocasiões, esta é a coisa correta para se fazer; em outras, porém, você achará mais conveniente usar as duas mãos ao mesmo tempo. Qualquer uma das técnicas dirige a energia diretamente para um bloqueio e penetra profundamente na aura. Cada uma delas também inunda a aura de uma nova energia e é um bom método para encher os chakras. A Figura 22-14 ilustra a posição de ambas as mãos. Se quiser seguir o método da mão fechada, junte as mãos em concha com os polegares cruzados e as palmas viradas para baixo sobre a área para a qual você dirige a energia. Una solidamente as mãos, sem deixar espaço entre elas, nem mesmo entre os dedos, que deverão estar ligeiramente dobrados em forma de concha. Faça vibrarem as mãos para aumentar o fluxo de energia.

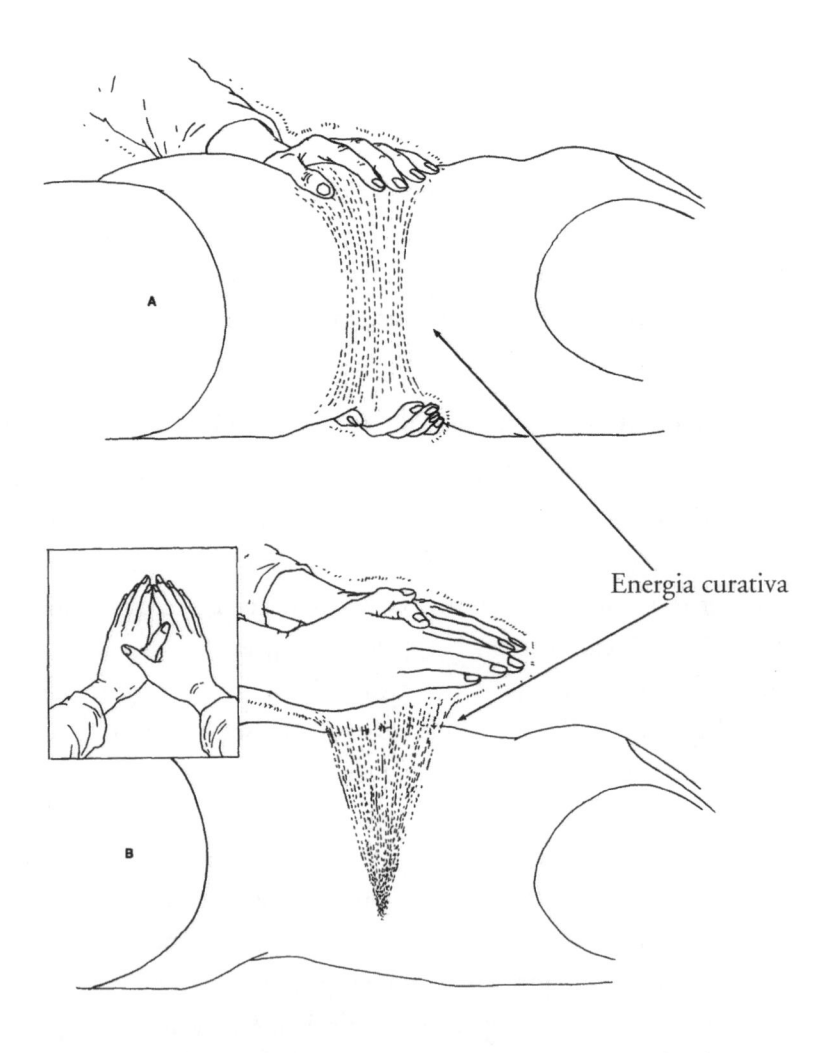

Figura 22-14: Fazendo penetrar a energia profundamente no campo áurico

Você verificará que, fazendo isso, obrigará a energia a entrar, como um raio de luz, profundamente no corpo. Ela enche ou solta as coisas. Os guias a dirigirão para o que for necessário e a farão correr através das áreas necessitadas. Se eles estiverem usando essa técnica para soltar os bloqueios, dali a pouco estarão mudando a frequência mandada através delas e, provavelmente, lhe reverterão o fluxo e sugarão o bloqueio para fora. Limite-se a deixar que suas mãos se movam o necessário a fim de permitir o empurrão. Você poderá querer erguer a mão com a energia do *orgone* morto e deixar que os seus guias a tirem da sua mão.

Outra técnica consiste em usar as mãos etéricas a fim de puxar a energia bloqueada para fora do campo do paciente. Se você quiser puxar essa energia, imagine os seus dedos etéricos ficando muito compridos, ou as partes etéricas dos dedos crescendo e penetrando o corpo do paciente e simplesmente retirando a energia como se fossem uma pá, ou juntando-a como se fossem um ancinho para depois retirá-la com uma pá. Você a puxa para cima e para fora da aura e segura-a na mão, enquanto o guia a ilumina, isto é, a ativa até que ela se converta numa luz branca, e deixa-a partir (dessa maneira você não terá a sala cheia de energia morta). Em seguida, como curador, você se prepara para o punhado seguinte de energia.

Quando se oferece a ocasião, você também tira a energia bloqueada com uma concha de cristal, que capta a energia e a puxa para fora (veja o Capítulo 24). O cristal, um instrumento muito eficaz nesse tipo de trabalho, atua como um raio de *laser;* entra, corta e coleta a energia, que você então puxa para fora e deixa os guias transformarem em luz branca.

Nem sempre é bom usar cristais. Algumas pessoas são demasiado sensíveis para esse gênero de ação de corte. Nunca utilize cristais depois de feito o trabalho ketérico padrão (um nível mais alto de trabalho, que será explicado mais tarde). O seu emprego poderia estragar o trabalho padrão. O paciente não precisará do trabalho do cristal depois do trabalho padrão; tudo isso deverá ter sido feito de antemão (isto é, em qualquer área do corpo). No caso de Mary, descrito anteriormente, não se usaram cristais.

Enquanto o trabalho estiver sendo feito, o curador explorará as camadas áuricas, a fim de averiguar se os chakras ou os órgãos precisam de reestruturação nos níveis padrões. Os guias decidirão se o trabalho deverá ser feito no nível etérico padrão (quinto) ou no nível ketérico padrão (sétimo). O trabalho padrão só poderá ser executado após a limpeza das quatro primeiras camadas da aura. Na verdade, se a aura estiver muito suja, às vezes será difícil ver o nível etérico padrão através da energia escura.

Se os guias decidirem executar o trabalho ketérico padrão (sétima camada), o curador terá de afastar os cristais do paciente, porque estes ajudam a conservá-lo no corpo. Para o trabalho ketérico padrão, faz-se mister que o paciente deixe parcialmente o corpo; de outro modo, sofrerá muita dor e o trabalho não poderá ser feito. Tentei, uma vez, costurar um pequeno dilaceramento na sétima camada sem tirar os cristais do corpo do paciente. Este se pôs a gritar de dor depois de uns dois segundos de trabalho (minhas mãos nem sequer lhe tocavam o corpo). Retirei rapidamente os cristais, terminei a costura e curei a grande inflamação vermelha causada por mim nos níveis 1, 2, 3 e 4 empregando as técnicas de limpeza acima descritas.

Se os guias decidirem realizar o trabalho etérico padrão (quinta camada) a essa altura do tratamento, não será necessário retirar os cristais. Acredito que isso aconteça porque o padrão etérico trabalha no espaço negativo e não está ligado ao corpo de um modo "sensível".

D. Exercício para deixar os guias chegarem ao campo para trabalhar

Se você estiver encontrando dificuldades para deixar os guias chegarem ao seu campo, sugiro-lhe que faça o seguinte exercício, que também pode ser feito antes de se iniciar o tratamento, se você quiser. Mas só deverá ser executado depois que você tiver carregado o seu campo com o exercício 22 (visualização) descrito no Capítulo 21.

Agora que o seu campo está carregado e equilibrado, repita o exercício acima e modifique-o um pouquinho, a fim de facilitar a entrada dos guias no seu campo para a cura.

Se você tiver as mãos colocadas em alguém, retire-as delicadamente antes de fazer isto. Volte ao seu próprio primeiro chakra. Veja-o girando vermelho. Respire essa cor duas vezes. Na segunda inspiração, erga a consciência para o segundo chakra e deixe o vermelho tornar-se laranja-vermelho. Expire laranja-vermelho.

Focalize o segundo chakra. Inspire laranja-vermelho. Expire-o. Inspire de novo laranja-vermelho e deixe que ele vire amarelo enquanto você estiver erguendo o olho da mente para o terceiro chakra. Inspire amarelo. Expire-o. Inspire amarelo e deixe-o ficar verde enquanto você passa para o chakra do coração. Inspire verde; expire-o. Inspire verde; eleve-se até o chakra da garganta; deixe o verde tornar-se azul. Inspire azul; expire-o. Inspire azul e erga-se até o terceiro olho, quando o azul virar anil. Inspire anil; expire-o. Inspire anil e deixe-o transformar-se em branco enquanto você se ergue até a coroa e sai pelo topo da cabeça. Enquanto você se ergue através da coroa, deixe os guias entrarem em seu campo pela face dorsal do chakra da garganta. Você os sentirá chegarem à volta dos ombros e lhe caírem nos braços, como um revestimento.

Sentirá o seu campo ficar muito mais cheio. Nesse ponto, verá os braços de um guia interpenetrarem os seus e a luz jorrar deles. Relaxe. Habitue-se a essa sensação. Se sentir a vontade de colocar as mãos numa área do corpo, faça-o. (Mais tarde, ajude um amigo. Deixe suas mãos serem guiadas a um lugar no corpo do amigo que precisa de tratamento. Pode não ser o lugar que você imagina.) Deixe a bela energia de cura jorrar de suas mãos afetuosas. Nunca tenha medo de colocar as mãos em outra pessoa com afeto.

4. Cura do nível padrão etérico da aura (Quinta camada do campo áurico)

Se os guias quiserem fazer o trabalho etérico padrão, o curador receberá um sinal para simplesmente colocar as mãos no corpo em dois lugares, geralmente sobre dois chakras, e permitir que as suas mãos descansem ali. A partir desse ponto, os guias controlarão tudo o que for acontecendo, e o curador passará a ser, em grande parte, passivo.

À medida que progredia no trabalho de cura etérica padrão, comecei a testemunhar a realização de operações inteiras. A princípio, aquilo me pareceu difícil de acreditar, porque elas se diriam muito parecidas com as intervenções cirúrgicas realizadas no nível físico, por cirurgiões, na sala cirúrgica de um hospital. Está claro que também imaginei estar projetando tudo aquilo. Pedi a duas amigas minhas, muito clarividentes, que assistissem a alguns tratamentos a fim de verificar se as nossas experiências se correlacionavam. A resposta foi afirmativa.

Eis o que vimos: Enquanto eu permitia às minhas mãos que descansassem, passivas, no corpo do paciente, minhas mãos etéricas se destacavam das físicas e lhe penetravam fundo no corpo. Em seguida, as mãos dos guias (aos quais chamo cirurgiões) se estendiam através de minhas mãos etéricas e, literalmente, realizavam a operação. Quando o faziam, o tamanho de minhas mãos etéricas se dilatava extraordinariamente.

Para fazer a operação, os guias enfiavam tubos nos meus braços, que passavam por minhas mãos e entravam no corpo do paciente. Aparentemente, todos utilizavam o mesmo equipamento usado por um cirurgião normal

— bisturis, grampos, tesouras, agulhas, seringas, etc. Eles cortam, raspam, limpam, fazem transplantes e costuram coisas, recolocando-as no lugar. Ergui os olhos para a minha amiga e perguntei-lhe: "Você viu isso?" "Vi", respondeu ela, e passou a descrever a cena que eu estava presenciando. Desde então, temos feito muitas curas juntas, sempre correlatando o que vemos.

Todo esse trabalho é feito no quinto nível do campo áurico, camada que parece existir no espaço negativo, como ressaltei no Capítulo 7. Para mim, graças à minha Alta Percepção Sensorial, o espaço negativo é semelhante ao negativo de uma fotografia, onde todas as áreas escuras são claras e todas as áreas claras parecem escuras. No espaço negativo, as áreas que esperamos encontrar vazias estão cheias, e as que esperamos ver cheias parecem vazias. Nesse nível, tudo o que seria espaço vazio se apresenta colorido de azul-cobalto escuro, e todas as linhas áuricas se diriam espaços vazios dentro do campo azul-cobalto. Depois de entrarmos nesse nível de realidade, isso nos parece perfeitamente normal.

O quinto nível é o padrão de todas as formas existentes no plano físico. Se se quebrar uma forma no campo áurico, ela terá de ser restabelecida no quinto nível do campo para recuperar a forma sadia no plano físico. Assim, toda e qualquer cirurgia áurica terá de ser feita na quinta camada do campo, de modo que a cirurgia etérica é, essencialmente, a tarefa de criar um novo espaço negativo em que o corpo etérico do paciente possa crescer e ficar bom.

Durante esse tipo de operação, a que dei o nome de cirurgia espiritual, o curador não pode, em hipótese nenhuma, movimentar as mãos. De fato, na maior parte do tempo, as mãos estão de tal maneira paralisadas que seria dificílimo movê-las. Todas as vezes que tentei fazê-lo, a tentativa demandou um grande esforço. É preciso muita paciência para ficar ali sentada, às vezes por 45 minutos, enquanto os guias fazem o trabalho.

Depois que os guias terminam, esterilizam o trabalho e se põem, lentamente, a fechar a incisão. As mãos etéricas do curador voltam à superfície e fundem-se com as mãos físicas do mesmo curador. Isso também requer paciência. (Às vezes eu me entedio.) Finalmente, a mão sobre a parte inferior do corpo do paciente (habitualmente a mão direita) se solta, e os guias me instruem para trazê-la, corpo acima, até onde está a esquerda. Nesse ponto, retiro devagarzinho a mão esquerda e, em seguida, lentamente, com delicados movimentos da mão e dos dedos, religo a área recém-reestruturada do padrão etérico ao padrão da parte do corpo à sua volta. Faço-o movimentando a mão para cima, através dos chakras. As mãos do curador não se afastam do corpo do paciente enquanto a incisão não se tiver fechado e os dois campos, o novo e o velho, não tiverem sido religados.

Mas voltemos à paciente, Mary. Nas últimas partes da quelação, Mary ficou deitada na mesa de tratamento, serena e relaxada. Saiu um pouco do corpo e repousa. O campo áurico continua a utilizar a energia que recebeu para curar-se. Mary está pronta para o trabalho etérico padrão em sua hérnia diafragmática. Quando você coloca as mãos sobre o terceiro e o quarto chakras (Figura 22-15), suas mãos etéricas principiam a flutuar para baixo e você começa a ter mais consciência do interior do corpo, por intermédio do seu melhor meio de acesso a ele. Você o sente, ouve ou vê. Está sentado no espaço negativo, mas este lhe parece completamente normal. O campo de energia em torno do seu corpo se expande, à medida que aumenta o ritmo das suas vibrações. Você sente uma presença na sua retaguarda, talvez até mais de uma presença. Delicada, muito delicadamente, os guias deslizam através do seu campo áurico. Isso lhe parece muito familiar, muito confortável e, principalmente, maravilhoso.

Você alteou-se a um estado de serenidade angélica. Está em paz com o universo. Enquanto permanece sentado, entregue à própria força criativa superior, observa as mãos do guia deslizando para dentro do corpo do paciente, através das suas mãos etéricas. Você as contempla costurando a hérnia no diafragma. A princípio, sente-se incrédulo, mas, depois, tudo aquilo lhe parece tão natural que você simplesmente deixa acontecer. O importante é que o paciente fique bom. Você confia nos conhecimentos que vão além das suas autodefinições normais e estreitas e deixa o tratamento realizar-se. Os guias consertam o dilaceramento e religam o novo padrão reestruturado ao resto do padrão da quinta camada.

Em seguida, você as sente começando a recolher a própria energia. Surpreende-se com a profundeza a que chegaram suas mãos etéricas no campo do paciente. Não reparou no quanto elas penetraram, mas agora, quando o campo de energia começa a puxar, você as sente movendo-se para fora. Neste ponto, o paciente pode notá-lo também. Em seguida, você sente que está ganhando maior controle sobre a mão direita. A conexão dela com a aura do paciente se desata, e você principia a recolhê-la devagar. Quando ela estiver totalmente recolhida, flexione um pouco os dedos para exercitar a mão. Agora, com a mão direita, mergulhe no quarto chakra e solte a esquerda. Pouco a pouco, delicadamente, retire a mão esquerda. Você está pronto para iniciar o trabalho da sétima camada. Antes, porém, atente para estas dicas a respeito do tratamento etérico padrão.

Durante a cirurgia etérica padrão, os guias controlam as frequências da cor, a direção do fluxo e a localização do trabalho. Quanto mais você confiar e

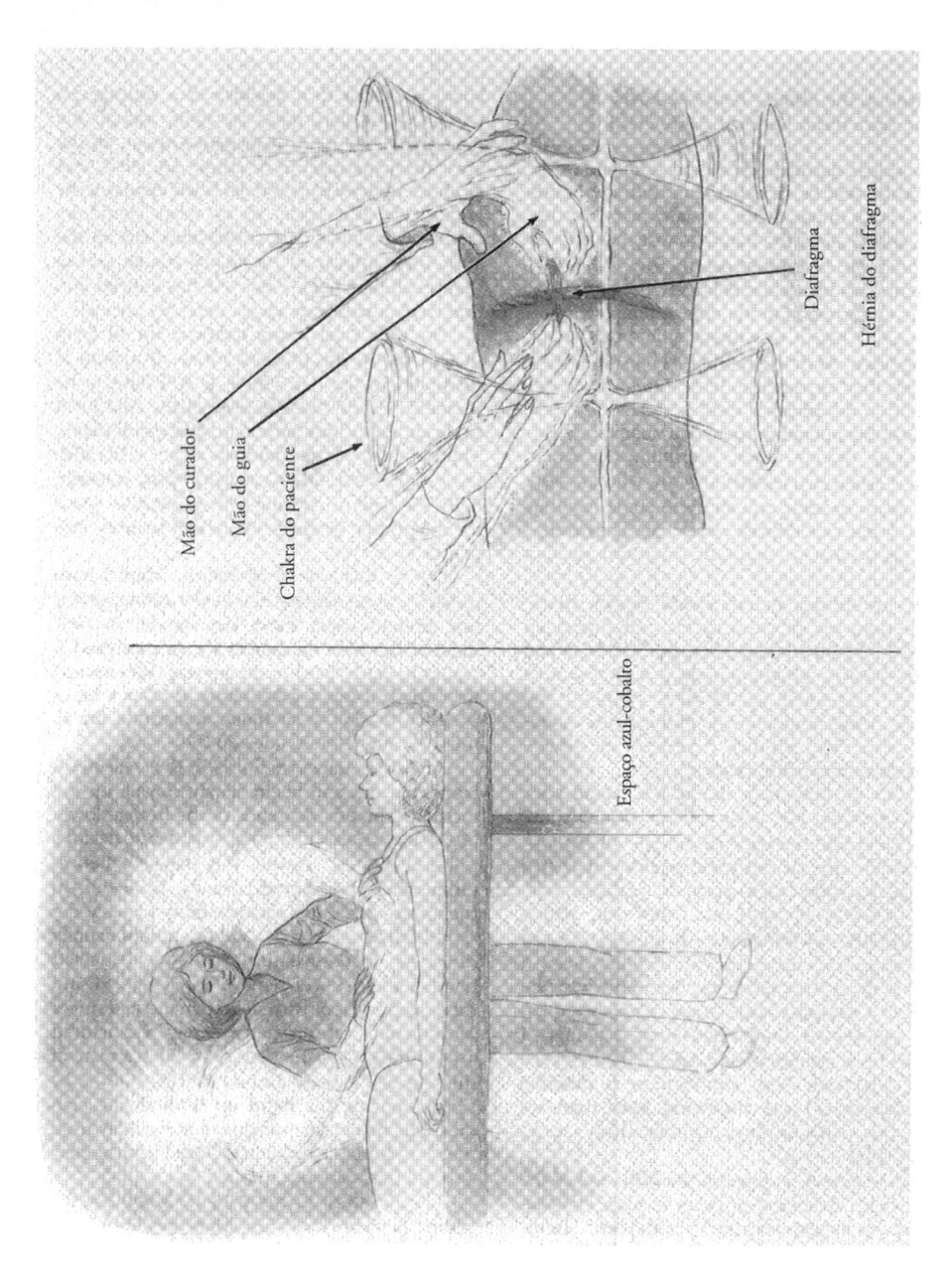

Figura 22-15: Tratamento etérico padrão: cirurgia espiritual

obedecer, tanto mais serão eles capazes de fazer. Em adição aos processos cirúrgicos "normais", eles, às vezes, orientam o curador a manter as mãos e os braços sobre o corpo, muito quieto, e lhe pedem para alçar-se a vibrações mais altas e a permitir à força poderosa da alfazema e, por vezes, da prata, a fazerem o que é preciso. Você não deve mover-se nessas circunstâncias, visto que o fluxo, muito forte, despedaçaria não só o campo do paciente, mas o seu também. Depois que tiver sido produzida energia suficiente para soltar a configuração, os guias lhe inverterão o fluxo e a sugarão para cima e para fora. Este é um nível superior de cura e, provavelmente, usa as energias do sexto nível. Retira do campo formas etéricas específicas padrão, como as formas psíquicas de vírus, bactérias ou, num caso, objetos em forma de sementes do sangue de um paciente de leucemia, de modo que eles não se regenerem no corpo físico da pessoa.

De quando em quando, um pequeno grupo de pessoas como nós, que desenvolvemos a Alta Percepção Sensorial, se reúne para dar apoio mútuo uns aos outros em relação à nossa vida pessoal e para lidar com todas as questões que surgem em nossa existência pelo fato de sermos clarividentes, clariaudientes e clarissencientes. Também trocamos tratamentos uns com os outros (cada qual faz as vezes de paciente), num trabalho muito profícuo, porque não somente os curadores veem o que está acontecendo, como o próprio paciente o vê. Esse trabalho corroborou muitas de minhas percepções e ajuda a criar uma estrutura clara, com a qual se podem descrever tais experiências. Estamos aprendendo a olhar para cada camada da aura, a ver como é essa experiência, e a saber que novos processos de tratamento podem advir das informações que recebemos.

5. *Cura do padrão ketérico ou reestruturando a grade áurica de ouro (Sétima camada do campo áurico)*

Muitas vezes, quando o campo áurico está desfigurado no quinto nível, está desfigurado no sétimo também. Assim sendo, é necessário que se opere a reestruturação do padrão ketérico. Isso se faz costumeiramente antes que o curador se concentre no tratamento do sexto nível, embora, a essa altura do tratamento, algumas frequências do sexto nível já tenham feito automaticamente o que é preciso. O trabalho no sétimo nível difere muito do trabalho no quinto, porque o curador é então muito mais ativo. No quinto nível, a tarefa principal do curador cifra-se em entregar-se e obedecer. No sétimo, o curador tem de ser muito ativo no respirar e no movimentar os dedos e as mãos, conquanto deva permanecer altamente sensibilizado e focalizado em um nível de alta frequência. É necessária muita focalização da mente e muito controle da respiração para alcançar o sétimo nível. Nesse nível, muito forte e elástica, a luz dourada, não raro, dá a impressão de ser constituída de minúsculos fios de ouro extremamente fortes.

Os guias do paciente vêm, com frequência, assistir aos tratamentos e ajudar. Se estiver alerta, você os verá entrarem na sala de tratamento com o paciente. A essa altura, eles costumam puxar o paciente para fora do corpo e cuidar dele de modo que sobrevenha uma profunda descontração e se realize o trabalho padrão. A experiência do paciente, com frequência, é a de flutuar num estado pacífico. Habitualmente, ele só se dá conta de quão profundamente se moveu para um estado alterado de consciência ao levantar-se ou ao tentar ficar de pé no fim do tratamento.

O trabalho ketérico padrão, que reestrutura a sétima camada com luz dourada, consiste em duas partes principais: limpeza e reestruturação da estrutura de grade dos órgãos, músculos, nervos ou outras partes do corpo, e limpeza e reestruturação dos chakras. As mãos do guia trabalham diretamente através das mãos do curador de modo velado. Os guias descem sobre os ombros e para as mãos e os braços do curador. Minúsculos fios de ouro saem dos dedos do curador, que se movem em alta velocidade, como se fossem guiados. Os movimentos dos fios de ouro são muito mais rápidos ainda que os movimentos intrincados e célebres dos dedos do curador. Em ordem a reestruturar a grade ketérica de um órgão, os guias costumam retirar do corpo a estrutura de grade do órgão. Isso, porém, só acontecerá se a consciência do paciente o permitir. Refiro-me à consciência mais profunda, e não à percepção consciente. Nesses momentos, o paciente, num estado alterado, comunica-se com os guias, coisa de que ele pode lembrar-se, ou não, depois de voltar para o corpo.

A. Reestruturação de órgão padrão ketérico

As mãos do curador se moverão com tremenda força de luz e uma forte irrupção de energia para remover o campo ketérico do órgão. O órgão, então, flutua acima do corpo, onde é limpo e reestruturado por movimentos dos dedos mais rápidos ainda, que tecem a grade etérica azul no padrão dourado com fios aurialvos. O espaço no interior do corpo é limpo e esterilizado com luz antes que o órgão seja recolocado no lugar. Completadas a reestruturação e a esterilização, o órgão simplesmente desliza de volta ao corpo. Parece até que está sendo sugado para dentro. Em seguida, é costurado no lugar e repleto de luz azul, que o ativa. A área, então, costuma encher-se de uma luz branca macia, suavizante, que atua como anestésico interno. Finalmente, toda a área se envolve, quase sempre, numa bandagem de energia dourada protetora.

Exemplos de um tratamento dessa natureza mostram as Figuras 22-16 e 22-17. Recebi um telefonema de uma cliente que tinha um caroço no seio. Os médicos não sabiam dizer se se tratava de uma infecção ou de um tumor. Tinham tentado aspirá-lo, mas sem êxito e, portanto, haviam programado uma cirurgia. Enquanto eu conversava com ela ao telefone, veio-me logo à mente a imagem de um caroço vermelho-escuro no seio esquerdo, com pontos cinzentos carregados que se estendiam até debaixo da axila, onde deveriam estar localizados os nódulos linfáticos. Para pôr à prova minha "visão", perguntei-lhe se o caroço se localizava no seio esquerdo, um pouco abaixo e à esquerda do mamilo. Quando ela disse que sim, afirmei-lhe estar inteiramente segura de que não era um câncer, mas alguma espécie de infecção semelhante à mastite. Pude dizer-lhe isso por causa do vermelho-escuro da cor, indicativa de infecção. Ouvi também os guias me dizerem que se tratava de uma forma de mastite. Entretanto, vi igualmente os nodos linfáticos auxiliares, de um cinzento muito escuro. Isso me perturbou. Expliquei-lhe que o problema principal não era o caroço no seio, mas os nodos linfáticos bloqueados, e que ela precisava efetuar uma limpeza de todo o corpo e desse sistema em particular. Por ocasião da cirurgia, poucos dias depois, os médicos retiraram as glândulas mamárias infectadas e diagnosticaram uma mastite, devida aos nodos linfáticos bloqueados.

Quando ela chegou para submeter-se ao tratamento, três dias após a operação, seu sistema parecia muito obstruído. Apresentava uma obstrução maciça do sistema linfático, espalhada por todo o corpo, que se traduzia por áreas verde-escuras de cada lado do esterno e do lado esquerdo do abdome. Todo o campo estava ligeiramente cor de cinza. A área vermelha no seio esquerdo ficara bem mais clara, deixando apenas a cicatriz, que se evidenciava por um traço vermelho brilhante na aura, com um vermelho mais claro à sua volta, resquício da operação. Depois que a quelação normal e o trabalho de limpeza foram feitos nos corpos inferiores, os guias retiraram todo o sistema linfático e limparam-no antes de recolocá-lo no lugar, da maneira já descrita (Figura 22-16). Todo o torso foi recarregado e blindado, primeiro com luz azul e, logo, com luz dourada, deixando o sistema linfático (na sétima camada) com uma aparência clara e áurea. O traço vermelho desaparecera. Note-se que a Figura 22-16 mostra os guias trabalhando através do curador, limpando o sistema linfático, tendo os guias da paciente junto à sua cabeça, segurando-a fora do corpo, ao mesmo tempo que o trabalho padrão estava sendo feito.

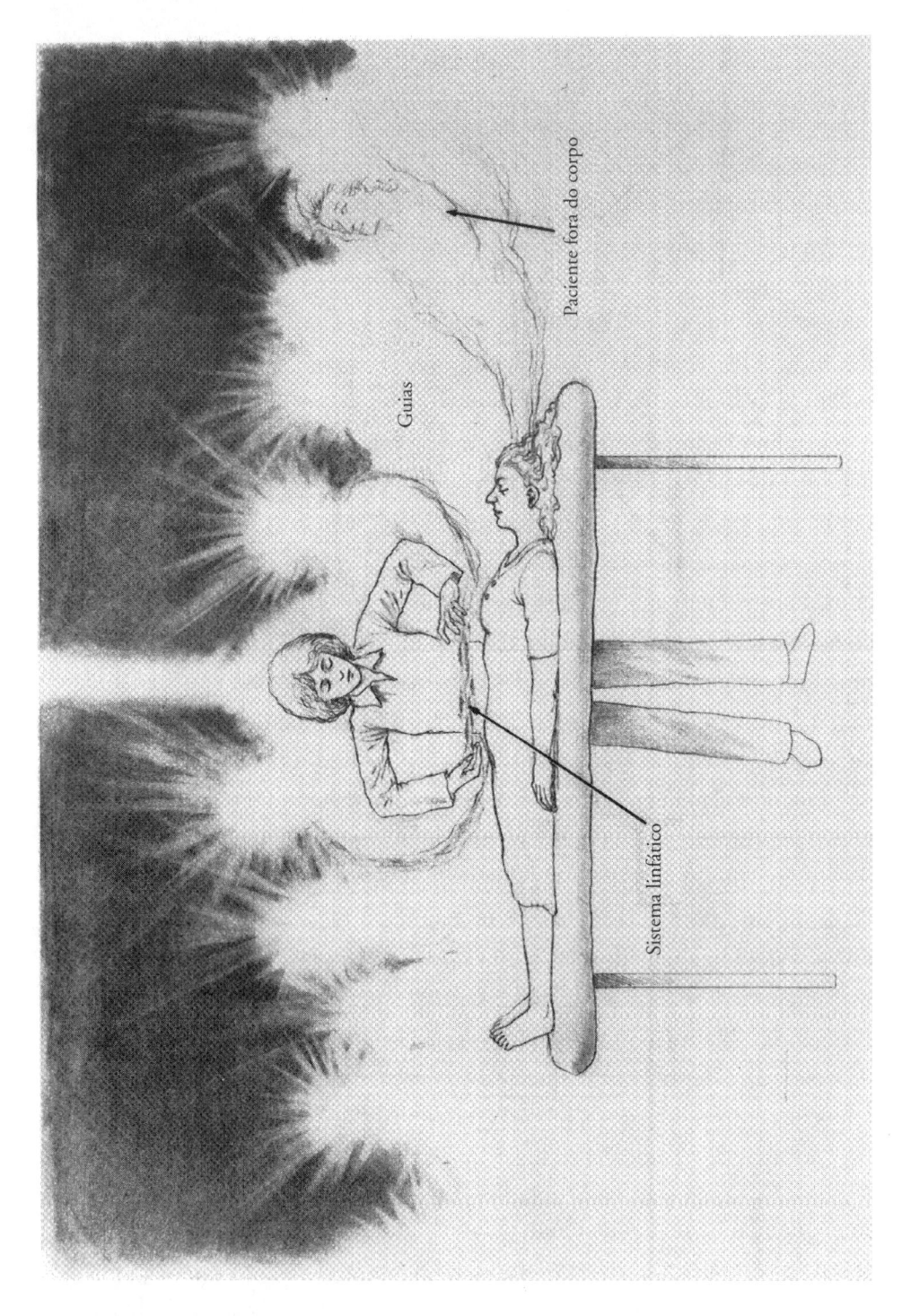

Figura 22-16: Tratamento ketérico padrão do sistema linfático

B. Reestruturação do chakra padrão ketérico

Uma sequência semelhante ocorre na estruturação do chakra, embora os chakras nunca sejam removidos. Existem várias maneiras principais de se lesarem os chakras. Eles podem ser rasgados e abertos, a tela sobre eles pode ser danificada, um vórtice pode ser obstruído e ter desacelerado o seu movimento giratório, a ponta do chakra pode não estar assentada corretamente na área do coração ou da raiz, ou um vórtice pode estar saindo ou caindo pesadamente, com a aparência de uma mola arrebentada. Todo o chakra pode quase ter desaparecido, ou uma pequena parte dele pode ter sido afetada. No caso de Mary, por exemplo, com a hérnia do diafragma, um dos pequenos vórtices do plexo solar tinha a típica aparência de uma mola quebrada. Se quiser curá-lo, você terá de empurrá-lo para dentro e costurá-lo, reestruturar a tela de proteção e dar-lhe uma cobertura protetora a fim de permitir-lhe curar-se num determinado período de tempo. Tudo isso é feito enquanto os guias dirigem suas mãos e a luz curadora. Suas mãos se movimentarão automaticamente.

Voltamos à paciente Mary, agora erguida para fora do corpo, num estado alterado, e entregue aos cuidados dos seus mestres espirituais. Desde que você concluiu o tratamento do quinto nível e pôde perceber o dilaceramento na sétima camada, sabe que já é tempo de erguer a consciência até o sétimo nível para trabalhar. Começa aumentando o ritmo da respiração nasal rascante. À proporção que aumenta o ritmo da respiração, você se concentra, o mais que puder, na elevação da consciência. Não se preocupe com a hiperventilação; você estará usando toda a energia que puxar para dentro na tentativa de curar. À medida que se eleva à sétima camada, começa a experimentar a Mente Divina, onde tudo o que é se presume perfeito. Dali a pouco, uma luz de ouro principia a sair-lhe das mãos, enquanto os guias se religam através da sétima camada (Figura 22-17). Suas mãos se movimentam quase involuntariamente sobre o terceiro chakra de Mary. Seus dedos se mexem o mais rápido possível. Você começa a ver os fios de luz dourada costurando o pequeno vórtice do chakra de Mary. Seus dedos mexem-se com extrema rapidez; os fios dourados se movem milhares de vezes mais depressa. A luz dourada força o vórtice desfigurado a retornar à posição normal. Você não imagina a quantidade de energia que flui através de você. Pergunta a si mesmo se o seu corpo pode tolerá-la. E continua respirando enquanto o escudo protetor é reestruturado. Você quer saber se Mary observa tudo isso, desejosa de conhecer o que está acontecendo, mas não pode falar. Há muita coisa para fazer a fim de manter todo o seu ser concentrado. Finalmente o trabalho termina e o

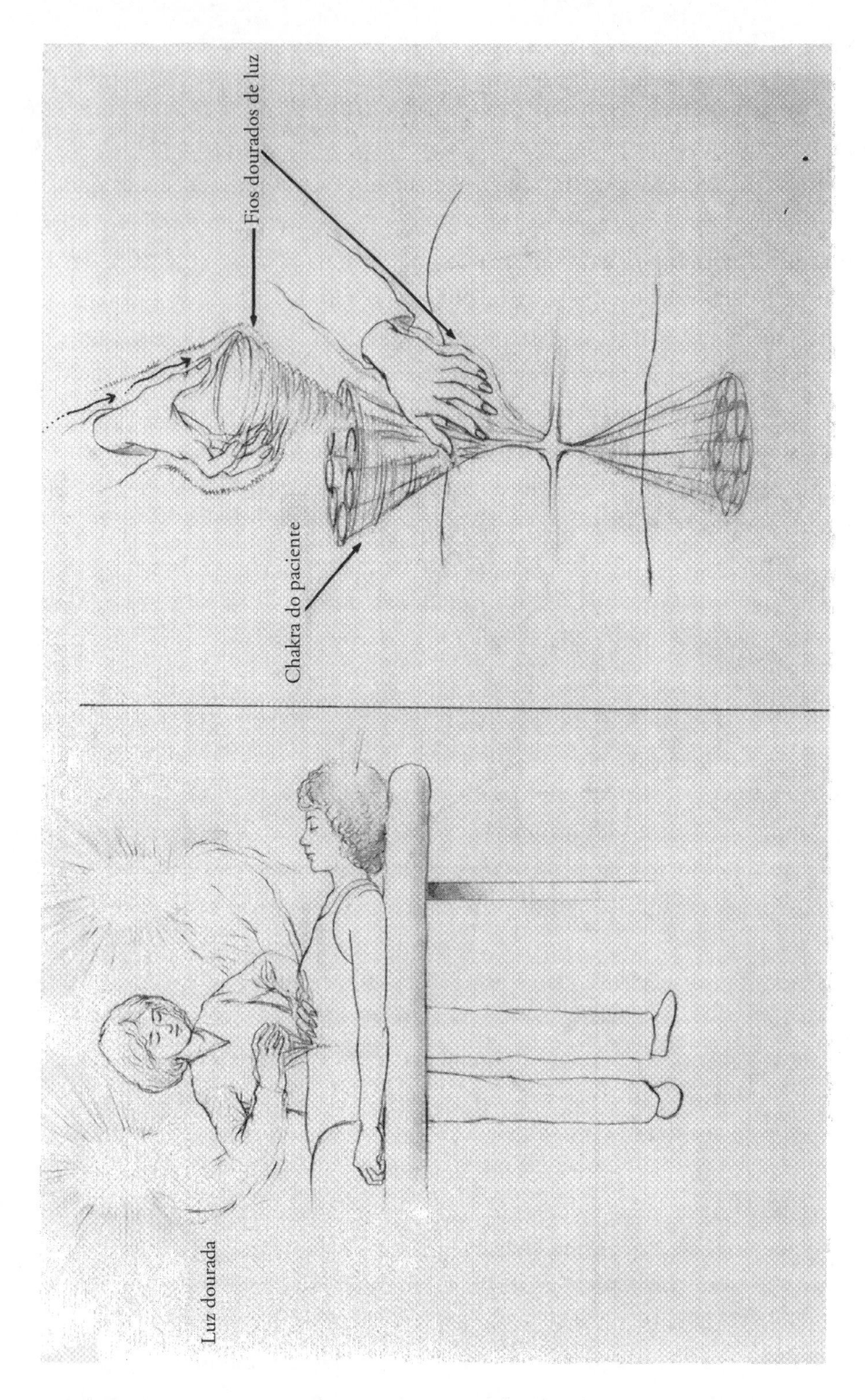

Figura 22-17: Tratamento ketérico padrão: cirurgia espiritual

chakra volta ao normal. Sua respiração se desacelera. Você se sente feliz por estar tudo acabado. Talvez lhe doa a mão, mas você se sente maravilhoso.

Muito rapidamente, proceda à quelação através dos chakras superiores, e coloque-se à cabeceira da mesa de massagens. Ponha as mãos de cada lado da cabeça de Mary, com toda a delicadeza, faça correr energia para as têmporas dela, a fim de eliminar qualquer desequilíbrio remanescente para a direita ou para a esquerda. Agora que a quinta e a sétima camadas estão reestruturadas e podem conservar a forma áurica, é tempo de recarregá-la no sexto nível, com amor celestial.

6. *Cura do nível celestial (Sexta camada do campo áurico)*

Para curar na sexta camada do campo áurico, você trabalha primeiro através dos chakras do coração, do terceiro olho e da coroa. Coloque as mãos em concha sobre o terceiro olho do paciente com os dedos juntos e os polegares cruzados um sobre o outro; eleve suas vibrações para alcançar a luz e, a seguir, deixe-a fluir de cima para baixo através e diante de você até a área central do cérebro do paciente (Figura 22-18). Procure alcançar psiquicamente a mais alta realidade espiritual que conhece, primeiro estabelecendo conexão, através do coração, com o amor universal e, em seguida, tentando alcançar a luz com essa consciência. É muito importante passar pelo coração e esperar até entrar num estado de amor universal antes de subir pela coroa pois, não sendo assim, o tratamento pode tornar-se muito mental. Cumpre que ele seja acompanhado de um profundo amor a cada partícula do ser do paciente, nesse caso, Mary. O fato de estar ligado à consciência messiânica ou ao amor universal supõe a conservação de alguém no coração e a entrada num estado de total aceitação e vontade positiva em relação ao bem-estar e à existência continuada desse alguém. Trata-se de uma celebração em amor da existência da pessoa. Isso quer dizer que você precisa entrar nesse estado de ser, e não apenas imaginá-lo. Mantendo esse estado, procure alcançar a luz, e a mais alta e ampla realidade espiritual que pode experimentar.

A fim de elevar suas vibrações, use os princípios ativos e receptivos. Primeiro, diligencie simplesmente aumentar a frequência das vibrações, através da respiração, arranhando a parte traseira da garganta com o ar, através do foco de meditação, e procurando alcançar a luz com o olho da mente. Subjetivamente, o mesmo é olhar para a luz e tentar atingi-la. Você se sente mais leve e menos apegado ao corpo à proporção que se ergue, como se uma parte da sua

Figura 22-18: Tratamento do nível celestial (sexta camada)

consciência, literalmente, subisse coluna acima e se esticasse desde o seu corpo para entrar na luz branca. Seus sentimentos tornam-se mais e mais deleitáveis, à medida que você entra na luz e sente, mais e mais, a segurança e o amor universais envolvendo-o e impregnando-o. Sua mente se expande e você compreende conceitos amplos que não entenderia num estado normal. Pode aceitar uma realidade maior, e é mais fácil para os guias transmitir conceitos através de você, porque você já não é tão preconceituoso no que concerne à natureza do mundo, isto é, eliminou algumas obstruções do seu cérebro. Cada passo que você dá para cima, dentro da luz, libera-o ainda mais. Praticando através dos anos, você será capaz de canalizar energias e conceitos cada vez mais elevados.

Agora que você obteve, em certo grau, a capacidade de elevar-se, pare de tentar alcançar e deixe que a luz branca lhe permeie o campo áurico, elevado a uma vibração que se harmoniza com a luz branca. Ela fluirá, através do seu campo, para o campo do paciente.

Depois que a luz branca tiver fluído de cima para baixo e entrado na área central do cérebro do paciente, e depois que as vibrações dessa área forem alçadas a essa frequência, suba para o nível seguinte de vibração. Quando o paciente tiver alcançado esse nível, suba para o seguinte e assim, gradativamente, a área central do cérebro do paciente se iluminará. A aura do paciente se encherá de luz aurialva impregnada de cores opalescentes. Às vezes, durante essa fase do tratamento, o paciente vê imagens espirituais ou "adormece". (No meu entender, isso significa simplesmente que ele ainda não tem capacidade para reter a lembrança da experiência quando volta ao estado normal da realidade. Algum dia, quando ele tiver a mencionada capacidade, esse processo o ajudará a desenvolvê-la.)

Por ser muito forte essa maneira de canalizar, você precisa sacudir levemente as mãos a fim de romper a conexão com o sexto chakra antes de passar à fase seguinte do tratamento. Depois de iluminar a área do tálamo e encher a aura de luz branca, em havendo tempo, costumo executar algum trabalho direto sobre os níveis exteriores da aura. Com as palmas das mãos viradas para cima, traçando caminhos com os dedos, penteio os raios de luz do corpo celestial, num movimento que se parece com o de correr os dedos pelos cabelos quando você os afasta da cabeça. Comece com as mãos próximas da pele e faça movimentos para fora, perpendiculares ao corpo, como se estivesse levantando a aura. Isso proporciona ao paciente uma sensação de luz e realça o corpo celestial acrescentando-lhe a luz e ampliando-o. Se tiver tempo, tente fazê-lo. Mary gostará.

7. Selando o nível ketérico padrão

Depois que o nível celestial estiver iluminado e ampliado, passo para o nível ketérico, que tem forma de casca de ovo e parece proteger a aura. Aliso e fortaleço essa forma movimentando as mãos por cima da sua borda externa. Ela pode ser demasiado estreita ao redor dos pés, demasiado larga em outros lugares, pode ter caroços ou faixas restritivas. (Algumas dessas faixas se relacionam com existências passadas e serão discutidas no Capítulo 24.) Em determinados lugares, pode ser fina e até apresentar rasgões ou buracos. Tudo isso há de ser consertado, e a forma toda precisa recuperar o formato de ovo, com uma casca bonita e firme. Faço essas coisas com uma simples manipulação. Desmancho os caroços alisando-os. Havendo necessidade de luz, faço a energia penetrar a forma, até que ela se ilumina. Se ela precisa ser fortalecida, impregno-a de energia fortalecedora. Os níveis externos da aura se movem e são manipulados com facilidade, de modo que essa parte do tratamento requer pouco tempo.

Para completar o tratamento do sétimo nível da aura, estendo os braços por cima da cabeça do paciente e junto as mãos. Estas se encontram cerca de 76 cm acima da cabeça, no escudo, em forma de casca de ovo da aura. Faço, então, amplo e extenso movimento ao redor de todo o corpo do paciente. A mão esquerda se move para a esquerda e a direita para a direita. A energia flui desde um arco formado por minhas mãos estendidas acima da cabeça até abaixo dos pés do paciente, ressaltando todo o sétimo nível da aura. Enquanto movimento lentamente as mãos para descrever um círculo de luz dourada à volta do peito do paciente, fortaleço todo o nível da casca de ouro da aura.

Para fortificar a sétima camada de Mary e colocá-la dentro de um escudo protetor, a fim de permitir que o tratamento continue a processar-se em sua aura, erga as mãos sobre o corpo dela. Você continua sentado próximo a sua cabeça, na posição que se vê na Figura 22-19. A altura da sétima camada varia entre 76 e 91 cm acima do corpo. Se não puder vê-la, explore com as mãos o espaço acima de Mary. Sentirá uma pressão muito sutil enquanto se mover na sétima camada. Mantenha as mãos, com os polegares juntos e as palmas viradas para baixo, na borda externa do campo áurico de Mary. Você precisará da sua respiração rascante para manter o nível de energia e a consciência na sétima camada. Agora faça sair a luz dourada de suas mãos, criando um arco, que vai da cabeça aos pés, na sétima camada de Mary. Mantenha o arco firme e, devagar, alargue-o movendo as mãos para longe uma da outra, circundando o corpo. Sua mão direita move-se para a direita e a esquerda se arqueia para a esquerda.

Casca de ovo dourada intensificada

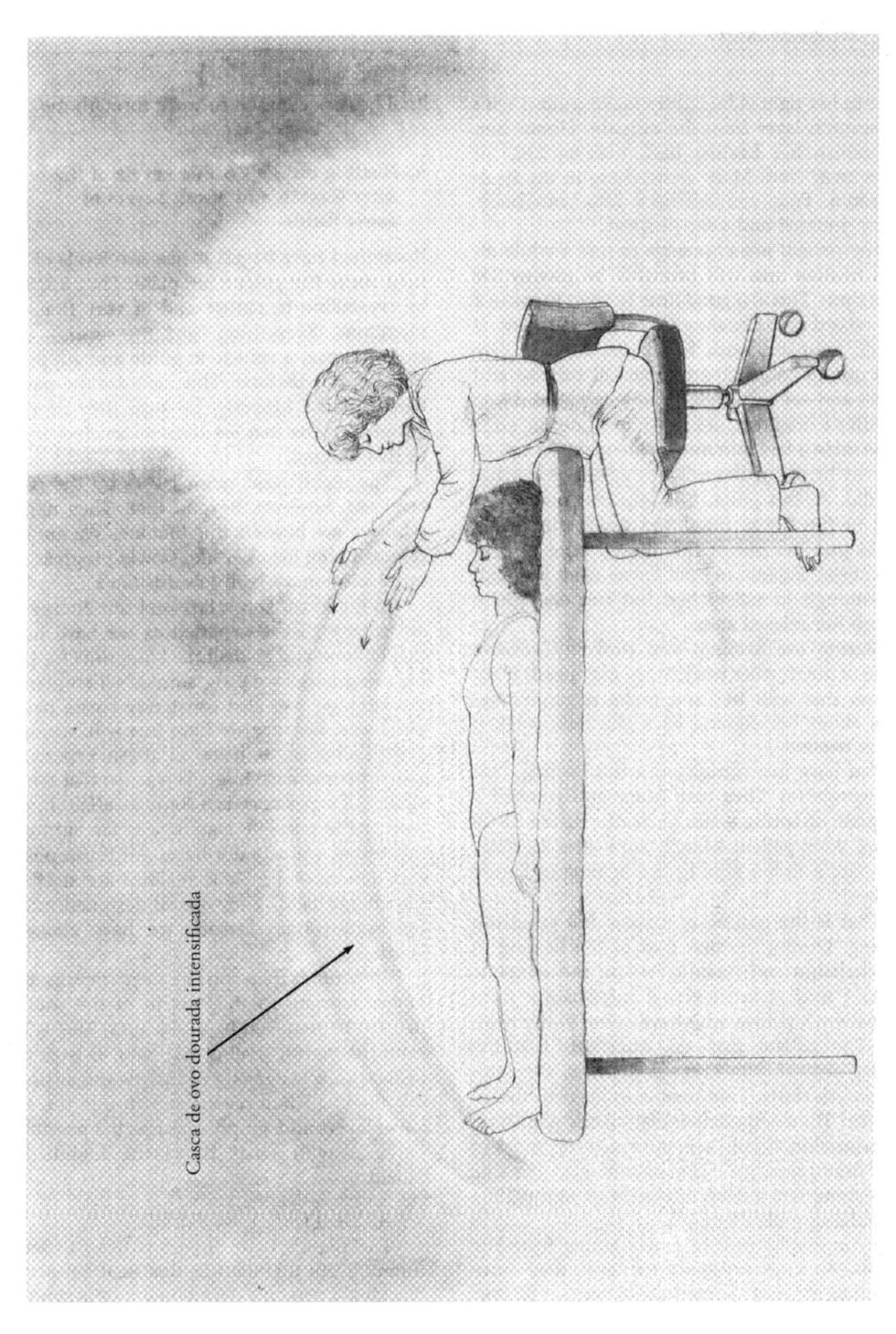

Figura 22-19: Selando o nível ketérico padrão da aura para completar a cura

Complete o círculo em toda a volta, desenhando uma casca de ovo inteira ao redor de Mary.

Feito isso, rompo a conexão entre o meu campo e o campo do paciente sacudindo vivamente as mãos, mas sem brusquidão, e passo para o seu lado direito. Volto a estabelecer conexão com a sétima camada desde o exterior. (Quando fazia o tratamento antes disso, eu estava ligada ao sistema de energia. Agora que me afastei, já não faço parte desse fluxo.) Colocando delicadamente as mãos sobre o exterior da sétima camada da casca de ovo, reverencio em silêncio minha paciente e devolvo-lhe o tratamento. Reverencio a pessoa que ela é, o seu poder de criar saúde e equilíbrio na vida, e minha pequena participação em recordar-lhe a identidade. A seguir, rompo o contato com o campo outra vez, sento-me e volto ao estado de consciência desperta normal. (Na ocasião em que entro no tratamento da sétima camada, também me encontro num altíssimo estado alterado de consciência.) Volto ao meu corpo, como se enfiasse a mão numa luva. Concentro-me em estar dentro de cada parte do meu corpo. Reverencio minha encarnação, que sou e o que vim fazer aqui. Deixo minha energia de cura, de que posso precisar, passar pelo meu corpo nesse momento.

Esse último processo ajuda o curador a liberar o paciente, de modo que não o "carregará" consigo a semana inteira. É bom também reverenciar o eu dessa maneira, de tal sorte que o trabalho do tratamento se integre na vida pessoal do curador. Isso nem sempre é automático porque, durante grande parte do tempo gasto no tratamento, o curador se acha num estado alterado de consciência. Às vezes até nos dá a impressão de que aquele indivíduo bondoso, que está fazendo todo aquele bom trabalho, é outra pessoa. Descobri que a maioria dos curadores que conheço tem uma vida difícil e precisa reverenciar-se por isso, em lugar de julgar-se pelas experiências. Acredito que tudo isso faz parte do treinamento para aprender amor e simpatia.

Refaça agora o que ficou dito acima. Passe para o lado direito de Mary; faça um ligeiro contato com a sua sétima camada desde o exterior. Reverencie-a, transfira e devolva-lhe a cura. Sente-se longe de Mary em algum lugar da sala de tratamento. Entre de novo em seu próprio corpo. Reverencie-se e reverencie o propósito que o anima.

O paciente, por via de regra, precisa descansar um pouco depois de uma sessão de tratamento e, provavelmente, ficará tonto por algum tempo. Essa é uma boa ocasião para você fazer um breve registro do tratamento e da cura para referência futura. Se tiver sido feito um trabalho etérico padrão, insisto em que o paciente não faça nenhuma espécie de exercício físico, descanse e se alimente muito bem durante um prazo mínimo de três dias.

Após breve repouso, peça a Mary que se sente na borda da mesa por alguns minutos antes de levantar-se, porque poderá sentir tonturas. Ela se mostrará curiosa sobre o que você fez. A essa altura, é importante não voltar em demasia à mente linear, uma vez que isso a tiraria do estado alterado de consciência. Explique em poucas palavras o que foi feito, apenas o bastante para satisfazê-la, mas não o suficiente para perturbar-lhe o estado de relaxamento.

Durante o tratamento, você provavelmente se dará conta de qualquer outro trabalho de que Mary possa precisar. Nesse caso, discuta o assunto com ela e recomende-lhe que volte dali a uma semana, se for necessário.

Você acaba de concluir um tratamento completo. Sente-se maravilhosamente bem. Beba e dê a Mary para beber um copo cheio de água de fonte. A Figura 22-20 mostra a aura da sua paciente Mary após a cura. Compare-a com a aura antes do tratamento, tal como a vê na Figura 22-4.

Este é o esboço de um tratamento básico de pleno espectro. Na primeira parte do tratamento, na quelação e na limpeza antes do trabalho padrão, canalizo informações verbais dos guias do paciente que vieram participar da cura. O paciente pode perguntar, que os guias respondem. Entretanto, logo que começa o trabalho padrão, não consigo fazer as duas coisas ao mesmo tempo. O trabalho padrão energético de alta concentração dá-me simplesmente a impressão de monopolizar a maior parte da minha "capacidade cerebral". Também faz bem ao paciente, nesse momento, entrar num estado profundo de descontração, que o falar interrompe.

Recebo continuamente novo treinamento dos guias. Assim que aprendo a trabalhar num nível, eles me passam para o nível seguinte. Por vezes, um novo grupo de curadores espirituais aparece para trabalhar através de mim.

8. *Cura nos níveis cósmicos da aura*
(Oitava e nona camadas do campo áurico)

Há pouco tempo, comecei a ver dois níveis do campo áurico acima do padrão dourado, que se me afiguram de natureza cristalina, e vibrações muito finas e muito altas. Em certo sentido, tudo o que existe abaixo da sétima camada é um veículo que nos guia e apoia em todo o correr da existência, incluindo as faixas das vidas passadas no ketérico, que representam lições kármicas para cujo aprendizado encarnamos nesta existência.

A oitava e a nona camadas no nível cósmico estão, contudo, além disso. Relacionam-se com o que somos fora desta existência. Somos almas que encarnam, vida após vida, progredindo lentamente no caminho evolutivo que nos aproxima de Deus.

Nas sete camadas inferiores do campo de energia se armazenam todas as experiências que temos tido nesta existência, como também todos os projetos de possíveis experiências que programamos ao planejá-la. Também criamos constantemente novas experiências. E porque temos livre-arbítrio, nem sempre concordamos em passar por todas elas. As outras pessoas também têm livre-arbítrio, de modo que a possibilidade da experiência é um assunto complexo. Em outras palavras, as experiências possíveis são muito mais numerosas do que as que realmente experimentamos. Todas as experiências possíveis ou realidades prováveis estão guardadas no campo de energia, e todas se destinam a ensinar à nossa alma lições que decidimos aprender.

Às vezes, as experiências possíveis já não são relevantes para o crescimento da alma e precisam ser retiradas da aura, o que se faz a partir do seu oitavo nível. Como se o curador se projetasse além das dimensões desta existência, depois chegasse às sete camadas inferiores e simplesmente retirasse a experiência possível com o que denomino o Escudo do Oitavo Nível.

A. O escudo do oitavo nível

Usa-se o Escudo do Oitavo Nível para remover algum trauma desta existência que esteja obstruindo severamente o desenvolvimento da pessoa ou simplesmente já não seja necessário, vale dizer, já não sirva ao propósito de ensinar nenhuma lição de alma que a pessoa tenha pretendido aprender.

É a consciência superior do paciente, e não o nível da personalidade, que decide quando se faz preciso um Escudo do Oitavo Nível. Durante quase todo o tempo, o paciente não se dará conta disso, mas, às vezes, os que ouviram falar no efeito vigoroso do Escudo do Oitavo Nível solicitam-no. Em geral, isso não funciona. O escudo só será dado ao curador pelos guias quando for conveniente. Suspender um trauma antigo do campo de alguém pode ser muito chocante. Às vezes, faz-se necessário um escudo para proteger o indivíduo da maior liberdade que ele experimenta quando se levanta um trauma antigo do seu corpo. Basicamente, o processo consiste em colocar o curador no escudo na aura do paciente, obrigando ou, melhor, lisonjeando o trauma a fim de persuadi-lo a sair, e enchendo o buraco deixado pelo trauma com a luz rósea do amor incondicional e selando-o em seguida. O paciente terá tempo, então, de curar-se e acostumar-se ao fato de ter levantado um fardo que carregou durante anos.

(O que não é tão fácil quanto você pode imaginar — a liberdade assusta.) Finalmente, o escudo se dissolve à medida que a pessoa desenvolve uma experiência positiva para substituí-lo.

O processo da colocação de um escudo é muito complicado e, normalmente, ocorre depois da limpeza geral e de algum trabalho padrão. A decisão de fazê-lo nunca é tomada pelo curador, senão sugerida pelos guias. O escudo, que parece ser um "pedaço" azul chato de luz, de qualidade muito impermeável e durável, ajusta-se ao longo da borda inferior do chakra, logo acima do trauma, e coloca-se na raiz do chakra.

A mão esquerda faz uma abertura a fim de colocar o escudo. Para isso, seu campo de energia penetra profundamente o corpo até a raiz do chakra, ao passo que a direita o coloca lentamente no lugar. Esse movimento é supervisionado pelos guias. O escudo se projeta para fora da borda inferior do chakra e se estende até a área traumatizada, numa posição angular em relação ao corpo. Sua extremidade inferior se abre para proporcionar saída ao trauma.

A mão esquerda prende o escudo e não se mexe durante todo o processo de colocação do escudo e saída do trauma, visto que separa a parte anatômica superior do campo áurico daquilo que está sendo trabalhado, e serve de entrada aos guias para manter essa parte do campo separada da área em que se localiza o trauma. Ao mesmo tempo, os guias pessoais do paciente o retiram do corpo a fim de protegê-lo e doutriná-lo.

Colocado o escudo, o curador estende a mão direita debaixo dele e principia a comunicar-se com a consciência de energia do trauma no intuito de persuadi-la a sair dali, lembrando-lhe a conexão com Deus. Esse método de cura desde um nível tão alto difere muito daquele com que removemos obstruções do campo a partir dos níveis inferiores. Ligando-se diretamente à consciência da energia do trauma, que está pronto para sair, o curador lhe proporciona a saída, através da colocação do escudo. O trauma sai espontaneamente. Qualquer atitude compulsória simplesmente desfaz o processo e obriga o curador a recomeçar. Esse método permite que todo o trauma saia. No tratamento a partir das camadas áuricas inferiores, muitas vezes as obstruções do campo são antes assinaturas energéticas do trauma do que a energia do próprio trauma. Num sentido, no nível mais alto do tratamento, trata-se o trauma como se ele tivesse seu próprio ser, visto que é uma parte integrante da consciência da energia. Quando o trauma sai, todos os seus efeitos saem também, e o paciente já não precisa lidar com ele. O escudo faculta uma suave integração da mudança à vida do paciente e impede qualquer distúrbio que nela ocorreria se o paciente não estivesse escudado. Quando o trauma sai, os guias, afetuosos, pegam-no e enchem-no de luz. Depois que todo o trauma tiver saído, a área é cauterizada com ouro ou luz branca, e a cavidade preenchida com a luz rósea do amor incondicional. Religa-se, então, o novo campo róseo ao campo que o circunda e que continua localizado debaixo do escudo. A área de saída, aberta na base do escudo, cobre-se de um selo de ouro, que se deixa no lugar. O curador, em seguida, desprende a mão esquerda do escudo, que fica lá dentro. Lentamente, ele mergulha a energia da mão direita onde está assentada a energia da mão esquerda, liberando esta última, que é usada para integrar a nova área reestruturada e escudada ao resto do campo áurico do paciente. O curador movimenta devagar a mão esquerda através da parte superior do corpo áurico, religando os campos.

Depois de colocar o escudo, o curador fortalece a principal corrente vertical da aura, fazendo passar por ela a luz dourada que pulsa. O paciente entra de novo, lentamente, no corpo. Nisso pode consistir todo o tratamento. O curador desce ao tratamento do sexto nível para aumentar a serenidade do paciente ou simplesmente encerra o tratamento com o sétimo.

O maior desafio para mim nesse tipo de trabalho tem sido aprender a sentar-me e convencer o trauma a sair, o que é muito diferente de tirá-lo com uma concha, ou puxá-lo, ou soltá-lo com vibrações altas. É difícil subir acima da sétima camada e ali permanecer num estado de paz e alinhamento completo com a vontade de Deus. Precisamos controlar a respiração com lentas e longas inspirações e expirações, e manter a mente concentrada na obediência total à vontade divina. A centelha divina existe em todas as células do ser de uma pessoa e segue rigidamente a vontade de Deus. O curador tem de ficar dentro da centelha divina. Em outras palavras, é preciso que eu fique com o trauma e faça contato com a consciência da energia enquanto estou alinhado com a Vontade do Onipotente, e recorde a cada célula do trauma, e a todas as células do corpo, que elas carregam consigo uma centelha de Deus. Recordo-lhe que ela é Deus, luz e sabedoria e, por conseguinte, flui inflexivelmente e identifica-se com a vontade universal. Não se trata de uma coisa fácil de fazer. No princípio, eu tendia a começar puxando. Se o fizesse, estaria mostrando que a minha vontade se convertera num empecilho e que eu caíra para um nível inferior. Isso derrubaria todos os guias do meu corpo e todo o meu corpo estremeceria. Ou eles me saíam do corpo como um sinal, ou não podiam tolerar a vibração de baixo nível da minha "vontade". Teríamos, então, de começar tudo de novo.

Faz-se necessário um Escudo do Oitavo Nível quando os pacientes são incapazes de suportar a liberdade causada pela suspensão de um trauma de toda a vida numa sessão de tratamento; o mais provável é que eles propendam a encher esse espaço com outra experiência negativa. Fiquei abismada certo dia ao testemunhar uma coisa dessas.

Completada a cura, quando o paciente já calçava os sapatos, de repente todo o campo dourado reestruturado despedaçou-se diante dos meus olhos. No meu assombro, pensei: "Como foi que você fez isso tão depressa?" Eu quis recolocá-lo imediatamente na mesa, mas compreendi que isso não estava certo e que havia mais alguma coisa envolvida no caso. Mais tarde, Emmanuel, mestre espiritual canalizado através de minha amiga Pat (Rodegast) De Vitalis, contou que o paciente sabia agora que, na realidade, não poderia aceitar o que dissera querer, pois não estava pronto para enfrentar certos aspectos de sua vida relacionados com a cura. Isso significaria ter de enfrentar questões muito dolorosas, e ele não queria fazê-lo.

Pouco depois dessa experiência, aprendi a colocar o escudo. Compreendi também que não poderia oferecer-me para ministrar outro tratamento a essa pessoa, o que seria colocá-la diante da sua decisão negativa e, possivelmente, piorar as coisas. Só posso esperar que ela chegue ao lugar em si mesmo em que decidiu enfrentar esses problemas externos à sua vida, quando talvez decida procurar um tratamento, e nós poderemos colocar o escudo a fim de que ela se proteja da suspensão do fardo enquanto se cura internamente. Depois disso, o escudo se dissolverá, e ela, aos poucos, será capaz de suportar o aumento de liberdade.

A Figura 22-21 mostra um exemplo interessante da cura por um escudo. A paciente, a quem chamarei Betty, mulher de negócios, era uma cliente de terapia. Morrera-lhe a mãe quando ela contava três anos de idade. Na ocasião em que começou a fazer terapia comigo, alguns anos atrás, não tinha a menor ideia da aparência de sua mãe natural e não se lembrava de lhe ter visto sequer um retrato. No transcorrer da terapia, conseguiu arranjar retratos da mãe e começou a religar-se e relacionar-se com ela. Isso ajudou-a a desenvolver o amor próprio, visto que a mãe natural passou a ser uma realidade para ela. Nunca fora capaz de aceitar a madrasta, mas o processo também a ajudou a melhorar suas relações com a nova esposa do pai. Ela carregava no peito muita dor pela perda da mãe natural.

Certo dia, após vários anos de terapia, ela me perguntou por que eu nunca lhe administrara um tratamento. Respondi que a razão era porque ela era muito saudável. Nesse momento, contudo, os guias me lembraram o uso do "novo escudo que eu acabara de aprender a colocar". A sessão seguinte foi de tratamento. Depois de passar pelo processo normal de quelação e limpeza, e depois de verificar-lhe o nível padrão, que não necessitava de trabalho algum, os guias passaram a colocar o escudo e a remover o trauma causado pela perda da mãe quando ela era criança. Fiquei muito emocionada ao ver a mãe aparecer em forma de espírito, apoiada por seus próprios guias. Em vez de um grupo de guias recebendo e iluminando a substância da consciência da energia do trauma, vi a mãe dela recebê-la com amor. (Veja a Figura 22-21.) Nesse ínterim, os guias da minha paciente haviam-na puxado para fora do corpo, a fim de protegê-la e doutriná-la. Na fase seguinte do processo do escudo, os guias encheram a cavidade esvaziada do trauma com a luz rósea do amor. O tratamento prosseguiu, então, com a selagem da base do escudo com luz dourada, como se vê na Figura 22-22. Em seguida, religamos a área escudada à metade superior e inferior do campo áurico. Feito isso, intensificamos a principal corrente de força vertical do corpo. Quando tudo terminou, o trauma seguro pela mãe transformara-se em luz branca.

B. Tratamento no nono nível da aura

Conheço muito pouco esse processo. Quando vejo os guias trabalhando desde esse nível, tenho a impressão de que eles retiram todo um lado dos corpos de energia da pessoa (e todos os campos com ele) e colocam um novo conjunto. Tudo isso parece, à minha vista, luz cristalina. Quando realizado, o processo tem por efeito curar o paciente muito depressa. Tenho a impressão de que se trata de uma reencarnação no mesmo corpo, sem passar pelas experiências do parto e da infância, para estabelecer as tarefas da vida. Fui testemunha disso algumas vezes.

Grupos de Guias

Parece-me, às vezes, que diversos grupos de guias trabalham em níveis diferentes e, em outras ocasiões, tenho a impressão de que os mesmos guias trabalham em níveis diferentes. Os grupos de guias que trabalham em níveis diferentes parecem ter características distintas. Os que trabalham no nível astral preocupam-se, antes de tudo, com as questões do coração e do amor. Muito confortadores, afetuosos e zelosos, falam poeticamente e nos ensinam a amarmos a nós mesmos com todos os nossos defeitos, etc. Os guias que executam o trabalho ketérico e etérico padrão dão-me a impressão de muita seriedade e atividade e de "quererem trabalhar". Interessam-se pelo padrão perfeito e pelo tratamento eficiente. Não parecem ter muitos sentimentos, mas, ao mesmo tempo, apoiam e aceitam plenamente os pacientes. São mais diretivos. Os guias

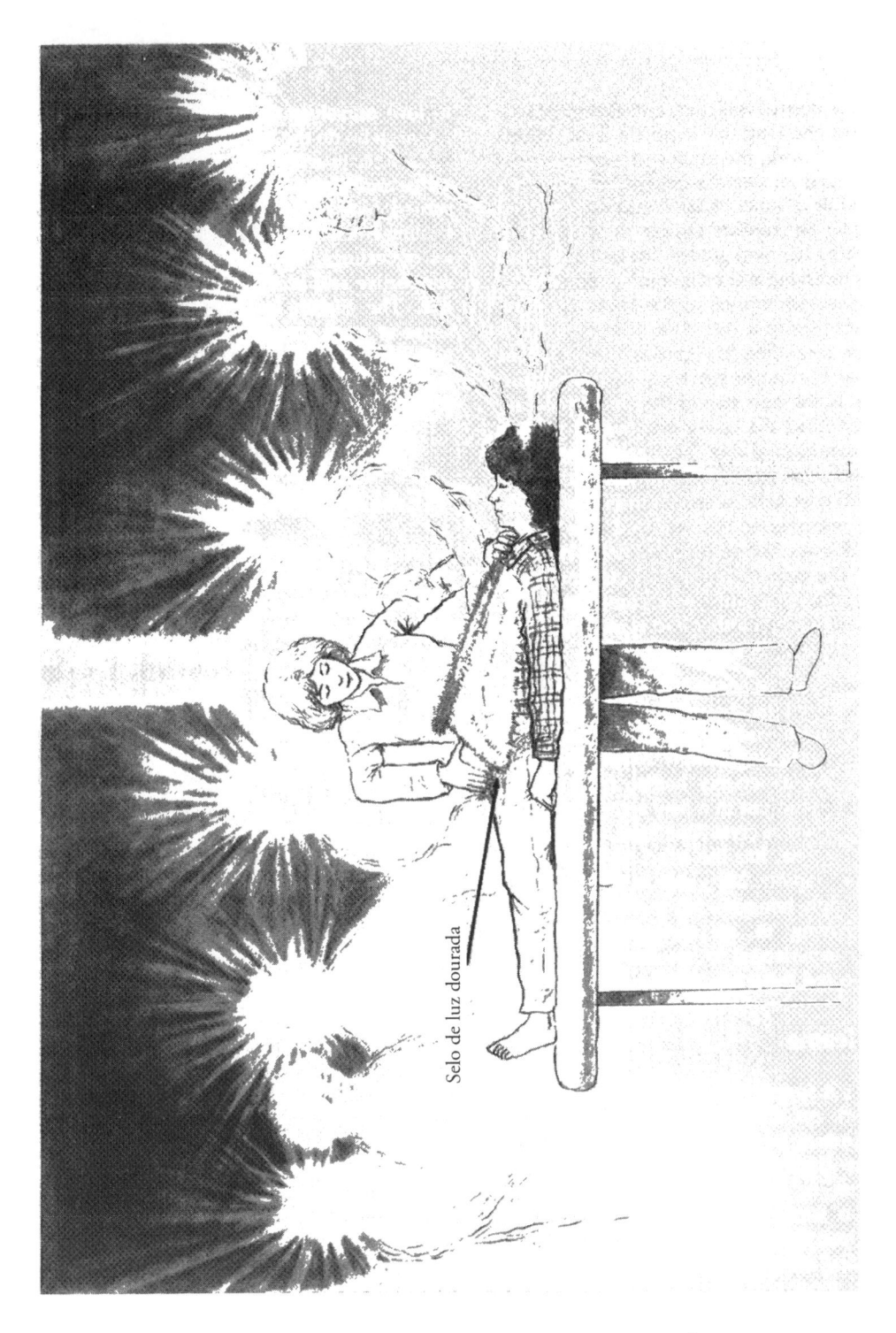

Figura 22-22: Selando um escudo do oitavo nível

Selo de luz dourada

do Escudo do Oitavo Nível dão a impressão de grande aceitação e paciência infinita com amor. Os guias do Nono Nível, difíceis de serem percebidos, pelo menos para mim, são um tanto ou quanto impessoais.

FORMA DE REALIZAÇÃO DA SESSÃO DE TRATAMENTO

Como ajuda para o novo curador, enumerarei mais uma vez a forma de realizar a sessão em rápidas palavras. Em seguida, apresentarei uma análise da sessão de tratamento que deverá ajudá-lo a averiguar onde precisa praticar e onde precisa fazer o próprio trabalho de crescimento pessoal.

1. Antes da entrada do cliente, alinhe-se com a luz. Abra os chakras, utilizando métodos ensinados na seção que intitulei de "Canalizando para curar".

2. Preste atenção aos motivos que levaram o cliente à sua presença. Por que foi ele guiado especificamente para você? O que é que você tem para dar-lhe? Abra o seu repertório interior.

3. Explique o que está fazendo.

4. Analise o fluxo de energia no sistema do paciente. Quais são as principais obstruções? Como é que o paciente utiliza a sua energia? Como a dirige mal? Quais são os resultados da má direção em longo prazo? Qual é a sua principal defesa? (Veja os Capítulos 9, 10 e 12.)

5. Meça os chakras com um pêndulo. Registre. (Veja o Capítulo 10.)

6. Afine-se e alinhe-se com a luz; faça uma afirmação; alinhe e equilibre seu sistema de energia com o do cliente. Tome consciência dos seus guias, se já não o fez. Periodicamente, durante a sessão, realinhe e equilibre o seu sistema com a luz, com os seus guias e com o sistema do cliente.

7. Interprete as leituras do chakra enquanto corre energia através dos pontos de reflexo solar dos pés. Encontre o equilíbrio da razão, da vontade e da emoção; o principal centro fechado; o principal centro aberto através do qual a pessoa trabalha para lidar com problemas e abrir os chakras fechados. Encontre as principais saídas. Leia psiquicamente qualquer informação que possa captar. Qual foi a causa iniciadora da doença? Quais são as qualidades elevadas

do eu para as quais você precisa apelar a fim de ajudar a pessoa a curar-se? (Veja os Capítulos 9, 10 e 12.)

8. Proceda à quelação dos chakras dos corpos áuricos inferiores, enquanto esquadrinha os sistemas do corpo. Se você for principiante, pule para a fase 16. Depois de mais prática, adicione as fases 9, se necessário, 10 e 11. Depois que perceber a quinta, a sexta e a sétima camadas do campo, poderá cumprir as fases 12, 13, 14 e 15.

9. Proceda a uma limpeza da coluna.

10. Trabalhe diretamente nos lugares para os quais for atraído. Escolha entre os vários métodos que conhece. Ao fazê-lo, observe o estado emocional do paciente. Ele absorve energia ou a bloqueia emocionalmente? Esteja com ele. Passe com ele através dos bloqueios. Deixe que os seus guias o ajudem nas áreas mórbidas específicas. Preste atenção.

11. Limpe obstruções específicas nos corpos de energia inferior.

12. Se você sabe como, este é o ponto em que ocorre o trabalho etérico ou ketérico padrão.

13. Vá para o nível celestial (sexto); mande luz branca diretamente para a área central do cérebro. Eleve suas vibrações fazendo vibrar a pituitária. Quando as vibrações do paciente atingirem a altura das suas, suba ao nível seguinte e repita.
Faça-o até que a área central do cérebro se ilumine.

14. Nesse ponto, se ainda não o fez, poderá ver os guias do paciente, anjos, visões, ou obter mensagens diretas para ele. Rompa delicadamente a conexão e feche a abertura.

15. Da posição em que você se encontra, à cabeceira da mesa, procure obter uma boa corrente vibratória para cima e para baixo, a partir do terceiro ventrículo e através da coluna, fazendo uso da técnica da mão dupla.

16. Nesse ponto, você poderá querer pentear o corpo celestial e o astral (sobretudo se o paciente estiver deprimido ou oprimido).

17. Intensifique e fortaleça a casca de ovo ou orbe.

18. Passe para o lado direito do paciente; restabeleça contato com a sétima camada; reverencie o paciente e a sua força de autocura.

19. Rompa delicadamente a conexão, fechando todas as aberturas, e afaste-se do paciente. Dê a si mesmo alguns minutos para voltar ao seu corpo e ao plano da terra. Deixe a energia de cura fluir através de você. Reverencie-se a si mesmo; afirme a sua identidade e o seu trabalho.

20. Se o paciente saiu do corpo e necessita de ajuda para voltar a ele, puxe-o gentilmente para trás, segurando-lhe os pés e sugando a energia na sua direção.

21. Depois de cada tratamento, lembre ao paciente a necessidade de tomar um copo grande de água fresca, e faça o mesmo.

ANÁLISE DA SESSÃO DE TRATAMENTO

1. O que aconteceu cronologicamente? Como transcorreu cada fase do tratamento? Quais foram as fases fáceis? Com qual delas você se preocupou?

2. Responda ao item 4 da Forma de Realização da Sessão de Tratamento.

3. Responda ao item 7 da Forma de Realização da Sessão de Tratamento.

4. Quais foram os processos internos do curador e do paciente? Você perdeu a sua centralização e talvez gastou energia onde não era necessário? Como? Relacione-os com as estruturas de caráter do curador e do paciente.

5. O que foi feito no tratamento? Você atingiu a luz interior do paciente? Qual era a natureza das qualidades do seu eu superior? Como você o sustentou e levou para fora?

6. Tomando por base o que está dito acima, que trabalho pessoal você precisa fazer?

7. Trace uma imagem antes e outra depois do fluxo de energia.

8. Que causa deu início à doença? Como você lidou com ela?

9. Tomando por base o que ficou dito acima, em que trabalho de tratamento você se concentrará na próxima vez? Qual é o seu prognóstico? Qual é a sua orientação em relação ao prognóstico?

Revisão do Capítulo 22

1. Qual é a primeira coisa que faz um curador antes de principiar um tratamento?
2. O que quer dizer energia corrente? O que quer dizer quelação do corpo?
3. Que faz a quelação?
4. O curador controla conscientemente a cor da luz quando dirige energia para a quelação? Por que sim ou por que não?
5. Se o primeiro chakra do curador estiver fechado nos níveis inferiores do campo, será ele capaz de usar o vermelho efetivamente no tratamento? Por que sim ou por que não?
6. Para um paciente do coração, descreva a direção da quelação. Por que se faz dessa maneira?
7. Descreva o processo de limpeza da coluna.
8. Qual é a diferença entre dirigir a energia com uma das mãos, com as duas mãos separadas ou com as duas mãos juntas?
9. No caso de tratamento do quinto nível, que acontecerá se você não seguir a orientação e movimentar as mãos antes que os guias tenham terminado?
10. Cite as três maneiras com que uma pessoa dilacera a sétima camada. (Consulte também o Capítulo 15.)
11. Se houver um dilaceramento na aura em toda a extensão do campo, quais as camadas que precisam ser costuradas?
12. O vazamento de energia cessará se você for incapaz de alcançar o interior e costurar a sétima camada se ela estiver rasgada?
13. A quelação conserta um campo áurico rasgado?
14. Por que o paciente deixa o corpo para o trabalho na sétima camada?
15. No tratamento com luz branca, como focalizamos nossa energia e nossa consciência? Onde você mantém a atenção? Como leva a cabo a exploração?
16. Descreva o tratamento em cada um dos níveis áuricos.

17. O que é um Escudo do Oitavo Nível? Para que se usa? Quem decide se ele pode, ou não, ser usado?
18. Descreva o processo para encerrar um tratamento que lhe permite afastar-se psiquicamente do paciente até você desejar restabelecer o contato.
19. Qual diferença existe entre canalizar para curar e canalizar para obter informações?

Matéria para reflexão

20. Quem realiza a cura?

Capítulo 23

TRATAMENTO COM A COR E COM O SOM

Tratamento com Luz Colorida, Modulação da Cor

Muitas vezes o curador precisará manter determinada cor, que está sendo canalizada através dele. Manter uma cor também significa conservar o seu campo em determinada amplitude de frequência, o que você realmente terá de fazer em todo o correr do tratamento. Precisará ser suficientemente sensível para manter o nível de energia na amplitude necessária ao paciente. Já demos exemplos da manutenção de certa cor em capítulos anteriores, sobre tratamento etérico padrão, tratamento ketérico padrão (mantendo o ouro), tratamento do sexto nível, em que você se eleva às frequências celestiais, limpeza da coluna e carregamento dos chakras, em que você mantém a cor específica de um chakra até que ele se carregue. Em outras ocasiões, você pode ser requisitado pelos guias para verter luz colorida no paciente sempre que for necessário e onde quer que o seja. Nesses momentos, você precisa aprender a estar numa cor específica e mantê-la.

No último capítulo, afirmei ser necessária alguma prática para você aprender a produzir uma cor de sua escolha a fim de usá-la no tratamento. É muito importante que estudantes principiantes pratiquem a modulação da cor antes de tentar controlar a que vem através deles. Quase toda a quelação é feita sem controle da cor. Entretanto, mais tarde, num tratamento, os guias poderão querer que você "fique sentado" ou mantenha firme certa cor que eles desejam usar. Isso significa que, se você não aprender a usar a cor, poderá interferir na que está sendo mandada por seu intermédio, mudando o seu campo inconscientemente. Assim sendo, cumpre-lhe ser capaz de manter o seu campo com firmeza numa determinada cor.

Em seu livro *Therapeutic Touch,* Dolores Krieger apresenta ótimos exercícios de modulação da cor. Essencialmente, você precisa aprender o que é "estar em" certa cor. Não se trata de pensar na cor, como na visualização. Se você pensar vermelho, fará amarelo. Se pensar verde, fará amarelo. Se pensar azul, fará amarelo. Os curadores chamam a isto "fazer amarelo" porque, ao pensar, você faz amarelo. Muitos principiantes fazem amarelo. Assim, se quiser fazer azul, precisa "estar" azul, seja o que for que isso signifique para você. Portanto, experimente por si mesmo o que é estar num estado azul.

Exercícios para Controlar a Cor que você Envia

Como se sente quando usa roupas azuis ou se senta numa luz azul, vinda do vitral de uma igreja? Que significa o azul para você? Mais uma vez, cumpre-lhe usar o sentido que está mais acostumado a empregar. Você obtém melhor acesso à informação vendo, ouvindo ou tocando? Que aparência tem o azul, que som emite, como reage ao toque? Pegue um daqueles cristais com caixilho de chumbo que você pendura na janela. Ponha os dedos em cada uma das cores do arco-íris que ele produz. Que sensação provoca cada cor? Arranje chapas de vidro ou folhas de plástico coloridas. Conserve-as à luz do sol. Explore sua relação com cada cor. Pegue pedaços coloridos de papel ou outro material, todos do mesmo tamanho. Misture-os numa pilha. Feche os olhos e pegue dois deles. Mantendo os olhos fechados, explore a sua relação com essa cor. Que sensação produz ela? Você gosta dela? Não gosta? Ela lhe provoca sensações? Ela o ativa ou desativa? Ela o faz sentir-se calmo ou constrangido? Coloque-a sobre diferentes partes do corpo. Você gostaria de usar essa cor? Depois disso, com os olhos fechados, decida qual das cores mais lhe agrada. Se quiser, poderá adivinhar que cor é essa. A seguir, abra os olhos. Ficará surpreso com a quantidade de informações que possui agora acerca da sua relação com cada cor. Descobrirá que carrega preconceitos a propósito do que se "imagina" cada cor capaz de fazer, mas não faz.

Arranje um parceiro, deem-se as mãos e cada qual se reveze em dirigir energia de determinada cor para o outro. Verifique se o seu parceiro sabe dizer qual é a cor. Pratique, pratique, pratique. Lembre-se de que, para emitir vermelho, você precisará ter o primeiro chakra claro. Para emitir laranja, precisa ter o segundo chakra claro, e assim por diante. Convém-lhe clarear os chakras antes de executar esses exercícios. Os exercícios que se podem fazer para clarear os chakras estão no Capítulo 21.

O Significado da Cor na Aura

Muitas pessoas me abordam e perguntam: "De que cor é a minha aura?" E, em seguida: "Que significa essa cor?" Muitas conseguem que se lhes faça a "leitura de aura", em que o leitor lhes diz: "Sua aura é dessa ou daquela cor, que significa isto ou aquilo." Como você deve ter visto pela leitura deste livro, normalmente não faço isso. Se alguém me pergunta: "Qual é a cor da minha aura?", costumo responder com outra pergunta: "Em que camada?" Ou me limito a ler as cores predominantes nos níveis não estruturados e dizer quaisquer coisa parecida com: "Principalmente azul, com um pouco de amarelo e púrpura."

Minha colega Pat (Rodegast) de Vitalis, que canaliza um guia chamado Emmanuel, lê as cores no nível da "alma". Emmanuel limita-se a mostrar-lhe a "aura" da pessoa no nível da alma, onde ela se liga à tarefa nesta existência. Essas cores têm um significado especial para Pat e, assim, ela interpreta o que vê. Sua lista de significados das cores está na Figura 23-1. Lembre-se de que, para usar essa lista e com ela interpretar o que está vendo, você precisa focalizar o mesmo nível que Pat está focalizando.

Para ler as cores do nível da alma, clareie a mente através de profunda meditação, e depois peça que lhe deem as cores desse nível. Após alguma prática, as citadas cores aparecerão na tela da sua mente. Você também verá formas ou figuras com essas cores, que poderá descrever aos pacientes para a ajudá-los a compreender-lhes o significado. Se vir vermelho, o significado é paixão ou sentimentos fortes. Quando o vermelho se mistura com o róseo, o significado é amor. O vermelho-claro significa raiva livre ou expressa; vermelho-escuro, raiva contida, laranja-avermelhado, paixão sexual. Laranja, ambição. Amarelo, intelecto. A pessoa que tem muito verde tem também muita energia curativa e alimentadora. O azul é a cor do mestre e da sensibilidade. Quando se divisa púrpura no nível da alma, a pessoa tem uma ligação mais profunda com o espírito, ao passo que o anil significa movimento no sentido dessa conexão mais profunda. A alfazema relaciona-se com o espírito, e o branco, com a verdade. O ouro é ligação com Deus e a serviço da humanidade, com amor divino. Quando uma pessoa tem prata no nível da alma, está ligada aos dons da comunicação, ou os possui, e é capaz de comunicar-se bem. O veludo negro equivale a buracos no espaço, que são portas para outras realidades. O castanho-avermelhado significa movimento da pessoa no sentido de executar a tarefa da vida. O negro é a ausência de luz, ou o esquecimento profundo, que conduz ao câncer e se vê no nível da alma como ambição malograda.

Figura 23-1
Significado da cor no nível da tarefa da alma

Cor	Usada para:
Vermelho	Paixão, sentimentos fortes. Amor, quando misturado com cor-de-rosa. Vermelho-claro: raiva investigadora. Vermelho-escuro: raiva estagnada. Laranja-avermelhado: paixão sexual.
Laranja	Ambição
Amarelo	Intelecto
Verde	Cura, curador, alimentação
Azul	Mestre, sensibilidade
Púrpura	Conexão mais profunda com o espírito
Anil	Impele a pessoa no sentido de uma ligação mais profunda com o espírito.
Alfazema	Espírito
Branco	Verdade
Ouro	Ligação com Deus a serviço do gênero humano, amor da divindade.
Prata	Comunicação
Negro	Ausência de luz, ou profundo esquecimento, ambição frustrada (câncer).
Veludo negro	Como buracos negros no espaço, portas para outras realidades.
Castanho-avermelhado	Impele a pessoa para a sua tarefa.

A Cor numa Sessão de Tratamento

Usam-se no tratamento todas as cores do arco-íris, cada uma das quais tem seu próprio efeito no campo. Claro está que cada cor pode ser usada para carregar o chakra que a metaboliza. Usa-se o vermelho para carregar o campo, queimar o câncer e aquecer áreas frias. O laranja carrega o campo, aumenta a potência sexual e a imunidade. O amarelo é usado para clarear uma cabeça nebulosa e ajudar a mente linear a funcionar bem. Emprega-se o verde como equilibrador geral e curador de todas as coisas. O azul esfria e acalma. Utiliza-se também para reestruturar o campo etérico e na blindagem. O púrpura ajuda o paciente a estabelecer conexão com o espírito, ao passo que o anil abre o terceiro olho, intensifica a visualização e clareia a cabeça. Usa-se o branco para carregar o campo, proporcionar paz e conforto e afastar a dor. Emprega-se o ouro para reestruturar a sétima camada, fortalecer e carregar o campo. O veludo negro coloca o paciente num estado de graça, de silêncio e paz com Deus. É bom na reestruturação de ossos esmigalhados pelo câncer ou por outros traumas. O azul-púrpura elimina a dor quando se realiza um trabalho nos tecidos profundos e nas células ósseas. Também ajuda a expandir o campo do paciente, no intuito de estabelecer conexão entre ele e a sua tarefa.

Em geral, não controlo a cor que chega por meu intermédio quando estou fazendo um tratamento, mas sou capaz de sustentar uma cor que vem através de mim. Em raras ocasiões, sou também capaz de mandar a cor que eu tiver escolhido. A Tabela 23-2 enumera as cores utilizadas no tratamento pelos guias. O carregamento de cada chakra se faz emitindo a cor desse chakra no campo, seja qual for o nível em que você estiver trabalhando. Em nossa sociedade, de um modo geral, por já sermos tão mentais, analíticos e intelectuais, não se usa muito o amarelo numa sessão de tratamento.

As cores da alfazema e da prata têm sido empregadas pelos meus guias de maneira um tanto quanto diferente das técnicas de cura já mencionadas neste livro. Quando observei, no campo, microrganismos que precisavam ser removidos, vi os guias usarem alfazema e prata para destruí-los. Primeiro, emitiam luz da cor da alfazema, que faz os microrganismos vibrarem num ritmo elevado e, aparentemente, os solta. Se a luz de alfazema não os pegar a todos, os guias aumentam-lhe a intensidade e a frequência e apelam para a prata. Essa corrente poderosa, ao que tudo indica, desassocia os microrganismos do seu espaço. Os guias, então, invertem a direção da corrente de energia através do meu corpo, e sugam de volta toda a luz de alfazema e de prata, carregando os microrganismos com a luz. Esse processo se parece com o da limpeza por meio de um aspirador de pó, nesse caso substituído pela luz. Num determinado caso, em que eu me ocupava em limpar o sangue de uma paciente com leucemia, no dia seguinte ao do tratamento, ela recebeu o seu primeiro exame de sangue negativo. Foi esta a única vez em que tive em mãos resultados clínicos para comprovar o êxito do processo.

A certa altura, principiei a experimentar o efeito da luz azul-púrpura num colega. Estávamos fazendo sessões de permuta. Daniel Blake, do Structural Bodywork Institute (Santa Bárbara, Califórnia) realizou um trabalho de tecidos profundos em mim e, em troca, encarregou-se das minhas aulas. Enquanto ele trabalhava em mim, experimentamos combinar o controle da cor com o trabalho em tecidos profundos. Quando ele conseguia manter uma chama azul-púrpura forte, que lhe saía das pontas dos dedos, penetrava profundamente em meu tecido muscular sem causar dor. Mas se se distraísse e "deixasse cair" a cor, meu músculo doía. O controle da cor que chegava através dele tornava-lhe o trabalho mais eficaz porque lhe permitia penetrar muito mais profundamente e obter uma mudança maior no músculo e no alinhamento estrutural. A certa altura do trabalho, ele conseguiu chegar ao nível do osso. Conservando uma chama azul-púrpura misturada com luz branca, foi-lhe possível endireitar uma ligeira torção do meu fêmur. Enquanto eu observava o que estava acontecendo, por meio da minha Alta Percepção Sensorial, pude ver as células do fêmur se realinharem umas com as outras. A sensação física foi extremamente agradável. Heyoan comentou que essa torção do osso se relaciona com o modo com que o efeito piezoelétrico dentro do osso ajuda a dirigir-lhe o crescimento. O efeito piezoelétrico nos ossos é o seguinte: quando pressionamos o tecido ósseo, como acontece, por exemplo, ao caminharmos, a pressão obriga uma correntezinha elétrica a fluir através do osso, o qual, então, cresce mais depressa na direção da corrente. Se a pressão (em virtude do caminhar) for exercida sobre o osso de modo mal alinhado, o osso crescerá de modo mal alinhado ou torcido. O desalinhamento original do meu corpo resultou de um acidente de automóvel. O tratamento de Daniel eliminou permanentemente a leve torção do fêmur.

A certa altura da minha carreira de curadora, os guias me sugeriram que começasse a usar luz negra. Isso me pareceu insólito, uma vez que as cores escuras na aura se associam geralmente à doença. Esse negro, todavia, não era o do câncer, mas um negro aveludado, feito o negro do veludo de seda. Como o potencial de vida encerrado no útero. É o mistério negro do feminino desconhecido dentro de todas nós, que pulula de vida não diferenciada. Encerrada no interior do vazio de veludo negro, há outra maneira de identificação com o Criador, mas, desta feita, sem forma. Estar encerrado no vazio de veludo negro significa estar sentado em silêncio e em paz. Significa estar ali completamente, na plenitude e sem julgar. Significa entrar em estado de graça e levar o paciente para o mesmo estado de graça com você. Significa aceitar completamente tudo o que é naquele momento. Heyoan, os outros guias e eu nos sentamos, às vezes, nesse lugar com pacientes de câncer ou de outras doenças muito graves durante uma hora inteira. Sobremodo curativo, isso leva o paciente a um estado de identificação com o divino.

Figura 23-2
A cor usada no tratamento

Cor	Usada para:
Vermelho	Carregar o campo, queimar o câncer, aquecer áreas frias
Laranja	Carregar o campo, aumentar a potência sexual, aumentar a imunidade
Amarelo	Carregar o segundo chakra e clarear uma cabeça nebulosa
Verde	Clarear o quarto chakra, equilibrar, curar de um modo geral e carregar o campo
Azul	Esfriar, acalmar, reestruturar o nível etérico, blindar
Púrpura	Estabelecer conexão com o espírito
Anil	Abrir o terceiro olho, clarear a cabeça
Alfazema	Purgar o campo
Branco	Carregar o campo, trazer paz e conforto, afastar a dor
Ouro	Reestruturar a sétima camada, fortalecer e carregar o campo
Prata	Purgar fortemente o campo (a prata opalescente é empregada no carregamento do sexto nível)
Negro de veludo	Colocar o paciente num estado de graça, de silêncio e paz com Deus
Azul-púrpura	Eliminar a dor quando se realiza o trabalho num tecido profundo e nas células ósseas, ajudando a expandir o campo do paciente, a fim de estabelecer conexão entre ele e a sua tarefa

Soando para Curar

Descobri que a cor na aura se relaciona diretamente com o som. Fazer soar diapasões específicos no campo não somente produz cores específicas no campo mas é também poderoso agente de cura.

A esclerose múltipla é conhecida entre os curadores como uma das doenças mais difíceis de tratar, por ser dificílimo efetuar uma mudança no campo de um portador de esclerose múltipla. Numa das semanas de treinamento intensivo que ofereço, uma das alunas, Liz, que padecia de esclerose múltipla, foi, durante a semana, objeto dos nossos cuidados, meus e das outras alunas. Diversas estudantes discerniram uma grande cicatriz em seu campo, na área do sacro. No primeiro tratamento de grupo que dispensamos a Liz, ela recebeu uma quelação normal e experimentou uma série de sensações e sentimentos.

O grupo tratou dela, sustentou-a e chorou com ela. Ao cabo da segunda hora de tratamento, contudo, eu e uma das alunas, que aprendera a utilizar a sua Alta Percepção Sensorial, vimos que a cicatriz não fora tocada. À proporção que passava a semana, cada aluna principiou a desenvolver a forma de tratamento a que se sentia mais ligada. Algumas gostavam de cristais, outras se concentravam no amor, outras ainda preferiam a cirurgia espiritual e algumas o som.

No fim da semana, voltamos a trabalhar em Liz. Cada aluna deu a ela o que tinha de melhor em forma de tratamento Diversas trabalhavam com som, duas com cristais, várias com amor e algumas emitiam energia. Como grupo, o nosso trabalho era sincrônico. Descobrimos que as duas dentre nós que trabalhavam com cristais eram capazes de erguer a cicatriz para fora do campo se, ao mesmo tempo, trabalhássemos com as manipuladoras do som. O som que estas faziam soltava a cicatriz. Usamos os cristais como bisturis para cortar a cicatriz e desprendê-la depois de liberada pelo som. Em seguida, demos instruções às manipuladoras do som para mudarem um pouco o diapasão, e outra parte da cicatriz se destacou. Após a remoção, outra mudança do diapasão soltou mais uma parte da cicatriz. Procedemos dessa maneira até que a cicatriz foi completamente removida. Após o tratamento, Liz confessou que certa dor, que sentira na perna nos últimos quinze anos, desaparecera. O seu caminhar melhorara muito e continuava melhorando ao tempo em que este livro foi escrito, ou seja, quatro anos mais tarde. Esta é apenas uma pequena parte da história da autocura de Liz. Ela conseguiu recuperar o pleno uso de todo o corpo, que se achava quase completamente paralisado.

A partir dessa época, passei a usar o som regularmente nos tratamentos que faço. Uso-o diretamente nos chakras para carregá-los e fortalecê-los. Coloco a boca cerca de 2,5 cm de distância do corpo em que se localiza o chakra. Cada chakra tem um diapasão distinto, e o de cada pessoa para determinado chakra é ligeiramente diferente.

A fim de encontrar o diapasão de cada chakra, vario um pouco a extensão até topar com uma ressonância, que pode ser ouvida e sentida pelo paciente. Já que também posso ver o campo, observo o chakra respondendo ao som. Quando atinjo o diapasão certo, o chakra se retesa e começa a girar rápida e regularmente. Sua cor fica mais brilhante. Depois de reter o som por algum tempo, o chakra está tão carregado e fortalecido que mantém o novo nível de energia. Em seguida, subo para o chakra seguinte. Começo com o primeiro e passo pelos sete.

Um efeito interessante da manipulação do som, que o paciente com frequência sente com muito vigor, é o aumento da sua capacidade de visualização.

Se a pessoa tiver um chakra insuficientemente carregado, é provável que não seja capaz de visualizar essa cor na cabeça. Entretanto, após uns poucos minutos de manipulação do som sobre o chakra correspondente, o paciente visualizará, sem dificuldade, a cor do chakra.

Todas as vezes que faço uma demonstração de produção do som para um grupo, todos os componentes do grupo são capazes de dizer quando acerto a ressonância com um chakra.

Os mesmos princípios usados na manipulação do som nos chakras funcionam com os órgãos e ossos do corpo. Produzo som em determinado órgão mantendo a boca a uma distância aproximada de 2,5 cm da superfície do corpo em que o órgão se localiza. Vejo o órgão usando a Alta Percepção Sensorial até conseguir o som que lhe causa o maior efeito, o qual pode ser uma corrente de energia, a limpeza do órgão ou o seu fortalecimento. Limito-me a observar a resposta e esforço-me por compreendê-la. Depois de vários meses de tratamentos regulares, curei uma colite ulcerosa dessa maneira, propiciando ao paciente evitar uma colostomia, recomendada por diversos médicos. Parte do tratamento consistiu em ouvir uma gravação do som uma ou duas vezes por dia.

Esse tipo de produção de som também funciona muito bem no tratamento de discos machucados, intensificando o crescimento do tecido, clareando fluidos estagnados do corpo, sintonizando o sistema nervoso e sintonizando os órgãos do corpo de tal sorte que eles combinam as impedâncias ou se harmonizam uns com os outros para funcionar melhor. Descobri que diferentes tipos de órgãos, tecidos, ossos e fluidos do corpo requerem um tom e uma modulação diferentes para acentuar-lhes o funcionamento saudável. Além de produzir sons apenas em forma de tons, podemos fazer tipos diferentes de som. Ensinamentos indianos tradicionais atribuem uma letra sânscrita e determinado som a cada chakra. Ainda não trabalhei com eles, mas posso imaginar que sejam formas muito eficazes de tratamento.

Alguns grupos musicais, como o de Robbie Gass, executam música para abrir de caso pensado os chakras. Num concerto a que assisti, Robbie dirigiu o coro obrigando-o a cantar duas horas sem parar. Passado esse período de tempo, escolheram-se especificamente as músicas para abrir os chakras numa série progressiva, a começar pelo primeiro. Quando o coro acabou de cantar, a maioria das pessoas na plateia tinha quase todos os chakras abertos e carregados. Todos passaram momentos maravilhosos. A música é sobremaneira curativa.

Revisão do Capítulo 23

1. Enumere os exemplos das ocasiões em que o curador controla conscientemente a cor da luz que está sendo canalizada, e explique por quê.
2. Que dificuldade existe no canalizar determinada cor?
3. O que significa "fazer amarelo"?
4. De um modo geral, que fazem as seguintes cores no decorrer de um tratamento: vermelho, laranja-vermelho, ouro, verde, rosa, azul, púrpura e branco?
5. Qual é o emprego principal das cores da alfazema e da prata? Que diferença existe entre as duas?
6. Como se usa a luz negra?
7. Que efeito produz a luz azul-púrpura utilizada com a massagem dos tecidos profundos?
8. Como você modula (cria) uma cor para canalizar? Mencione diversas maneiras.
9. Existe uma relação entre a cor e o som no tratamento? Que tipo de relação?
10. Que princípio físico rege o trabalho da produção de som no campo áurico?
11. Como o processo de produção do som pode ser usado para cada chakra? Qual é o efeito dessa produção sobre o chakra?
12. Como a produção de som pode ser usada sobre um órgão, e que efeito produz?
13. Como se encontra a nota certa para o som? Descreva duas maneiras pelas quais você pode afirmar ter encontrado a nota certa.
14. Você pode canalizar passivamente um som feito pelo seu guia? Em que difere isso da ativa produção de sons de que estivemos falando?

Capítulo 24

TRATAMENTO DE TRAUMAS TRANSTEMPORAIS

....

Muitas pessoas, num determinado ponto ao longo do seu caminho espiritual, principiam a ter experiências transtemporais, mencionadas como experiências de uma vida passada. Alguém pode estar meditando e, durante a meditação, "lembrar-se" de ter sido outra pessoa em outra era. Ao realizar um trabalho de terapia profunda, em que reexperimenta traumas desta existência, outra pessoa pode, de repente, reviver um trauma experimentado em "outra existência".

A experiência transtemporal provavelmente não pode ser definida de modo completo em virtude do nosso senso limitado de tempo e de espaço. Pessoalmente, entendo que a expressão *vida passada* é um modo assaz limitado de definir uma experiência dessa natureza. Como vimos no Capítulo 4, tanto os físicos como os místicos concordam em que o tempo não é linear nem o espaço é apenas tridimensional. Muitos autores já se referiram a realidades multidimensionais e multitemporais existentes umas dentro das outras. Einstein fala num contínuo espaço-tempo, em que todas as coisas do passado e do futuro existem agora, de certo modo entrelaçadas numa realidade multidimensional. Itzhak Bentov declara que o tempo linear não passa de uma fabricação da terceira realidade dimensional (na qual estou tentando enfiar este livro).

Exercício para Experimentar o Tempo não Linear

Em seu livro, *Stalking the Wild Pendulum*, ele dá um exercício para ilustrar este ponto: sente-se tranquilamente em postura de meditação com um relógio de pulso ou de parede colocado dentro do seu campo de visão, de modo que você não tenha mais que fazer senão abrir ligeiramente os olhos para ver o segundo ponteiro dar uma volta completa a cada minuto. Quando tiver alcançado um alto estado de consciência na meditação, abra os olhos e fite-os no segundo ponteiro do relógio. Que aconteceu? De acordo com a experiência de muitas pessoas, esse ponteiro ou parou de todo ou diminuiu drasticamente a velocidade. Claro está que, assim que você se dá conta disso, é provável que sua reação emocional o puxe de volta à realidade confortável do tempo linear, e o segundo ponteiro, dando um pulo para a frente, volte ao ritmo normal de movimento. Que aconteceu? Diz Bentov que o tempo é experimentado subjetivamente e não linearmente, e que nós criamos, por conveniência, uma suposta estrutura de tempo linear.

Tanto Edgar Cayce como Jane Roberts mencionam a realidade multidimensional onde todo o nosso passado e todo o nosso futuro estão sendo vividos agora, cada qual em sua própria dimensão, e dizem que cada personalidade em cada dimensão é parte da expressão de uma alma ou de um ser maior. De acordo com Roberts, podemos penetrar nas outras dimensões ou "vidas" a fim de trazer conhecimento e compreensão para transformação. Fazendo isso, essa dimensão ou nossas vidas presentes podem transformar nossas outras vidas e dimensões. Ou, em outras palavras mais populares, o modo com que vivemos agora, no que denominamos esta vida, tanto afeta a nossa existência passada quanto a futura.

Todas essas coisas são difíceis de compreender, mas servem para chamar a atenção para as limitações de nosso pensamento a respeito da natureza da realidade e desafiá-las.

Nos níveis terapêutico e de cura, o trabalho com vidas passadas tem-me parecido muito eficaz quando levado a cabo de maneira em que se mantém o processo de transformação como o objetivo principal. Não é alguma coisa com que se brinque, nem alguma coisa que se use para levantar o ego. Todos preferimos pensar em nós mesmos como tendo sido um grande soberano ou um líder de alguma espécie, a pensar que fomos um camponês, um mendigo, um assassino, etc. Nada disso vem ao caso. A utilidade de reexperimentar vidas passadas é, evidentemente, libertar a personalidade de problemas que agora não nos deixam atingir nossos maiores potenciais e nem completar o trabalho da nossa vida (ou a tarefa da nossa vida). Problemas relacionados com experiências de vida passada sempre se relacionam com aquilo com que a personalidade está lidando na vida presente, quando a lembrança da vida passada é trazida à luz de modo natural e sem violência. Este é um fato muito importante que o curador ou terapeuta, cuja tarefa consiste em certificar-se de que foi feita a conexão intervital, precisa ter em mente. A lembrança da vida passada pode, então, aplicar-se às circunstâncias desta vida ajudando a resolver os problemas presentes.

Alguns terapeutas veem espontaneamente a vida passada de um cliente ao fazerem contato corporal com ele, como, por exemplo, na terapia do tipo maternal, quando o terapeuta segura o cliente como a mãe seguraria o filho. O terapeuta pode, então, utilizar essa informação intercalando-a na sessão de maneira sensível.

"Visão" e Cura do Trauma de uma Vida Passada

Existem três maneiras principais pelas quais "vejo" o trauma de uma vida passada, e trato dele, cada qual relacionado com o nível ou os níveis da aura em que o tratamento está sendo feito. Todos os níveis, do ketérico para baixo, são afetados por traumas de uma vida passada. Nos quatro primeiros níveis áuricos, um trauma de vida passada se parece com uma obstrução normal de energia no campo. Nos níveis etérico e ketérico padrão, mostra-se como problema estrutural e, além disso, no nível ketérico, a vida passada se apresenta como um anel ou faixa no nível da casca de ovo do campo.

Para eu "ver" uma vida passada, pode me ser "dada" a cena da vida passada relevante para a atual situação de tratamento ou doença, enquanto o cliente fala comigo. Ou posso manter as mãos num determinado bloqueio e ver, entre, a vida passada. Para ler vidas passadas relacionadas com as faixas no nível da casca de ovo, ponho as mãos na faixa e vejo as cenas da vida passada. Descreverei agora os três métodos de cura de maneira mais circunstanciada.

Tratamento de Bloqueios de Vida Passada nos Quatro Níveis Inferiores da Aura

Um método de clarear bloqueios de vida passada, que aprendi com Petey Peterson, do Healing Light Center, na Califórnia, é muito eficaz na remoção de traumas de uma vida passada que estejam obstruindo a liberdade da pessoa nesta existência.

Esse tipo de trabalho, na realidade, dirige-se aos bloqueios desta existência, em primeiro lugar. O curador concentra a energia na obstrução, iniciando assim o movimento da energia para fora da obstrução e, em geral, liberando o trauma. As primeiras camadas são bloqueios ocorridos nesta existência; em seguida, depois que eles se clareiam, desvelam-se os traumas de outras vidas e trabalham-se da mesma maneira. O curador deve ter experiência com sentimentos muito fortes, penosos, desagradáveis ou raivosos do cliente para fazer esse trabalho e deve ser capaz de lidar com eles. O curador precisa estar presente, ao lado do cliente, em todos os tipos de sentimentos experimentados e suportados. O curador não há de retirar sua energia ainda que se sinta afetado pelos sentimentos fortes, mas continuará presente, emitindo com firmeza uma energia capaz de apoiar e sustentar o cliente através da experiência, a fim de que ele possa completá-la e cleará-la.

Para fazê-lo, começamos o tratamento da maneira normal, alinhando-nos (Capítulo 22) e equilibrando os três sistemas de energia do cliente, do curador e dos guias do Campo de Energia Universal. A seguir, durante a quelação, o curador se dará conta dos bloqueios do sistema. O curador é conduzido, pela intuição ou pela orientação, à obstrução em que lhe convém concentrar-se nessa sessão. Impõe as mãos sobre aquela área do corpo e emite energia para ela. Muitas vezes, a mão esquerda está na face dorsal do corpo e a direita na face frontal.

Depois que uma boa quantidade de energia se põe a fluir, o curador pede ao cliente que deixe sua memória abrir-se e volte à primeira vez que colocou ali a obstrução. O curador continua a emitir energia para a obstrução enquanto o cliente retrocede no tempo. O curador, geralmente, recebe imagens do acontecimento enquanto o cliente tenta recordar-se. O cliente também verá imagens ou experimentará um sentimento (ou ambos) relacionados com a experiência. O cliente, então, reexperimentará o trauma plenamente, como se estivesse passando por ele outra vez, ou apenas verá a experiência como observador. O curador pode, ou não, contar ao cliente o que está vendo, dependendo de que seja, ou não, conveniente fazê-lo. Nem sempre é conveniente, em especial se o cliente não estiver vendo nada. O curador respeitará sempre o sistema de energia do cliente, que é o que determina a quantidade de informações que este tolera a respeito de qualquer trauma. Se o cliente, todavia, reexperimentar o trauma, será sempre bom que o curador verifique a informação através do seu dom de "ver".

O momento da descoberta é muito importante. Quando a informação da vida passada se desvela no momento certo, ajuda a pessoa a compreender-se e a amar-se melhor. Se isto for feito no momento errado, pode ressaltar a negatividade da pessoa para consigo mesma ou para com os outros. Se a pessoa, por exemplo, fez alguma coisa muito violenta a outra pessoa numa vida passada, poderá não ser capaz de lidar com o conhecimento disso nesta existência sem ficar com um grande complexo de culpa. E se vier a conhecer a vítima nesta existência, a atual situação de vida poderá agravar-se por causa do complexo de culpa. Ou, se a situação for invertida e o paciente tiver sido a vítima na existência passada, poderá ver aumentado e justificado um ressentimento que talvez já alimente contra a pessoa.

Depois que o trauma tiver sido experimentado no nível apropriado, seja ele qual for, o curador pergunta ao cliente se está pronto para renunciar a ele e deixá-lo ir. Sendo a resposta afirmativa, o curador retirará o trauma do campo com *uma* concha. O processo de experimentar o trauma liberou-o do campo, de modo que é fácil removê-lo. Tanto o curador como o cliente enchem a área clara e aberta, onde estava o trauma, de amor incondicional, que é uma luz cor-de-rosa, trabalhando através do chakra do coração, como se expôs no Capítulo 23.

O cliente pode responder negativamente à pergunta sobre deixar o trauma ir-se. Isso quer dizer que há mais para ser experimentado, e que ele não acabou com o trauma, ou o curador pode ver mais trabalho para fazer. O curador inicia outra vez o processo de emitir energia e ajudar o cliente a experimentar um pouco mais o trauma. O curador aumenta não só a intensidade, mas também a frequência da energia que emite para a obstrução. Isso se repete até que a área esteja clareada e o cliente pronto para deixá-lo ir, e consente em que a área seja preenchida com a luz cor-de-rosa do amor incondicional.

Se a área não estiver clareada, a razão é porque ali se encontra outro trauma debaixo do primeiro que foi experimentado. Já vi até cinco traumas, oriundos de diferentes existências, empilhados uns sobre os outros na mesma área do corpo. As cinco camadas ficaram depois de haver o cliente clareado as camadas do trauma originário desta existência. Em outras palavras, os traumas experimentados por uma pessoa depositam-se no campo uns sobre os outros, provavelmente de forma cronológica. Quando você clareia um trauma, o seguinte fica descoberto para ser trabalhado e clareado.

Muitas vezes, quando um cliente reexperimenta uma vida passada, registra-se um efeito de campo muito forte, que a Rev. Rosalyn Bruyere chamou de mudança de campo de uma corrente direta. Na mudança, diz a Rev. Bruyere, todo o campo áurico se expande até alcançar um tamanho muito maior que o normal, mas ainda mantém o seu alto ritmo de vibração. Quase o dobro de energia permanece no campo por cerca de 48 horas, e o cliente se torna muito vulnerável e impressionável. Grande quantidade de lembranças inconscientes se abre durante esse tempo, de modo que elas continuam a fluir para a consciência do indivíduo. É muito importante para ele permanecer num ambiente calmo, seguro e alimentador, a fim de permitir que o tratamento continue e se complete. Experiências desagradáveis provenientes de fontes externas durante esse período afetarão profundamente o indivíduo e devem ser evitadas. É o momento para o campo de restabelecer padrões sadios de fluxo que, se se permitir que se estabilizem por mais de 48 horas, tornar-se-ão parte do fluxo normal do sistema, dando assim à cura um caráter permanente. É importante para o curador explicar ao cliente o que está acontecendo, enfatizar a importância do período de tratamento e animá-lo a cuidar de si mesmo durante esse tempo, quando a força precisa ser respeitada. Esse período de tempo é semelhante àquele em que alguém leva um choque.

À medida que o cliente retrocede no tempo, clareando trauma após trauma, começando com esta existência e partindo para existências anteriores, a área obstruída começa a ficar cada vez mais clara. Cada camada se enche de luz cor-de-rosa do amor incondicional antes que o curador passe para a camada seguinte, a fim de clareá-la. Nessas condições, qualquer processo de purificação natural que clareia e elimina obstruções do corpo (e a maioria dos caminhos espirituais o faz) acabará conduzindo ao clareamento da vida passada. É muito importante que o clareamento da vida passada seja levado a efeito num ponto apropriado do caminho da pessoa. Esse ponto é alcançado quando uma boa quantidade de clareamento já tiver ocorrido em relação a esta existência, quando boa parte da vida da pessoa estiver em ordem, e quando ela se sentir menos tentada a utilizar experiências de uma vida passada para evitar questões que lhe cumpre enfrentar nesta existência, aqui e agora.

No momento apropriado, o clareamento da vida passada pode liberar certos lugares da existência de uma pessoa que não parecem mudar, ainda que muito trabalho espiritual tenha sido feito para clareá-los. E, assim, o clareamento de uma vida passada inicia, às vezes, mudanças dramáticas na vida atual da pessoa.

Por exemplo, uma cliente que se achava presa a um matrimônio muito destrutivo, em que o marido a agredia fisicamente, sentia-se incapaz de abrir mão do casamento até reexperimentar aproximadamente 15 existências passadas, em que havia sido fisicamente maltratada por homens, de uma forma ou de outra. Viu o prosseguimento do seu padrão de dependência, em que acreditava que os homens detinham toda a força (e também toda a responsabilidade). Viu que vivera até o fim dos seus dias confiando em situações que mostravam que os homens tinham mais força do que ela no plano físico. Quando viu o seu padrão e conheceu que precisava enfrentar a sua dependência, firmar-se nos pés e enfrentar o medo de ficar sozinha, sentiu-se capaz de renunciar ao casamento e reconstruir a própria vida, que se modificou dramaticamente no ano seguinte. Hoje, ela é livre, feliz e saudável. Está deixando passar o medo de ficar só e, através disso, recuperando a independência e assumindo a responsabilidade pela sua vida.

Cura de Traumas de Vidas Passadas nos Níveis Etérico e Ketérico Padrão da Aura

Para curar um problema estrutural da aura, causado por uma vida passada, você segue o mesmo processo que seguiria para curar qualquer problema estrutural no nível padrão, tal como se descreve no Capítulo 22. A diferença importante aqui é que, logo que percebe que o trauma pertence a uma vida pretérita, o curador precisa ajudar o cliente a estabelecer conexão entre as questões da vida atual e a experiência da vida anterior. Os problemas estruturais nesse nível da aura, oriundos de existências passadas, resultam em problemas congênitos do corpo físico. O trato dessas questões é muito importante, visto que elas são retidas apertada e profundamente na substância da alma do indivíduo. Está claro que parte da tarefa principal do indivíduo portador de problemas relacionados com o nascimento consiste em lidar com tais problemas no nível físico e no psicodinâmico.

Esse trabalho conduzirá, pois, à questão espiritual, para cuja solução, em primeiro lugar, a alma encarnou. É importante que o curador tenha em mente o escopo do trabalho que está sendo feito. O objetivo não é tão só curar o corpo físico, embora seja essa a razão que costuma trazer o cliente à presença do curador, senão curar a alma. No nível temporal, é endireitar o campo áurico e realinhá-lo com o seu fluxo natural — o fluxo universal de toda a vida.

No caso do rapaz chamado John, que segue, vi primeiro os problemas áuricos estruturais. Também "vi" uma cena da vida passada relacionada com o ferimento da aura. As Figuras 24-1 a 24-5 são desenhos do tratamento que se seguiu.

O rapaz não me disse antecipadamente qual era o seu problema. A Figura 24-1 mostra o aspecto do seu campo no padrão ketérico quando ele chegou. Compare-o com a Figura 7-13 no Capítulo 7, que mostra o aspecto do campo normal no nível ketérico padrão. Em lugar das belas fibras douradas que formavam as pétalas giratórias dos chakras no plexo solar, John apresentava uma formação que mais parecia uma mancha do sol. Grande massa de energia vermelha, amarela e preta, emaranhada, criava diminutos torvelinhos que dela jorravam e que se diriam principalmente cinzentos. A maioria dos outros chakras estava intacta (e não aparece aqui). A principal corrente de força dourada vertical, que sobe e desce pela coluna, apresentava um grande desvio para

Muco cinzento e vermelho obstruído

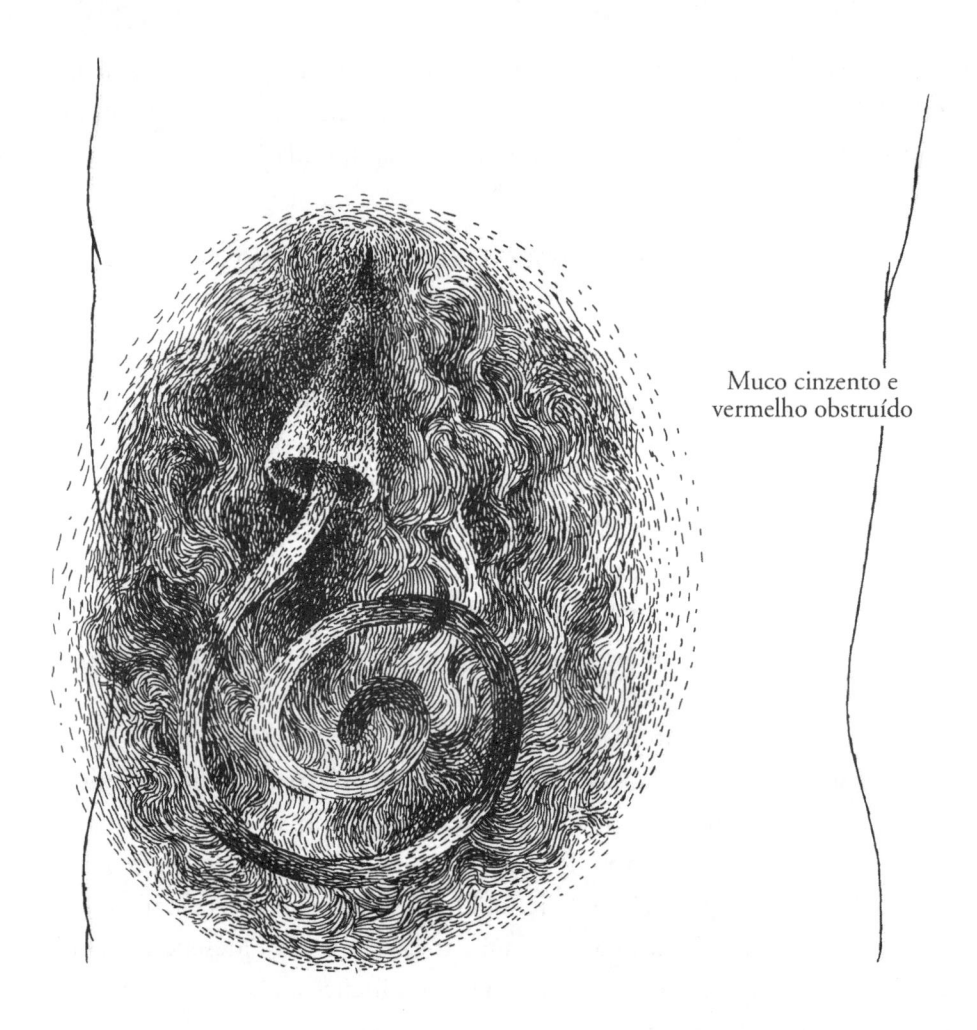

Figura 24-3: Marca de uma lança de uma vida passada revelada numa limpeza da aura

a direita, na direção da área da mancha solar, onde era muito escura. Formavam-se também, na parte traseira da aura, pequenos torvelinhos cinzentos. Enquanto John falava a respeito de sua vida, eu o vi, de repente, numa existência passada, mais ou menos na era de Genghis Khan. A cena se desenrolava durante uma batalha em que ele se comprazia em matar, voluptuosamente, um soldado do "outro exército" com uma arma branca. Brandia um bastão completado por uma corrente, de cuja extremidade pendia uma esfera de metal cheia de pontas, com que ele arrebentava a cabeça do inimigo. Ao mesmo tempo que isso acontecia, o inimigo enfiava uma lança no plexo solar de John. Ambos morreram nessa interação. A experiência deixou nele a crença de que qualquer expressão enérgica e vigorosa de energia da força vital leva ao dano e à morte.

Nesta existência, John tendia a reprimir toda expressão robusta e integrada da força vital que pulsava dentro dele. Em vez disso, dividia a sua força em partes separadas para expressar-se. O ofício de dirigir peças de teatro lhe servia de instrumento para ajudá-lo a integrar as partes de si mesmo. Expressando aspectos distintos da vigorosa força vital nos diversos personagens das diferentes peças, era-lhe possível experimentar os resultados produzidos por determinada expressão. Dessa maneira, as peças lhe davam muitas experiências miúdas, semelhantes à vida, que o ajudavam a aprender o modo com que podia expressar a própria força.

Quando ele entrou no consultório, eu não havia percebido que John sofria de escoliose, e só quando ele se virou pude ver a deformação com minha visão comum. Ele nascera com ela e nunca se sujeitara a uma operação para endireitar a coluna. Assim sendo, segundo minha interpretação, aquele mal congênito era um resultado direto da vida passada.

Na sequência do tratamento, após a quelação, usei um cristal para retirar, como uma concha, a energia estagnada no ferimento vizinho do plexo solar. (Figura 24-2.) Essa energia estagnada procedia dos corpos áuricos dois e quatro. O cristal faz muito bem esse serviço e acelera o processo de limpeza, como também protege o curador da absorção de qualquer porção de energia estagnada.

A Figura 24-3 mostra o que se poderia ver depois que uma boa porção da energia estagnada do segundo e do quarto níveis áuricos houvesse sido clareada. Encontrei a lança encravada no plexo solar, no quinto nível de energia, ou nível etérico padrão. O cabo da lança, completamente enterrado dentro do campo áurico, enrolava-se numa espiral. Para retirá-lo, precisei primeiro endireitar o cabo e, em seguida, arrancar a lança pelo cabo, limpar ainda mais o ferimento e revitalizar a área.

Nas poucas sessões de tratamento que se seguiram, trabalhei com os guias para reestruturar a área no padrão ketérico (ou sétimo nível áurico). Primeiro, reestruturei o padrão dos órgãos naquela área e, em seguida, o chakra. A Figura 24-4 mostra o que vejo enquanto levo a efeito a reestruturação do chakra. Minúsculas linhas de luz alviáurea me saem das pontas dos dedos, que se movem, céleres, para tecer a estrutura dourada de vórtices que constitui a estrutura do chakra. O nível etérico azul (primeira camada áurica) enche-se e repousa sobre o nível dourado, exatamente como as células do corpo repousam sobre o nível etérico azul (inferior). Após a reestruturação, o chakra assume o aspecto mostrado na Figura 24-5, um belo lótus de vórtices dourados giratórios.

Fios de luz dourada

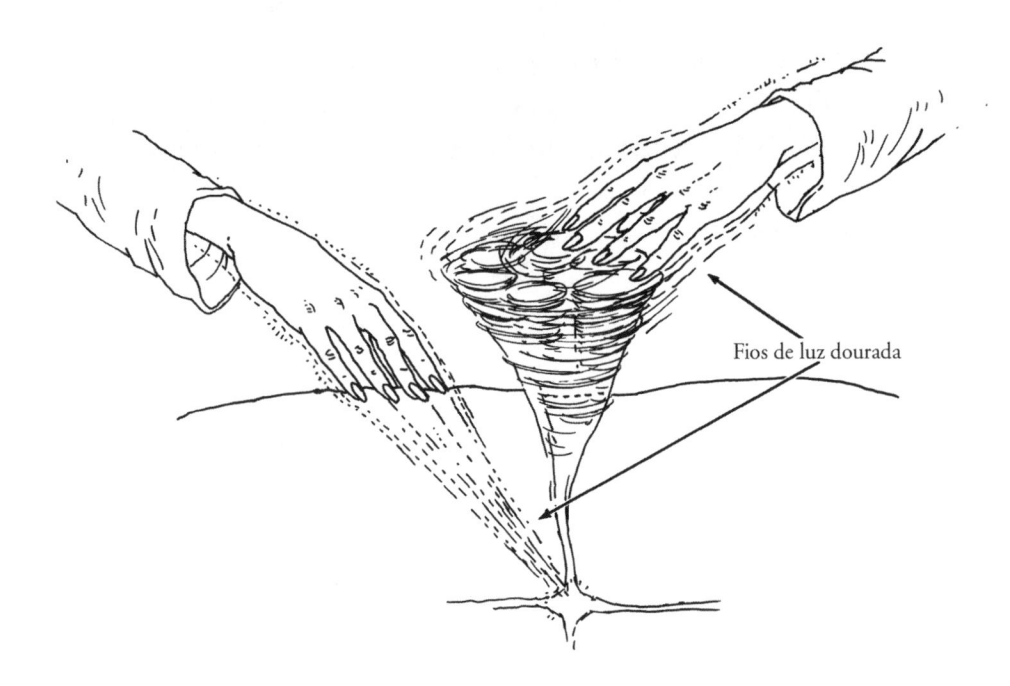

Figura 24-4: Fios dourados da cura ketérica padrão

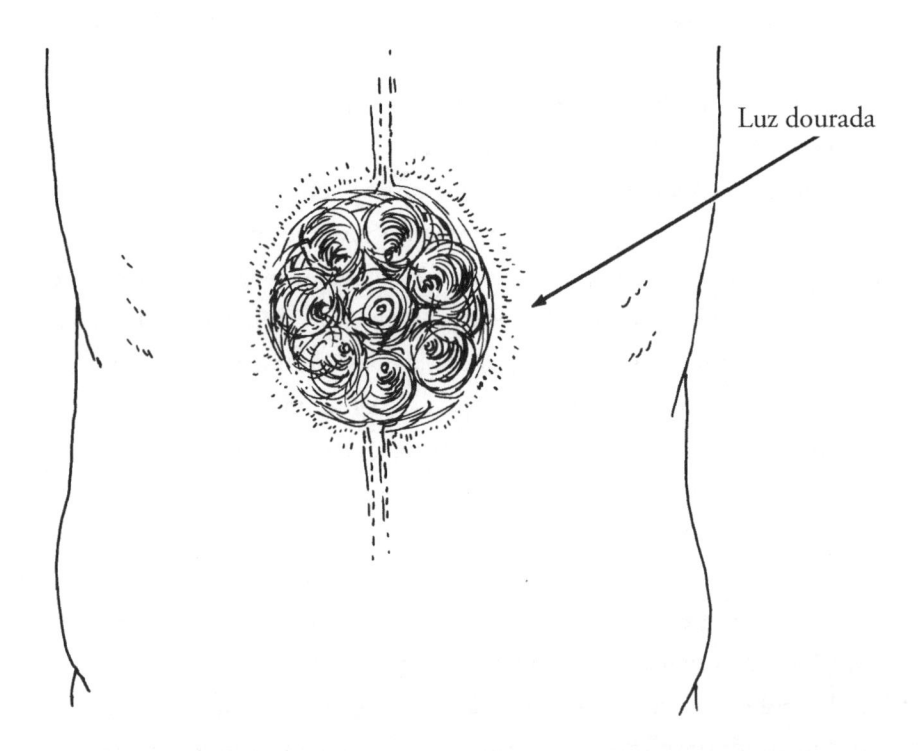

Luz dourada

Figura 24-5: Nível ketérico do terceiro chakra curado

Reestruturado o chakra, eu e os guias reestruturamos a corrente de força principal, escurecida e fora do alinhamento, e restabelecemos a sua conexão com o chakra. Assim, quando se completou a série de tratamentos, meu cliente tinha a aparência que se vê na Figura 7-3 do Capítulo 7, com um conjunto completo de chakras e a principal corrente de força em funcionamento.

No decorrer das cinco sessões de tratamento necessárias para realizar esse trabalho, o cliente foi-se sentindo com uma liberdade cada vez maior de movimentos naquela área do corpo. Sentia menos tensão nos músculos das costas, que utilizava para compensar desequilíbrio do campo. E confessou também sentir maior liberdade em sua vida pessoal.

Vi-o um mês depois, quando fizemos um *check-up* para verificar se tudo estava bem, e o mandei para alguém que trabalha principalmente no nível do corpo, visando a uma nova reestruturação física depois de completada a reestruturação da energia. Até que ponto sua coluna ficará mais direita, não se sabe. Para isso seria necessária uma grande quantidade de tratamentos mais profundos. (Veja a seção da luz azul-púrpura no Capítulo 23.)

Cura de Faixas de Vida Passada na Camada Ketérica padrão

Como já ficou dito, outra maneira de ler as vidas passadas consiste simplesmente em colocar as mãos sobre as faixas de cor que aparecem no nível ketérico ou na casca de ovo da aura. Fazendo isso, e concentrando ali a energia, podemos ver as vidas passadas fluírem diante dos nossos olhos.

A faixa da vida passada, relevante para o que está acontecendo neste momento na vida presente da pessoa, encontra-se ao redor da área do rosto e do pescoço do cliente e na aura situada de 76 cm a 91 cm fora dessa área. Se você colocar as mãos acima do rosto e seguir a faixa para a direita com a mão direita e para a esquerda com a esquerda, verá a vida passada fluir em tempo linear. O que você fizer com essa informação é muito importante. Repitamos, não é bom expor o cliente a alguma coisa para a qual ele não esteja preparado. Se o cliente realizou um trabalho muito grande de purificação em si mesmo, talvez não haja inconveniente em deixá-lo saber o que existe ali. Pode ser que isso esteja relacionado com a sua vida presente. Eu nunca daria a informação se não estivesse extremamente familiarizada com o processo do cliente e o soubesse preparado para isso.

Tenho feito muito pouca coisa para mudar as faixas de vidas passadas e sou de opinião que quanto menos se fizer em relação a elas, tanto melhor. Por vezes, passo as mãos por elas a fim de torná-las mais claras ou "mais leves", quando me parecem sobrecarregadas. Há ocasiões em que vejo a energia de uma faixa assim toda amontoada e, nesse caso, costumo espalhá-la ao longo da faixa. A pessoa geralmente sente algum alívio e uma diminuição do peso desse fardo quando o faço.

Tenho para mim que as faixas se relacionam com a tarefa de que a pessoa se incumbiu nesta existência e precisa realizar para crescer. Muitas vezes vem-me a impressão de que estou invadindo um espaço pessoal muito particular quando entro nessas áreas, de modo que me retiro delas. É muito importante para o curador respeitar a força do trabalho que o cliente está fazendo nesses níveis elevados do campo e limitar-se a fazer aquilo para o que curador e cliente estão preparados. Essa, de fato, é uma regra geral para trabalhar em todos os níveis da aura: respeite o trabalho e a humildade da sua posição no grande plano do universo e concentre-se, ao mesmo tempo, no amor incondicional, o maior de todos os curadores.

Revisão do Capítulo 24

1. Como se veem, no nível psicológico, os bloqueios às vezes relacionados com experiências da vida passada?
2. Descreva a relação existente entre as obstruções no campo de energia humano desta existência e as obstruções decorrentes de outras existências.
3. Como se pode realizar a terapia de uma vida passada com o emprego da imposição das mãos?
4. Que coisa muito importante se deve fazer no tratamento depois que o trauma de uma vida passada tiver sido retirado do campo de energia humano?
5. Quando é apropriado o tratamento da vida passada? Quando não é? É necessário?
6. Como se depositam no campo áurico as obstruções da vida passada?
7. Que é uma mudança da corrente direta? Descreva como ela se relaciona com a experiência da vida passada.

Matéria para reflexão

8. Que é, afinal de contas, uma vida passada se o tempo não é linear?

Sexta Parte

A AUTOCURA E O CURADOR ESPIRITUAL

"Médico, cura-te a ti mesmo."

Jesus

Introdução

TRANSFORMAÇÃO E AUTORRESPONSABILIDADE

....

Você, e somente você, é responsável pela sua saúde. Se tem um problema físico, precisa tomar a decisão final de obedecer a determinado tratamento. Tome-a, porém, com o maior de todos os cuidados. Para início de conversa, você tem para escolher uma vasta coleção de ajudas que se acham ao seu alcance. Por quanto tempo obedece a um tratamento quando não pode dizer se ele está ou não surtindo efeito? Em quem confia? Essas perguntas só podem ser respondidas depois que você fizer uma busca profunda do que lhe convém.

Se não confia num diagnóstico, não há nada de errado em solicitar uma segunda ou uma terceira opinião, ou mesmo uma técnica inteiramente distinta. Se se sente confuso a respeito do que lhe disseram a propósito do seu mal, faça mais perguntas ao médico, consulte livros, procure conhecer aquilo em que está envolvido. Cuide da saúde. Acima de tudo, não se deixe cercear por um prognóstico negativo.

Considere-o antes uma mensagem que lhe recomenda olhar mais atentamente para si mesmo e mais amplamente para os métodos alternativos disponíveis. A medicina ocidental comum tem inúmeras respostas, mas não as tem todas. Se ela não se mostrar eficiente na cura de determinada doença, procure-a, então, em outro lugar. Cubra todas as bases. Ficará surpreso com a quantidade de coisas que pode aprender a respeito de si mesmo e da sua saúde. Essa procura lhe modificará a vida de maneiras que nunca esperou encontrar. Conheci muitas pessoas cuja doença acabou por trazer-lhes grande alegria, compreensão e apreciação profundas da vida e realizações que não tinham sido capazes de levar a cabo antes de ficarem doentes.

Se pudéssemos, pelo menos, mudar a nossa atitude em relação à doença numa atitude de aceitação e compreensão de que esta nada mais é do que uma mensagem destinada a ensinar-nos, aliviaríamos boa parte do medo que lhe votamos, não somente num nível pessoal, mas também talvez em escala nacional ou global.

Nesta sessão apresentarei sugestões sobre o modo com que você pode manter a saúde, incluindo práticas diárias entre as quais poderá escolher as que mais lhe agradam, bem como comentários sobre dieta, espaço e vestuário. Acima de tudo, porém, você precisa de amor para conservar a saúde. O amor-próprio, o maior dos curadores, também requer prática diária.

Capítulo 25

A FACE DA NOVA MEDICINA: O PACIENTE VIRA CURADOR

À maneira que se modifica a nossa visão da doença, modifica-se também a nossa forma de tratá-la. À proporção que nos tornamos mais eficientes no diagnosticar e tratar a doença, podemos individualizar melhor nossos programas curativos. Sendo único, cada indivíduo requer uma combinação ligeiramente diversa de agentes usados no processo de cura. Cada sessão de tratamento é diferente. O curador há de estar preparado com uma grande base de informações, muito amor e um bom contato com os guias espirituais no tratamento e na canalização. À medida que passamos para um modo mais requintado de efetuar o tratamento, a prática se converte em arte. Aqui está a anamnese pormenorizada de um paciente, com o qual trabalhei por mais de dois anos, que demonstra o que, ao meu parecer, é uma vista de olhos dada no que nos reserva o futuro. Escolhi David porque o seu trabalho ilustra todos os níveis e fases do tratamento. Mostra que o tratamento profundo penetra na estrutura da personalidade quando feito por um longo período de tempo. Disse Heyoan que "a substância precisa, tomada na quantidade precisa, no momento preciso, age como substância transformadora". Nessa anamnese emprego uma combinação de imposição de mãos, acesso direto à informação e análise psicodinâmica. Tudo isso combinado com a própria iniciativa e a autorresponsabilidade do paciente não somente debelou a doença, mas também provocou mudanças drásticas em sua vida, que só foram possíveis porque o paciente assumiu plena responsabilidade pela própria cura.

O descobrimento da causa iniciadora da doença é sempre a chave do tratamento, para a qual o acesso direto à informação é sempre um instrumento inestimável. No caso em tela, discute-se a causa da doença do ponto de vista da circunstância da vida física, da psicodinâmica envolvida, dos sistemas de crença do paciente e do seu plano de vida espiritual.

O Tratamento de David

David cresceu na Califórnia. Seus pais eram psicólogos. Ele amava o oceano, o surfe e o sol. Recebeu um diploma de Cinesiologia da Universidade da Califórnia e, logo, começou a lecionar. Mais tarde, passou algum tempo na Índia, onde se apaixonou por uma americana, Anue, e também ficou muito doente. O casal voltou para os Estados Unidos. Nos quatro anos seguintes, a busca de uma cura levou-o a percorrer o país, onde recebeu vários diagnósticos, desde uma possível mononucleose, uma hepatite crônica persistente e vírus desconhecidos até o "está tudo na sua cabeça, não há nada de errado com você". Nesse meio-tempo, sua energia diminuía rapidamente, sendo-lhe cada vez mais difícil trabalhar. Na ocasião em que ele chegou ao meu consultório, sua energia daria para mais um ou dois dias, no máximo, depois desapareceria, e ele passaria um ou dois dias na cama.

David entrou no consultório com o campo da energia que se vê na Figura 25-1. O problema mais óbvio e mais grave residia no chakra do plexo solar, que estava lacerado e precisava ser cosido de novo para voltar à forma normal em todas as camadas estruturadas do campo, incluindo o sétimo. O segundo problema era a distorção do primeiro chakra, inclinado para a esquerda e bloqueado. Disso decorria falta de capacidade para levar energia ao sistema energético através do chakra da base. A combinação de um terceiro chakra rasgado, pelo qual vazava energia, e um primeiro chakra obstruído redundava num sistema de energia quase vazio. Essa depleção era muito sentida fisicamente porque o primeiro chakra metaboliza a maior parte da energia associada à força física, como vimos no Capítulo 11. Além desses problemas, a aura também mostrava um esvaziamento e uma fraqueza no segundo chakra, associado não só à função sexual (que se achava deprimida), mas também ao sistema de imunização. Existe um centro linfático ali localizado. O centro do coração revelava uma obstrução profunda dentro do seu vórtice. Ele também se associa ao sistema de imunização através do timo. A obstrução localizava-se nos dois primeiros terços do trajeto para a espiral do chakra do coração. Todas as vezes que vi essa configuração em pessoas, ela estava ligada a uma questão que dizia respeito à relação do indivíduo com Deus e à sua crença tocante à Vontade de Deus.

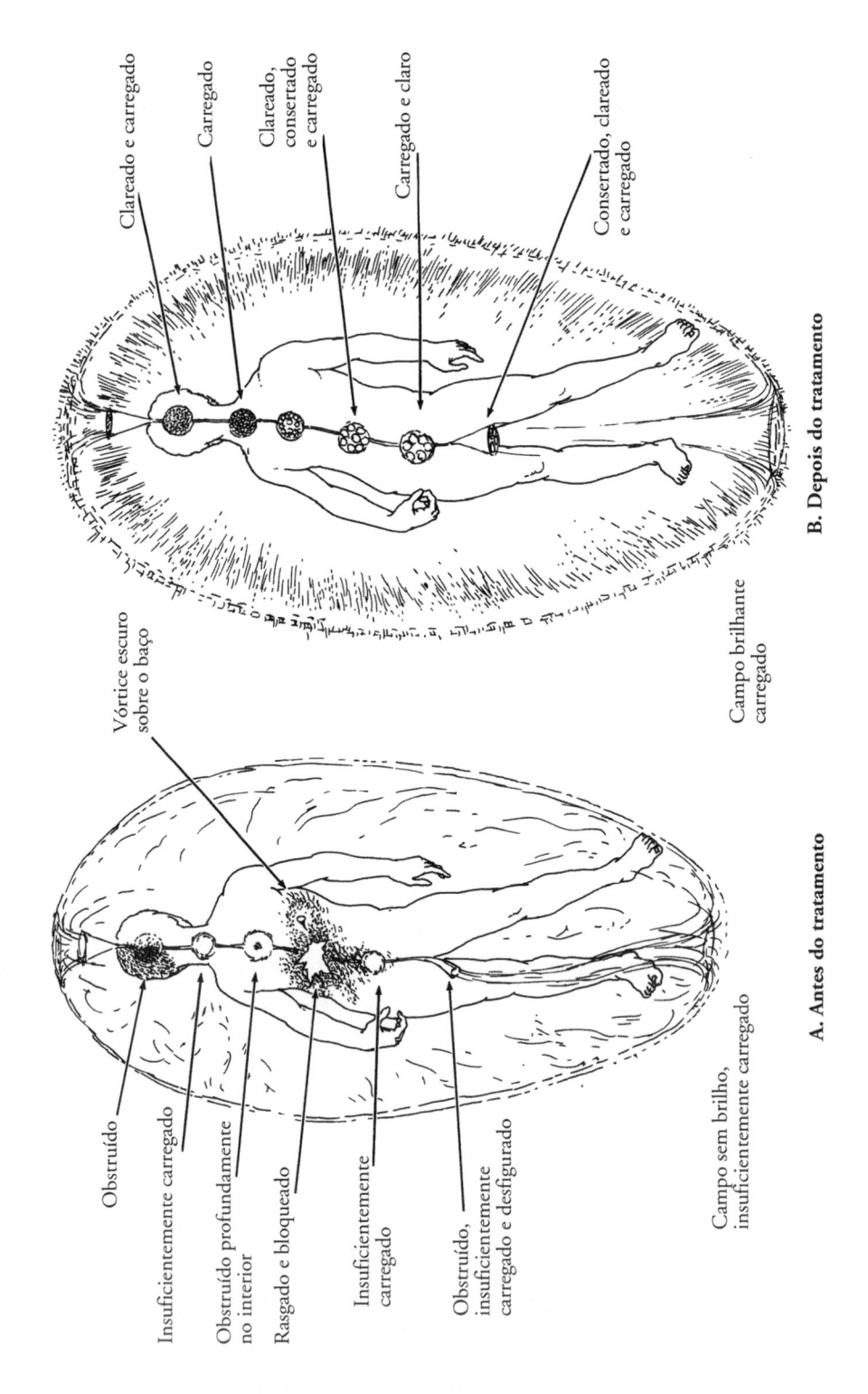

Figura 25-1: Estudo do caso de David (diagnóstico por imagem)

B. Depois do tratamento

- Clareado e carregado
- Carregado
- Clareado, consertado e carregado
- Carregado e claro
- Consertado, clareado e carregado
- Campo brilhante carregado

A. Antes do tratamento

- Vórtice escuro sobre o baço
- Obstruído
- Insuficientemente carregado
- Obstruído profundamente no interior
- Rasgado e bloqueado
- Insuficientemente carregado
- Obstruído, insuficientemente carregado e desfigurado
- Campo sem brilho, insuficientemente carregado

(Voltaremos ao assunto mais tarde.) O centro da garganta, vinculado à comunicação, à autorresponsabilidade e também ao dar e receber estava insuficientemente carregado. O terceiro olho se achava obstruído e bloqueado em todo o percurso que se aprofunda pela cabeça adentro até a glândula pineal. O chakra da coroa se mostrava fraco e insuficientemente carregado. Toda a aura se apresentava esvaziada.

Examinando os órgãos, encontrei grande quantidade de obstruções e energia escura no fígado, onde se viam camadas manchadas: uma de um verde-escuro viscoso, era de um amarelo feio e, mais profundamente, perto da coluna, áreas quase negras. A própria matriz etérica do fígado estava lacerada e deformada. Fazendo uma inspeção mais cuidadosa, vislumbrei múltiplos organismos infecciosos, alguns com o tamanho e a aparência de bactérias e outros parecidos com vírus. Esses organismos se espalhavam por toda a área abdominal média, incluindo o pâncreas, o baço e o aparelho digestivo. Acima do pâncreas, um pequeno vórtice girava rapidamente, emitindo um som agudo e estridente. Essa configuração, por via de regra, se associa a problemas do metabolismo do açúcar, como o diabete ou a hipoglicemia. O campo global estava insuficientemente carregado e fraco. Em lugar de bonitos e brilhantes, os raios de luz vindos da sexta camada eram fracos e sem brilho. Aquele, sem dúvida, era um homem muito doente.

Ao estudioso de tratamento sugiro, neste ponto, que pare de ler, analise o campo e elabore o plano de tratamento que pretende seguir. Por onde começar? Você usaria toda a energia que lhe fosse possível introduzir no sistema a fim de carregá-lo? Por que sim, ou por que não? Em que momento consertaria o dilaceramento da sétima camada e por quê? Qual imaginaria que fosse a causa iniciadora dessa doença, e como ela se manifesta no campo áurico? Será esta uma recuperação rápida ou lenta? Por quê? Todas essas perguntas serão respondidas na descrição seguinte do processo de cura que ocorreu.

A Sequência do Tratamento:
Primeira Fase: Clareamento, Carregamento e Reestruturação do Campo

Pela primeira vez em diversas semanas, o tratamento se concentrou em proceder, primeiro, à quelação do campo, ao endireitamento do primeiro chakra e, depois, vagarosa mas seguramente, à solução do problema na área do terceiro chakra. Eu, às vezes, me quedava sentada durante meia hora ou quarenta e cinco minutos com as mãos sobre o fígado e a área do terceiro chakra de David.

Era impossível carregar a aura com muita força por causa da fraqueza na área do terceiro chakra. Uma carga forte de energia poderia rasgá-lo mais ainda. Foi relativamente fácil, nessas semanas, endireitar e clarear o primeiro chakra. Isso foi feito sistematicamente, ao passo que a maior parte da concentração em cada tratamento se fazia na área abdominal média. O conserto das lacerações do campo áurico levou muito tempo, por serem muito grandes as mudanças necessárias. A aura não podia ser carregada plenamente porque o dilaceramento do terceiro chakra aumentaria ou deixaria vazar mais energia se uma carga forte fosse mandada através dele. Toda vez que David chegava, procedíamos à quelação, carregávamos e consertávamos parte da área do terceiro chakra, colocávamos um "selo" ou "bandagem" temporária sobre o rasgão e deixávamos que ele se curasse durante a semana. Na semana seguinte, fazíamos um pouco mais. A cada semana eu me aprofundava mais no campo para consertar a estrutura da aura, primeiro limpando, depois reestruturando, num processo gradativo. Fazia-se necessário consertar primeiro a estrutura do nível etérico, depois o nível etérico padrão do fígado e de outras estruturas anatômicas daquela área, assim como o chakra. À proporção que passavam as semanas, a energia de David passou a nivelar-se. Em vez de passar por fases de subidas e descidas rápidas, parou num nível baixo, mas constante. Isso não pareceu progresso para ele, mas pareceu-o para mim. Pude ver o campo reajustando-se lentamente. Em lugar dos vigorosos saltos mortais da energia, causados pelas tentativas do corpo de compensar a fraqueza, e depois não ser capaz de sustentar a compensação, sua energia se uniformizava no nível real que o corpo podia manter naquelas condições. Para David aquilo era muito desalentador.

O primeiro chakra de David principiou a manter a posição corrigida, e o segundo pegou de carregar-se. Finalmente, ele começou a recuperar a energia e a sexualidade, e a sentir-se emocionalmente menos vulnerável.

Na maior parte dos três primeiros meses de tratamento, Heyoan se absteve de fazer comentários a seu respeito. Dizia-me simplesmente que David já tivera leituras psicológicas ou espirituais mais do que suficiente, e que isso seria o mesmo que "enfiar-lhe a lei cósmica pela garganta abaixo". Por isso me privei de fazer muita psicodinâmica nesta fase do trabalho, o que, aliás, não era a coisa mais importante para se fazer. Carregar e consertar, por exemplo, eram muito mais importantes. O curador não pode movimentar-se mais depressa do que o paciente. Finalmente, o campo de David ficou tão forte que já permitia a passagem de energia suficiente, em alta vibração, para consertar a sétima camada.

A essa altura, David começou a pedir mais informações. Pôs-se a fazer perguntas a respeito do significado da sua doença, a fim de entendê-la em função da situação de sua vida pessoal.

A Sequência do Tratamento:
Segunda Fase: A Psicodinâmica e Algumas Causas Iniciadoras

O interrogatório de David aconteceu quando o seu terceiro chakra (a mente linear) começou a funcionar melhor. Pouco a pouco se formou uma imagem do nível humano dos fatores causativos da sua doença.

Como vimos no Capítulo 8, toda criança tem fortes conexões com a mãe. Essa conexão se faz quando a criança ainda está no útero e, depois do nascimento, a conexão pode ser vista no cordão umbilical áurico, que subsiste entre mãe e filho e liga os terceiros chakras de ambos. Após o nascimento, existe também forte conexão de coração, que se forma entre filho e mãe, através dos chakras dos respectivos corações.

O dilaceramento original do terceiro chakra de David aconteceu numa ocasião próxima da puberdade, quando ele se rebelou contra a mãe, excessivamente dominadora e controladora. Antes dessa época, David fizera tudo o que podia para agradá-la. Os dois pais psicólogos haviam empregado mal, sem querer, seus conhecimentos de psicologia para controlar o próprio filho.

A solução de David para lograr autonomia foi igual à de muitos adolescentes. Rompeu com os pais. Infelizmente, a única maneira que conhecia de fazê-lo era romper literalmente o laço que o unia à mãe. E ficou com os cordões umbilicais áuricos soltos e com um buraco na área do plexo solar. É evidente que a coisa mais natural para se fazer seria encontrar alguém com quem se ligar e, por esse modo, substituir a mãe. (A essa altura, todo o mundo acha que o problema reside na mãe e não no próprio filho.) Desafortunadamente, ele descobriu que continuava a ligar-se a mulheres controladoras. O seu sistema de energia atraía automaticamente alguém com propensão para controlar, simplesmente por ser esse o tipo de energia a que David se acostumara a estar vinculado. Era o que lhe parecia "normal". (O semelhante atrai o semelhante.) Tais relações insatisfatórias conduziram-no à busca de si mesmo e, finalmente, a um *ashram* na Índia. E ele principiou a ver que o problema residia no próprio interior.

No nível do coração, o quarto chakra de David, na verdade, nunca estivera fortemente ligado ao da mãe. Desde o início, ela não aceitara a pessoa que ele era. Quando se ligara a ela pelo coração, ele achara necessário tornar-se a pessoa que ela queria que ele fosse. Mas isso significava autotraição. David sentiu-o no fundo do coração. Todo rapaz tem o coração comprometido. Muito embora estabeleça uma conexão muito forte, através do coração, com a mãe, precisa aprender a transferi-la à companheira, para poder tornar-se um homem completo, inclusive sexualmente — experiência que nunca poderá ter com o seu primeiro amor, sua mãe. Se não fizer conexão com o coração de sua mãe, não terá um modelo para fazê-la quando chegar a ocasião de eleger uma companheira, e terá muitas dificuldades para amar.

O problema de David tocante à relação era também um problema de não saber como se ligar com o amor através do coração. Isso o levou à Índia, a um guru que, no seu entender, tinha "um grande coração". Por meio da experiência no *ashram,* David aprendeu a estabelecer ligação com o coração. Primeiro com o guru, depois com Anne, que conheceu ali. No entanto, descobriu que, ao estabelecer conexão, através do coração, com o guru, também abria mão, pouco a pouco, da sua vontade. Estava tentando aprender o amor incondicional, mas principiaram a surgir as condições. Quando David renunciou à sua vontade, começou a sentir-se traído de novo, só que, dessa vez, a questão não se resumia em amar outro ser humano, senão amar a humanidade e amar a Deus. A questão não se revelou em forma de confronto entre a vontade de David e a vontade de Deus, o que se patenteou na configuração do coração no campo áurico. David descobriu que agora, que já não era um "bom menino" para mamãe, estava sendo um "bom menino" para o guru e para Deus. David e Anne decidiram partir, e ele experimentou outra laceração no terceiro chakra, quando se afastou do guru. Mas lograra o uso do coração. Pela primeira vez na vida, achava-se profundamente ligado a uma mulher pelo coração, bem como pelos chakras do plexo solar.

A busca da aceitação e do amor perfeito é muito forte na alma humana e a conduz através de muitas lições. Descobri que pessoas que passaram anos vivendo numa comunidade espiritual na década de 1970 aprenderam a abrir seus corações, mas, aos poucos, abriram mão de muita autonomia — exatamente como o tinham feito na infância. Muitos julgaram válido experimentar um amor profundo dentro dos confins de uma comunidade estruturada, antes de poderem expô-lo ao mundo por conta própria. Isso é particularmente verdadeiro se o amor profundo não foi experimentado no lar, na infância. Depois de haver conhecido o amor numa comunidade, e de haver infelizmente renunciado ao livre-arbítrio para fazê-lo, eles precisam agora guardar esse amor no coração e entregar-se à vontade de Deus, tal como esta se manifestou dentro do seu próprio coração — e não à definição da vontade de Deus por outra pessoa.

À medida que progredia o tratamento de David, os problemas de sua relação com a namorada, que eram crônicos, tornaram-se intoleráveis para ele. David estava mudando de maneira não compatível com as vibrações da companheira, porque ela não mudara do mesmo jeito. Os seus campos já não pulsavam em harmonia.

Qualquer pessoa numa relação demorada conhece esse fenômeno. Se você mudar e sua companheira não o fizer com a mesma velocidade, haverá um período de tempo em que os dois se porão a imaginar com quem estão vivendo. O outro mudará e se tornará compatível? Isso é possível se ambos viverem com paciência e amor. Em caso contrário, um deles acabará mudando. David e Anne começavam a trabalhar juntos para solucionar os seus problemas. Com muito amor e muita sinceridade, concentraram-se principalmente na psicodinâmica da situação. O interesse maior de David se voltara para o trabalho, a liberdade e a aquisição da própria força pessoal. Anne, contudo, desejava continuar seguindo o seu guru e construir um tipo diferente de vida.

Além dos cordões que crescem entre mãe e filho, as pessoas que mantêm relações umas com as outras criam cordões de energia entre si, ligados através dos chakras. Numa relação saudável, os citados cordões são de ouro claro e brilhante, equilibrados e unidos através da maioria dos chakras. Numa porção de relações, os cordões cifram-se em repetir as conexões nocivas já existentes desde a infância, entre mãe e filho. Muitos cordões ligam-se no plexo solar e apresentam uma coloração escura. No processo de transformar uma relação doentia numa relação saudável, os cordões doentios precisam ser desligados, ativados e religados no próprio âmago do indivíduo. Cordões de dependência necessitam ser enraizados de novo no indivíduo para que ele possa confiar em si. David e sua amiga desligaram, aos poucos, os cordões de dependência. Esse é um processo deveras assustador. Sentimo-nos, às vezes, como se estivéssemos flutuando no espaço, sem ligação com coisa alguma. Ao fazê-lo, deixamos a "segurança ilusória" da rigidez e substituímo-la por uma flexível autoconfiança.

Se você já passou pela experiência de um divórcio ou da morte de um companheiro ou companheira, compreenderá esse fenômeno. Muitas pessoas se referem aos cônjuges como a sua "cara-metade". Já ouvi pessoas consternadas dizerem que se sentem diláceradas ou que perderam a cara-metade. Num trauma grave dessa natureza, temos a impressão de que a nossa fronte foi literalmente arrebentada. Isso é verdade. Vejo amiúde os fios provenientes do plexo solar balançando no espaço depois de uma separação dolorosa como essa.

A Sequência do Tratamento:
Terceira Fase: Substâncias Transformadoras

Quando recuperou a sua força, David assumiu um papel mais ativo nos tratamentos. Principiou a fazer a Heyoan perguntas muito específicas. Perguntou-lhe que tratamento físico deveria fazer. (Eu ainda podia ver os microrganismos na sua área abdominal média. Ele precisava de alguma coisa.) David ouvira falar num soro do Canadá, que ajudava as pessoas portadoras de doenças debilitantes. Devia tomá-lo? "Não", respondeu Heyoan. "Isso talvez ajudasse um pouco, de fato, mas existe outra droga mais eficaz." E Heyoan explicou-me que ela se relacionava com o remédio usado no tratamento da malária, como o quinino. Em seguida, mostrando-me uma gravura que representava uma piscina, adiantou que a primeira parte da palavra era *cloro,* como o que se usa na piscina. O nome da droga se parecia com cloro-quinina. Cloroquina. Disse Heyoan que, se David a tomasse, a droga agiria no sentido de lavar-lhe o fígado. E mostrou-me uma figura do fígado de David sendo lavado com um líquido prateado, acrescentando que David poderia conseguir a droga com um médico na área de Nova York, onde morávamos. Heyoan afirmou também que David não devia tomar sempre a mesma dose, mas variá-la de acordo com suas necessidades, verificando todos os dias o quanto precisava exatamente, mediante o emprego da sua Alta Percepção Sensorial e de um pêndulo.

David iniciou a sua busca. Fiquei estupefata quando ele me apareceu no consultório, na semana seguinte, com um pouco de cloroquina. Eu nunca ouvira falar nessa droga. David perguntara ao médico se este já ouvira falar numa droga como a descrita por Heyoan. O médico tirou imediatamente da estante um livro em que se descreviam os empregos da cloroquina, entre os quais alguns casos de hepatite persistente, como o de David. E visto que o diagnóstico do doutor concordava com o de Heyoan, ele receitou doses normais de cloroquina.

David começou a tomar a droga e a verificar diariamente a dosagem necessária por meio do pêndulo. Nos primeiros cinco dias, a droga afetou-o fortemente, não só do ponto de vista físico, mas também do ponto de vista emocional. Ele desceu às profundezas da agonia emocional. Experimentou os seus problemas (descritos anteriormente) com muita força. Descreveu a experiência de um dia como se o tivesse passando "escavando a barriga da namorada". Sabia que se tratava de uma ação de limpeza. Queria reexperimentar as sensações a fim de curar-se. Depois de cinco dias, interrompeu o tratamento pela cloroquina, como lhe sugeria a leitura do pêndulo.

Heyoan aconselhou-o a tomar chás de limpeza e vitaminas durante uma ou duas semanas depois da primeira rodada de cloroquina. Pude ver pelo campo áurico que, após tomar a droga durante cinco dias, o cólon de David (viscoso, castanho-amarelado) estava ficando bloqueado em razão da descarga de toxinas, ao mesmo tempo que ele clareava as infecções. Os chás de limpeza eram indispensáveis. Depois de passar vários dias sem cloroquina, David "leu", por intermédio do pêndulo, que era o momento de voltar a ela outra vez. Voltou. Tomava-a por diversos dias e, em seguida, deixava de tomá-la por outros tantos. Todas as vezes que a tomava, descia para outra camada da sua personalidade necessitada de clareamento. E cada vez que o fazia, saía da experiência mais forte, mais vivo e mais poderoso. Cada vez que tomava a cloroquina, maior quantidade de microrganismos lhe deixava o corpo, e sua aura se fazia mais brilhante e mais cheia. Ele se achava em pleno processo de transformação. De tempos em tempos, Heyoan lhe sugeria que tomasse outra vitamina ou sal de célula (como o fosfato de ferro) a fim de ajudar no tratamento.

Perguntei a Heyoan por que não fizera menção da cloroquina antes. Ele respondeu que David tinha o campo tão estragado que não teria sido capaz de suportar os efeitos fortes da cloroquina enquanto não se tivesse completado o conserto.

Na segunda fase do tratamento, quando David começou a lidar com a psicodinâmica, ele e Anne romperam diversas vezes. Juntos havia mais de um década, tinham muita coisa para esclarecer entre eles. Aos poucos, foram-se distanciando cada vez mais e, afinal, se separaram. Do ponto de vista áurico, como o chakra do plexo solar já não estava rasgado e o seu campo áurico se achava tão brilhantemente carregado, ele deixara de ser compatível, no tocante a vibrações, com a antiga companheira. A opção dela foi modificar-se de outra maneira, seguir o próprio caminho e criar sua nova vida.

À proporção que David recobrava as forças, pôs-se a lidar com a sua relação com Deus e com a vontade de Deus. Começou a meditar, visando a encontrar a vontade de Deus dentro de si mesmo. Ao fazê-lo, principiou a clarear o poder profundo no interior do chakra do coração. Começou a entregar-se ao próprio coração. Emmanuel (1985) dissera:

O desejar uma libertação torna a
   libertação mais apertada
porque ela não cede à vontade.
Cede à cessão.

A lição final para cada alma
é a entrega total à
   vontade de Deus
manifesta em seu próprio coração.

Pouco depois, David conheceu outra mulher e iniciou um relacionamento, de muito apoio e sustento para ele. Quando li o relacionamento de David, vi-o suavizado pelo campo da nova companheira. Era como se só o efeito da companhia dela tivesse lhe expandido o campo áurico, ao passo que, antes disso, ele sempre contraíra o campo na presença da pessoa com a qual se relacionava.

A Sequência do Tratamento:
Quarta Fase: Transmutação e Renascimento

No transcorrer do último mês que trabalhei com David, principiei a ver uma configuração, dentro do seu campo, que nunca vira antes. Dava a impressão de haver sido desvelada pelo trabalho que tínhamos feito. Parecia um casulo rodeando a coluna. É difícil para mim dizer em que nível do campo se encontrava. Mas tudo fazia crer que aquele casulo encerrava muita energia adormecida à espera de ser aproveitada. Eu não disse nada a David a esse respeito, mas pus-me a observá-lo em silêncio enquanto diligenciava clarear o sexto chakra. Todo o resto da aura estava claro e brilhante (Fig. 25-1B).

David se apresentou para a derradeira sessão parecendo muito diferente. Sua aura estava duas vezes mais brilhante e muito maior que de costume. Abrira-se o casulo. Perguntei-lhe o que lhe acontecera. Ele respondeu que tomara uma droga popularmente denominada ecstasy, ou MDMA, droga sintética da classe da feniletilamina, síntese de metamfetamina e do safrole, durante o fim de semana. Depois de uma inspeção mais profunda, vi que o MDMA lhe abrira o lado esquerdo da glândula pineal. O muco proveniente do terceiro olho, ali colocado parcialmente por ele haver bebido e tomado LSD fora removido do lado direito. Havia ainda trabalho para se fazer, mas a mudança global registrada no campo de David era assombrosa.

Visto que os meus reparos haviam mostrado sempre que as drogas psicotrópicas exercem um efeito negativo sobre a aura, interroguei Heyoan nesse sentido. Disse ele: "Isso depende de quem a toma e da configuração do seu campo no momento de tomá-la. Como o sexto chakra de David estava bloqueado, e já lhe chegara o momento de trabalhar por abri-lo, a droga exerceu um efeito forte. Mas se a pessoa precisasse concentrar-se num chakra diferente, é muito provável que o efeito tivesse sido negativo."

Quando outra paciente perguntou se podia tomar MDMA, Heyoan respondeu: "Não. Eu não o recomendo a você. Em lugar disso, tome ovatrofina, para fortalecer o segundo chakra, que você precisa trabalhar." (A ovatrofina é feita de ovários de vaca secados pelo congelamento.) Ela tomou ovatrofina e teve experiências semelhantes às de David quando este fez uso da cloroquina. Heyoan deseja enfatizar que a nova medicina lida em todos os níveis para curar a pessoa inteira. Concentra-se no destino da alma como questão principal. Que lição está sendo aprendida e como pode a pessoa aprendê-la melhor? Em última análise, a lição consiste em mostrar-lhe que você é uma centelha da Divindade. Quanto mais se lembrar disso, tanto mais perto estará de casa. As drogas se usam como substâncias transformadoras. Esse é o seu propósito. Elas não curam a doença; ajudam o indivíduo a curar-se. "A substância precisa, na quantidade precisa, nos momentos precisos, ajudam o indivíduo a transformar-se", diz Heyoan.

David fez a Heyoan uma série de perguntas durante o nosso último encontro. O que então se revelou acerca da sua modificação e do significado do casulo foi alentador para todos nós. David perguntou o que lhe acontecera aproximadamente um mês antes, quando começara a sentir, dentro de si mesmo, uma mudança profunda, que parecia permanente. Isso ocorrera quando eu começava a ver o casulo. Nessa ocasião, ele sentira que detinha o controle da própria vida, que estava começando a fluir de acordo com os seus desejos. Tinha um belo relacionamento e decidiu mudar-se para a costa oeste. Heyoan disse que, um mês antes, David completara efetivamente a sua encarnação, tendo dado início ao giro final seis anos antes, quando fora para a Índia. Aquele havia sido o último ciclo da sua existência, em que ele decidira encarnar, para abrir o coração. Um mês antes, completara realmente a sua tarefa. Nessa ocasião, tivera liberdade para partir, mas decidira não o fazer, preferindo reencarnar no mesmo corpo. Segundo Heyoan, as existências futuras já se achavam expostas no campo antes do nascimento e podiam ser assumidas ao completar-se uma vida, se o indivíduo assim o quisesse, podendo fazê-lo sem deixar o corpo. "Pense no quanto isso é mais eficiente", observou Heyoan. A energia do casulo, manifesta ao redor da coluna de David, era a consciência da energia da vida que ele estava prestes a iniciar. Heyoan disse mais que os três anos seguintes seriam gastos na integração de dois níveis do seu ser num só, e que isso demandaria algum trabalho de adaptação. David teria muito mais energia e conhecimentos ao seu alcance quando integrasse essa energia em sua realidade.

Heyoan sugeriu que, se David o quisesse, poderia mudar de nome, acrescentando que o futuro não teria de ser igual ao passado. Aqui está uma parte de um diálogo entre eles:

David: "Que significa reencarnar dentro do mesmo corpo?"

Heyoan: "Num sentido, e aqui precisamos apelar para uma metáfora, você se reúne com os seus guias espirituais antes do nascimento e escolhe os seus pais; escolhe um grupo de realidades prováveis; escolhe trabalho para fazer; e escolhe um conjunto de energias, que construirão um corpo. Em certo sentido, você separa uma porção do seu Ser Maior, toma essa consciência e cria um corpo com ela. Escolhe seus pais e as qualidades físicas que deles herdará.

"Você se senta e escolhe tudo isso com um propósito específico. Se, numa determinada existência, completar esse propósito e alcançar certa meta, será sempre muito fácil acrescentar outra existência. Você simplesmente entrelaça a nova consciência, que pode ser usada no corpo seguinte, com o antigo corpo e a consciência antiga.

"Assim, terá feito bem o seu trabalho e, à medida que funde a nova consciência no 'antigo corpo', encontra muitas mudanças ocorrentes, pois está agora integrando os dois."

David: "Eles já estão integrados."

Heyoan: "De fato. Não é uma coisa maravilhosa? Quando morre ou, como preferimos dizer, quando parte ou deixa cair o corpo, e já não necessita dele como instrumento de transformação, transmutação e transcendência, você não precisa criar outro. O corpo é um instrumento, um veículo que você criou para focalizar determinados pontos dentro do eu que deseja transformar de um modo muito eficiente. Todos os sistemas do corpo são construídos precisamente para essa transformação. Você o verá no trabalho, no sistema nervoso, no funcionamento automático do corpo, até no funcionamento das células dos ossos. Descobrirá que cada porção do corpo é um instrumento delicado e belo para uso da transformação. Não é um fardo. É um dom. Infelizmente a maioria dos seres humanos não o compreende.

"Se voltarmos a usar a metáfora de sentar-se a uma mesa de conferência conosco para escolher a sua vida, você, a maior porção de você, que não está completamente encarnada (e nós precisamos dizer que você não pode fazê-lo de maneira alguma), a maior porção de você decide se o melhor lugar de que dispõe para o próximo trabalho de transformação é ou não é um corpo. E quando tiver feito pleno uso desses veículos físicos, sejam eles quais forem, terá terminado o giro da vida e da morte, como lhe chamam, ou a roda de encarnações no plano físico. Você, simplesmente, já não precisa desse instrumento para separar um tempo linear, nem de um espaço tridimensional que lhe facilita a visão dos pontos determinados que deseja transformar. É nesse ponto que você decide — você, o você maior, e você é uma grande alma, muito maior do que a porçãozinha encarnada. Você então decide se vale ou não a pena, digamos assim, utilizar o corpo físico. É mais ou menos como apanhar uma enxada ou um ancinho. O jardim ainda precisa ser limpo com um ancinho? Nesse caso, por que não usar o ancinho, em vez de usar, digamos, a mão?"

David: "E depois que terminamos nossos giros de encarnação no plano físico?"

Heyoan: "A iluminação prossegue de outra maneira. Nós também nos estamos clareando e caminhando para Deus. Há um número infinito de estágios. Pois se devesse ser transportado de um nível de realidade para outro, e depois para outro, você entraria num espaço infinito. Neste ponto, só pode chegar a certa altura porque a sua capacidade de percepção não é tão vasta assim. Quanto mais iluminados nos tornamos, tanto maior é a percepção. Na realidade, não há limite para ela. O tratamento nos níveis superiores transforma-se em criatividade.

"Sua realidade física está agora passando para a fase seguinte, onde a transformação já não focalizará a dor. A transformação e o tratamento futuro abrangerão o movimento, a música e a arte de forma criativa. O tratamento vira criatividade à proporção que nos movemos para a luz e a retemos dentro de nós. À medida que se dissipa a escuridão, o processo de transformação torna-se mais um processo de criatividade do que de cura."

Capítulo 26

SAÚDE, UM DESAFIO PARA VOCÊ SER VOCÊ MESMO

Este capítulo focaliza detalhes específicos do autotratamento e da autocura. A coisa mais importante que se deve aprender em relação à saúde é o modo de conservá-la. No meu modo de ver, os princípios mais valiosos para conservar a saúde são os seguintes:

1. Manter profunda conexão consigo mesmo e com o seu propósito nesta vida, tanto no nível pessoal quanto no mundial. Isso quer dizer amor-próprio e respeito por si mesmo. (Capítulos 3 e 26)

2. Compreender o que a saúde e o tratamento significam para você e por você. (Capítulos 14, 15 e 16)

3. Atender a si mesmo e tomar conta de si. Ou seja, observar a orientação interior, que lhe chama a atenção assim que se manifesta um desequilíbrio em algum lugar, e segui-la até o fim. (Capítulos 1, 3, 17 e 19)

Tomar Conta de Si Mesmo

Para tomar boa conta de si mesmo você precisa de uma rotina diária, que inclua meditação, exercícios, boa alimentação, higiene, a dose certa de repouso sempre que se fizer necessário, as roupas certas, o lar, o prazer, o desafio pessoal, a intimidade e os amigos. Misture tudo isso com uma boa dose de amor, e colherá grandes recompensas. Suas necessidades pessoais variarão com o decorrer das semanas e dos anos. Seja flexível. O que é direito num período pode não o ser em outro. Em vez de deixar que lhe digam qual é o regime de que você precisa em especial, é muito importante que você o determine para si mesmo. Nisso reside toda a essência do tratamento e da boa saúde: a autorresponsabilidade e a devolução da força ao eu. Aí vai uma lista de cuidados pessoais e exercícios de tratamento encontrados neste livro. Não se esqueça de que a variedade é o sal da vida e de que o crescimento pessoal medra na mudança.

1. *Meditação* (Capítulos 3, 17, 19 e 20). Minha meditação favorita é a que foi dada por Emmanuel num seminário que Pat, Emmanuel, Heyoan e eu fizemos. Chamo-lhe a meditação do passado e do futuro.

Sente-se confortavelmente, de preferência com as costas retas. Preste atenção à respiração. Inspire e expire. Com cada inspiração, inspire o futuro e todas as suas vigorosas possibilidades. Ao expirar, expire o passado e tudo o que sucedeu com ele. Inspire o futuro e expire o passado. Pois o que você inspira é o futuro e o que expira é o passado. Deixe ir-se o passado. Inspire o futuro e tudo o que deseja criar. Expire o passado e todas as falsas limitações que se impõe a si mesmo. O futuro não precisa ter nada com o passado. Deixe o passado passar. Continue a inspirar o futuro e a expirar o passado. Veja todo o seu passado indo embora atrás de você, e o futuro vindo a você. Veja suas existências passadas fluindo atrás de você, e suas existências futuras fluindo para você. Inspire o futuro e expire o passado. Observe o perpassar do tempo e veja-se a si mesmo como o ponto central da consciência. Você é o ponto central da consciência, e a experiência passa ao seu lado. Está sentado no centro da realidade. Esse você é imutável. Existe fora dos limites do tempo. Ora, no momento entre o inspirar do futuro e o expirar do passado há uma pausa. Nessa pausa entre a inspiração e a expiração, você desliza para o agora eterno.

2. *Exercícios físicos* (Capítulo 21). Além desses exercícios há uma quantidade de centros de preparação espalhados pelo país que oferecem aeróbica, natação, yoga e artes marciais, como o tai chi. Você gosta de nadar ou de caminhar? Que é o que lhe proporciona maior prazer? Faça-o.

3. *Boa alimentação*. Neste volume pouco se fala sobre isso. Existem boas dietas enumeradas nos inúmeros livros de dietas que se encontram em livrarias. Recomendo uma dieta que siga muitas regras das escolas macrobióticas. Se você

fizer questão de carne orgânica, coma-a, porém o menos que puder. Principalmente carne vermelha. Grande quantidade de grãos equilibrados, vegetais, saladas e algumas frutas. Coma o que for da época. Conforme a época. A dieta de inverno, por exemplo, pende mais para vegetais de raiz e a de verão, para saladas frescas, vegetais e frutas. Os grãos são necessários durante o ano todo.

Tome cuidado com as vitaminas que ingere. Muita gente tem reações negativas fortes provocadas por vitaminas que toma regularmente, mas não sabe disso. Se você estiver fazendo um trabalho de cura, precisará completar a dieta com muitos sais minerais e muitas vitaminas e ingerir quantidades adicionais de cálcio, potássio, magnésio e vitamina C. E talvez precise também de algumas vitaminas B. Estou sendo propositadamente vaga a esse respeito porque o corpo de cada pessoa carece de variedade. Você há de querer descobrir o que precisa tomar, a quantidade de que necessita, quando deve tomá-la e durante quanto tempo.

Preste atenção à comida ao comê-la. Faça-a parecer apetitosa no prato. Tenha consciência de que o alimento está entrando em seu corpo para sustentá-lo, dar-lhe energia e fazer crescer as suas células. Mastigue-a, prove-a e, acima de tudo, coma-a com prazer, visto que a comida vem da terra farta.

A título de experiência, alguma vez, acompanhe a comida através do corpo, depois que a tiver engolido.

Preste atenção ao seu *apestat,* que é o mecanismo pelo qual o corpo diz às papilas gustativas o de que necessita. Isso é diferente do ansiar por comida. Por que você anseia? Geralmente aquilo por que anseia é aquilo por que tem alergia. Não o coma. Num período de três a dez dias, no máximo, o anseio por essa comida desaparecerá. Dê ao corpo o que ele precisa. Atente para as suas mensagens. Está claro que, se você anseia por uma comida o tempo todo, alguma coisa está errada. Se está sempre desejando coisas doces, descubra por quê. É provável que não se tenha alimentado como devia, e o corpo procura compensar a deficiência ansiando por energia rápida.

É evidente que você sabe que muitos aditivos usados na comida para preservá-la são muito maus para você. A maior parte dos nossos alimentos contém, além disso, pequenas quantidades de venenos provenientes de pesticidas, herbicidas, fertilizantes e substâncias químicas encontradas no meio ambiente. A melhor maneira de lidar com esse problema consiste em comer apenas alimentos cultivados organicamente. Não compre alimentos processados com conservantes. De fato, os alimentos orgânicos levam mais tempo para cozinhar e custam mais caro, mas, em longo prazo, você acabará economizando o dinheiro em contas médicas. Coma apenas ovos orgânicos.

Se não lhe for possível conseguir vegetais e ovos orgânicos no lugar onde mora, remova parte do efeito venenoso embebendo-os em cloro diluído. Quando voltar para casa, vindo do armazém ou do supermercado, encha simplesmente a pia de água, adicione um quarto de copo de cloro e mergulhe nela, por vinte minutos, todos os produtos frescos e os ovos que tiver trazido. Enxágue completamente, lave toda a sujeira e ponha a comida de lado. Use também enxaguaduras adicionais, especialmente ao lavar os pratos, a fim de ter a certeza de que nenhum resíduo de detergente estará sendo ingerido, o que pode causar avarias nas defesas do sistema digestivo.

Lembre-se de que quanto mais fresco for o alimento, tanto mais saudável será e tanto mais energia vital terá para dar-lhe.

4. *Higiene.* É importante limpar o corpo e cuidar da pele, dos dentes e dos cabelos. Na limpeza do corpo use sabonetes ou limpadores de pele cujo pH esteja equilibrado, isto é, cuja acidez e alcalinidade não lhe prejudiquem a pele. A pele tem um envoltório ácido natural, que obsta a infecções. Se você trabalhar contra essa proteção, utilizando sabonetes e cremes alcalinos, estará trabalhando contra o seu corpo, em lugar de estar trabalhando por ele. Use uma escova de banho para esfregar a pele quando estiver tomando banho de chuveiro, ajudando assim a remover a velha camada morta de pele, que o corpo desprende regularmente a fim de dar espaço ao crescimento de novas células. Use uma loção de pele de pH equilibrado se estiver vivendo num clima seco, o que contribui para manter-lhe a umidade. Use sabonetes e cosméticos naturais, hipoalérgicos e não tóxicos sempre que possível.

O mesmo vale para os cabelos. Não use produtos que deixam resíduos pesados nos cabelos. Certifique-se de que o seu xampu tem o pH equilibrado e não é tóxico para você.

Diligencie limpar os dentes com fio dental pelo menos uma vez por dia. Escove-os duas vezes por dia, no mínimo. Se tiver problemas de gengivas, use uma mistura de 1 parte de sal para 8 de bicarbonato de sódio para escovar os dentes pelo menos uma vez por dia.

5. *Repouso.* A quantidade de repouso de que você precisa também é muito pessoal. Você é uma pessoa noturna ou diurna? Preste atenção ao corpo. Quando

o corpo necessita de repouso? Aprecia um bom sono profundo, de seis a nove horas, ou prefere um menor período de sono durante a noite e pequenas sonecas durante o dia? Quando estiver cansado, descanse, seja qual for a hora do dia. Descobrirá que, se se deitar imediatamente, levará apenas meia hora, ou coisa que o valha, para recobrar a energia. Atente para as necessidades do corpo. Se não puder dormir meia hora, experimente quinze minutos. Aposto que poderá encontrá-los em seu dia, por mais trabalhoso que seja.

6. *Roupas.* Descobri que um sem-número de tecidos sintéticos interfere no fluxo natural de energia da aura. Esses tecidos são os acrílicos, muitos poliésteres e o náilon. As meias de náilon interferem vigorosamente na corrente de energia que sobe e desce pelas pernas e relacionam-se, no meu entender, com muitas doenças femininas que ora infestam as sociedades modernas. Recomendo-lhe que só as use quando realmente precisar usá-las. Procure substitutos. É melhor evitar tecidos que contêm aldeído e formaldeído e são feitos de subprodutos do petróleo – sobretudo se você se imagina hipersensível.

As fibras naturais têm um poderoso efeito positivo sobre a aura. Intensificam-na e sustentam-na. As melhores são as de algodão, de seda e de lã. Os tecidos feitos de misturas dessas fibras são ótimos. Tecidos que contêm 50% de fibras de algodão também servem. Alguns tecidos sintéticos parecem igualmente bons. O meu corpo e o meu campo de energia gostam de raiom (tecido sintético) e de algumas coisas fabricadas com orlon, como, por exemplo, meias.

Quando você examina o seu armário de manhã e não vê ali "nada para usar", isso pode ser causado pela falta da cor que você requer. De que cor precisa hoje? Sua aura pode estar carente de uma cor, e você talvez precisa ativá-la usando essa cor.

Abasteça o seu armário. Abasteça-o também com roupas de tecidos diferentes. Tenha uma variedade de tecidos para poder escolher entre eles, dependendo de como se sente no dia.

O seu estilo de roupas se ajusta a você ou você se traja para os outros? Certifique-se de que o que veste expressa a pessoa que você é.

7. *Casa.* Você tem o espaço e a quantidade de luz de que precisa? Sua casa é confortável? Se você tiver tempo para cuidar delas, as plantas fornecem uma bela energia curativa para o seu espaço. Sua casa tem as cores de que você precisa? O ar que respira é fresco? Se não for, arranje um ionizador e precipitador

de ar. Se houver luzes fluorescentes em sua casa ou em seu local de trabalho, livre-se delas. Apague-as. Use luzes incandescentes.

8. *Lazer.* Se você não se dá tempo suficiente para o lazer, programe esse tempo exatamente como programa o tempo de trabalho. O lazer é tão importante quanto o trabalho. Faça as coisas que sempre quis fazer para divertir-se. Esta é a hora. Ria sempre que tiver vontade, descubra a criança que existe em você e goze cada momento seu.

9. *Desafio pessoal.* Toda gente tem coisas que sempre desejou fazer, mas precisou adiá-las para o ano seguinte ou supor que nunca poderia fazê-las. Suposição errada. Este é o ano. Quer se trate de uma viagem de recreio, de um desafio criativo ou de uma mudança de profissão, você realmente necessita proporcionar a si mesmo a oportunidade, pelo menos, de tentá-lo. Existe alguma espécie de trabalho que você sempre quis fazer? Verifique-o. Veja o que será necessário para levá-lo a cabo e faça um plano para lidar com esse anseio interior. Não se esqueça de que *o seu mais profundo anseio interior, aquilo que você deseja fazer mais do que qualquer outra coisa é precisamente o que você veio fazer nesta vida. Sua melhor garantia de saúde é pô-lo em prática.* Comece agora, explore o que será preciso fazer para começar e comece. Ainda que leve muito tempo para chegar lá, se não puser o pé na estrada, não alcançará a meta. Se o fizer, e continuar a caminhar-lhe no encalço, você a alcançará. Sua orientação interior o garante.

10. *Intimidade e amigos.* Todos precisamos de intimidade e de amigos. Descubra o que isso significa para você e crie-o em sua vida. Estabeleça suas próprias regras a respeito. Se existe alguém de que você sempre gostou, mas não fez nada para aproximar-se dele, por ser exageradamente tímido, aproveite a oportunidade. Diga à pessoa que você lhe quer bem e gostaria de ser seu amigo. Ficará surpreso com a facilidade com que isso funciona. Se não funcionar, experimente outra pessoa.

11. *Cuidados consigo mesmo em acidentes e doenças.* Antes mesmo de precisar de algum, procure o profissional no local de saúde de sua preferência. Existem muitos disponíveis agora, e é melhor saber o que fazer e aonde irá antes de precisar fazê-lo. Escolha um médico com o qual você tem um bom relacionamento

e no qual realmente confia. Existem curadores, homeopatas, naturopatas, acupunturistas, quiropráticos, massagistas, pessoas que se dedicam à cinesiologia, nutricionistas etc.

Para você mesmo, sugiro alguns cursos sobre os cuidados que lhe cumpre dispensar à casa e à família. A homeopatia é um modo maravilhoso que tem o homem, ou a mulher, de reconduzir a família à saúde. Tendo-me socorrido a ela por anos a fio, cheguei à conclusão de que, praticamente em todos os casos, encontrei com meus filhos o remédio homeopático certo que, combinado com uma simples imposição das mãos, resolvia o problema. Tenho tratado com êxito todos os problemas típicos de crianças, desde inflamação de garganta até dedos e unhas roídas, com a homeopatia.

12. *Técnicas curativas.* As técnicas curativas simples que lhe recomendo que use com sua família são as seguintes: Comece com a quelação (Capítulo 22). Todo mundo pode aprendê-la. Em seguida, depois de passar por todos os chakras, coloque a mão diretamente sobre o lugar dolorido. Encha-se de amor à pessoa que está sendo tratada. Isso fará que vocês dois se sintam maravilhosamente bem.

Se a área lhe parecer obstruída de energia, você talvez queira puxar para fora um pouco da matéria obstruída. Imagine simplesmente que os seus dedos estão crescendo 7 cm no sentido do comprimento e enchendo-se de luz azul. Agora chegue ao lugar obstruído, retire dele, com as mãos em concha, mancheias da substância obstruída, e erga-a no ar. Deixe que ela se transforme em luz branca. Visto que os seus dedos são agora 7 cm mais compridos do que o normal, você pode atravessar diretamente a pele e aprofundar-se cerca de 7,6 cm no corpo. Vamos, tente fazê-lo. Isso funciona e é muito fácil.

Complete o tratamento impondo as mãos sobre a cabeça da pessoa em tela (que tanto pode ser a esposa quanto o marido, a filha ou o filho). Logo, depois de alguns minutos, penteie-lhe todo o campo áurico com os seus dedos compridos. Faça longos movimentos com as mãos desde a cabeça até os dedos dos pés, mantendo a mão a cerca de 15 cm de distância do corpo. Abranja o corpo inteiro, de todos os lados.

Termine colocando as mãos em água corrente por algum tempo. Use uma temperatura agradável.

Se você for a pessoa que está doente ou se machucou, faça você mesmo o que puder de tudo o que está escrito. Arranje um amigo para fazer o que você não pode. Se tiver uma doença, todas as noites, quando for para a cama, coloque as mãos na área comprometida. Mande-lhe amor e energia. Visualize-se bem disposto e equilibrado. Pergunte qual é a mensagem que lhe está vindo do corpo. Onde e quando você deixou de reparar em si mesmo? Qual é o significado dessa machucadura ou dessa doença para você, não só no nível pessoal, mas também no da tarefa da vida? E o que é mais importante, ame-se, aceite-se. Se tiver sido acometido por uma doença grave, não se julgue por isso. Ame-se. Você tem a coragem de fazer a mensagem bastante forte para ser ouvida. Você decidiu enfrentar o que precisa enfrentar a fim de aprender o que deseja conhecer. Esse é um ato muito corajoso. Respeite-se por isso. Ame-se. Ame-se. Ame-se. Você é uma parte da Divindade. Identifica-se com Deus. Aqui estão duas meditações autocurativas de Heyoan. Elas o ajudarão!

Meditação de Heyoan sobre a Autocura

1. "Explore seu corpo de qualquer maneira que deseje: com a visão interior, com a intuição, com o sentido do tato.

"Com a ajuda do seu guia, se quiser, encontre a área do corpo com a qual você mais se preocupa.

"Se não encontrar uma área de problema, focalize alguma coisa que está acontecendo em sua vida neste momento e que o preocupa. Encontre a área no corpo ou na vida.

2. "Se quiser, dê-lhe forma, cor, substância, feitio, densidade. É aguda, opaca? Se se tratar de uma dor especial, dura por muito tempo? É continua e localizada? É aguda? Vai e vem?

"Essa situação em sua vida é nova? Antiga? Como se sente quando a defronta, e qual tem sido a sua resposta crônica ou habitual a ela? Considere todas as situações a que aludimos.

"Exemplo. Se há uma dor em seu corpo, o que lhe acontece na mente quando você a sente?

"Sua mente a lê e lhe põe rótulos terríveis?

"Nas circunstâncias de sua vida, você sente raiva ou medo? Sente medo do que está acontecendo em seu corpo? E que faz então com a resposta? Qual é a resposta habitual que (em certo sentido) não o levou a parte alguma? Você sabe que a resposta habitual não funciona, porque a dor ainda persiste. Especialmente se a dor for crônica, a resposta habitual não terá funcionado. A mensagem (a lição, se você quiser) não foi recebida. Nessas condições, eu me arriscaria a dizer, meu caro, que, seja ela qual for, a resposta está completamente errada, porque não resolve a situação.

"Olhe para a sua vida e para o seu corpo — você o modelou como uma sala de aulas em que se aprende, e qualquer doença, qualquer dor ou qualquer mal é uma mensagem, uma mensagem dirigida a você para ensinar-lhe uma lição.

3. "Por isso lhe faço a pergunta seguinte: Por que você cria tanta dor em seu corpo? Por que criaria uma situação dessa natureza em sua vida? O que é que pode aprender com tudo isso? O que é que a situação ou a dor lhe estão dizendo, muitas e muitas vezes, até que você as compreenda? Ou as capte? Pois enquanto não aprender a lição, continuará criando a situação, já que você é o seu melhor professor e, tendo elaborado bem suas lições, não passará para a seguinte enquanto não tiver aprendido a anterior.

"Se você encontrou o lugar em seu corpo, recomendo-lhe que coloque ali a mão, ou as mãos. Deixe a consciência maior mergulhar nesse lugar. E, enquanto o faz, se ainda não a descobriu, procure encontrar a natureza do medo. Quando tiver sentido a essência da natureza desse medo, recomendo-lhe que a sinta com amor. Qual é a espécie de amor mais ajustada ao medo? Faça-o por qualquer área da sua vida ou por qualquer área do seu corpo. Toda doença que você tem é um resultado direto e toda experiência negativa em sua vida é um resultado direto do fato de você não se ter amado plenamente — de não ter procurado fazer o que deseja fazer. Por que não deu atenção à voz interior? Por que não permitiu a si mesmo ser plenamente quem você é? *Toda doença é uma mensagem direta dirigida a você, que lhe diz que você não tem amado quem você é, nem se tem tratado com carinho a fim de ser quem você é.* ESSA É A BASE DE TODO O TRATAMENTO.

4. "Outra dica: A lição nunca versa sobre alguma coisa que você fez de mal ou sobre alguma coisa má que lhe diz respeito.

5. "E assim, tendo encontrado a resposta, é muito provável que encontre imediatamente a DOR e o MEDO depois de se haver abstido de fazer o que realmente desejava fazer. E, nesse ponto, a opção consiste em encarar o medo e permitir a si mesmo senti-lo e trabalhar com ele em sua vida. Pois onde quer que exista o MEDO, existiu a ausência de amor, já que o medo é o oposto do

amor. Assim sendo, onde quer que haja medo, você pode estar certo de que não está com a verdade, e de que, muito provavelmente, o que você teme não é real, mas ilusão. Pois você não está centrado, não está na totalidade do seu ser quando tem medo. Quando tem a coragem de entrar nesse medo, inicia o processo da cura em um nível novo.

"Tarefa de casa, antes de ir para a cama:

1. Enumere os seus medos.
   Do que é que você tem medo?
   Isso talvez se localize no seu corpo.
   Isso talvez se localize na situação de sua vida.
   Talvez sejam medos gerais.

2. "Ligue esse medo a circunstâncias de sua vida. O medo está sempre diretamente relacionado com alguma coisa que você quer fazer, mas não faz. Impede o alcançamento da sua grandeza e é também a porta para ela.
Faça uma lista que diz:

Medos	Situações de vida	Por que você não se amou a si mesmo – o quê e como deseja ser
_____	_____	_____
_____	_____	_____
_____	_____	_____
_____	_____	_____

"Que relação tem tudo isso com a aura? Isso é visível na aura. Essas coisas possuem forma e substância. Quando você escancara suas percepções, olha para as pessoas e vê que elas não se amaram a si mesmas. E depois, como curador, você será o elo para ajudá-las a se lembrarem de quem são e ajudá-las a se amarem a si mesmas. Como curador, você se transforma em amor."

Meditação para Dissolver as Autolimitações

Há uma boa meditação para os que se encontram confinados em áreas de sua vida em que não desejam ver-se confinados. É boa para a análise de si próprio, boa para a prática da arte de curar, porque a doença nada mais é que o resultado do confinamento de uma pessoa dentro de definições limitadas do eu. Como curador, você precisa entender primeiro o processo em si mesmo para senti-lo nos outros — para ajudá-los a defini-lo e ajudá-los a liberar os limites.

"Todas essas coisas têm sua forma no campo áurico. São a energia e a consciência que o limitam. E, assim, enquanto estiver ocupado com a aura e o tratamento, você pode trabalhar diretamente na forma energética, que é a substância da limitação.

1. Eleve-se para um estado de expansão.

2. Faça a pergunta: Quem sou eu?

3. Quando descobrir a resposta, procure uma limitação que você impôs a si mesmo pela simples definição da sua identidade. Quando encontrar essa limitação, saiba que é um limite que você impôs a si mesmo.

4. Atire a limitação para fora do limite, e, desse modo, o limite cresce.

5. Faça de novo a pergunta: Quem sou eu? Seja ela qual for, a resposta lhe dará outra definição do eu.

6. Separe a Essência da definição limitada.

7. Atire a limitação para fora do limite, volte a expandir-se.

8. Faça a pergunta outra vez, etc.

"Pratique essa meditação regularmente, na semana que vem. Não, não definirei a Essência. Você a definirá no exercício."

Se quiser tornar-se curador, você pode vir a sê-lo. Seu primeiro desafio é curar-se a si mesmo. Concentre-se nessa ideia, depois concentre-se na maneira de encontrar meios para ajudar os outros a se ajudarem. Isto o conduzirá ao seu desenvolvimento como curador. No próximo capítulo falarei sobre o aspecto que essa estrada pode assumir.

Revisão do Capítulo 26

Matéria para reflexão

1. Gradue-se, numa escala de 1 a 10, nos onze pontos de cuidados dispensados a si mesmo neste capítulo, começando com a (1) Meditação.
2. Nos pontos em que deu a si mesmo nota baixa, encontre a reação do seu eu inferior, ou eu de sombra, que o bloqueia. Qual é a crença e qual é a conclusão limitada em que se baseia essa reação?
3. Relacione isto com um chakra ou chakras desequilibrados.
4. Faça a meditação de Heyoan para a cura de si próprio.
5. Faça a meditação de Heyoan para dissolver as autolimitações.

Capítulo 27

O DESENVOLVIMENTO DO CURADOR

....

O processo de tornar-se curador é muito individual e pessoal. Não existem regras estabelecidas a respeito do modo com que isso acontece. A vida de cada pessoa é única. Ninguém outorga a qualidade de curador a outrem. É alguma coisa que cresce de dentro para fora. Há muitos cursos para fazer, muito material técnico para estudar e diversas escolas de pensamento no tocante ao que realmente acontece no processo de cura. Alguns nem sequer qualificam de espirituais as suas práticas.

O meu trajeto para me tornar uma curadora foi orientado ao longo do caminho espiritual, para mim o mais natural. E para você, qual é o mais natural? Siga o seu próprio caminho e não a trilha bem formada. Você poderá tirar o que quiser da trilha bem formada e usá-lo, a título de ajuda, para criar suas novas ideias. O meu guia Heyoan fez as afirmações seguintes acerca do fato de alguém tornar-se curador.

Dedicação

"Tornar-se curador significa dedicar-se. Não a alguma prática espiritual específica, nem a qualquer religião, nem mesmo a um conjunto de regras rígidas, senão dedicar-se ao seu caminho particular de verdade e amor. Isso quer dizer que a prática dessa verdade e desse amor provavelmente mudarão à medida que você se movimenta pela vida afora. Existem muitas estradas para o 'Céu'. Atrevo-me a dizer que existem tantas estradas para o 'Céu' quantas almas existem que regressam à casa. Se devêssemos esquadrinhar escrupulosamente a história do ser humano, esbarraríamos com muitos que viajaram antes de nós e encontraram a iluminação. Um sem-número desses caminhos particulares percorrido já não é conhecido da raça humana neste momento da história. Alguns estão sendo recuperados; outros continuam perdidos. Mas isso não quer dizer nada, pois novos caminhos estão sendo continuamente formados desde as profundezas da alma humana, do sítio, seja ele qual for, em que se encontra cada alma a qualquer momento, a fim de proporcionar um caminho de volta para casa. Como vê, minha querida, este é o processo, o processo, sempre renovado, da força criativa que brota dentro de você e de todos nós. É isso que significa voltar para casa. Quando você aprender a fluir completamente, sem resistência, com o movimento criativo interior, estará em casa. Eis o que quer dizer estar em casa."

Testes

Tanto que decide dedicar-se ao seu verdadeiro caminho e faz disso a prioridade central de sua vida, você se dá conta de um processo global que está acontecendo em sua existência. Esse processo de vida transporta-o através de paisagens interiores que modificam a natureza da sua realidade pessoal. E você começa a enxergar relações de causa e efeito entre a sua realidade pessoal interior e o mundo "exterior".

Fui cuidadosamente conduzida (pelo meu eu superior e pelos meus guias) por um processo gradativo destinado a ajudar-me a aprender a lei espiritual. Devotei longos períodos de tempo a concentrar-me na natureza da verdade, da vontade divina e do amor, e a instruir-me a respeito deles. Após um período de concentração num desses princípios, senti que eu estava sendo posta à prova. Via-me continuamente em situações em que era muito difícil permanecer ao lado da verdade, do amor, ou mesmo ter uma ideia sequer do que podia ser a vontade divina. Às vezes, eu tinha a impressão de que meus guias, os anjos e Deus me estavam experimentando, e eu pouco podia fazer nesse sentido. Finalmente, conheci que os testes são elaborados (com a minha plena concordância) por uma consciência muito maior do que a minha. Faço parte dessa consciência maior. No fim das contas, portanto, em certo sentido, sou eu quem os elabora. O pequeno "ego-eu", por via de regra, não quer participar disso. Mas a parte mais sensata de mim mesma não se deixa iludir.

A primeira coisa que você enfrentará depois de se haver entregue ao seu caminho é o medo.

Lidando com o Medo

O medo é a emoção associada ao fato de estarmos desligados da realidade maior. O medo é a emoção da separação. O medo é o contrário do amor, que é estarmos ligados à unidade de todas as coisas.

Exercício para Encontrar os seus Medos

Pergunte a si mesmo: Qual é o meu pior medo neste momento de minha vida? Em que suposições acerca da realidade se funda esse medo? O que é, de fato, tão terrível no tocante a esse acontecimento? O que quer que você tente evitar está relacionado com o medo de sentir as emoções envolvidas. Quais são elas? Bem no fundo de você mesmo existe um lugar em que sabe que pode enfrentar e atravessar qualquer coisa.

Se você olhar para dentro, sentirá o seu apelo para não ter de experimentar o que teme. Entretanto, se deixar que as coisas sigam o seu curso natural e se entregar à sua Centelha Divina, verá que, provavelmente, precisa enfrentá-lo. À proporção que passa pela experiência temida, o medo se transforma em compaixão afetuosa. Isso inclui a experiência da morte. Pois, como diz Emmanuel:

> Não se trata de
>   destruir o medo,
> senão de conhecer-lhe a natureza
> e de vê-lo como uma força
>   menos poderosa
> que a força do amor.
> É ilusão.
>
> O medo
> é apenas olhar no espelho
> e fazer caretas
> para si mesmo.

Quando olho para trás e contemplo o meu caminho, vejo claros padrões de desenvolvimento. Eu não me achava tão cônscia do padrão maior quando ele aconteceu. Passei a maior parte do tempo tomando consciência das questões mais próximas de cada momento.

A Verdade

Quando cheguei pela primeira vez ao Phoenicia Pathwork Center e comecei a praticar "o Pathwork" na forma de sessões particulares, grupos e participação como membro de uma comunidade espiritual, deparou-se diante de mim de pronto a questão da verdade. Estava eu falando a verdade, ou apenas querendo convencer-me de certa realidade que me era conveniente? Fiquei assombrada pelo modo com que eu racionalizava o assunto, querendo acreditar em coisas para validar meu comportamento e explicar experiências desagradáveis em minha vida. Minha principal defesa consistia em responsabilizar outra pessoa. Você faz muito disso? Quanto? Procure as maneiras sutis e não as mais óbvias.

Pouco e pouco, depois de examinar o seu comportamento, verá que a lei da causa e efeito funciona de modos muito mais claros do que supunha, e que você, na realidade, está criando essas experiências negativas de um modo ou de outro. Eis aí uma verdade dura de enfrentar. Sepultada debaixo dessas penosas criações, você encontrará uma intenção de viver realmente a sua vida dessa maneira. A isto se dá o nome de "intenção negativa". Minha intenção negativa fundava-se em duas coisas. Uma delas era o sistema de crença de que a vida é basicamente difícil, muito trabalhosa e dolorosa. Esse sistema de crenças não é apenas geral, mas muito específico em cada pessoa.

Exercício para Encontrar suas Crenças Negativas

Por exemplo, preencha para si mesmo as sentenças seguintes: "Todos os homens são _____. Todas as mulheres são _____. Num relacionamento posso machucar-me das seguintes maneiras: _____ Eu talvez adoeça e morra de _____. Serei atacado das formas seguintes: _____. Perderei _____ se eu não _____." A outra coisa em que se baseava minha intenção negativa era o prazer negativo; vale dizer, eu gostava realmente de experiências negativas.

Uma advertência: não se iluda, por maior que seja o número de seminários de que você participou, e por mais que tenha trabalhado consigo mesmo, será proveitoso responder às perguntas. Todos nós temos esses padrões, se bem eles possam não ser tão patentes quanto antes.

Toda a gente faz isso em algum nível da sua personalidade. Por exemplo, atribuindo a culpa dos seus problemas a outra pessoa (sua mãe, seu pai, sua esposa ou seu marido), você sentirá o prazer de ser o "bonzinho", ao passo que eles serão os "maus". O prazer negativo tem muitas variações e formas. Você pode, de fato, sentir prazer em ser ferido, em ficar doente ou em ser um perdedor. Quase todos nós repetimos padrões de comportamento em que somos vítimas porque, como tais, sempre colhemos um lucrozinho adicional. Para explicar por que não triunfamos, simulamos ser os bonzinhos que poderiam tê-lo feito em vida se alguém não tivesse metido os pés pelas mãos. Ouça o seu prazer no porquê não pode fazer alguma coisa. Declarações como "Eu queria fazê-lo, mas minha mãe, ou meu pai, ou minha mulher, ou meu marido não me deixou, ou minhas costas estavam doendo demais, ou não tive tempo porque tinha muito trabalho para fazer" são todas desculpas que contêm uma porção de prazer negativo. Preste atenção a si mesmo na próxima vez que explicar por que não fez alguma coisa. Você está falando a verdade?

Por que haveríamos nós, como seres humanos, de proceder dessa maneira? Examinemos a etiologia do prazer negativo.

O prazer negativo é o prazer natural ou positivo distorcido. Tem por base a separação. O prazer positivo se baseia na unidade. Não nos separa, de maneira alguma, dos outros. O prazer positivo provém do nosso cerne ou âmago. Flui desde as nossas profundezas e procura criar. Flui com movimento e energia prazerosos. Cria-se o prazer negativo quando o impulso criativo original, que flui com o movimento e com a energia, desde o âmago, de algum modo se distorce, torce ou bloqueia parcialmente. Isso acontece por intermédio das primeiras experiências da infância, cristalizadas em nossa personalidade. A criança, por exemplo, estende a mão para o bonito queimador, vermelho e brilhante, que vê no fogão. A mãe afasta a mão, com um tapa, antes que ela se queime. Detém-se o impulso de prazer. A criança põe-se a chorar. E assim, dessa maneira singela, principia a união da dor com o prazer.

Existem na infância muitas outras experiências, mais complicadas, que ligam a experiência negativa ao prazer. Dizem-nos constantemente que não podemos ser quem somos, que não podemos deixar fluir a nossa força de vida. Nesse caso, não podemos deixar de optar pelo prazer negativo, porque ele está ligado ao impulso vital original. Ainda sentimos o impulso vital. Mesmo que o prazer seja negativo, é vida; é melhor do que nenhum movimento e nenhuma energia, que são a morte. Nosso impulso de prazer distorcido passa a ser habitual à medida que crescemos.

Em certo sentido, toda vez que distorcemos o nosso impulso de prazer e não nos permitimos ser quem somos, morremos uma pequena morte.

O processo de purificação consiste, então, em ressurgir de cada uma dessas pequenas mortes e recobrar o pleno prazer fluente da energia, do movimento e da consciência, que intensifica a nossa força criativa.

Passei os dois primeiros anos da vida que levei no Phoenicia Pathwork Center sendo meticulosamente sincera comigo mesma, encontrando e separando o impulso negativo do positivo, descobrindo o modo com que criei as experiências negativas em minha vida, e por quê. Procurei as crenças falsas ou conceitos errôneos nos quais se baseavam os meus atos.

Se você fizer isso, modificará de todo a sua perspectiva da realidade, como aconteceu comigo. Se você, afinal de contas, é responsável por criar experiências negativas em sua vida, pode mudar tudo isso e criar experiências positivas. A coisa funciona. Funcionou para mim, e velhos problemas começaram a desaparecer.

A Vontade Divina

Dois anos depois de me concentrar principalmente em viver quanto possível segundo a verdade, compreendi que eu estava tendo problemas com a minha vontade. O modo com que eu a usava criava problemas em minha vida. Esta era instável. Eu mudava minhas decisões a respeito das coisas. Encontrei no íntimo muitos níveis de "desejar" ou questões de vontade. Todos as temos. Pertencem ao eu defendido e se encontram amiúde na vontade da criança interior, do adolescente ou do jovem adulto. A maioria dessas vontades é exigente. Nossas vontades precisam crescer. Bem dentro de nós existe uma centelha da vontade divina, a vontade de Deus. Muitas pessoas experimentam a vontade divina como se ela lhes fosse alheia, o que quer dizer que precisam sempre encontrar alguém que lhes diga o que devem fazer. Isso conduz a um sentimento de desvalor. Cheguei à conclusão de que em todo ser humano existe uma centelha da vontade divina. É essencial que você dê a si mesmo tempo suficiente para procurá-la no seu íntimo até encontrá-la. Ela está lá, você não constitui nenhuma exceção. De qualquer maneira, o que significa seguir a vontade de Deus? Com toda a certeza não significa seguir a vontade de Deus consoante a definição de uma autoridade externa. Decidi descobrir. Compreendi que era indispensável que eu alinhasse todas as vontadezinhas interiores com a centelha interior da vontade divina. Concluí que a melhor maneira de fazê-lo (para mim) consistia em desenvolver um uso positivo da minha vontade, comprometendo-a com uma prática diária.

Encontrei um belo comprometimento nas Leituras do Guia (leituras vindas através do canal de Eva Pierrakos (1957-80), na qual se baseia o Pathwork). Declarou:

Entrego-me à vontade de
   Deus.
Dou meu coração e minha alma a Deus.
Mereço o melhor da Vida.
Sirvo à melhor causa na Vida.
Sou uma manifestação divina
   de Deus.

Todo dia, várias vezes por dia, assumi esse compromisso. Fi-lo todos os dias, durante dois anos, até que se me tornou manifesto que eu já estava capacitada para encontrar a vontade divina dentro de mim. Disse Emmanuel: "A tua vontade e a vontade de Deus são a mesma... quando alguma coisa te traz alegria e realização, é a vontade de Deus que fala através do teu coração."

Examine o emprego que faz da vontade. Quanto "deve" fazer o que faz, de acordo com um conjunto externo de regras morais? Quão frequentemente atenta para esse conjunto e segue o desejo do seu coração? À medida que você se alinha com a vontade divina, descobre que chegou a hora de concentrar-se no amor, como eu fiz.

O Amor

Muitos de nós temos uma visão estreita do amor. Ao passar os dois anos seguintes concentrando-me em dar amor da maneira que pudesse, fosse qual fosse o modo de fazê-lo, o modo por que ele se fizesse necessário, encontrei muitas formas de amor e todas diziam: "Interesso-me pelo seu bem-estar de todas as formas que posso"; "reverencio a sua alma e respeito a sua luz"; "apoio a sua integridade e a sua luz, e confio nelas, como um companheiro de jornada ao longo da estrada da vida." Você, então, começa a compreender que dar é receber, é dar, é receber.

O mais difícil é aprender o amor-próprio. Se você não se impregnar de amor, como o dará aos outros? O amor-próprio demanda prática. Todos precisamos dele. O amor-próprio advém do fato de vivermos de maneira que não nos atraiçoam. Advêm de vivermos segundo a nossa verdade.

O amor-próprio precisa ser praticado. Aqui estão dois exercícios simples que serão um desafio para você.

Descubra a coisa mais fácil de você amar, como, por exemplo, uma florzinha, uma árvore, um animal ou uma obra de arte. Em seguida, simplesmente, sente-se ao lado dela e dê-lhe o seu amor. Depois de fazê-lo certo número de vezes, estenda um pouco desse amor a si mesmo. Quem possui um dom precioso como esse amor é, sem dúvida, digno de ser amado.

Outro exercício consiste em você sentar-se diante do espelho por dez minutos e amar a pessoa que vê ali. Não se meta a criticá-la. Todos somos ótimos em olhar para o espelho e descobrir as falhazinhas possíveis da imagem que olha para nós. Isso não é permitido aqui; neste exercício só se admitem cumprimentos positivos. Se você quiser um verdadeiro desafio, todas as vezes que se critica, recomece tudo. Verifique se lhe é possível contemplar-se com amor sem fazer uma única crítica.

A Fé

Quando dirijo o olhar para trás, depois de completado este período de seis anos, vejo as grandes modificações que ocorreram dentro de mim. Durante boa parte do tempo, eu estava alinhada com uma fé robusta na fartura benfazeja do universo. Você também pode fazer o mesmo. Através da tentativa constante de dar margem à sua vontade exigente, de alinhá-la com a vontade divina, de encontrar a verdade em qualquer situação e de responder com amor nessa situação, você desenvolverá a fé — a fé em si mesmo, a fé na lei espiritual, a fé na unidade do universo, a fé em que tudo o que aconteça em sua vida pode ser um ponto de partida de onde você está para uma compreensão, um amor e um crescimento maiores e, finalmente, para a autopurificação na direção da luz de Deus.

A fé significa prosseguir com a sua verdade quando todos os sinais exteriores que se aproximam lhe dizem que isso não pode ser verdade, embora você, no seu íntimo, saiba que o é. Isso não quer dizer crença cega. Quer dizer manter-se alinhado com a sua intenção de tomar consciência da verdade e do amor da melhor maneira possível, e segui-los, por pior que você se sinta.

Quando estava pregado na cruz, Cristo teve fé para reconhecer que já não sentia a sua fé. E exclamou: "Pai, por que me abandonaste?" Ele estava sendo meticulosamente sincero consigo mesmo. Naquele momento, perdera a fé. Não tentou esconder esse fato nem tentou mudá-lo em outra coisa qualquer.

Amou-se exprimindo sinceramente o seu dilema. Mais tarde, recobrou a fé ao declarar: "Pai, em tuas mãos entrego a minha alma."

Tenho visto viandantes de um caminho espiritual passarem através de estágios de fé. No início, começam a aprender as conexões entre causa e efeito. Descobrem que uma crença positiva e ações positivas acarretam recompensas positivas. Seus sonhos começam a realizar-se. Eles principiam instalando a fé dentro de si mesmos. "Isso funciona!" exclamam, deliciados. Depois de algum tempo, contudo, estão prontos para pôr à prova a sua fé desde um nível mais profundo. É provável que não se tenham dado conta dessa decisão interior de se experimentarem, porque isso alteraria a natureza da prova. Que é o que acontece? Toda a verificação externa do processo de causa e efeito positivos parece desaparecer da vida por algum tempo. As coisas começam a desandar. O *feedback* positivo se desvanece, e a pessoa vacila. O velho pessimismo empina a cabeçorra feia. Onde está a lei espiritual? "Talvez fosse, afinal de contas, uma visão do universo digna de Poliana." Isso, provavelmente, lhe acontecerá também.

Quando acontece em sua ida, isso indica um crescimento maior. Você começa a lidar com uma relação de causa e efeito em prazo muito mais longo, não somente em sua vida, mas também, e finalmente, em sua vida como parte da evolução da raça humana. A recompensa por viver de acordo com a verdade torna-se o prazer da vida em cada momento que se vive. Você não precisa esperar pela gratificação espiritual. Já o está ganhando agora. Estar no aqui e agora significa aceitar o lento processo da evolução humana, aceitando as suas limitações imediatas como perfeição.

Lidando com o Tempo

A fé me ajudou a lidar com alguma coisa que sempre me criou problemas: fazer as coisas a tempo. Certa vez perguntei a mamãe qual era, entre as suas lembranças, a coisa que mais me criava problemas quando eu estava crescendo. E ela me respondeu: "Todas as vezes que queria alguma coisa, você queria na hora."

Nestes últimos anos andei aprendendo a ter paciência, e estou, afinal, começando a compreender o que ela significa para mim. Eis aqui um pensamento que pode dar certo para você também: *Ter paciência é uma declaração direta de fé no plano divino.* É a aceitação de que tudo está certo para você, como agora, pois foi você quem o criou assim. O que quer dizer também que você pode mudar o que existe por seus próprios esforços de transformação. *A impaciência significa que você não se acredita capaz de criar o que quer. Significa falta de fé no eu e no plano divino.*

O que você deseja no plano físico leva tempo para manifestar-se. Para ajudar-me a aceitar essa realidade, desenvolvi a seguinte afirmação: "Desejo honrar meu compromisso com o fato de estar no plano físico honrando o tempo necessário para realizar coisas aqui." A lentidão aparente entre causa e efeito construída neste plano tem uma razão de ser. Precisamos ser capazes de ver claramente as conexões de causa e efeito nas relações que não compreendemos. Essas relações, em última análise, existem entre partes de nós mesmos ainda não unificadas.

O Poder

A certa altura do meu treinamento de cura, tive um súbito aumento do poder que me fluía das mãos, vindo com o que me parecia ser um novo conjunto de guias. Eu estava trabalhando no dedo do pé infectado de uma mulher. Eu mantinha as mãos em certa posição, mandando uma luz azul-prateada muito forte, que lhe atravessava o dedo do pé. Minhas mãos se achavam, aproximadamente, a 2,5 cm de distância do dedo. A paciente gritou de dor, por causa do fluxo aumentado de energia. Ao movimentar as mãos de maneira diferente, pude fazer que elas emitissem uma energia suave, branca e nevoenta, que eliminou a dor. Os guias continuaram a dirigir-me, fazendo-me alternar entre as duas. Eu estava cansada e, de quinze em quinze minutos, os guias instavam comigo para voltar a trabalhar naquela mulher. Dir-se-ia que estivessem com pressa. Os resultados do tratamento foram excelentes. Nenhuma infecção, nenhuma necessidade de operar. Fiquei extática, e perguntei à minha mestra de cura: "C., havia tanto poder assim fluindo de mim?" E ela me respondeu: "É isso aí; você quer curar pelo amor ou pelo poder?" Cheguei à conclusão de que não estava preparada para ter tanto poder fluindo através de mim. Gozei-o em demasia, de um modo que se poderia expressar com esta exclamação: "Puxa! Olhem só para mim!" Mandei os guias embora. Só voltei a trabalhar com eles dois anos depois, quando já estava pronta. Aprendera muita coisa mais sobre o amor. Mais tarde compreendi que eram os cirurgiões do quinto nível que trabalhavam comigo.

Fé baseada na verdade, vontade divina e amor trazem poder. Poder que emana do mais profundo do indivíduo, da centelha divina que existe dentro dele. O poder resulta do alinhar-se com a centelha divina da vida interior, do ligar-se a ela e do permitir que flua. Provém do cerne do indivíduo, ou do que meu guia chama de o Santo dos Santos. Ter poder significa estar sentado no centro do próprio ser.

O poder nos traz a capacidade de estar no amor incondicional e praticá-lo. Significa devolver tudo o que chega a você com amor, sem trair o eu. Você só o pode fazer amando-se a si mesmo e estando na verdade, o que significa ser sincero consigo quanto ao que sente e comprometer-se a passar desse para outro lugar de amor. Veja bem, se você negar as suas reações negativas, empurrando-as para baixo, não estará se amando nem amando os outros. Se as sente e de algum modo as reconhecer, dá espaço ao seu amor para fluir. Você se libera para passar a um lugar de amor dentro de si. O amor incondicional permite a ação da graça em nossa vida.

A Graça

Com as práticas da Verdade, da Vontade Divina e do Amor, que conduzem à Fé, a qual, por sua vez, conduz ao poder, permitimos à ação da Graça entrar em nossa vida. Recebe-se a Graça deixando-a ir para a Sabedoria Divina, e experimenta-se como Beatitude. Receber a Graça é experimentar a unidade de todas as coisas e a nossa completa segurança, independentemente do que acontece. É compreender que cada uma de nossas experiências, incluindo as agradáveis e as dolorosas, como a doença e a morte, são lições que criamos para nós ao longo do caminho de casa, do caminho de Deus. É viver em sincronismo, disse Emmanuel.

> O estado de Graça
> Precisa do receptor
> para ser completo.
>
> Você está seguro na mão de Deus
> e totalmente amado.
> E quando esse amor pode
>   ser recebido
> o circuito se completa.

Quem se Cura?

O curador precisa lembrar-se de que é para a cura da alma que ele trabalha. É importante para o curador compreender a morte dessa maneira e tratar a pessoa inteira, e não apenas esta sua encarnação. O curador não deve desistir de curar alguém só porque esse alguém pode estar morrendo fisicamente.

Importa ter em mente duas coisas quando tentamos compreender com precisão o que estamos fazendo como curadores. Uma delas é que existe um significado profundo na experiência que tem cada pessoa da própria doença, e a outra é que a morte não implica fracasso, mas, provavelmente, em cura. A fim de lembrar-se disso, o curador precisa viver em dois mundos, o espiritual e o físico. Somente estando centrado dentro de si mesmo pode ele passar pelas experiências de testemunhar continuamente a dor profunda, tão disseminada na humanidade. Interroguei o meu amigo Emmanuel a esse respeito fazendo-lhe esta pergunta: "Se nós criamos a nossa doença, o fato de procurarmos um curador não é um modo de distrair-nos do trabalho sobre nós mesmos, do trabalho sobre a origem da doença?"

Disse Emmanuel: "Isso tudo depende da razão por que você procura o curador, e do curador que você procura. Eis aí uma excelente pergunta, uma pergunta, aliás, que a nossa curadora tem feito a si mesma muitas vezes. Qual é a responsabilidade e, portanto, o que há para ser dado e o que há para ser recebido, e se se imagina alguma coisa, deve dizer-se? As perguntas nunca se acabam e, todavia, existe uma realidade fundamental, que deve proporcionar-lhe conforto. No momento da compreensão de que talvez exista outra maneira de curar, abre-se uma porta, a consciência ultrapassa os cuidados médicos acessíveis fisicamente manifestados. Note que não estou, de maneira alguma, desmerecendo a profissão médica. Os médicos fazem um trabalho excelente; alguns são muito bem guiados e seriam até capazes de admiti-lo a você entre quatro paredes. Outros existem que, seja na profissão médica, seja em outra forma qualquer de sobrevivência, não se dão conta disso e, a esta altura, não estão em condições de dar-se conta de nada.

"Isso não quer dizer que eles são mesquinhos, cruéis, perversos ou maus; quer dizer simplesmente que ainda não chegaram à área do conhecimento. Compete a você dispor-se a abençoá-los e seguir o seu caminho até encontrar alguém mais compatível com a sua consciência, e vocês todos sabem como fazê-lo. Quando ouvirem o chamado para entrar na área da cura espiritual (reparem em que não me refiro à cura psíquica; refiro-me à cura espiritual), ocorre a percepção do espírito, e vocês serão recebidos com prazer pelo curador e pelos espíritos que ali estão para trabalhar com aquele curador.

"Ora, muitas vezes, a cura que se espera não acontece. Muitas vezes acontece, talvez, a identificação e o alívio do mal-estar, mas nenhum milagre. Pois bem, que significa isso? Significa que esse é o ponto mais distante a que sua consciência poderá chegar a essa altura. Significa que há mais alguma coisa para aprender; que há mais alguma coisa para conhecer. Pois cada corpo físico é uma sala de aulas, e cada doença é uma lição. Não num sentido punitivo, pois você redigiu o seu próprio texto; você escolheu o seu próprio corpo, que carrega consigo todas as fraquezas genéticas, porque sua avó ou seu avô tinham qualquer coisa.

"Lembre-se, porém, de que você também os escolheu. Assim sendo, precisa confiar em seu corpo, não só na doença, mas principalmente na doença, pois o que é que ele lhe está dizendo? Existem muitas maneiras de ouvi-lo, e um curador espiritual qualificado pode ser muito eficaz nesse ponto, ajudando-o a ouvir o que o corpo lhe diz. Você, por certo, é o único que pode compreendê-lo, já que o seu corpo foi formado na sua linguagem, e é a você, diretamente, que ele fala.

"Mas um curador espiritual pode alterar essa consciência, conduzindo-a de novo à unicidade e pode alinhá-lo com a verdade. Se você é capaz de sustentar essa verdade ou se é capaz de curar um corpo enfermo, isso depende, no momento, de tantos fatores que eu não poderia enumerá-los agora. Mas vocês são perfeitamente capazes de fazê-lo.

"Se acontecer, finalmente, o que em termos humanos é um fracasso — se alguém, que Deus não o permita, vier a morrer — vocês devem ver nisso um acontecimento abençoado. A alma completou a sua tarefa, e há um grande e alegre comitê de recepção à sua espera para saudá-la na realidade primária. Afinal de contas, o seu ser físico não se destinava a ser eterno. Você não está aqui para permanecer nessas roupas por todo o sempre. Espero que isso lhe agrade. Por conseguinte, não existem fracassos na cura espiritual; existem etapas. Nunca se arreceie de colocar a mão sobre outra pessoa com amor e compaixão. Nunca tenha medo em rezar por alguém. Não exija resultados, pois não há maneira de saber, com certeza, o que determinada alma requer. Compreendo que isso exige, ou parece exigir, uma dose incrível de fé. Exige, sim."

À maneira que o corpo e a mente são mais e mais purificados pelos processos de transformação descritos neste livro, aumenta a quantidade de força que flui através do curador, como também aumenta o alcance das vibrações. Quanto mais elevada a força, tanto mais eficaz a cura e tanto mais sensível o curador.

Todas as vezes que me foram dados um novo *insight* e uma nova força, o *insight* surgiu depois de um teste iniciado por mim mesma.

Para passar por esses testes, precisamos ser meticulosamente sinceros com o eu. É nas pequenas autoilusões, em que tendemos a não olhar para as intenções ou ações do nosso próprio eu inferior, que traímos a nossa integridade e diminuímos a nossa força, que vem de dentro. Cada teste se relaciona com as questões de que tratamos na vida, no momento presente, sejam elas quais forem; elaboramos bem os nossos testes, de modo que, depois de aprendermos, não há problemas a respeito da formatura.

Exercícios para Encontrar sua Disposição para Ser Curador

Até que ponto mereço confiança? Uso bem minha vontade em consonância com a vontade divina? De que maneira uso a força? Sei amar? Sou capaz de dar amor incondicional? Respeito a autoridade dos que escolhi para dar-lhes autoridade a fim de aprender com eles? Posso fazer isso sem prejuízo da minha própria autoridade interior? Como traio minha integridade? Que é aquilo por que anseio? Que é o que desejo criar em minha vida? Quais são minhas limitações como mulher, como homem, como ser humano, como curador? Respeito a integridade, a força pessoal, a vontade e as opções dos meus pacientes? Vejo-me como um canal que chama a força de dentro dos pacientes, para que estes se acabem curando? Qual é o meu interesse pessoal em conseguir que alguém se cure? Vejo a morte como um fracasso?

Exercício para Ponderar a Natureza da Cura

O que é um curador?
O que é uma cura?
Qual é o propósito principal de uma cura?
Que é promover uma cura?
Quem cura?
Quem se cura?

Heyoan disse recentemente: "Não formule juízo sobre si mesmo, caro leitor, a partir das perguntas acima. Estamos percorrendo um caminho de purificação, e o amor é o maior de todos os agentes curativos. Não se rejeite, dizendo que nunca poderá fazer isso. Pode fazer e o fará. É uma simples questão de aceitar onde e quem você é, agora, como perfeito nas imperfeições. Nós, os do mundo do espírito, temo-lo em grande consideração e respeito. Vocês decidiram tornar-se seres físicos como uma grande dádiva, não só para vocês, mas também para o universo fisicamente manifestado. Suas mudanças pessoais no tocante à saúde e à integridade afetam os que os cercam, e não somente os que se encontram na sua vizinhança imediata, mas também todos os seres sencientes que vivem na superfície da Terra; em verdade, a própria Terra. Vocês são todos filhos da Terra. Vocês são dela; ela é de vocês. Nunca se esqueçam disso, pois à proporção que nos movemos na direção da consciência planetária em futuro próximo, vocês se tornarão líderes dessa grande aventura rumo à luz. Acima de tudo, amem-se e honrem-se a si mesmos como nós os honramos. Afinal de contas, estamos na presença do divino quando estamos com vocês. Vocês estão aninhados nos braços de Deus e são amados. Compenetrem-se disso, e estarão livres, de volta à casa."

Quando compreende que a vida se experimenta como uma pulsação, você se expande e alegra, move-se para o silêncio da paz e, em seguida, se contrai. Para muita gente, a contração é negativa. Muitos de vocês experimentarão uma alegria maravilhosa, como a de estar em companhia de anjos durante um seminário ou uma cura. O mesmo sentirá o paciente. Mas não se esqueçam de que, pela própria natureza do estado de alta energia expandida, vocês mais tarde se contrairão e sentirão mais a consciência separada que se acha dentro de cada um. A força e a intensidade da energia espiritual soltam e principiam a iluminar a substância da alma negra e estagnada. Quando ela volta à vida, você a experimenta como real. Tanta dor, tanta raiva e tanta agonia! Você talvez diga a si mesmo: "Ué, estou pior agora do que estava antes de começar." Permita-me assegurar-lhe que isso não é verdade. Você está mais sensível. Depois de experimentar esses altos e baixos, essas expansões e contrações, a cada questão pessoal, descobrirá que eles se foram. Meses mais tarde, dirá: "Puxa! não farei mais isso." E chorará de alegria, exatamente como nas primeiras vezes que voltou e experimentou a luz. Lembre-se de que paciência é a palavra da fé.

Revisão do Capítulo 27

1. Quais são os principais atributos pessoais que o curador precisa desenvolver para permanecer puro?
2. Para que servem os testes de vida?

Matéria para reflexão

3. O que foi o seu processo pessoal de purificação para trazê-lo ao ponto a que você chegou em seu caminho?

4. Você está pronto para ser curador? Em que níveis?
5. Em que área do seu ser você teria maior propensão para fazer mau uso da sua força de curador? O que é que o seu ser inferior, ou ser de sombra, pretende ali? Em que crença errônea se alicerceia essa pretensão? Como é que você pode curar essa sua parte e realinhar-se com a sua vontade divina interior?
6. Responda às perguntas sob o título de "Exercício para encontrar os seus medos".
7. Responda às perguntas sob o título de "Exercício para encontrar suas crenças negativas".
8. Faça o exercício de amor a si mesmo sob o título de "O Amor".
9. Responda às perguntas sob o título de "Exercício para encontrar sua disposição para ser curador".

BIBLIOGRAFIA

Allen R., "Studies into Human Energy Fields Promises Better Drug Diagnosis", *Electronic Design News*, abril 1974, Vol. 17.

Anderson, Lynn, *The Medicine Woman*. Nova York, Harper & Row, 1982.

Anônimo, *Etheric Vision and What It Reveals*. Oceanside, Calif., The Rosicrucian Fellowship, 1965.

Anônimo, *Some Unrecognized Factors in Medicine*. Londres, Theosophical Publishing House, 1939.

Bagnall, O., *The Origins and Properties of the Human Aura*. Nova York, University Books, Inc., 1970.

Bailey, A. A., *Esoteric Healing*. Londres, Lucis Press, Ltd., 1972.

Becker, R. O., Bachman, C. e Friedman, H., "The Direct Current Control System", *New York State Journal of Medicine*, 15 de abril, 1962.

Beesely, R. P., *The Robe of Many Colours*. Kent, The College of Psycho-Therapeutics, 1969.

Bendit, P. D. e Bendit, L. J., *Man Incarnate*. Londres, Theosophical Publishing House, 1957.

Bentov, I., *Stalking the Wild Pendulum*. Nova York, Bantam Books, 1977. *À espreita do pêndulo cósmico*, Ed. Cultrix/Pensamento, São Paulo, 1989.

Besant, A. e Leadbeater, C. W., *Thought-Forms*. Wheaton, Ill., Theosophical Publishing House, 1971.

Blavatsky, H. P., *The Secret Doctrine*. Wheaton, I11., Theosophical Publishing House, 1888.

Bohm, David, *The Implicate Order*. Londres, Routledge & Kegan Paul, 1981.

Brennan, B., *Function of the Human Energy Field in the Dynamic Process of Health, Health and Disease*. Nova York, Institute for the New Age, 1980.

Bruyere, Rosalyn, Depoimento pessoal. Glendale, Calif., Healing Light Center, 1983.

Bruyere, Rosalyn, *Wheels of Light*. Glendale, Calif., Healing Light Center, 1987.

Burks, A. J., *The Aura*, Lakemont, Georgia, CSA Printers & Publishers, 1962.

Burr, H. S., Musselman, L. K., Barton, D. S. e Kelly, N. B., "Bioelectric Correlates of Human Ovulation", *Yale Journal of Biology and Medicine*, 1937, Vol. 10, pp. 155-160.

Burr, H. S. e Lane, C. T., "Electrical Characteristics of Living Systems", *Yale Journal of Biology and Medicine*, 1935, Vol. 8, pp. 31-35.

Burr, H. S., "Electrometrics of Atypical Growth", *Yale Journal of Biology and Medicine*, 1952, Vol. 25, pp. 67-75.

Burr, H. S. e Northrop, F. S. G., "The Electro-Dynamic Theory of Life", *Quarterly Review of Biology*, 1935, Vol. 10, pp. 322-333.

Burr, H. S. e Northrop, F. S. G., "Evidence for the Existence of an Electrodynamic Field in the Living Organisms", *Proceedings of the National Academy of Sciences of the United States of America*, 1939, Vol. 24, pp. 284-288.

Burr, H. S., *The Fields of Life: Our Links with the Universe*. Nova York, Ballantine Books, 1972.

Burr, H. S., "The Meaning of Bio-Electric Potentials", *Yale Journal of Biology and Medicine*, 1944, Vol. 16, pp. 353-360.

Butler, W. E., *How to Read the Aura*. Nova York, Samuel Weiser, Inc., 1971.

Capra, Fritjof, *The Tao of Physics*. Berkeley, Shambhala, 1975.

Cayce, Edgar, *Auras*. Virginia Beach, Virginia, ARE Press, 1945.

Cohen, Dr. David, Entrevista para *The New York Times,* 20 de abril, 1980.

De La Warr, G., *Matter in the Making.* Londres, Vincent Stuart Ltd., 1966.

Dobrin, R., Conaway (Brennan), B. e Pierrakos, J., "Instrumental Measurements of the Human Energy Field." Nova York, Institute for the New Age, 1978. Apresentado na Electro '78, IEEE Annual Conference, Boston, de 23 a 25 de maio, 1978.

Dobrin, R, e Conaway (Brennan) B., "New Electronic Methods for Medical Diagnosis and Treatment Using the Human Energy Field." Apresentado na Electro '78, IEEE Conference, Boston, de 23 a 25 de maio, 1978.

Dumitrescu, I., "Electronography." Electronography Lab, Romênia. Apresentado na Electro '78, IEEE Annual Conference, Boston, de 23 a 25 de maio, 1978.

Eddington, Arthur, *The Philosophy of Physical Science.* Ann Arbor, University of Michigan Press, 1958.

Emmanuel, Citação de um guia da autoria de meu amigo Pat Rodegast, usado do começo ao fim durante um seminário que apresentamos no Phoenicia Pathwork Center, Phoenicia, Nova York, julho de 1983.

"Experimental Measurements of the Human Energy Field." Energy Research Group, Nova York, 1973.

"High Frequency Model for Kirlian Photography." Energy Research Group, Nova York, 1973.

Gerber, J., *Communication with the Spirit World of God.* Teaneck, Nova Jersey, Johannes Gerber Memorial Foundation, 1979.

Hodson, G., *Music Forms.* Londres, The Theosophical Publishing House, 1976.

Hunt, Dr. Valorie, Massey, W., Weinberg, R, Bruyere, R. e Hahn, P., "Project Report, A Study of Structural Integration from Neuromuscular, Energy Field, and Emotional Approaches." UCLA, 1977.

Inyushin, V. M. e Chekorov, P. R., "Biostimulation Through Laser Radiation of Bioplasma." Kazakh State University, USSR. Traduzido por Hill e Ghosak, University of Copenhagen, 1975.

Inyushin, V. M., "On the Problem of Recording the Human Biofield", *Parapsychology in the USSR, Part II,* San Francisco, Calif., Washington Research Center, 1981.

Inyushin, V. M., Anotações de Seminário Alma-Ata, USSR, 1969.

Jaffe, Dr. Lionel, Entrevista para *The New York Times,* 20 de abril, 1980.

Karagulla, Schafica, *Breakthrough to Creativity.* Los Angeles, De Vorss, 1967.

Kilner, Walter J., M. D., *The Human Aura* (novo título e nova edição de *The Human Atmosphere)* Park, Nova York, University Books, 1965.

Krieger, D., *The Therapeutic Touch.* Englewood Cliffs, N. J., Prentice-Hall, 1979.

Krippner, S. e Ruhin, D. (eds.), *The Energies of Consciousness.* Nova York, Gordon and Breach, 1975.

Kunz, Dora e Peper, Erik, "Fields and Their Clinical Implications", *The American Theosophist,* dezembro 1982.

Leadbeater, C. W., *The Chakras.* Londres, Theosophical Publishing House, 1974.

Leadbeater, C. W., *The Science of the Sacraments.* Londres, Theosophical Publishing House, 1975.

Leibnitz, Gottfreid, *Monadology and Other Philosophical Essays.* Tradução de Paul Schrecker e Ann Schrecker. Indianapolis, Bobbs-Merrill, 1965.

Le Shan, L., *The Medium, the Mystic, and the Physicist.* Nova York, Ballantine Books, 1966.

Lowen, A., *Physical Dynamics of Character Structure.* Nova York, Grune & Stratton, 1958.

Mann, W. E., *Orgone, Reich and Eros.* Nova York, Simon & Schuster, 1973.

Meek, G., *Healers and the Healing Process.* Londres, Theosophical Publishing House, 1977.

Mesmer, F. A., *Mesmerism.* Tradução de V. R. Myers. Londres, Macdonald, 1948.

Moss, T., *Probability of the Impossible: Scientific Discoveries and Explorations in the Psychic World.* Los Angeles, J. P. Tarcher, 1974.

Motoyama, Dr. Hiroshi, *The Functional Relationship Between Yoga Asanas and Acupuncture Meridians*. Tóquio, Japão, IARP, 1979.

Murphy, Pat e Jim, "Murphy's Theories, The Practical and the Psychic". Healing Light Center. Glendale, Calif., 1980.

Mylonas, Elizabeth, *A Basic Working Manual and Workbook for Helpers and Workers*. Phoenicia Pathwork Center, Phoenicia, Nova York, 1981.

Niel, A., *Magic and Mystery in Tibet*. Dover, Nova York, 1971.

Ostrander, S. e Schroeder, L., *Psychic Discoveries Behind the Iron Curtain*. Englewood Cliffs, N. J., Prentice-Hall, 1970.

Pachter, Henry M., *Paracelsus: Magic Into Science*. Nova York, Henry Schuman, 1951.

Pierrakos, Eva, *Guide Lectures, 1-258*. Nova York, Center for the Living Force, 1956-1979.

Pierrakos, John C., *The Case of the Broken Heart*. Nova York, Institute for the New Age, 1975. (Monografia.)

Pierrakos, John C., *The Core Energetic Process*. Nova York, Institute for the New Age, 1977. (Monografia.)

Pierrakos, John C., *The Core Energetic Process in Group Therapy*. Nova York, Institute for the New Age, 1975. (Monografia.)

Pierrakos, John C., *The Energy Field in Man and Nature*. Nova York, Institute for the New Age, 1975. (Monografia.)

Pierrakos , John C., *Human Energy Systems Theory*. Nova York, Institute for the New Age, 1975. (Monografia.)

Pierrakos, John C., *Life Functions of the Energy Centers of Man*. Nova York, Institute for the New Age, 1975. (Monografia.)

Pierrakos, John C. e Brennan, B., Personal Communication, 1980.

Powell, A. E., *The Astral Body*. Londres, Theosophical Publishing House, 1972.

Powell, A. E., *The Causal Body*. Londres, Theosophical Publishing House, 1972.

Powell, A. E., *The Etheric Double*. Londres, Theosophical Publishing House, 1973.

Ravitz, L. J., "Application of the Electrodynamic Field Theory in Biology, Psychiatry, Medicine and Hypnosis, I. General Survey", *Am. Journal of Clin. Hypnosis*, 1959, Vol. 1, pp. 135-150.

Ravitz, L. J., "Bioelectric Correlates of Emotional States", *Conn. State Medical Journal,* 1952, Vol. 16, pp. 499-505.

Ravitz, L. J., "Daily Variations of Standing Potential Differences in Human Subjects", *Yale Journal of Biology and Medicine,* 1951, Vol. 24, pp. 22-25.

Ravitz, L. J., *The Use of DC Measurements in Psychiatric Neuropsychiatry,* outono 1951, Vol. 1, pp. 3-12.

Reich, Wilhelm, *Character Analysis.* Londres, Vision Press, 1950.

Reich, Wilhelm, *The Cancer Biopathy.* Nova York, Farrar, Straus e Giroux, 1973.

Reich, Wilhelm, *The Discovery of the Orgone, Vol. I, The Function of the Orgasm.* Tradução de Theodore P. Wolfe. Nova York, Orgone Institute Press, 1942, 2ª ed. Nova York, Farrar, Straus e Giroux, 1961.

Reich, Wilhelm, *The Discovery of the Orgone, Vol. II, The Cancer Biopathy.* Tradução de Theodore P. Wolfe. Nova York, Orgone Institute Press, 1948.

Roberts, J., *The Nature of Personal Reality.* Nova York, Bantam, 1974.

Rodegast, Pat e Stanton, Judith, "Emmanuel's Book", Some Friends of Emmanuel, Nova York, 1985.

Rongliang, Dr. Zheng, "Scientific Research of Qigong." Lanzhou University, People's Republic of China, 1982.

Sarfatti, J., "Reply to Bohm-Hiley", *Psychoenergetic Systems.* Londres, Gordon & Breach, Vol. 2, 1976, pp.1-8.

Schwarz, Jack, *The Human Energy Systems.* Nova York, Dutton, 1980.

Schwarz, Jack, *Voluntary Controls.* Nova York, Dutton, 1978.

Steiner, Rudolf, *The Philosophy of Spiritual Activity.* Blauvelt, Nova York, Steiner Books, 1980.

Surgue, T., *There is a River. The Story of Edgar Cayce.* Virginia Beach, Virginia, ARE Press, 1957.

Tansely, D. V., *Radionics and the Subtle Anatomy of Man.* Devon, Inglaterra, Health Science Press, 1972.

Tansley, D. V., *Radionics Interface with the Ether-Fields,* Devon, Inglaterra, Health Science Press, 1975.

Targ, Russell e Harary, Keith, *The Mind Race.* Nova York, Ballantine, 1984.

Vithoulkas, G., *Homeopathy, Medicine of the New Man.* Nova York, Avon Books, 1971.

Vladimirov, Y. A., *Ultraweak Luminescence Accompanying Biochemical Reactions.* USSR Academy of Biological Sciences, Izdatelstvo "Nauka," Moscou.

Von Reichenbach, C., *Physico-physiological Researches on the Dynamics of Magnetism, Electricity, Heat, Light, Crystallization, and Chemism, In Their Relation to Vital Force.* Nova York, Clinton-Hall, 1851.

Westlake, A., *The Pattern of Health.* Berkeley, Shambhala, 1973.

White, John e Krippner, S., *Future Science.* Nova York, Anchor Books, 1977.

White, John, *Kundalini, Evolution and Enlightenment.* Nova York, Anchor Books, 1979.

Wilhelm, Richard, *The Secret of the Golden Flower.* Nova York, Harcourt, Bruce & World, Inc., 1962.

Williamson, Dr. Samuel. Depoimento. Nova York, 1982.

Zukav, Gary, *The Dancing Wu Li Masters.* Nova York, William Morrow & CO., 1979.

ÍNDICE REMISSIVO

aborto, 20
acásicos, registros, 240
acupuntura, linhas de, 281
    exercícios para abrir, 282-88
acupuntura, pontos de, 84, 139, 307
adolescência, desenvolvimento na, 117-18
agressividade, 142-51
Aids, 223
álcool, efeitos do, 157-58
alergias, 232
alma,
    e doença, 208-09
amamentação, 115
ametista, 76, 300, 305
amor, 96-8, 115, 118, 126-27, 264, 412-13, 415-16
amor a si mesmo, 186, 379, 401, 412-13
angina, 170, 222
artrite, 232
asma, 232
astral, corpo (quarta camada), 96, 214-16, 219-20, 266-68
    cura do, 228-29
astral, plano, 214-17
auditivo, sentido, 237-38

aura, 20, 23, 55-6, 152-54, 214
    anatomia da, 81
    camadas da, 81-3, 89, 95-6, 214, 266-67 (*Veja também* tratamentos específicos e corpo etérico)
    carregamento da, 296-97, 309
    cores na, 69, 153-57, 357-61
    corrente principal de força vertical, 83, 85, 99
    das árvores, 24, 74
    e chakras, 86-8, 90
    das plantas, 74-6
    de objetos inanimados, 76
    desenvolvimento adulto da, 118
    desenvolvimento da infância, 115, 178
    e o desenvolvimento psicológico, 107
    distorções espirituais na, 219
    e raiva, 156-57
    equilíbrio de energias, na, 218-19, 227-29
    exercícios para ver, 79-81, 101, 153
    fluxo de energia na, 83, 86
    formas dissociadas de pensamento na, 160-64

interações, 96-7
limpeza, 164, 299-300, 309
medição da, 68-70
muco na, 157-58
na gravidez, 156
na primeira infância, 111
na tradição espiritual, 61-2
na transformação, 204
na adolescência, 118
no desenvolvimento humano, 108-24
observação cientifica da, 64-71
observação da, 79-80, 153
obstruções de energia na, 170-74
padrão do campo dualístico da, 81-3
peso na, 158-59
trauma, remoção do, 344-48
autocura, 21, 29, 34
como transformação do eu, 29
Azrael, 120

Bailey, Alice, 109
Bandler, Richard, 236
baseamento, 159, 297-98
Becker, Robert, 46
Bell, J. S., 57
Bell, teorema de, 57
Bendit, Lawrence, 65
Bendit, Phoebe, 65, 109, 119
Bentov, Itzhak, 238, 365
biocampo, 68
bioenergética, 158
    terapia pela, 232
bioenergético, banqueta, 164-65
bioplasma, 68, 71, 77
bioplasmáticos, campos, 45-6
Blake, Daniel, 359-60
Blavatsky, Senhora, 109
Bohm, David, 55, 58, 271
Boirac, 62

Brama, 271-72
Bruyere, Rosalyn, 68, 81, 232, 309, 369
budista, tradição, 271
Burr, H., 45
Butler, William, 162

campo de energia humano (*Veja também* aura), 23, 31-2, 46, 70, 80
    medição do, 66-70
    na tradição espiritual, 61-2
    observação científica, 64-70
    percepção, 29
    visão holográfica do, 71
campos,
    do pensamento, 46
    morfogenéticos, 58-9
    ódicos, 63
canalização, 27, 38, 303
    através dos chakras, 263-66
    guias espirituais, 259-60
    para a cura, 306-07, 317-19, 320, 327-40
    preparação para, 282
    receptiva, 238
    verbal, 257-58
câncer, 27, 223-25, 232, 239, 245
caráter, estrutura do, 179-80
    e a tarefa da vida, 204-06
    esquizoide, 181-82, 185-89
    masoquista, 196-97, 199
    oral, 190-92
    psicopática, 192-96
    rígida, 198-203
Cayce, Edgar, 366
celestial, corpo (sexta camada), 98-9, 216-21, 266-67
    tratamento do, 228-30, 339
centralização, meditação para a, 298
centro coccigiano (*Veja* primeiro chakra)

cérebro,
   estrutura holográfica do, 54-7
chakra(s), 66, 69-70
   abertos, 86-8, 124-26, 140-42, 288-91, 294-95
   acesso à informação dos, 263-66
   na adolescência, 117-18
   área do corpo governada pelos, 90
   da base (*Veja também* primeiro chakra)
   nos bebês, 111-13
   e o campo áurico, 83-4, 86-8
   na canalização, 266, 339
   centros da vontade, 87, 125-27, 143
   centros de sentimento, 87, 125-27
   centros mentais, 87, 125-27
   do coração (4º), 84-5, 90, 95, 98, 223, 303
   cordões, 96, 131-32, 387
   cores no, 69-70, p.12 (caderno de ilustrações), 358-61
   da coroa, 84-5, p.12 (caderno de ilustrações)
   e a corrente principal de força vertical, 83, 85, 99
   desenvolvimento adulto, 118
   desenvolvimento na infância, 115-16
   desequilibrados, 222
   desfigurados, 222-24
   diagnósticos dos, 139-51
   e doença, 222
   efeito do rolfing nos, 70
   emparelhados, 8 (caderno de ilustrações), 128-31
   equilibrados, 140-42 131
   fluxo de energia nos, 86-8, 12-4 (caderno de ilustrações), 124-27
   funções, 88, 90
   funções psicológicas, 9 (caderno de ilustrações), 124-38
   da garganta (5º), 90, 119
   e as glândulas endócrinas, 90
   na infância, 111-12
   limpeza, 309, 311, 313-18, 320-23
   localização dos, 84-6
   maiores, 84-5, 86-8
   menores, 84-5
   na morte, 119-22
   obstrução, 124, 140
   raízes dos, 85
   reestruturação, 335, 337
   sacro (2º), 84-5, 90, 115
   sentidos, 86-8, 263-67
   e os sentidos físicos, 88
   tela protetora, 113-14
   da testa (6º), 85
   como vórtices de energia, 222-24
chapa, armadura de, 172-74, 200
ch'i, 61-2, 68
científico, método (ocidental)
   e a autodefinição, 47-60
cinestésico, sentido, 236-37
cirurgia, 222-24
   e o corpo etérico, 66
   espiritual, 327-31
cisma, 175, 198
clarividência, 23-4
clarividente, tempo, 52
cloroquina, 388-89
cocaína, 157
cóccix, lesão do, 22, 55
coerência, 56, 132
   humana, 131
   superluminar, 57-60
colite, 164, 363
colorizador, 67
coluna, limpeza da, 320-23
compactação, 170-71, 172
complementaridade, 53

complitude universal, 55
concepção, 110
consciência,
   expandida, 24-5, 60, 82
   expressão, 215-17
   níveis da, 214-17
cor
   exercícios para controlar o envio, 356
   na aura, 69-70, 152-57, 357
   no tratamento, 355, 258-61
   nos chakras, 69-70, 88, 90, 358-59, 361
   respiração, 294-96
coração, dor no, 21
cordões de conexão (dos chakras), 96, 111-13, 131, 231
corrente principal de força vertical, 83, 85, 99, 120, 121, 133, 320, 323
cósmico, nível, 100
   tratamento no, 343-48, 350
crenças negativas, 136, 204, 409-10
crenças, sistemas de, 31, 109, 160, 219, 227-28, 231, 409
criança interior, 39-40
cristais,
   e as auras, 74-6
   polaridade nos, 62-4
   uso dos, 299-300, 306-07, 325
cura, centro de, 132
curador, 227
   como transmissor de energia, 280-81
   cuidados consigo mesmo, 280-82, 301-02, 394-401
   dedicação, 406-07
   e o amor, 412-13
   e o centro diafragmático, 132
   e a cura de pleno espectro, 229-30
   e o esvaziamento da energia, 301-02
   e a fé, 413-14
   e a força criativa universal, 59-60
   e a paciência, 414-15
   e a vontade divina, 411-12
   e o papel na cirurgia espiritual, 327-30
   e o poder, 415-16
   e os médicos, 231-35
   preparação para o tratamento, 282-300
   teste, 407
   treinando para, 35-8
   verdade, busca da, 409-11
cura espiritual, 23
cura pela fé, 23
Cox, Jim, 181

defumação, 299
De La Warr, George, 65
De Vitalis, Pat (Rodgast), 347, 357
Deus/Deusa, força de, 54
diafragmático, centro (terceiro chakra), 127, 132
divindade interior, 28, 179-80, 214
Dobrin, Richard, 67
doença, 27, 208-09, 219-226
   a longo prazo, 119-20
   e o corpo etérico, 67
   e o fluxo de energia, 86
   e a perturbação do chakra, 66
   e os problemas psicológicos, 168
   "lendo" a causa da, 255-56
   processos dinâmicos da, 219-26
   psicossomática, 27
   significado pessoal da, 225
dor, 225
drogas, efeito das, 157-58, 221, 233, 390-92
Drown, Ruth, 65
dualidade, 54, 56

Edson, William, 67
Ego, vontade do, 133

Einstein, Albert, 50, 365
Emmanuel, 236, 347, 357
   sobre a graça, 416
   sobre o medo, 408
   sobre a responsabilidade do curador, 417
   sobre a vontade divina, 391-92, 411
emocional, corpo (segunda camada), 93, 215-21
   tratamento no, 229
emoções, 152
   e as formas de pensamento, 160-62
   e o plexo solar, 130-31
   negativas, 156-57
encarnação, 108-10
endócrinas, glândulas, 67-8, 90
energia, 20, 22-5, 30-2, 44-5, 52-4
   (*Veja também* aura)
   atraindo-a, para curar, 303
   campos bioplasmáticos, de 46
   campos dinâmicos de, 45
   cores nos campos de, 27
   depleção da, 173
   física, 126-27
   física versus espiritual, 95
   nível vibracional nos campos de, 267-68, 270, 280
   percepção da informação nos campos de, 56
   reequilibração dos campos de, 311-23
   sexual, 127-28
energia morta de orgone
   limpeza, 299-302
energia, obstrução de, 164, 205
   armadura de malha, 172
   armadura de placa, 172-73
   compactação, 170-71
   depleção, 172-73
   obstrução "maçante", 170-71
   vazamentos, 173-74

energia, sistema de
   alinhamento (curador/paciente/guias), 306-07
   análise do, 304-05
enxaqueca, 232
Erikson, Erik, 107
esclerose múltipla, 361
escudo do oitavo nível, 344-49
espaço-contínuo, 50, 52, 365
espaços, psíquicos, 116
"espelhada", respiração, 317
espirituais, guias, 36, 40, 109
   canalização, 258, 260, 262-63, 307
   do paciente, 331-32, 343
   grupos de, 334
   no campo de trabalho do curador, 325-27
espiritual
   plano, 16 (caderno de ilustrações), 214-15, 217
   tradição, 61-2
espiritualidade, 137
esquizoide, estrutura, 181-86
   campo de energia da, 186-88
   tarefa de vida da, 189-90
esterilidade, 232
estrutura de caráter deslocada (*Veja* estrutura psicopática)
etérico, corpo (primeira camada), 66, 82, 92-4, 215-21, 266
   cura da vida passada, 371-75
   cura do, 229-31
eu superior, 28, 108, 179
exaustão ad-renal, 131
exercícios
   para abrir as linhas de acupuntura, 283-86
   para articulações, 283-89
   para carregar a aura, 296
   para controlar a cor que você envia, 356

para deixar os guias chegarem ao campo para trabalhar, 326
para encontrar as crenças negativas, 409-11
para encontrar seus medos, 408
para estabelecer a visão interior, 252-55
para experimentar o tempo não-linear, 365-67
para explorar a parede interior, 212
físicos para abrir e carregar os chakras, 287-95
para intensificar suas percepções, 237-39
para juntar energia para um dia de cura, 303-06
para ponderar a natureza da cura, 419-20
para receber orientação espiritual, 259-60
para ver a aura humana, 79-81, 101-02, 153-56
para ver os campos de energia vital do universo, 74-5
para você se desembaraçar a fim de ser curador, 419-20
vibratório para baseamento, 297-98
exibição da força da vontade, 175, 177
explícita, ordem desenvolvida, 54

fantasma, efeito da folha, 76
Faraday, Michael, 49
fé, 413-14
fenômeno entre artista e público, 155
Ferguson, Marilyn, 71
fibroides, tumores, 245
fígado, 242
físico, corpo
    cura do, 229-31
físico, plano, 95-6, 214-17
flor de bach, remédios da, 232

"fora de si" (defesa), 174-75, 189
fotografia Kirlian, 75
fraqueza, 22, 174
    nos pulsos, 22

Gabor, Dennis, 55
gancho, 175-76
Gass, Robbie, 363
geradores de íons negativos, 299
germinativo, plasma, 113
Gestla, Karen, 67
graça, 416
Graves, doença de, 66
Grinder, John, 236
"Gripe Oportunista Energética", 159

harmônica, indução, 77, 217, 280
Helmont, 62
hepatite, 221
hérnia (do diafragma), 309, 329, 335
Heyoan, 258, 360
    meditação sobre a autocura, 401-03
    metáfora da realidade. 270-77
    sobre a cura, 271-73, 276-77
    sobre as drogas, 389-90
    sobre a encarnação e reencarnação, 391-93
    sobre a morte, 120-22
    sobre a parede interior, 120-21
    sobre tomar-se curador, 406, 419
histerectomia, 20-1
holística, medicina, 230, 234-35
    anamnese ilustrativa, 380-93
holograma, 54-7, 71, 208
humano, corpo
    e as emissões de luz, 67-9
    polaridade no, 64
Hunt, Valorie, 68-71

idade adulta, desenvolvimento na, 117
   Illiaster, 62
   imaginação, 23
impedâncias, combinação de, 66
implícita, ordem envolvida, 55
imposição das mãos, 23, 30, 228, 230, 232
individuação, 208, 210
infância, desenvolvimento na, 117, 178
informação
   acesso direto à, 236-41
   dos guias espirituais, 257-62
intenção negativa, 409-11
investigação, 252, 253
Inyushin, Victor, 46

junta(s)
   exercícios, 283, 287
   problemas com, 173-74

Karagulla, Schafica, 66, 222
karma, 36, 109-10
ketérico, corpo (sétima camada), 81-3, 99-100, 108, 216-21, 266-67
   cura de vida passada no, 371-76
   cura no, 227-30, 331, 332
   reestruturação de órgão no, 332-34
   reestruturação de chakra no, 335-37
   selagem, 340, 341-43
Kilner, William, 64-5
koan, 57
Krieger, Dolores, 232
Krippner, Stanley , 77
Kundalini, ioga, 128, 291-92
Kunz, Dora, 66

lápis, 76
latência, período de, 117
Leibnitz. 63

"leitura", 52
   a longa distância, 239
   causa da doença, 255-56
Le Shan, Lawrence, 52
Liebeault, 62
LSD, 157
livre-arbítrio, opções do, 108-10, 239
Lowan, AI, 181
luzes, fluorescentes, 300, 399

maconha, 157
Maia, 271-72
mal-estar, como orientação, 37
mamilos, 21
manifestação, 273-77
masoquista, estrutura, 196-97
   campo de energia da, 197-99
   tarefa de vida da, 198
mastite, 333, 336
matéria
   como energia, 51-4
   mutável, 53
   quinto estado da, 46
Maxwell, James Clerk, 49
MDMA, 390
médicos, 230-34
meditação, 25, 56-7, 96, 98
   para concentração, 298
   para dissolver as autolimitações, 403-04
   para experiência no nível áurico, 267-68
   respiração colorida, 294, 296, 297
   sobre a autocura, 401-03
medo, 157, 408
   evitação do, 172
memória, tensão da, 70
mental, centro executivo, 127, 136-38
mental, corpo (terceira camada) 83, 94, 215-21, 267
   cura no, 228-29

mental, domínio, 175, 176-77
Mesmer, 63
mestre espiritual (*Veja* plexo solar)
microrganismos, 243
mieloblástica, leucemia aguda, 249, 250
morfogenéticos, campos, 58-9
morte, 119-23, 416-18
Motoyama, Hiroshi, 67, 281, 283
movimentação, 110
mundial, tarefa, 110, 117, 180

nadis, 90
nascimento, 111
nervoso, doenças do sistema
    e a terapia pela bioenergética, 232
nervoso, plexo, 84, 90
Newton, Isaac, 48
newtoniana, física, 48-51, 210
nono nível áurico, 99-100
    tratamento no, 349
Northrop, F., 45

obstruções "maçantes", 170-71
ódica, força, 63
ódio a si mesmo, 180
Oh-Shinnah, 299
olho, terceiro (sexto chakra), 90
    e a visão interior, 242-45, 248-52, 254-55
    funções psicológicas, 127, 137
    na canalização, 266
omoplatas, chakras entre elas (*Veja* quarto chakra)
oral, estrutura, 190-91
    campo de energia da, 191, 192
    tarefa de vida da, 192
oral, sucção, 175-76, 192
órgão, reestruturação do, 331-37

orgasmo, 126-28
    dor durante, 22
    impossibilidade de alcançar, 128
orgone, 65
    energia de *orgone* morto, 299-300
orientação espiritual (*Veja também* guias espirituais), 37-41, 109
    exercícios para receber, 259-60
ovariano, cisto, 232, 243, 245-47

paciência, 414
paciente, como curador
    anamnese ilustrativa, 380-93
padrão, corpo etérico (quinta camada), 82, 97-9, 216-21, 266
    tratamento e cura na, 229, 325-31
pais, escolha, 109
Paracelso, 62
paradoxo
    no mundo subatômico, 53
parede interior, 121-22, 212-13
passividade, 143
pelve, inflamação da, 172, 243-47
pêndulo
    no diagnóstico do chakra, 67-8, 139-51
pensamentos, campos de, 46
pensamentos, formas de, 94
    dissociadas, 160-65
percepção, 266-67
    além do mundo manifesto, 273-77
    cone de, 270-73
    intensificação, 237
percepção auditiva, alta, 257-62
percepção sensorial, alta, 20, 22-6, 45, 61, 240, 270-74
    desenvolvimento, 30, 236
    na pesquisa, 232
    no diagnóstico, 26, 139, 232
perna, extensores de, 172

peso áurico, 158-59
   exercícios para experimentar, 159
pessoal, crescimento, 108-09
   e os chakras, 86-8
pessoal, tarefa, 109-10, 180-82, 205-06
Peterson, Petey, 367
Pierrakos, Eva, 67, 109
Pierrakos, John, 67, 92, 125, 140, 181, 222
piezoelétrico, efeito, 360
Planck, Max, 53
polaridade, 63-4
Popow, A. S., 68
porco-espinho, 174-75
prana, 61
prazer, negativo ou positivo, 409-11
precognição, 247, 248
Pribram, Karl, 55
primeira infância, desenvolvimento na, 111, 115-16
primeiro chakra, 84-5, 86-8, 92
   e funções psicológicas, 125-27
   na canalização, 262
princípio do centésimo macaco, 58
probabilidade, ondas de, 54
profissional, centro (quinto chakra), 135-36
progressão, princípio da, 109
projeção, 125
propriedades, apegos à, 115
psicopática, estrutura, 192-94
   campo de energia da, 194-96
   tarefa de vida da, 196
púbico, centro, 126-29
Puthoff, Harold, 240

Qigong, mestres, 68
quanta, 53
quarto chakra (*Veja* chakra do coração)
quartzo, 300, 305
quelação, 228-29, 309-23, 400
quimioterapía, 222, 242, 249
quinto chakra (*Veja* chakra da garganta)

radiação, terapia de, 222
radiônica, 233
radiopaco, corante, 221
raiva, 156-57
   e bloqueios de energia, 170-72
   e sistemas de defesa, 177-78
Ravitz, Leonard, 46
realidade
   espaços da, 160-65
   estrutura holográfica da, 56
   "frequências da", 96
   metáfora da, 270-77
   multidimensional, 59, 365-66
recuo, 174-75, 182, 189
rede, armadura de, 172, 200
reencarnação, 417-18
reflexologia dos pés, 306-08
refreamento dentro dos limites, 175, 177, 201
regressão, terapia de, 51
Reich, Wilhelm, 65, 179-80
relação "eu-tu", 118-19
relações sexuais, dor durante as, 22
relatividade, teoria da, 50-2, 57
respiração,
   cores, 294, 296
   "espelhada", 317
rígida, estrutura, 198-200
   campo de energia da, 201
   tarefa de vida da, 202-04
Roberts, Jane, 366
Rodegast, Pat, 249, 347
rolfing, 68-70
Rongliang, Zheng, 68

Sarfatti, Jack, 59
saúde,
 e a autorresponsabilidade, 378
 e o campo de energia, 26-8
 manutenção, 394
 processo criativo da, 217-19
Schwarz, Jack, 81, 100, 260
segundo chakra (*Veja* chakra sacro)
seres espirituais (*Veja também* guias espirituais), 95
sétimo chakra (*Veja* chakra da coroa)
sexto chakra (*Veja* terceiro olho)
sexual, energia, 127-30
Sheldrake, Rupert, 58-9
simpática, ressonância, 77
sistema de controle da corrente principal, 46
sistema de defesa (*Veja* sistemas energéticos de defesa)
sistemas energéticos de defesa, 174-78
 do caráter oral, 191-93
 do caráter psicopático, 196
 do caráter rígido, 201-03
 do esquizoide, 188-90
 do masoquista, 197-99
solar, plexo (terceiro chakra), 84, 90
 e funções psicológicas, 127
 na canalização, 266
 na latência, 117
 na maturidade, 119
sons, 97, 361-63
SQUID, 45
superlirninar, seqüência, 57-8

Tansley, David, 84
Targ, Russell, 240
tecidos, após cirurgia, 66
tempo
 clarividente, 52
 contínuo espaço-tempo, 51, 52, 365
 exercícios para experimentar, 365-66
 linear versus relativo, 365-66
 grande, 52
tendinite, 172
tensão, 172
tentáculos, 175, 177, 198
teoria do campo, 49-50
terapia da energética do campo, 66-7, 161, 164
tireoide aumentada, 22-3
toxinas, liberação das, 158
trabalho do caminho, 35
tradição índia americana nativa, 51, 119, 299
transacional, análise, 131
transformação, 73, 98, 147, 187, 189, 204-05, 388-89, 392-93
tratamento/cura, 60, 208-09
 anamnese ilustrativa, 380-93
 com cores, 355-61
 com guias espirituais, 257-62, 325-31
 de pleno espectro, 228-29
 de trauma da vida passada, 367-78
 e a estrutura de caráter, 201-04
 e a terapia, 168
 e o amor de si mesmo, 402
 e os sons, 361-63
 exterior, 227, 230-31
 holístico, 234-35
 interior, 228-30
 juntando energia para, 304-05
 natureza do (exercício), 419-20
 no chakra do coração, 132-33
tratamento, sequência do, 304-07, 352
 alinhamento com sistema de energia, 306-07
 análise geral do sistema de energia, 304-05
 cura do nível etérico, 327-31

limpando a área específica, 320-25
limpeza da coluna, 320-23
nível cósmico, 343-48
quelação, 309-23
reestruturação do órgão no padrão ketérico
padrão, 332-37
selando o nível ketérico padrão, 340-43
trauma transtemporal, 365-76

úlceras, 172, 220
umbigo, psíquico, 113
universal, campo de energia, 65
    acesso direto a informação, 240-41
    caminho de entrada (para o corpo), 95-6
    características do, 76-8
    e a aura, 79-81
    e a eletrônica, 45-6
    e o campo de energia humano, 79
    e os chakras, 86, 88
    e saúde, 142
    exercícios para ver, 74-6
    na tradição científica, 62-4
    na tradição espiritual, 61-2
    no tratamento/cura, 227, 280-81, 309, 319
universo
    como todo dinâmico, 47, 54-5, 59-60
    multidimensional, 270
visão holográfica do, 48, 55
útero, células anormais no, 20

ventre etérico, 110-11
verbais, setas, 175, 177, 192, 198
verbal, negação, 175-76, 192, 196
verdade, 409

véu
    entre o mundo espiritual e o material, 273-74
vibração, níveis de, 77-8, 108, 117-19, 267-68, 270, 280, 319-20
vida, plano de, 108-10
vida, tarefa da, 108-10, 179-80
    e a estrutura oral, 192
    para o caráter masoquista, 198
    para o caráter psicopático, 196
    para o caráter rígido, 202-04
    para o esquizoide, 189-90
vidas passadas, 39, 52, 100, 365-67
    bloqueios, tratamento dos, 367-71
    faixas, 100, 367-68, 375-76
    trauma, cura do, 367, 371-73
visão, 236-39
visão interior, 237-39
    com precognição, 247, 248
    exemplos da, 243, 245-47
    exercícios para estabelecer, 252-55
    microscópica, 247, 249-50
    processo da, 248, 250-52, 253
vidas passadas, 367
visual, sentido, 237
visualização, 266
    para abrir chakras, 288, 290-91
vital, força, 125-28
Von Reichenbach, Wilhelrn, 63-4
vontade divina, 411-14

Watson, Lyall, 58
Westlake, Aubrey, 232
White, John, 62, 77
Williamson, Samuel, 45
Wirkus, Mietek, 231

yin, *yang*, 61, 64, 142, 219, 221